XUEXIXING DANGZUZHI JIANSHE
LILUN YANTAOHUI WENJI

学习型党组织建设理论研讨会文集

中央建设学习型党组织工作协调小组办公室 编

学习出版社

图书在版编目（CIP）数据

学习型党组织建设理论研讨会文集/中央建设学习型党组织工作协调小组办公室编.
-北京：学习出版社，2012.5
ISBN 978-7-5147-0216-3

Ⅰ.①学… Ⅱ.①中… Ⅲ.①中国共产党-组织建设-文集
Ⅳ.①D262-53

中国版本图书馆 CIP 数据核字（2012）第 074275 号

学习型党组织建设理论研讨会文集
XUEXIXING DANGZUZHI JIANSHE LILUN YANTAOHUI WENJI
中央建设学习型党组织工作协调小组办公室　编

责任编辑：李　岩
技术编辑：周媛卿
封面设计：杨　洪

出版发行：学习出版社
北京市崇外大街 11 号新成文化大厦 B 座 11 层（100062）
010-66063020　010-66061634
经　　销：新华书店
印　　刷：北京联兴盛业印刷股份有限公司

开　　本：710 毫米×1000 毫米　1/16
印　　张：33
字　　数：442 千字
版次印次：2012 年 5 月第 1 版　2012 年 5 月第 1 次印刷

书　　号：ISBN 978-7-5147-0216-3
定　　价：56.00 元

出版说明

今年4月7日，中央建设学习型党组织工作协调小组在海口召开了学习型党组织建设理论研讨会。中共中央政治局委员、中央书记处书记、中宣部部长刘云山出席会议并讲话，就学习型党组织建设的重要意义、内涵特征、目标任务等作了深刻阐述。研讨会入选的67篇论文，既有对学习型党组织建设的理论探讨，又有对实践经验的总结概括，充分反映了各地各部门学习型党组织建设的新进展新成果，对于进一步深化思想认识、把握工作规律具有重要意义。现将中央领导同志讲话和会议入选论文出版，供各级党组织和广大党员干部学习使用。

编　者

2012年5月

目　录

不断深化思想认识　努力把握工作规律　推动学习型党组织建设向广度深度拓展*

刘云山

建设马克思主义学习型政党、建设学习型党组织，是党的十七届四中全会作出的重大战略部署。中央对建设学习型党组织高度重视，作出一系列重要指示、提出十分明确的要求，有力指导和推动了学习型党组织建设深入开展。各地区各部门认真贯彻中央精神，把学习型党组织建设与推进党的各方面建设结合起来，与推动各项实际工作结合起来，增强了各级党组织和党员干部坚持中国特色社会主义旗帜、道路、理论体系和制度的自觉性坚定性，提升了推动经济社会又好又快发展的工作本领。同时也要看到，推进学习型党组织建设是一项长期任务，还有许多工作需要进一步深化，有许多重要问题需要进一步研究解决。必须持之以恒、一以贯之，认真落实中央部署，深入总结实践经验，进一步深化思想认识、把握工作规律，推动学习型党组织建设不断向广度和深度拓展。

* 本文系中共中央政治局委员、中央书记处书记、中宣部部长刘云山2012年4月7日在学习型党组织建设理论研讨会上的讲话，发表时有删节。

一、围绕解决“为什么”的问题，进一步深化对学习型党组织建设重要意义的研究

做任何一项工作，首先要认识它的意义所在，解决好“为什么”的问题。建设学习型党组织是加强党的建设的重大创新，对于在新的起点上开创党和国家事业发展新局面具有重要意义。关于学习型党组织建设的意义，可以从多种角度来认识，但对于我们这样一个执政党来说，最根本、最现实的意义，还是集中体现在提高执政能力和执政水平、更好地实现党的执政使命上。

1. 从创新执政理念看，只有加强学习型党组织建设，才能更好地顺应时代潮流、不断完善执政方略。站在执政兴国的战略高度抓学习，在学习中把握时代趋势、推动事业发展，是关系我们党执政水平的决定性因素。作为一个执政60多年、推进改革开放30多年、在世界上具有广泛影响的马克思主义政党，我们党领导人民在不断攻坚克难中创造了辉煌业绩，赢得了人民的拥护。但也要清醒看到，当今世界正处于大发展大变革大调整之中，当代中国正在经历广泛深刻的变革，对党的执政理念提出了新的更高要求。历史和现实一再启示我们，学习是执政兴国之基，是赢得发展主动的根本之道。要胜任我们党肩负的职责，必须首先加强学习，在学习中不断增长知识、增加智慧、增强本领。面对时代条件和执政环境的深刻变化，迫切需要我们深入推进学习型党组织建设，在深化学习中认清历史方位、把握时代脉搏，不断创新执政思维、完善执政方略、增强执政优势，更好地引领中国的发展进步。

2．从深化执政实践看，只有加强学习型党组织建设，才能更好地推动科学发展、促进社会和谐。在中国特色社会主义道路上推动科学发展、促进社会和谐，是新形势下我们党最重要的、最现实的执政实践，也是一个在不断学习中探索发展规律、创新发展思路，不断提高经济社会发展水平的过程。推动科学发展、促进社会和谐，涉及生产力和生产关系、经济基础和上层建筑许多领域的深刻变革，涉及思想观念、体制机制、利益格局的深度调整。当前我国经济社会发展中的不平衡、不协调、不可持续的问题相当突出，协调各方面利益关系、化解社会矛盾的压力不断加大。处理好经济社会发展中的复杂矛盾和问题，迫切需要我们深入推进学习型党组织建设，准确把握我国发展的阶段性特征，深入总结世界各国发展的经验教训，充分挖掘发展的巨大潜力和动力，规避化解各种风险和挑战，促进我国经济社会又好又快发展。

3．从巩固执政基础看，只有加强学习型党组织建设，才能更好地践行党的执政宗旨、增强群众工作本领。我们党来自人民、植根人民、服务人民，巩固和扩大群众基础是党的事业取得胜利的重要保证，也是历史发展的必然要求。在长期革命和建设实践中，我们党始终注重加强马克思主义群众观点、群众路线学习教育，注重加强党的性质和宗旨学习教育，不断打牢为人民服务的思想根基，铸就了与人民群众密不可分的血肉联系。在新的时代条件下，群众工作对象更加多样，群众利益诉求更加复杂，群众工作要求越来越高、难度越来越大，加强和改进群众工作尤为紧迫。进一步巩固党的执政基础，迫切需要我们深入推进学习型党组织建设，引导党员干部牢固树立人民至上的价值观、人民是真正英雄的唯物史观、立党为公执政为民的执政观，切实回答解决好“为了谁”、“依靠谁”的问题，实现好最广大人民的根本利益，使我们的事业获得广泛深厚的群众基础。

4. 从应对执政考验看，只有加强学习型党组织建设，才能更好地保持党的先进性纯洁性、增强党的凝聚力战斗力。90多年来，我们党坚持不懈开展理论学习和党性党风教育，不断解决自身存在的问题，总体上保持了党的队伍的纯洁、团结和战斗力。同时要清醒看到，新形势下我们党面临的执政考验、改革开放考验、市场经济考验、外部环境考验更加突出，面临的精神懈怠的危险、能力不足的危险、脱离群众的危险、消极腐败的危险更加凸显，保持党的先进性纯洁性面临许多新情况新问题。胡锦涛总书记在十七届中央纪委第七次全会上明确提出，要“坚守共产党人精神家园”，“不断增强自我净化、自我完善、自我革新、自我提高能力”。加强学习、涵养心灵，有助于在浮华喧嚣面前静下心来思考、潜下心来做事，做到淡泊名利、淡定心神，养成高尚道德情操和健康生活品位。放松了学习和修养，精神世界就容易陷于低级趣味，就难以抵挡利欲的诱惑。保持党的先进性和纯洁性，迫切需要我们深入推进学习型党组织建设，大力加强思想政治教育，引导党员干部加强党性锻炼和党性修养，构筑共产党人的精神高地，增强党的肌体自我免疫力，使我们党在应对各种挑战考验中永远立于不败之地。

二、围绕解决“是什么”的问题，进一步深化对学习型党组织内涵特征的研究

建设学习型党组织，最基本的是弄清什么是学习型党组织。

90多年来，我们党始终重视学习，围绕加强和改进学习，作出过一系列重要论述，积累了宝贵经验。近年来，各地区各部门结合自身实践，进行了许多有益尝试和深入研究。联系近年来的工作实践，认识学习型党组织的内涵特征，应当把握这样几个方面。

一是要有高度的学习自觉，使学习成为各级党组织和党员干部的鲜明品格。学习自觉是对学习的重要作用、内在规律、目标使命的深刻认识，是建设马克思主义学习型政党和学习型党组织的思想基础和先决条件。只有具备高度的学习自觉，才能产生人心思学的感召力和好学有为的驱动力，激发党员干部带着“本领恐慌”学习、带着强烈使命学习，使学习蔚然成风，真正使全党“变成一个大学校”。我们建设的学习型党组织，就是要使学习转化为党员干部的人生追求，把学习作为一种历史责任，以时不我待、只争朝夕的紧迫感，以永不自满、奋发进取的精神状态，积极主动地加强学习。就是要使学习转化为党员干部的共同追求，把学习融入到党组织的全部工作和全部活动中，推动各级党组织和全体党员广泛参与、共同学习，形成浓郁旺盛的求知之风、刻苦钻研的探求之风、博学慎思的思考之风，在学习中实现整体提升、共同进步。就是要使学习转化为党员干部的终身追求，培育永无止境的学习精神，形成终身学习的理念，把学习作为永恒课题和第一需要，作为安身立命之本，内化为生活方式，自觉做到学以立德、学以增智、学以创业。

二是要有鲜明的政治导向，使学习成为各级党组织和党员干部把握前进方向的重要保证。任何政党都有自己的政治理念、政治目标、政治纲领。我们建设的是马克思主义学习型政党，与一般学习型组织的本质区别，就在于政治信仰、政治追求的鲜明性，最基本的原则就是要把讲政治、讲党性的要求贯穿到学习型党组织建设的各个方面，不断提高党员干部的思想政治素养和战略思维能力，确保在错综复杂的环境考验中牢牢把握正确前进方向。要通过学习树立坚定的理想信念，真学真懂真信真用马克思主义和党的理论创新成果，胸怀共产主义远大理想，始终不渝高举中国特色社会主义伟大旗帜、走中国特色社会主义道路，矢志不移为实现党的历史任务而奋斗。要通过学习坚持正确政治立场，增强政治敏锐性、政治鉴别力，在举什么旗、走什么路、朝着什么样的目标前进等根本问题上坚定主心骨，在大是大非面前、各种诱惑面前立场鲜明，不为任何风险所惧，不为任何干扰所惑，坚决抵制各种错误思潮和腐朽思想的影响，坚定自觉地同以胡锦涛同志为总书记的党中央保持高度一致。要通过学习增强党的意识，做到心中有党、在党言党、在党为党，自觉用党员的标准要求自己，用党的纪律约束自己，用党的理想激励自己，切实履行共产党员的庄严承诺，使共产党人的责任融入到灵魂血脉之中，深入到精神信仰之中。

三是要有较强的学习能力，使学习成为各级党组织和党员干部跟上时代和实践发展步伐的有效途径。时代在发展、社会在进步，学习能力也必须在历史与时代相承继、思想与实践相统一中不断提高。一个学习型党组织，既要勤于学习，又要善于学习，必须适应时代和社会发展要求，围绕提高学习水平，从思想观念、内容形式、方法手段等各个方面进行积极的探索创新。要注重体现时代性，培养先进的学习理念，倡导全员学习、团队学习，以全新的学习理念推动学习活动不断深入。要注重体现科学性，探索科学的学习方法，充分考虑不同类别党组织的学习需求，考虑不同党员干部的职业背景、知识结构，把学习的普遍性要求和特殊性要求结合起来，不断更新拓展学习内容，打造新颖活泼、灵活多样的学习载体，建设功能互补、辐射广泛的学习阵地，增强学习的吸引力感染力。要注重体现创造性，把学习与思考结合起来、与实践结合起来，触类旁通、举一反三，善于把书本上的知识、别人的经验吸收转化为自己的东西，在继承前人的基础上形成新的认识、新的创造。

四是要有良好的学风，使学习成为改造客观世界和主观世界的强大动力。学风问题本质上是对待马克思主义的态度问题，是思想路线问题，是党性党风的重要体现。毛泽东同志在延安时期曾指出，学风是“第一个重要的问题”。建设学习型党组织，关键还是要弘扬理论联系实际的马克思主义学风，坚持学以致用、用以促学、学用结合。要突出实践特色、注重实际效果，紧密联系本地区本部门本单位的工作实践，联系经济社会发展的实践，推进学习的深化、促进工作的落实，真正把学习成效体现到改进工作的措施办法上，体现到更好地推动改革发展、维护和谐稳定上。学习既是一个改造客观世界的过程，也是一个改造主观世界的过程，在某种程度上说，改造主观世界比改造客观世界更难。这就要求我们在推动客观世界改造的同时，注重通过学习加强主观世界改造，在砥砺思想品质、锤炼道德情操、恪守气节本色上下功夫，自觉践行社会主义核心价值体系，牢固树立正确的世界观、人生观、价值观，时常拂拭心灵之镜、查找自身不足，做到为人心地坦荡、办事脚踏实地、为官公道正派，努力成为精神高尚、知识丰富，情趣健康、一身正气的共产党人。

三、围绕解决“做什么”的问题，进一步深化对学习型党组织建设目标任务的研究

党的十七届四中全会从“科学理论武装、具有世界眼光、善于把握规律、富有创新精神”四个方面，明确了建设马克思主义学习型政党的基本遵循、总体目标、根本要求，实际上也回答了建设学习型党组织需要“做什么”的问题。建设学习型党组织是建设学习型政党的基础，必须从这四个方面入手，更好地谋划和推进各项工作。

1．按照科学理论武装的要求，不断提高全党马克思主义理论水平。胡锦涛总书记指出：“理论上的成熟是政治上坚定的基础，理论上的与时俱进是行动上锐意进取的前提，思想上的统一是全党步调一致的重要保证。”推进学习型党组织建设，必须紧紧抓住用科学理论武装这个根本，着力提高党员干部的马克思主义理论素养。要深入学习马克思列宁主义、毛泽东思想，学习马克思主义哲学、政治经济学、科学社会主义的经典著作，掌握基本原理、基本观点，掌握辩证唯物主义和历史唯物主义的世界观、方法论，增强用马克思主义立场观点方法分析问题、解决问题的能力。包括邓小平理论、“三个代表”重要思想和科学发展观在内的中国特色社会主义理论体系，是扎根于当代中国的马克思主义，是我们党最可宝贵的政治和精神财富，是推进党和国家事业发展的科学指针。要紧密联系马克思主义中国化的历史进程，联系改革开放的伟大历程，认真实施中国特色社会主义理论体系普及计划，不断深化对中国特色社会主义理论体系历史地位

的认识，深化对这一理论体系蕴涵的新思想新观点新论断的认识。科学发展观是中国特色社会主义理论体系的最新成果，是党的十六大以来我们党理论创新成果的集中体现。在新的历史起点上开创中国特色社会主义事业新局面，必须把科学发展观作为理论武装的重要内容，从全局的高度深刻认识科学发展观的重大意义，深刻认识科学发展观的指导地位、科学内涵、精神实质和根本要求，进一步增强科学发展的共识、凝聚推动科学发展的力量。

2．按照具有世界眼光的要求，努力掌握和运用一切科学的新思想、新知识、新经验。用国际视野观察和分析问题，是马克思主义学习型政党必须具有的战略高度和宽广胸怀。随着经济全球化和信息化的深入发展，随着我国对外开放不断扩大，国内大局同国际大局、内政同外交紧密联系、双向互动的特点进一步显现，国际形势中的中国因素和国内形势中的国际因素都在增加。在这样的大环境、大背景下，我们要善于通过学习型党组织建设，拓展国际视野，培养战略思维，使广大党员干部的思想水平和知识水平适应时代前进的需要。要顺应发展潮流、关注世界大势，积极吸收借鉴人类社会一切优秀文明成果，推动党员干部学习社会主义现代化建设所需要的经济、政治、文化、社会等领域的新知识，丰富知识积累，完善知识结构。要适应对外开放的新形势，努力学习掌握有关的国际知识和国际规则，学习国外社会建设的有益做法和经验，学习国外的先进管理思想、管理方法，提高治国理政的能力水平。现在高新技术发展日新月异，给许多领域带来革命性变革，科学技术第一生产力的作用更加凸显。要站在现代科技发展的最前沿，敏锐把握科技发展动态，倡导科学思想和科学知识，推动党员干部学习与岗位职责相关的新技术、新技能，努力成为本领域本行业的行家里手。

3．按照善于把握规律的要求，在向历史学习、向实践学习、向群众学习中不断升华规律性认识。推进事业向前发展的过程，就是不断认识把握规律、运用规律指导工作实践的过程。建设学习型党组织的一个重要目的，就在于通过加强学习，推动各级党组织和党员干部更好地探索把握规律，坚持从实际出发，自觉按规律办事。历史经验蕴含着社会发展的深刻规律，我们党领导人民90多年的奋斗史是一部生动的教科书。要认真学习各种历史知识，学习中国历史，特别是要学习我们党的革命史、创业史、改革开放史，更好地知古鉴今、以史资政，加深对党的基本理论、基本路线、基本纲领、基本经验的认识，加深对共产党执政规律、社会主义建设规律、人类社会发展规律的把握。实践是最生动的课堂，是一切科学认识、正确思想的源泉。要引导党员干部牢固树立实践第一的观点，走进改革建设第一线，走进火热的社会生活，深入了解我国社会主义初级阶段基本国情和发展的新的阶段性特征，及时总结提炼实践中的新创造，更好地把握经济社会发展的内在规律。群众是真正的英雄，是最高明的老师。要尊重群众的主体地位和首创精神，引导党员干部深入基层、深入群众，拜群众为师、向群众学习，汲取人民群众创造的鲜活经验，把感性认识提升为理性认识，把政治智慧的增长、执政本领的增强扎根于人民群众的伟大实践之中。

4．按照富有创新精神的要求，以勇于开拓进取的态度研究新情况解决新问题。形势任务总是在发展变化之中，新情况、新问题总会层出不穷，要求我们勇于面对和研究解决各种新矛盾、新挑战。要通过学习不断解放思想、坚持求真务实，以改革创新的精神破解发展难题，继续推进理论创新、制度创新、工作创新，努力打开工作的新局面、促进事业的新发展。“问题是时代的声音”，社会总是在发现问题、解决问题的过程中不断前进的。要通过学习增强问题意识，抓紧研究我国经济社会发展中的全局性、战略性、前瞻性问题，当前特别是要深入研究如何统筹国际国内两个大局的问题，如何统筹“看得见的手”与“看不见的手”的问题，如何统筹“第一要务”与“第一责任”的问题、如何统筹伟大事业与伟大工程的问题等等，不断做出新的科学回答。调查研究是推进创新的重要途径，是每个党员干部做好工作必备的基本功。要大兴调查研究之风，沉下去、深下去，带着问题调研，有针对性地调研，分析典型、解剖麻雀，掌握第一手资料，听取各方面意见，不断有所发现、有所创造、有所突破。

四、围绕解决“怎么做”的问题，进一步深化对学习型党组织建设实践要求的研究

学习型党组织建设是一项系统工程，工作创新性、实践性要求都很高。这几年来，各地区各部门积极主动地开展工作，创造了许多好经验，奠定了很好的基础。同时要看到，实际工作中还存在一些薄弱环节，亟待研究解决。我们要按照中央的决策部署，结合各自实际，深化工作措施，推动学习型党组织建设取得新进展新成效。

1．坚持领导带头，充分发挥领导班子和领导干部的示范作

用。领导班子和领导干部是党组织的中坚力量，也是学习型党组织建设的组织者、实践者、推动者，发挥着表率引领作用。这些年来，许多地区和部门积极探索领导班子和领导干部带学促学的途径办法，取得良好效果，值得借鉴推广。要认真贯彻落实中央《关于加强和改进党委（党组）中心组学习的意见》，进一步完善学习计划，组织多种形式的集体学习，加强对重大问题的专题研讨，加强学习成果和经验的交流，努力把党委（党组）中心组打造成学习型党组织建设的“示范班”。要扎实开展创建学习型领导班子、争当学习型领导干部活动，研究制定创建活动的具体办法，丰富抓手、创新载体，推动创建活动的常态化、规范化。要继续开展领导干部带学促学活动，鼓励倡导领导干部带头读书、谈学习体会，带头讲党课、作辅导报告，带头宣传理论、讲解方针政策，帮助党员干部解决学习上的难点、认识上的困惑，提高学习质量和水平，形成一级带一级、层层抓学习的良好局面。

2．**加强制度建设，形成推动学习的长效机制**。制度管长远、管根本，抓好学习型党组织建设工作，关键是要建立一套科学完备、符合实际、行之有效的学习制度。中央关于学习型党组织建设有一系列的制度安排，各地在实际工作中也制定了一些制度要求，需要很好执行，并不断深化和完善。要继续加大制度建设和创新力度，认真总结经验，不断完善集体学习、调查研究、培训轮训、学习通报等各种制度，形成一整套制度规范，更好地用制度来保证学习任务的落实，使学习由“软任务”变成“硬约束”。要按照分类指导、简便易行、学用结合的原则，进一步加强学习考核工作，明确考核主体，细化考核指标，抓好考核结果运用，科学反映学习型党组织建设的实际水平，推动把学习情况作为评价领导班子及选拔任用干部的重要依据，形成注重学习的用人导向。要强化制度的约束力和执行力，明确落实责任，加大督促检查力度，维护制度的严肃性和权威性，引导广大党员干部增强制度意识，切实把制度规定转化为行为准则和自觉行动，确保各项学习制度得到长期坚持和有效执行。

3．重视舆论宣传，形成推动学习型党组织建设的良好氛围。推动学习型党组织建设深入展开，必须进一步加大宣传报道力度，形成有利于学习型党组织建设的舆论环境，大力营造重视学习、崇尚学习的良好风气。各级宣传部门和新闻媒体要把学习型党组织建设的宣传报道作为一项长期任务，精心谋划、认真安排，确保宣传的规模、力度。要深入宣传学习型党组织建设的重大意义和丰富内涵，宣传中央关于学习型党组织建设的决策部署，充分反映各地区各部门的具体举措、典型经验和进展成效。要适应社会信息化的新趋势，在注重发挥好党报党刊、电台电视台等传统媒体作用的同时，充分发挥互联网和手机等新兴媒体的独特优势，运用网上党校、手机党报等多种形式，扩大宣传的覆盖面和影响力，把各级媒体打造成为推进学习型党组织建设的重要阵地。要加大理论研究力度，发挥好马克思主义理论研究和建设工程、中国特色社会主义理论体系研究中心的带动作用，努力推出有深度有分量的研究成果，加强研究成果的宣传推广，为学习型党组织建设提供有力理论支撑。

4．加强组织协调，形成学习型党组织建设的强大推动力。推进学习型党组织建设，需要加强组织领导、加强统筹协调。各级党委要把学习型党组织建设纳入党的建设总体规划，纳入党委重要议事日程，切实加强领导，提出明确要求，精心组织实施。要建立健全工作责任制，明确任务分工，加强协同配合，形成党委统一领导、宣传部门牵头协调、有关部门分工负责、各级党组织积极参与的领导体制和工作机制。各级党委宣传部门要切实负起牵头责任，增强服务意识，积极主动加强与各部门各单位的沟通联系，确保各项工作高效、有序运转。建设学习型党组织工作协调小组各成员单位要把学习型党组织建设作为分内工作，相互支持，各尽其责，形成强大工作合力。要高度重视青年和基层党员的学习，特别要针对农村基层党组织面广量大、组织学习难度较大等实际问题，研究加强和改进农村基层学习型党组织建设的措施办法，动员更多的农村党员干部投入到学习中来。总之，要通过卓有成效的工作，推动学习型党组织建设取得新的进展，以优异成绩迎接党的十八大胜利召开。

大力弘扬马克思主义学风

中央组织部

学风是指人们对待学习的基本态度和行为方式。从本本出发，还是从实际出发，历来是对待学习的两种截然不同的态度和方式。坚持理论联系实际，是我们党一贯倡导的马克思主义学风。这种学风，对于推进党的事业发展曾经发挥了巨大作用。在新的历史条件下，进一步弘扬这种学风，对于加强和改进党的建设、发展中国特色社会主义事业，仍然具有十分重要的现实意义。

一、学风建设关系党和国家事业的兴衰成败

学风是党的作风建设的重要组成部分，关系党的形象，关系事业成败。我们党历来重视学风问题。毛泽东同志曾经指出："学风问题是领导机关、全体干部、全体党员的思想方法问题，是我们对待马克思列宁主义的态度问题"，是"第一个重要的问题"。当前，进一步端正学风，努力把全党的学习提高到一个新水平，具有特殊的重要性和紧迫性。

1. 加强学风建设是推动学习型党组织建设的内在要求。学习型党组织的学习不是一般意义上的读书学习，而是把研究解决问题作为学习的起点和落脚点，把团队学习作为组织存在的基本方式，注重研究新情况，解决新问题，提高回应力。因此，党的十七届四中全会在强调"向书本学习"的同时，提出"向实践学习、向群众学习"，"引导党

员、干部把学习理论同研究解决人民最关心最直接最现实的利益问题、本地区本部门改革发展稳定的重大问题、党的建设突出问题结合起来，增强工作的原则性、系统性、预见性、创造性。”这是我们党一贯倡导的马克思主义学风在新形势下的实际运用。只有认真贯彻落实这些要求，切实端正学风，才能保证学习型党组织建设有效推进。

2. 重视学风建设是我们党加强自身建设的宝贵经验。早在延安时期，我们党就把整顿学风和文风作为整顿党风的重要内容，把坚持理论联系实际的马克思主义学风提到全党面前。十一届三中全会后，党再一次把学风问题作为关系党和国家兴亡的重大问题提了出来，重新确立了解放思想、实事求是、与时俱进的思想路线，并把马克思主义与中国社会主义建设的具体实践结合起来，形成了中国特色社会主义理论体系，开创了中国特色社会主义事业新局面。教条主义从本本出发，不顾客观实际，曾经给党的事业带来严重危害，最为典型的是以王明为代表的教条主义给中国革命事业造成的损害。历史证明，我们党之所以能够经受住各种磨难和考验、始终保持旺盛的生命力，从根本上说，就是因为始终坚持马克思主义学风，以科学的精神和态度对待马克思主义、发展马克思主义，不断推进党的理论创新、实践创新。这是我们党在长期的奋斗历程中形成的一条重要历史经验。

3. 加强学风建设是推动党的事业科学发展的客观需要。当前和今后一个时期，既是我国全面建设小康社会的关键时期，也是深化改革开放、加快转变经济发展方式的攻坚时期，国际国内形势复杂多变，要实现科学发展没有正确的理论指导是不行的，有了正确的理论不结合实际去运用也是不行的。只有以坚决的态度抓好学风建设，才能做到用科学的理论武装人，才能把科学理论转化为改造世界的物质力量，才能战胜前进道路上的各种困难和挑战，推动党的事业不断向前发展。

4. 加强学风建设是培养造就高素质干部队伍的重要举措。培养造就一支与时俱进的干部队伍，加强学习、转变学风是关键。应当说，当前干部队伍的学风总体上是好的，学习的氛围比较浓厚，运用理论解决实际问题的能力不断提高。但是，有些干部学风不正的问题仍然比较突出，理论和实际脱节，理论学习不扎实、不深入；用科学理论指导实践、解决问题能力不强，甚至把学习理论当作装潢形象的工具和自我炫耀的资本，有哗众取宠之心，无实事求是之意。这些问题虽然发生在少数干部身上，但会损害党的形象，败坏党的风气，也不利于干部素质能力提升。因此，进一步加强和改进学风建设，引导广大干部树立良好学风，仍然是一项重要而紧迫的任务。

二、马克思主义学风的精髓在于理论联系实际

中国共产党是一个非常重视学习的政党，也是一个非常重视学风建设的政党。我们党始终把坚持马克思主义学风作为关系事业兴衰成败的重大问题，把理论联系实际作为学风建设最根本的要求，作为衡量党在理论上和政治上是否成熟的一个根本标志。这就把理论联系实际上升到一个前所未有的高度，对于全党的学习具有重要指导意义。

1. 坚持理论联系实际体现着马克思主义者自觉地、主动地掌握和运用马克思主义理论的科学态度。马克思主义在本质上是实践的科学，它提供给人们观察世界、分析问题的正确思路和科学方法。真正的马克思主义者应当自觉运用这一科学的方法去观察、分析、研究现实问题，认识社会，改造世界。我们正处于一个急剧变化的时代，新事物新情况新问题层出不穷，坚持理论联系实际，就要求我们自觉用党的创新理论武装头脑，用马克思主义的科学方法分析这些新事物新情况新问题，提出解决的思路和措施，从而推动工作。

2. 坚持理论联系实际体现着一种解放思想、实事求是、与时俱进的科学精神。解放思想、实事求是、与时俱进是马克思主义学风的思想根本和理论基础。解放思想意味着要开阔视野和思路，用发展着的马克

思主义武装头脑；实事求是意味着要在实践中检验和发展真理；与时俱进则要求理论与实际相结合、相统一。中国共产党人正是坚持了解放思想、实事求是、与时俱进，才能将马列主义的基本原理与中国革命、建设和改革的实际相结合，相继创立毛泽东思想和中国特色社会主义理论体系。可以说，毛泽东思想、中国特色社会主义理论体系形成的过程，就是中国共产党人解放思想、实事求是、与时俱进的过程。从这个意义上讲，坚持理论联系实际学风的过程，必然是解放思想、实事求是、与时俱进的过程。

3. 坚持理论联系实际体现着中国共产党的先进性。中国共产党的历史，实际上就是一部把马克思主义基本原理同中国具体实际相结合而不断进行理论创新和理论武装、从先进走向先进的历史。正是因为中国共产党把学风问题当做“第一个重要的问题”，所以坚持不懈地加强学风建设，用马克思主义学风培养教育全党同志，使我们党从各种政治力量中脱颖而出，带领中国革命走向成功。正是因为坚持理论和实践相结合的原则，我们党才能不断推进马克思主义中国化，运用马克思主义的立场、观点和方法去解决改革开放和现代化建设中遇到的矛盾和问题，把事业不断向前推进。正是因为重视学风建设，我们党才能以更宽的视野、更高的境界、更大的气魄来审视自己，不断解决思想作风、工作作风、领导作风、干部生活作风等方面存在的问题，始终保持强大的生机和活力，永葆马克思主义政党的先进性。

4. 坚持理论联系实际体现着党员干部自觉运用科学理论指导实践的工作作风。无产阶级政党是在马克思主义旗帜下开展实践活动的。但无产阶级革命的实践和历史已经证明，口头上承认马克思主义是一回事，在实际行动中真正把马克思主义作为一门科学来运用又是一回事。在理论学习中，怎样自觉地把马克思主义理论、党的方针政策学深学透，并结合本地区、本部门的实际进行理论研究和理论探索，得出适合本地区、本部门实际的理论成果，是主观精神的外在体现，是学风的具体表现；在实际工作中，怎样自觉地通过深入的调查研究，把本地区、本部门的实际情况摸清摸透，并带着这些实际材料，认真学习马克思主义理论和党的方针政策，进行理论研究和理论探索，以解决实际工作中的问题，作出切合实际的决策、规划，则是主观精神见之于客观实际的行为。可见，理论联系实际的学风必然体现着党员干部在实践活动中的一种工作态度。

三、弘扬马克思主义学风要切实做到“信”、“学”、“用”、“新”

信，就是对科学理论要真正信服。学，就是对科学理论要下工夫学、联系实际学、持之以恒学。用，就是用科学理论指导主客观世界的改造。新，就是在改造主客观世界中不断深化认识、以新的思想观点丰富和发展科学理论。这四个方面，信是前提，学是基础，用是目的，新是途径，反映了“实践—认识—再实践—再认识”这一认识论的基本规律。弘扬马克思主义学风，就要自觉做到信、学、用、新。

1. 要对马克思主义真正信仰。信，才愿意学、愿意用。马克思主义是科学的理论，它观察问题的立场、方法和基本原理已被实践证明完全正确。马克思主义又是不断发展的科学，除了马克思、恩格斯的观点和学说，还包括后人对它的发展。这就是我们信仰和坚持它的道理所在。在如何对待马克思主义问题上，大致有三种情况：一是坚持和发展马克思主义，把马克思主义基本原理与实际相结合，在实践中发展马克思主义。这是我们党所采取的正确态度。二是否定马克思主义。这就是今天有人鼓吹的“过时论”。在他们看来，马克思主义是一百多年前的理论，作为基本理论已经过时了。三是主观主义地对待马克思主义。这包括经验主义和教条主义两种形式。经验主义者认为只有经验对头，理论没用，特别是在新的历史条件下，更要靠经验去办事，轻视理论，看不上理论。教条主义者脱离本国、本地区、本单位的实际，脱离当代的实践，不能与时俱进、以发展的眼光看待马克思主义。经验主义和教条主义的共同特征，都是主观与客观相脱离、理论与实际相脱节。采取这种态度，实际上是从另一方面否定马克思主义。因此，我们不仅要坚决反对马克思主义“过时论”，而且也要反对各种主观主义地对待马克思主义的态度和做法。

2. **要真正学懂弄通马克思主义**。学是用的基础。只有学懂弄通理论，才能更好地运用理论指导实践。马克思主义是博大精深的科学体系，只有潜心学习，刻苦钻研，才能把握贯穿其中的立场、观点、方法，掌握理论精髓和灵魂。要认真研读原著，了解基本原理，掌握精神实质，把握科学体系。要联系党的历史特别是改革开放以来的实践，总结经验教训，澄清模糊认识，增强贯彻党的基本理论和基本路线的自觉性坚定性。要结合当前正在进行的各项工作，努力提高研究新情况、解决新问题的能力。总之，要通过学习党的基本理论，使各级领导干部牢固树立辩证唯物主义和历史唯物主义基本观点，把思想统一到中央的部署要求上来。

3. **要坚持用马克思主义指导主客观世界的改造**。用是最终目的，要坚持用马克思主义指导客观世界改造。我国现在正处于全面建设小康社会的关键时期，推动科学发展、加快转变经济发展方式的任务十分艰巨。我们要坚持运用马克思主义基本理论特别是党中央提出的一系列重大战略思想，研究解决改革发展稳定中的各种重大问题，努力破解制约科学发展的难题，认真解决人民群众最关心、最直接、最现实的利益问题，真正做到学以致用、用有所成。在运用马克思主义指导客观世界改造的同时，还要运用它来指导主观世界的改造，提高广大干部群众的思想政治素质，增强辨别是非的能力，坚定理想信念，自觉维护党的领导和中国特色社会主义制度。

4. **要在实践中丰富和发展马克思主义**。再科学的理论，如果不随时代发展而发展，必定僵化而失去应有价值。马克思、恩格斯一再强调：“我们的理论是发展着的理论，而不是必须背得烂熟并机械地加以重复的教条。”1872 年，他们指出，《共产党宣言》“现在有些地方已经过时”。马克思主义的生命力，就在于它能够在实践中不断创新。社会实践是不断发展的，我们的思想认识也应不断前进，应勇于和善于根据实践的要求进行理论创新。随着国际国内环境的新变化，随着改革开放和现代化建设的深入推进，我们必然会遇到这样那样的新情况、新问题，必然会面临这样那样的新矛盾、新挑战。这就要求我们必须着眼于马克思主义的运用，着眼于对实际问题的理论思考，着眼于新的实践和新的发展，用马克思主义基本原理进行分析，形成新的理论成果，不断赋予马克思主义新的内容，始终保持其强大的生命力。

四、把马克思主义学风贯穿于干部教育培训全过程

干部教育培训是建设高素质干部队伍的基础性、先导性、战略性工程，是推动科学发展、促进社会和谐的重要保证，在学习型党组织建设中发挥着重要作用。必须大力弘扬马克思主义学风，将理论联系实际的要求贯穿干部教育培训工作始终，引导干部把学习理论同研究解决实际问题结合起来，提高理论素养和分析解决实际问题的能力。从多年实践来看，没有理论联系实际的学风作保障，干部教育培训也不可能取得实效。在干部教育培训中弘扬马克思主义学风，应重点从以下几个方面加以推进。

1. 坚持把理论武装作为干部教育培训的首要任务。理论上成熟是政治上成熟的基础。掌握理论是运用理论指导实践的前提。在干部教育培训中贯彻理论联系实际的要求，首先是要抓好干部的理论学习。必须坚持把理论武装摆在突出位置，深入开展马克思主义理论教育培训，重点进行中国特色社会主义理论体系特别是科学发展观的教育培训，引导

干部掌握马克思主义的世界观和方法论，坚持中国特色社会主义旗帜、道路、理论体系和制度，增强贯彻落实党的路线方针政策的自觉性坚定性。开展理论武装，要坚持灌输与引导相结合，将马克思主义理论作为干部必修课，采取讲授与研讨、课堂教学与实地考察相结合等方式，并加强理论学习情况考核，督促引导干部加强马克思主义理论学习，提高运用理论解决实际问题的能力。

2. **要求从事干部教育培训的教师联系实际教。**按照马克思主义认识论，认识的发展是“实践—认识—再实践—再认识”的无限循环、深化的过程。干部教育培训与普通高校教育的区别在于，干部教育培训以“行”为中心，而普通高校的教育是以“知”为中心。这种区别揭示，干部教育培训只有以实践为中心组织教学，才能富有针对性实效性；从事干部教育培训的教师必须联系实际教，善于回答学员思想和工作中遇到的实际问题。从教学实践看，当年的黄埔军校、中国抗日军政大学之所以赫赫有名，主要原因就在于它们的教学都是以解决实际问题为中心，教师多是实际工作经验丰富的指挥员、领导人，学员经过培训后实战能力能够得到明显提高。今天我们开展干部教育培训必须善于借鉴这些成功做法。要着眼于提高干部解决实际问题的能力，以实践为中心组织教学，选派善于理论联系实际、教学效果好的教师上讲台；选聘那些理论水平较高、实践经验丰富的党政领导干部、专家学者、企业经营管理人员和先进模范人物担任教师。

3. **指导参加学习培训的干部联系实际学。**教和学是培训过程中相互依赖、相互促进的两个方面，教是基础，学是关键。因此，在干部教育培训中弘扬理论联系实际的学风并要取得实实在在的成效，除了要求教师理论联系实际教以外，更重要的是引导干部联系实际学。要在学员入校要求中明确理论联系实际的要求。中央党校坚持“两带来”：要求学员入学时带来一个本地区本系统干部群众关心的热点问题，带来一个希望党校解决的思想理论问题。山东建立“学员约谈制度”，由组织部门和学员所在单位负责人等约谈参训干部，提出联系实际学、遵守学校纪律等要求。这些做法值得学习借鉴。要在教学安排上突出研究解决实际问题的导向。以解决人民群众最关心的问题、经济社会发展最重大的问题和党的建设最突出的问题为中心，组织开展教学，引导和帮助学员提高解决实际问题的能力。要在教材编写中体现干部学习特点和需求，及时将我国改革开放和现代化建设中出现的热点难点问题，推动科学发展的新鲜经验，应对突发事件的鲜活案例等，编写成教材，供干部学习借鉴。要在干部学习考核中注重理论联系实际能力的考核。一些培训机构探索采取撰写论文、研究报告并答辩的方式对学员进行考核，这是对过去注重知识点考试做法的极大改进，应予以总结推广。

4. **建立健全推动理论联系实际的干部教育培训制度机制。**制度更带有根本性、全局性、稳定性和长期性。建立健全有关制度并加强督促检查，逐步形成机制，是推动理论联系实际的有力保证。要建立健全理论教育制度，将领导干部参加党校、行政学院和干部学院理论学习制度化，明确各级各类干部理论学习的时间、重点、方式等要求，使广大干部及时得到党的创新理论的有效武装。要建立健全培训计划生成机制，把培训需求作为干部教育培训计划生成的首要环节，使理论武装的“运行线”，始终围绕组织、岗位和干部相结合的“需求线”展开，真正做到按需施教、学用结合。要坚持并完善教学评估制度，将理论联系实际情况作为评价课程质量的重要指标，推动教师联系实际开展教学。要建立健全考核激励机制，将学习培训情况特别是掌握理论、运用理论解决实际问题的情况，作为干部年度考核的内容和任用奖惩、评先评优、晋职晋级的重要依据，切实增强干部学习内生动力。

牢牢把握学习型党组织建设的根本

中央政策研究室

学习是国家兴盛之要、政党巩固之基、人生成长之梯、文明传承之途。重视学习、善于学习是党的优良传统和政治优势，是推动党和国家事业蓬勃发展、从胜利走向胜利的重要保证。党领导中国革命、建设和改革的历史就是一部创造性学习的历史。我们党在创造性学习的历史进程中，总是把加强理论武装、提高党员干部思想政治素养摆在首要位置。站在新的历史起点上，党的十七届四中全会作出了建设马克思主义学习型政党、建设学习型党组织的战略决策，这对于提高素质、增强本领，确保我们党在世界形势深刻变化的历史进程中始终走在时代前列，在应对国内外各种风险和考验的历史进程中始终成为全国人民的主心骨，在发展中国特色社会主义的历史进程中始终成为坚强的领导核心，至关重要。当前，深入推进学习型党组织建设，必须把深化理论武装、提高思想政治素养作为根本，抓紧抓实。

一、强化认识，更加自觉地把深化理论武装、提高思想政治素养作为学习型党组织建设的根本

我们党作为一个担负建设中国特色社会主义、实现中华民族伟大复兴的光荣使命的马克思主义执政党，为保持党的先进性和纯洁性、提高

党的执政能力和执政水平，必然要求在推进学习型党组织建设过程中，更加自觉地突出学习的思想性、政治性，把讲政治作为最根本的原则，把深化理论武装作为第一位的任务，把提高各级党组织和党员干部思想政治素养作为最突出的要求。只有这样，才能不断增强党组织的创造力、凝聚力和战斗力，永葆党的生机活力，巩固党的执政地位，实现党的执政使命。

更加自觉地把深化理论武装、提高思想政治素养作为学习型党组织建设的根本，是由我们党鲜明的政治性决定的。马克思主义政党基本属性的一个重要体现，就是在任何时候任何情况下，都坚持从政治上看待和推进学习，牢牢把握学习的方向和主题。忽视了马克思主义政党学习的政治性，学习就会偏离正确的政治方向，就容易流于庸俗化；而党员干部如果思想政治素养不过关、不合格，在错综复杂的形势中就容易迷失方向，就难以抵御各种错误思潮和腐朽思想的影响。

更加自觉地把深化理论武装、提高思想政治素养作为学习型党组织建设的根本，是由我们党的建设历史经验和首要任务决定的。重视在思想上建党，始终把思想理论建设摆在党的建设的首位，是提高党的创造力、凝聚力和战斗力的一条十分重要的经验，是党的建设的根本。建设学习型党组织，如果忽视科学理论武装、不注重提升党员干部思想政治素养，就难以筑牢保持思想政治上清醒和坚定的思想基础，就难以形成全党步调一致的重要思想保证。因此，建设学习型党组织，必须坚持把思想理论建设放在首位，以提高马克思主义理论水平为目标，全面贯彻和体现科学理论武装的要求。

更加自觉地把深化理论武装、提高思想政治素养作为学习型党组织建设的根本，是由我们党在新世纪新阶段履行好执政兴国使命的内在要求决定的。当今世界正处在大发展、大变革、大调整时期，知识创造和知识更新速度不断加快，建设学习型组织、学习型社会，已然成为世界潮流。我国经济社会发展在新世纪新阶段呈现出一系列阶段性特征，我们党在推进改革开放和社会主义现代化建设中肩负的任务、面临的矛盾以及面对的困难前所未有。前进道路上新情况、新问题、新矛盾不断涌现，我们不熟悉、不了解、不懂得的东西还很多。如果不加强学习、不抓紧学习，不能在学习中不断提高自己，就难以敏锐把握时代前进脉搏，科学判断世界发展大势，完成肩负的历史责任；就难以不断深化对共产党执政规律、社会主义建设规律、人类社会发展规律的认识。因此，建设学习型党组织，必须把深化理论武装作为第一位的任务，突出提高思想政治素养这个基本要求，不断深化对中国特色社会主义建设规律的认识，使中国特色社会主义道路越走越宽广。

更加自觉地把深化理论武装、提高思想政治素养作为学习型党组织建设的根本，是由加强我们党的先进性和纯洁性建设的迫切需要决定的。先进性是马克思主义政党的本质属性，是马克思主义政党的生命所系、力量所在；纯洁性是先进性的重要基础和重要体现，是党对党员先进性提出的更高标准和要求。无论是发展党的先进性还是保持党的纯洁性，前提条件是保持党员干部队伍的思想先进、思想纯洁。当前，党员干部队伍总体上是先进和纯洁的，但也面临长期的、复杂的、严峻的执政考验、改革开放考验、市场经济考验、外部环境考验，精神懈怠的危险、能力不足的危险、脱离群众的危险、消极腐败的危险更加尖锐地摆在全党面前。个别党员、干部理想信念不坚定，世界观、权力观、事业观有偏差，“入迷”于、热衷于学迷信、权术、投机、低俗的东西。如果不把深化理论武装、提高思想政治素养作为学习的根本和灵魂，不用当代中国发展着的马克思主义占领党内的学习阵地，只会使党员、干部离先进性和纯洁性越来越远。因此，面对新形势，应对新考验，解决新问题，都要求以对党、对人民、对历史高度负责的态度，深化理论武装、提高思想政治素养，使我们党永葆理论上实践上的先进性、纯洁性。

二、把握实质，更加深刻地理解深化理论武装、提高思想政治素养的基本内涵

把深化理论武装、提高思想政治素养作为学习型党组织建设的根本，内涵很丰富，而其实质就是要把讲政治始终贯穿于推进学习型党组织建设全过程，把科学理论武装作为推进学习型党组织建设的根本任务，把提高思想政治素养作为推进学习型党组织建设的基本目标。思想政治素养居于综合素养的核心位置，体现在思想理论方面的修养与政治上的品格，主要包括理论水平、政治立场、政治方向、理想信念、人生追求等内容。党员干部的思想政治素养，决定着党的领导水平和执政能力。提高思想政治素养，最根本的是要用科学理论武装头脑；检验用科学理论武装头脑的成效，最根本的是思想政治素养的提高。

牢牢把握学习型党组织建设的根本，深化理论武装，最基本的就是把党的基本理论贯注和渗透到党的各项工作之中，进一步健全党内政治生活，增强党的工作的原则性、系统性、预见性和创造性；把党的基本理论作为坚持和改善党的领导、加强和改进党的建设的根本指导思想，不断提高党的领导水平和执政水平、提高拒腐防变和抵御风险能力；通过学习党的基本理论，使广大党员、干部牢固树立辩证唯物主义和历史唯物主义基本观点，把思想统一到党的基本理论、基本路线上来，坚定共产主义远大理想和中国特色社会主义信念，在改革开放和社会主义现代化建设中充分发挥先锋模范作用。

牢牢把握学习型党组织建设的根本，提高思想政治素养，最基本的就是提高党性修养、理论修养、工作修养和作风修养。

对广大党员干部尤其是党员领导干部来说，在新的时代条件下，提高党性修养应当集中体现在对党、对社会主义制度、对国家、对人民、对民族的高度认同和深深热爱。当前，我国正处在发展机遇期、改革攻

坚期、矛盾凸显期，在经济社会发展中难免出现这样那样的矛盾和问题。在正视并努力解决这些矛盾和问题的过程中，必须坚决维护党的领导、维护社会主义制度、维护国家利益、维护民族团结、维护最广大人民群众根本利益。同时，还要维护改革发展稳定大局，增强党的观念和党员意识，时刻不要忘记党章对党员、对党员领导干部的要求，切实做一个能够给党的事业增光添彩的好党员。

提高理论修养应当集中体现在加强对马克思主义理论的学习，加强对毛泽东思想特别是中国特色社会主义理论体系的学习，深入学习贯彻科学发展观，系统掌握马克思主义中国化最新成果，深入领会和把握贯穿其中的立场观点方法，不断提高用马克思主义立场、观点和方法观察、分析、解决问题的能力，不断增强贯彻党的路线、方针、政策的自觉性和坚定性，不断增强政治敏锐性和政治鉴别力，在重大原则问题上始终保持立场坚定、头脑清醒，自觉划清“四个重大界限”。同时要加强对业务工作所需知识的学习。国内外形势在变化，党的事业在发展，只有坚持学习、学习、再学习，才能跟上时代发展步伐，做到解放思想、实事求是、与时俱进。

提高工作修养应当集中体现在增强贯彻民主集中制的意识和作风。民主集中制是我们党的根本组织制度和领导制度。工作中一定要按照民主集中制办事，既要善于发扬民主，充分发挥广大党员的主动性、积极性、创造性，又要善于集中，把集体决议贯彻落实好。要始终同党中央在思想上、政治上、行动上保持高度一致，时刻把党和人民放在心中最高位置，自觉按照“四个服从”办事，坚持党员个人服从党的组织、少数服从多数、下级组织服从上级组织、全党各个组织和全体党员服从党的全国代表大会和中央委员会。

提高作风修养应当集中体现在自觉践行理论联系实际、密切联系群众、批评和自我批评的作风，做一个高尚的人，一个纯粹的人，一个有道德的人，一个脱离了低级趣味的人，一个有益于人民的人。要始终保持艰苦奋斗的工作作风，始终与人民群众同甘共苦、为人民利益不懈奋斗，在自己的岗位上为党和人民作出新贡献。

三、突出重点，更加有效地把深化理论武装、提高思想政治素养这一根本要求落到实处

当前，要把深化理论武装、提高思想政治素养作为学习型党组织建设的根本，切实落到实处，就必须紧密联系党和国家事业的发展要求，紧密联系改革发展中出现的新情况新问题，紧密联系自身世界观和人生观的改造，紧密联系更好地为最广大人民谋利益，坚持以领导班子和领导干部为重点，坚持以年轻党员为重要环节，坚持以全体党员为主体，进一步营造崇尚学习的浓厚氛围。在积极向书本学习、向实践学习、向群众学习中，实现优化知识结构、提高综合素质、增强创新能力的目标。在实现目标过程中更加坚定正确的政治立场、把牢正确的政治方向、凝聚共同团结奋斗的政治力量。

1. 坚持以领导班子和领导干部为重点，在领导干部先学、深学中突出根本。从肩负推进学习型党组织建设的政治责任角度看，党员领导干部特别是中高级领导干部必须以高度的政治责任感、强烈的求知欲和积极的进取精神，坚持以身作则，作不断学习、善于学习的表率。要把学习作为提高素质、增长本领、做好领导工作的根本途径，切实把更多的时间和精力放在学习上，做到先学一步、学深一些，掌握的理论和知识更丰富一些，在全面系统掌握马克思主义理论特别是中国特色社会主义理论体系上走在前面，在学习掌握现代科学知识上走在前面，在弘扬理论联系实际的马克思主义学风上走在前面，努力成为建设学习型党组织和学习型领导班子的精心组织者、积极促进者、自觉实践者，带动全党形成良好学习风气。

在先学、深学中突出根本，必须以高举旗帜、坚定信念、践行宗旨

为根本，加强思想政治建设，在深入学习马克思主义经典著作上下工夫、见实效，在系统掌握中国特色社会主义理论体系上下工夫、见实效，在带头践行社会主义核心价值体系上下工夫、见实效，在运用马克思主义立场、观点、方法解决实际问题、推动实际工作上下工夫、见实效。要真正把理论素养、学习能力作为选拔任用领导干部重要依据这一要求落到实处。

2. 坚持以年轻党员为重要环节，在年轻党员好学、善学中筑牢根本。年轻党员是我们党的新生力量，是党和国家事业的接班人。可以说，年轻党员的思想政治素养如何决定着党和国家事业发展的未来方向。把深化理论武装、提高思想政治素养作为学习型党组织建设的根本，必须突出年轻党员这个重要环节。总体上说，年轻党员基本政治素质较高，勤奋好学，善于学习，积极向上，充满朝气，但不可否认，他们对党内政治生活不太熟悉，党性锻炼和复杂环境考验相对较少。推进学习型党组织建设，应当把关心爱护和培养造就年轻党员摆在关系党和国家事业根本大计的重要位置，在鼓励引导年轻党员好学、善学过程中筑牢根本。

在好学、善学中筑牢根本，必须以加强理想信念教育为核心，加强马克思主义理论学习，加强党的路线、方针、政策和国家法律、法规学习，加强党的历史学习，加强基本国情学习；以牢固树立正确的世界观、人生观、价值观和权力观、地位观、利益观为目标，深入开展“在名利上要有满足感，在能力上要有危机感”教育，坚持学习、学习、再学习，锻炼、锻炼、再锻炼，提高、提高、再提高，更加自觉地加强理论修养、加强党性锻炼、加强能力建设，真正做到在名利待遇上不计较、不攀比、不失衡，在能力问题上不自满、不懈怠、不停滞；以加强党性修养和实践锻炼为重点，鼓励在本职岗位、在基层特别是在艰苦地区、复杂环境、关键岗位砥砺品质、锤炼作风、增长才干，使他们切实做到忠诚党的事业、心系人民群众、专心做好工作、不断完善自己。

3. 坚持以全体党员为主体，在广泛学习、持续学习中把牢根本。我们党已经有8000多万党员，占全国总人口的比例超过6%。作为执政党，推进学习型党组织建设，充分发挥广大党员的主体作用，激发党员的学习热情，满足党员多方面的学习需求，在全党形成浓厚的学习氛围，对推进学习型社会建设，对以优良党风促政风带民风，具有重要的示范、带动作用。

在推动全体党员都要把学习作为一种精神追求中把牢根本，必须建立科学完备的学习制度，推动全党学习的科学化、制度化、规范化。在广泛学习、持续学习中，在个性化、差异化、多元化学习中，把住深化理论武装、提高思想政治素养这个根本，加强党的基本理论、基本路线、基本纲领和基本经验学习教育，加强国家法律法规学习教育，加强国情和形势政策学习教育，加强以群众路线为重点的工作方法学习教育，不断提高思想政治水平，坚定理想信念，增强为党和人民事业不懈奋斗的自觉性和坚定性，由此养成的良好思想政治素养必将对整个社会产生重要榜样、示范和引领作用，必将使各级党组织更好地团结带领广大人民群众坚定地跟党走，坚定对中国特色社会主义的信心和信念，共同为实现中华民族伟大复兴而发奋学习、勇攀高峰、贡献才智。

我们党作为一个在世界上具有广泛影响的马克思主义政党，作为一个带领世界上最多人口前进在社会主义现代化道路上的执政党，只有把深化理论武装、提高思想政治素养作为学习型党组织建设的根本，在学习中统一全党思想、提高综合素质、增强为人民服务本领，才能不断提高领导水平和执政水平，才能更好地担负人民赋予的历史使命，才能站在新的历史起点上全面推进中国特色社会主义伟大事业和党的建设新的伟大工程。

顺应时代要求　着眼科学发展
努力造就学习型领导班子和领导干部

中央直属机关工作委员会

中央发出建设学习型党组织的号召两年多来，一场新的学习热潮正在全党兴起。我们在工作中深深感到，抓好领导班子和领导干部是推进学习型党组织建设的关键。特别是从中央直属机关的情况来看，由于党员干部多，领导干部比较集中，作为党中央的办事机构，在制定和贯彻党的路线方针政策过程中担负着特别重要的职责，在党的各项事业中起着重要的枢纽作用。领导班子和领导干部的学习直接关系到党的路线方针政策能否很好地贯彻落实，关系到中国特色社会主义伟大事业能否顺利发展。因此，我们认为抓好领导班子和领导干部的学习是深入推进学习型组织建设的关键，必须高度重视、认真研究如何抓好领导班子和领导干部的学习，努力造就学习型领导班子和领导干部。

一、造就学习型领导班子和领导干部必须适应时代发展要求

我们党历来重视学习，总是根据形势和任务的变化向全党提出学习的任务，特别是在每一个重大历史转折时期，都把加强学习作为战胜艰难曲折、夺取新胜利的重要法宝，极大地推动了党的事业的蓬勃发展。

面对世界的新变化、形势的新发展，党中央又把建设学习型党组织的重大任务提到全党面前。作为建设学习型党组织的重要组成部分，造就学习型领导班子和领导干部，必须充分认识并努力适应时代发展对领导班子和领导干部提出的新要求。

1. **加强党的自身建设迫切需要造就学习型领导班子和领导干部。**党的十七届四中全会提出了建设学习型党组织的重大战略任务，把学习与党的性质宗旨、党的生存发展紧密联系起来，与党的思想、组织、作风、制度建设和反腐倡廉建设紧密联系起来，与完成党的执政使命、更好地造福人民紧密联系起来，是党的建设理论和实践的一个重大创新。当前，在世情、国情、党情发生深刻变化的新形势下，我们党面临着执政考验、改革开放考验、市场经济考验、外部环境考验，同时也面临着精神懈怠的危险、能力不足的危险、脱离群众的危险、消极腐败的危险。各级领导班子和领导干部是党的建设的领导者，在加强党的建设中负有重要责任。加强党的自身建设迫切需要抓好各级领导班子和领导干部的学习，不断提高经受考验和防止危险的能力。

2. **推动各项事业发展迫切需要造就学习型领导班子和领导干部。**建设中国特色社会主义，是一项前无古人的开创性事业，是一个在理论与实践上不断探索的过程。经过长期奋斗，我们党团结带领全国各族人民成功开辟了中国特色社会主义道路，取得了举世瞩目的伟大成就。但是也要看到，前进道路上新情况、新问题、新矛盾不断涌现，我们不熟悉、不了解、不懂得的东西还很多。各级领导班子和领导干部是经济社会发展各项事业的引领者和各项政策的制定者，决定和影响着经济社会建设的前进方向。推动经济社会各项事业的科学发展迫切需要各级党组织和广大党员干部，特别是各级领导班子和领导干部在新的实践中重新学习、继续学习，切实掌握和运用好党的理论创新成果，不断深化对中国特色社会主义规律的认识，不断完善适合我国国情的发展道路和发展模式。

3. **提高干部能力素质迫切需要造就学习型领导班子和领导干部。**当今世界，要想在日益激烈的竞争中居于主动地位，就必须积极主动地学习，不断提高自身的综合素质和竞争能力。各级领导班子和领导干部是建设学习型党组织的精心组织者、积极促进者和自觉实践者，在学习型党组织建设中不但负有重要的领导和指导责任，而且发挥着重要的示范带头作用。提高干部队伍能力素质迫切需要各级领导班子和领导干部切实把学习作为一种政治责任、一种精神追求、一种生活方式，从执政兴国、提高为人民服务本领的高度，自觉按照“科学理论武装、具有世界眼光、善于把握规律、富有创新精神”的总要求，以强烈的求知欲和积极进取精神抓好学习。通过坚持不懈地向书本学习，向实践学习，向群众学习，使自身的知识面更加宽广，视野更加开阔，业务更加熟悉，决策更加科学，能力更加提升，素质更加提高，用自己的实际行动带动更多党员干部投身到学习中。

4. 应对复杂国际形势迫切需要造就学习型领导班子和领导干部。当今世界正处在大发展大变革大调整时期，世界多极化、经济全球化、社会信息化深入发展，世界经济格局发生新变化，国际力量对比出现新态势，全球思想文化交流交融呈现新特点，发达国家在经济、科技等方面仍占优势，综合国力竞争和各种力量较量更趋激烈，不确定不稳定不安全因素明显增加。在这种形势下，一方面，各方对我的借重和合作意愿加强，我战略运筹和回旋空间加大，“中国道路”、“中国模式”越来越受到国际社会的关注和认同；另一方面，西方敌对势力加紧对我西化分化、牵制遏制、捧杀棒杀，千方百计挤压我战略空间和发展环境，我国承受的外部压力越来越大。应对这样复杂的国际形势迫切需要各级领导班子和领导干部加强学习，进一步增强统筹国内国际两个大局的意识，准确把握当今世界的时代潮流和发展趋势，正确分析我国所处的国际地位和面临的国际环境，深刻认识我们党坚强领导的政治优势和中国特色社会主义的制度优势，进一步提高应对复杂国际形势的能力和水平。

二、造就学习型领导班子和领导干部必须立足干部队伍现状

当前，我们党的干部队伍构成发生很大变化，干部队伍思想、素质、能力出现许多新情况新问题。造就学习型领导班子和领导干部，必须紧密结合这些新情况新问题，紧密结合领导班子和领导干部在加强学习、推动工作方面的实际需要，特别是在提高思想认识和素质能力方面的实际需要，进一步明确努力方向，在不断增强针对性上下工夫。

1．**以理想信念为核心不断提高领导班子和领导干部的政治素养。**崇高的理想、坚定的信念，是推动党和人民事业前进的强大精神力量。当前，党员队伍的主流是好的，绝大多数党员具有坚定的理想信念，在改革开放和社会主义现代化建设中保持了先进性，发挥了先锋模范作用。但随着我国改革开放深入发展，社会经济成分、组织形式、利益关系和分配方式日益多样化，人们思想活动的独立性、选择性、多变性、差异性日益增强。在这种形势下，一些党员容易理想信念动摇，被物质追求牵着走，贪图享乐、不思进取。提高领导班子和领导干部的政治素养，就要引导领导干部努力掌握马克思主义立场、观点、方法，不断提升理论水平，不断增强贯彻落实中国特色社会主义理论体系的自觉性和坚定性，做到真学、真懂、真信、真用；就要引导领导干部不断增强政治敏锐性和政治鉴别力，不断增强政治意识、大局意识、责任意识、忧患意识，把思想统一到中央的路线方针政策上来，在政治上思想上行动上与党中央保持高度一致；就要引导领导干部牢固树立正确的世界观、权力观、事业观，坚守共产党人的精神家园，真正保持对马克思主义的坚定信仰，对社会主义、共产主义的坚定信念，对改革开放和社会主义现代化建设的坚定信心；就要引导领导干部从党和人民事业发展的高度，充分认识思想纯洁是马克思主义政党保持纯洁性的根本，切实解决在对待

是与非、公与私、真与假、实与虚的态度和行为方面存在的问题，善于辨别和分清政治上的大是大非，正确处理公与私的关系，不断增强自我净化、自我完善、自我革新、自我提高能力，始终坚持党的性质和宗旨，永葆共产党人政治本色。

2．以知识更新为目的不断优化领导班子和领导干部的知识结构。当今时代的迅猛发展对领导班子和领导干部的学习提出了新的更高要求。特别是面对现代科学技术日新月异，新发明、新创造层出不穷，知识生产、知识传播不断加速，知识和人才成为社会发展进步的第一资源，知识经济、创意产业成为重要经济形态，创新能力成为综合国力和国际竞争力的核心因素。重视和加强学习，倡导建设学习型组织、学习型社会，已经成为一股世界潮流。优化领导班子和领导干部的知识结构，就要引导领导干部以时代发展的要求审视自己，以改革创新的精神提高自己；就要引导领导干部学习掌握一切科学的新思想、新知识、新经验，顺应时代发展实现知识的不断更新；就要引导领导干部进一步解放思想、增强创新意识和创造能力，使各项工作更好地体现时代性、把握规律性、富于创造性。

3．以领导能力为中心不断增强领导班子和领导干部的实践能力。经过改革开放30多年的发展，我国已站在新的历史起点上，进入新的发展阶段。这既是一个发展机遇期，也是改革攻坚期、矛盾凸显期，呈现出一系列新的阶段性特征。经济社会发展中不平衡、不协调、不可持续的问题依然突出，制约科学发展的体制机制障碍仍然不少，改革发展中的“两难”问题明显增多。特别是随着利益格局深刻调整，各种利益关系更趋复杂，协调各方面关系、化解社会矛盾的压力不断加大。这些都对领导干部的工作本领和领导水平提出新的更高要求，如果不加强学习，就难以胜任肩负的责任和使命，难以成为合格的领导者和管理者。增强领导班子和领导干部的实践能力，就要引导领导干部开拓新思路、提出新办法、完善新举措，努力增强谋划发展、统筹发展、优化发展、推动发展的本领；就要引导领导干部深入研究把握社会矛盾的新特点新变化，积极应对和化解各种困难风险，增强做好群众工作、加强创新社会管理的本领；就要引导领导干部深入研究把握事业发展的新趋势新课题，不断深化对经济社会发展规律的认识，增强工作的原则性、系统性、预见性。

4．以依靠群众为重点不断坚定领导班子和领导干部的群众立场。密切联系群众是我们党的优良作风，也是最大的政治优势。人类一切文明成果都是劳动人民创造的，群众中蕴藏着无穷的智慧和力量。各种困难和问题，只要得到了群众的理解和拥护，群众有了积极性、创造性，就能得到较好地解决。坚定领导班子和领导干部的群众立场，就要引导领导干部带着感情，带着责任深入群众当中，真正依靠人民群众来解决发展中的困难和问题，在问政于民、问需于民、问计于民中贴民心、察民情，使工作更加有创新、有特色、有活力、有发展；就要引导领导干部深入改革发展生动实践，加强调查研究，诚诚恳恳向群众请教，老老实实向群众学习，集中民意，不断总结人民群众创造的新做法新经验；就要引导领导干部把维护群众的利益作为作决策、定政策的出发点和落脚点，统筹协调各方面利益关系，切实办好顺民意、解民忧、惠民生的实事，让人民共享改革发展成果。

三、造就学习型领导班子和领导干部必须突出重点务求实效

当前，全党正在兴起新一轮学习热潮。这一轮学习热潮与以往相比呈现出一些新的特点。比如，更加强调结合实际问题学习，通过学习着力研究解决影响改革发展稳定的突出问题、党的建设存在的突出问题、人民群众最关心最直接最现实的利益问题，使学习过程成为研究问题解决问题的过程；更加强调有组织的团队学习，进一步形成并强化党组织

的共同目标和集体意志，使学习的过程成为凝聚组织士气、提高集体智慧的过程；更加强调研讨互动式学习，通过研讨交流，使学习的过程成为互相学习、互相启发、共同提高的过程，从而达到更好的学习效果；更加强调以提高能力为目的的学习，在提高综合素质的同时，通过学习不断提高学习知识的能力、研究问题的能力、推动工作的能力。针对这些特点，造就学习型领导班子和领导干部要取得实效应该重点从以下几个方面着手。

1. **造就学习型领导班子和领导干部要在科学安排内容上求实效。**结合实际需要科学安排学习内容，增强学习的针对性，不断提高学习质量，要重点学习以下内容：一是政治理论。认真学习马克思列宁主义、毛泽东思想和中国特色社会主义理论体系，特别是深入学习科学发展观，努力掌握贯穿其中的马克思主义立场、观点、方法，增强政治敏锐性和政治鉴别力，提高理论素养，坚定理想信念。二是现代化建设所需要的各方面知识。努力学习现代化建设所需要的经济、政治、文化、科技、社会和国际等各方面知识，在不断优化知识结构、开阔思路、把握规律中，提高战略思维、创新思维、辩证思维能力，提高认识问题、分析问题、解决问题的能力。三是科学的管理知识。领导工作是一种层次较高的管理工作，它要求必须精通并能娴熟地运用公共管理知识和专业知识。在努力学习公共管理知识的同时，作为领导者，只有熟练掌握本专业知识，才能做到运筹帷幄。四是国内外的先进经验。实践积累着宝贵的经验，群众中蕴藏着丰富的智慧。领导干部既要向书本学习，更要向实践学习、向群众学习。要积极学习人类社会的一切文明成果，科学分析和善于借鉴其他国家的先进经验，把别国的现代化先进成果转化为我国经济社会发展的助推力。

2. **造就学习型领导班子和领导干部要在创新方式方法上求实效。**紧密结合新时期领导班子和领导干部的学习工作生活实际和特点，认真研究并积极探索切实可行的方式方法，要重点从以下几个方面抓好创新：

一是创新集体学习的方式。坚持把集体学习作为党委（党组）中心组学习的主要形式，确定重点题目，并有必要的时间保证，深入开展研讨式、互动式、案例式等多种形式的学习，安排班子成员在集体学习时轮流讲课、重点发言、参与发言或交流学习体会。二是创新调查研究的方式。深入实际、深入基层、深入群众，认真开展调查研究，亲自动手梳理调研问题，撰写调研报告，把理论学习同本部门本单位的实际工作结合起来，用科学的理论来指导实际工作，通过实际工作来深化对理论的认识，把学习成果转化为谋划工作的思路、解决问题的本领、改进工作的措施、促进发展的动力，努力做到学以致用，用以促学，学用相长。三是创新组织培训的方式。充分发挥党校、行政学院、干部学院在教育培训中的主渠道、主阵地作用，创新培训理念、培训内容、培训方式，不断改进对领导干部的教育培训。充分运用好各级各类新闻媒体和互联网、手机等新兴媒体，加强数字图书馆、数字出版物等学习教育平台建设，不断提高领导干部学习教育的信息化水平。在大力开展组织培训的同时，鼓励和支持领导干部根据自己的实际需要，自主选择学习内容、学习方式、教育机构开展学习。

3．造就学习型领导班子和领导干部要在不断改进学风上求实效。学习的目的全在于运用，学习的成效要靠实践来检验。加强学风建设，坚持理论联系实际，着力解决实际问题，要重点从以下几个方面改进学风：一是大力弘扬求真务实精神，把学习与推动本地区本部门本单位的工作结合起来，找准切入点、抓住着力点，在研究解决影响改革发展稳定的突出问题上求实效，在研究解决党的建设存在的突出问题上求实效，在研究解决人民群众最关心最直接最现实的利益问题上求实效。二是总结推广加强学风建设、破解发展难题的成功经验，引导党员干部深化对改进学风积极性的认识，自觉弘扬马克思主义学风。三是围绕推动科学发展亟待解决的突出问题，深入一线、深入群众开展调查研究，形成一批有理论深度和实践价值的调研成果，努力把学习的成效转化为推动实际工作的思路和措施。

4．造就学习型领导班子和领导干部要在加强制度建设上求实效。认真总结领导干部学习教育的经验，推进领导班子和领导干部学习教育的科学化、制度化、规范化，要重点加强以下几个方面的制度建设：一是学习培训制度。认真落实中央《关于进一步加强和改进党委（党组）中心组学习的意见》，建立健全党委（党组）中心组集体学习制度。建立健全主题教育制度，形成结合党和国家重大部署、重大活动、重大节庆日纪念日等组织领导干部学习的工作机制。建立学习联系点制度，领导班子成员根据职责分工和分管单位，检查指导或参加联系点单位和部门班子成员的学习活动。二是学习考核制度。强化考核评价，建立健全科学、合理的学习绩效评价制度。重点考查领导班子和领导干部对理论学习的认识和态度；考查学习计划落实情况；考查理论联系实际、学以致用的情况。三是学习激励制度。把领导干部学习情况的考核与干部的奖惩、评优、晋升和使用挂起钩来。推行领导班子和领导干部的述学、评学，让广大群众监督领导班子和领导干部的学习情况。四是学习保障制度。建立健全有关制度，在学习经费投入，加强培训阵地、文化设施、学习场所的软硬件建设等方面，为学习活动创造良好的条件，提供必要的保障。

积极在实践中探索和把握规律 努力提高学习型党组织建设科学化水平

中央国家机关工作委员会

努力提高学习型党组织建设科学化水平，把学习型党组织建设工作不断引向深入，是摆在各级党组织面前迫切需要探索和解决的重大课题。我们必须以高度的政治自觉，充分认识其重要意义，积极探索把握基本规律，认真总结方式方法，不断开拓马克思主义学习型政党建设的新境界。

一、提高学习型党组织建设科学化水平的重要意义

这是适应新形势新任务的客观要求。当前我国发展正处于重要战略机遇期，化解外部不利影响、维护社会稳定的压力进一步加大，统一思想、凝聚共识、化解矛盾、促进和谐的压力进一步加大。学习型党组织建设随着新形势新任务的发展变化，认真总结实践中的经验和规律，不断深化思想认识，增强学习型党组织建设工作的原则性、系统性、预见性和创造性，不断提高学习型党组织建设科学化水平。

这是破解学习型党组织建设面临的现实问题的迫切需要。目前一些

党员干部和党组织的学习状况不容乐观。这里面既有学习态度、学习方法的问题，也有对学习抓得还不够紧、不够实的问题。由此暴露出的问题，正是提高学习型党组织建设科学化水平必须破解的现实课题，只有正视和彻底解决这些问题，学习型党组织建设才能始终保持昂扬向上的活力。

这是推进建设马克思主义学习型政党的内在要求。建设学习型党组织将学习提升到党组织最鲜明特征的高度。提高学习型党组织建设科学化水平就是要积极探索和把握规律，认真总结方式方法，不断推进学习的常态化、制度化、系统化建设，解决学习目标、学习动力、学习方法、学习保障机制等方面存在的问题；不断推进学习型党组织建设向纵深发展，使学习真正固化为党组织的基本特征。

二、提高学习型党组织建设科学化水平的基本规律

提高学习型党组织建设科学化水平的首要任务是深化理论武装。面对新形势新任务的要求，我们必须把学习科学理论作为学习型党组织建设的第一任务，坚持用中国特色社会主义理论体系武装头脑，不断增强学习贯彻中国特色社会主义理论体系的自觉性坚定性；深入学习实践科学发展观，着力转变不适应不符合科学发展要求的思想观念，着力解决影响和制约科学发展的突出问题，着力解决党员领导干部党性党风党纪方面群众反映强烈的突出问题；广泛开展社会主义核心价值体系的学习教育，以党员干部的模范带头作用推动全社会自觉践行，不断保持党的先进性纯洁性。

提高学习型党组织建设科学化水平的根本目的是促进中心工作。学习的目的全在于应用。中央国家机关担负的重要职能和在全局中所处的重要地位，要求我们抓学习型党组织建设必须坚持学以致用，围绕我国经济社会发展中的重大问题、深层次理论和社会热点难点问题、党员干

部普遍关心的问题，宣讲国家政策，引导广大党员干部认清形势、明确任务，以思想到位引领行动到位。紧密联系党和国家事业发展的要求开展学习，研究和解决我国改革发展稳定中带有全局性、战略性的问题，理清发展思路，科学谋划工作，真正把学习型党组织建设的成效体现到指导实践、推动工作上。

提高学习型党组织建设科学化水平的核心内容是增强干部队伍素质。理论武装工作必须有针对性，区分不同层次，满足不同人员需求。要充分发挥中心组学习的龙头带动作用，在懂大局、谋大事、抓方向上下工夫，加强对全局性、战略性、系统性问题的专题研讨；着重在培养局处级干部谋划发展能力、科学决策能力、带好队伍能力方面下工夫，提高履职尽责的本领；着重在培养青年干部坚定理想信念、提高工作能力、锤炼工作作风上下工夫，引导青年干部在改革发展的一线经受锻炼、改进作风、不断成长。

提高学习型党组织建设科学化水平的重要动力是坚持改革创新。学习型党组织建设不断创新，才能体现时代特点、贴近党员需求、富有实际成效。我们必须适应当前形势发展变化的需要，适应国家机关广大党员干部的学习需求，认真研究党组织和党员状况的新变化，深入探索组织学习的特点和规律，在总结经验的基础上，更新学习理念，创新学习方式，科学选择学习内容，灵活选择学习形式，广泛搭建学习平台，使广大党员干部学得方便，学得生动，学得愉快，学得有效。

提高学习型党组织建设科学化水平的重要保证是建立健全体制机制。一套科学完备、符合实际、行之有效的学习制度将为实现学习型党组织建设的规范化和常态化提供有力保障。要进一步通过强化领导责任机制，形成一级抓一级、一级带一级、层层抓落实的责任机制。通过强化学习考核评估机制，变“软”要求为“硬”管理，形成良好的激励约束机制，使学习真正转化为全体党员干部的自觉行动。

三、提高学习型党组织建设科学化水平的方式方法

丰富途径。我们各级党员干部一定要坚持向书本学习，拓宽知识领域，改善知识结构，以适应多领域多层次多岗位需要；坚持向实践学习，把改革发展的主战场、维护稳定的第一线、服务群众的最前沿，作为砥砺品质、增长才干、开创事业的最好课堂和广阔舞台；坚持向群众学习，积极问政于民、问需于民、问计于民，反映民意、集中民智，形成推动科学发展的强大合力。

搭建平台。经过近几年的努力打造，中央国家机关工委已经形成面对部级干部的部长历史文化讲座、面对局处级干部的“强素质、作表率”读书活动、面对青年干部的名家系列知识讲座为基础的立体学习网络，发挥了对所属各部门学习平台建设的示范引领作用。不久前，我们启动“中央国家机关十大学习品牌”展示活动，在人民网等网站进行展示，在各部委进行巡展，产生了积极和广泛的影响。实践证明，通过创建各种学习平台，扩大学习覆盖面，有效地增强了学习型党组织建设深入开展的内生动力和群众基础。

分类指导。目前党的关系隶属于中央国家机关工委的部门和单位有100个，这决定了我们的学习型党组织建设工作必须分门别类，科学指导。要针对不同部门和单位学习型党组织建设中发现的问题和困难，进行多渠道、分层次的深入调研，制定解决办法，不能简单地一刀切。要鼓励并支持各部门各单位根据自身行业特点，大胆探索，不断增强学习型党组织建设的针对性实效性。

典型示范。注意总结和发现推动工作有力、载体设计新颖、工作机制健全、学习成效显著的先进单位，评选学习理念先进、学习愿景明晰、学习能力较强、学习成效显著的先进个人，通过组织座谈会、报告会、理论研讨会、现场推进会等形式，通过报纸、电视、网络等新闻媒

体，推广先进典型经验，引导各级党组织和广大党员干部自觉以先进为榜样，培育和营造崇尚读书学习的良好风气。

创新手段。目前网络媒介已经成为理论传播的阵地、相互学习交流的平台、展示典型经验的窗口，也为学习型党组织建设创造了快捷便利的技术条件。学习型党组织建设必须积极运用信息网络技术，努力探索现代远程开放教育的规律与特点、网上教学及教学管理的模式和方法，通过建立各种专题性学习网站等，不断提高广大党员干部参与学习的信息化水平，保持学习的持久吸引力。

学无止境。学习型党组织建设永远都是“进行时”，我们必须以高度的政治自觉和奋发有为的精神状态，推进学习型党组织建设向纵深发展，为加强党的建设、推动科学发展、促进社会和谐提供强有力的思想保证和智力支持。

加强学习型党组织建设提高领导“三农”工作的能力和水平

中央农村工作领导小组办公室

加强学习型党组织建设是全党的一项重大战略任务，农业、农村、农民工作是全党工作的重中之重。通过学习型党组织建设，提高各级党组织领导“三农”工作的能力和水平，是一个重大的理论和实践课题。

一、做好新时期“三农”工作迫切需要加强学习型党组织建设

“三农”工作关系到党和国家事业发展全局，做好新时期“三农”工作责任重大，任务艰巨，迫切需要加强学习型党组织建设，不断提高各级党组织领导“三农”工作的能力和水平。

1. 解决好“三农”问题是全党工作的重中之重。我们党始终重视“三农”工作，特别是以胡锦涛同志为总书记的中央领导集体把“三农”工作提到了全党工作重中之重的战略地位和高度。首先，农业是整个国民经济的基础。民以食为天，吃饭是生存的第一需要。农业是安天下、稳民心的基础产业，它始终关系到我们这样一个十几亿人口大国

的吃饭问题。充足的粮食和农产品供给也是其他产业发展的基础，是保持物价稳定和整个国民经济持续健康较快发展的基本支撑。其次，农业农村现代化是我国现代化建设的重点和难点。全面建设小康社会是惠及十几亿人口的伟大事业。对照这个要求，最大的差距在农村；实现这个目标，最艰巨、最繁重的任务在农村。没有农民的小康就没有全国人民的小康，没有农村的现代化就没有国家的现代化。当前我国经济社会发展中存在的不平衡、不协调、不可持续问题，集中表现在城乡结构不平衡上，表现在城乡发展差距上。改革开放以来，党中央实施了一系列强农惠农富农政策，农村面貌发生了翻天覆地的变化，但农村基础设施落后、农村社会事业滞后、农民收入水平较低的状况仍然没有根本改变，推进农业农村现代化仍然是我国现代化建设的长期战略任务。再次，农民是我们党执政的基础力量。农民占我国人口的大多数，是我国现代化建设的主力军，我们必须始终把农民利益、农民意愿、农民要求作为我们党制定方针政策的基本出发点和落脚点。但在实际工作中，一些地方党组织和领导干部对“三农”工作的重要性认识不到位、工作不上位的现象还在相当程度上存在。一是自觉不自觉忽视和放松“三农”工作，总是热衷于抓大项目、大投资，热衷于城市建设、城市美化，热衷于 GDP 的增长速度，而对周期长、见效慢的农业生产重视不够，对农业和农村经济发展中遇到的资金、技术、人才短缺问题以及农产品流通、农业生产新型组织发展遇到的实际困难，没有花足够的时间和精力去解决。二是侵害农民利益问题时有发生，集中表现在强迫流转农民承包地、农民“被上楼”、强征强拆农民土地房屋、农民社会保障水平低、拖欠农民工工资等方面，导致一些地方不时发生群体性事件。三是乡村治理缺失较为严重。一些地方农村基层组织建设薄弱，村级组织软弱涣散，拉票贿选较为普遍，村务公开流于形式，农村留守儿童、妇女、老人问题突出，等等。产生这些问题的根本原因是没有深刻领会新时期中央对“三农”工作的战略定位和工作部署，没有牢固树立科学发展观和正确的政绩观，迫切需要通过加强学习型党组织建设来解决。

2. **新时期“三农”工作的复杂性和艰巨性迫切要求加强学习型党组织建设**。经过30多年的改革开放，“三农”工作取得了举世瞩目的成就。但也要看到，当前农业农村发展仍面临着诸多矛盾挑战。巩固和发展农业农村好形势、持续缩小城乡经济社会发展差距，困难极多、任务极重。一是农业资源约束趋紧，农业基础设施薄弱，保持粮食等主要农产品稳定增长的难度不断加大。二是农村劳动力持续外流，农业经营方式创新不足，今后谁来种地的问题日益突出。三是农村基本公共服务供给不足，基础设施建设缺乏长效机制，城乡差距仍然较大。四是二元体制壁垒尚未打破，农村产权制度改革进展迟缓，农民进城落户障碍依然不少。五是农村社会结构日趋复杂，乡村治理方式转变滞后，加强和创新农村社会管理任务繁重。新时期“三农”工作面临的新形势新挑战，决定了我们绝不能再用旧思维、老经验、老办法去进行思考和开展工作，迫切需要各级党组织与时俱进，通过学习型党组织建设来不断研究新情况，解决新问题。特别需要指出的是，各级党委领导班子换届后，一大批年富力强、知识层次高的年轻干部进入领导班子，给党的组织增添了新鲜的血液和朝气。但也要看到，这些同志在领导“三农”工作的感情、阅历、经验方面还需要加强学习和锻炼。有些同志缺乏对农业和农民的深厚感情，缺乏农村工作的经历和经验，容易把“三农”工作弱化、泛化、简单化，亟须通过学习型党组织建设来加以提升和强化。

二、把提高领导“三农”工作的能力和水平作为学习型党组织建设的重要内容

学习型党组织建设要把提高各级党组织和领导干部领导“三农”工作的能力和水平作为重要内容，着力提高驾驭“三农”工作全局的能力，提升把握“三农”工作规律的水平，丰富履行“三农”工作职

责的学识。

1. 着力提高驾驭“三农”工作全局的能力。要把“三农”工作放到现代化建设全局中来思考。“三农”工作关系到我国现代化建设的全局。从世界现代化发展进程、特别是一些发展中国家现代化建设经验教训来看，能否处理好工业与农业的关系、城市和农村的关系、市民与农民的关系，直接关系到现代化的成败。要从农业在现代化建设全局中的基础性战略性地位来把握农业问题，不能简单地以农业生产总值在GDP比重来衡量其地位和价值。要看到农业为工业发展作出的历史性贡献，坚持工业反哺农业；要从农村在建立和谐社会中的关键作用来把握农村问题，加大资源配置向农村倾斜的力度，坚持城市支持农村；要从农民在实现全面奔小康目标中的特殊身份来把握农民问题，注重维护他们的基本权益特别是以土地为核心的财产权利，提高他们的收入水平和幸福指数，坚持多予少取放活。要把“三农”工作放到城乡统筹中来谋划。要坚持统筹城乡规划和土地利用，合理安排市县域城镇建设、农田保护、产业聚集、村落分布、生态涵养等空间布局；要坚持统筹城乡产业发展，优化农村产业结构，发展农村服务业和乡镇企业，引导城市资金、技术、人才、管理等生产要素向农村流动；要坚持统筹城乡基础设施建设和公共服务，全面提高财政保障农村公共事业水平，逐步建立城乡统一的公共服务制度；要坚持统筹城乡劳动就业，建立城乡统一的人力资源市场，引导农民有序外出就业，鼓励农民就近转移就业，加强农民工权益保护，扶持农民工返乡创业；要坚持统筹城乡社会管理，推进户籍制度改革，放宽中小城市落户条件，使在城镇稳定就业和居住的农民有序转变为城镇居民。

2. 着力提升把握“三农”工作规律的水平。要把握农业生产的规律，不能简单用工业化思维发展现代农业。农业生产具有经济发展的共性，都涉及劳动者、劳动资料、劳动对象、科学技术、科学管理等要素的投入产出。但农业生产又具有特殊性，是利用自然力对有生命的动植物进行物质生产的部门。农业的发展，不仅取决于劳动者、社会提供的生产资料、科学技术和科学管理等社会生产力因素，而且还取决于土地资源、气候资源、水资源和生物资源等自然条件及其对农业的影响。同时农业产品的生产与供给还受到非价值规律因素的影响，加之我国人多地少、自然条件复杂的特殊国情，决定了农业生产更具复杂性、特殊性。因此，必须努力把握和切实规避农业的自然风险、市场风险、社会风险。

要把握农村发展的规律，不能简单用城市化思维建设新农村。社会主义新农村建设是一个循序渐进的发展过程，不能急于求成，需要下真工夫、慢工夫、长工夫；不能不顾各地客观实际，凭拍脑袋、想当然作决策、抓建设。要遵循内外因变化的规律，尊重农民意愿和选择。乡（镇）党委、政府和村党支部、村委会等基层组织特别是广大农民是社会主义新农村建设的主体，他们的积极性主动性如何，直接关系到工作的成败。各级党委必须牢固树立依靠基层组织和广大农民建设社会主义新农村的观念，注重强基固本，注重调动他们自身的积极性，注重把工作着力点放在提高他们自身的建设能力上。

要把握农民工作的规律，不能用单一思维开展农民工作。农业生产有特殊性，农民工作也具有特殊性，因而需要对广大干部加强以群众路线为重点的工作方法教育。要适应当代农村经济特点，针对不同情况做农民的工作，切忌强制一律、整齐划一、齐步推进。要了解农村治理结构和文化特点，遵循党章和村民委员会组织法，尊重村民自治权利，充分发挥村党支部、村委会、村集体经济组织的作用，综合运用法律、政策、思想教育、文化教化等手段，有效开展农民工作。在涉及农民切身利益的问题上，要充分尊重农民意愿，切忌强迫命令。

3. 着力丰富履行“三农”工作职责的学识。新形势下的“三农”工作涉及政治、经济、文化、社会多个方面，对各级党组织及其领导干部做好“三农”工作提出了更高的要求。要努力掌握农业生产知识，包括农林牧渔业特别是粮食生产、农业经济发展的知识；要努力掌握农村改革发展方面的法律和政策，包括中央关于“三农”工作的重大决策、各项强农惠农富农政策，有关村民自治、土地、农业合作社等方面的法律法规；要努力掌握现代农业科技知识，包括粮食丰产技术、农业装备、食品安全、节水农业、设施农业等基本知识；要努力掌握其他相关知识，包括与发展现代农业相关的市场流通、现代管理、金融、国际贸易知识。

三、坚持理论联系实际的马克思主义学风，提高领导“三农”工作的能力和水平

加强学习型党组织建设，必须坚持理论联系实际的优良学风，在实践中提高领导“三农”工作的能力和水平。

1. 带着责任、感情、激情做“三农”工作。我们党是全心全意为人民谋利益的马克思主义政党，让全体人民过上幸福的生活，是共产党人的庄严承诺和崇高使命。要把学习成效转化为坚持中国特色社会主义共同理想的坚定信念，转化为与农民群众同呼吸、共命运、心连心的真挚情感。要始终清醒地认识到，农业基础仍然薄弱，最需要加强；农村发展仍然滞后，最需要扶持；农民增收仍然困难，最需要加快。带着责任做“三农”工作，就是要从党的执政责任、执政使命上认识和把握“三农”工作，以对党的伟大事业、对国家建设全局、对农民群众高度负责任的态度投入到“三农”工作中去。带着感情做“三农”工作，就是保持党和农民群众的血肉联系，怀着对农民群众的深厚感情，满怀深情地了解农民的意愿和要求，满腔热忱地帮助农民解决生产生活中的实际困难。带着激情做“三农”工作，就是要怀着干一番事业的信念，不惧怕困难，不回避矛盾，敢于啃硬骨头。

2. 建立推动“三农”工作不断创新的长效机制。“三农”问题将

伴随我国整个现代化进程的始终，解决“三农”问题不可能一蹴而就，也不能靠运动式的工作方式。要坚持解放思想、实事求是、与时俱进，深入思考在粮食连续增产形势下如何做到粮食生产不滑坡、在农民收入持续增长形势下如何做到农民增收不停滞、在“三化”同步的推进中如何做到农业现代化不落伍、在统筹城乡过程中如何尽快缩小城乡差距、在城镇化发展中如何保障农民特别是农民工的基本权益等重大问题。要把这些问题时时装在脑子里，落实在工作中。要不断探索和创新“三农”工作方式，努力建立长效工作机制。

3. 在实践中提高做好“三农”工作的能力和水平。实践是检验学习型党组织建设成效的重要标准。向实践学习、向群众学习，是我们党一贯倡导的优良学风，也是建设学习型党组织的关键所在。要积极投身农业农村火热的实践中，真正扑下身子而不是玩花架子，持久投入而不是一阵风，在实践中接受教育。要把理论学习和思考的成果用于农业农村工作实践，指导实践并接受实践检验，在实践中增长才干。要在农业农村工作实践中发现先进典型和突出问题，不断总结经验、完善办法、推动工作，在实践中作出贡献。要尊重农民群众的首创精神，热情地支持农民群众，真诚地帮助农民群众，有效地引导农民群众。

努力造就学习型领导干部学以立德、学以增智、学以创业

张伯里

适应时代发展要求，不断学习、善于学习，是中国共产党始终走在时代前列、引领中国发展进步的决定性因素。党的十七届四中全会从全面推进中国特色社会主义伟大事业和党的建设新的伟大工程的全局出发，明确提出建设马克思主义学习型政党的重大战略任务。胡锦涛总书记在庆祝中国共产党成立90周年大会上的重要讲话中，谈到建设马克思主义学习型政党时，要求“全体党员、干部都要把学习作为一种精神追求”，“真正做到学以立德、学以增智、学以创业”。建设学习型政党，基础在于建设学习型党组织；建设学习型党组织，关键在于努力造就学习型领导班子和领导干部。领导干部发挥着示范引领、教育引导作用。领导干部是否真正做到学以立德、学以增智、学以创业，直接关系学习型党组织建设的总体成效，直接关系学习型政党建设的深入推进。

一、学以立德，努力打牢领导干部思想理论和政治信念基础

我们共产党人强调的德，是包括思想素质、政治品质和道德品行在内的综合性概念。学以立德，就是要求领导干部通过学习，进一步提升

思想理论素养、思想政治水平和道德水平，坚定共产主义的远大理想和中国特色社会主义的共同理想，确立正确的世界观、人生观、价值观和权力观、地位观、利益观，增强为党和人民事业不懈奋斗的自觉性和坚定性。

1. 领导干部要通过加强学习马克思主义基本理论坚定理想信念。坚持以理想信念凝聚力量，是我们党的一大政治优势；注重加强理想信念教育，是我们党思想理论建设的一条基本经验。坚定的理想信念来自于对理论的正确认知和高度认同。因此，加强理想信念教育，第一位的是加强马克思主义基本理论教育。要推动领导干部通过深入学习马克思列宁主义、毛泽东思想，深入学习邓小平理论、“三个代表”重要思想以及科学发展观等重大战略思想，深刻领会贯穿其中的马克思主义立场、观点和方法，全面系统地掌握中国特色社会主义理论体系的重大意义、时代背景、实践基础、科学内涵和历史地位，真正从科学理论中获得信仰，从正确思想中汲取力量，从而做到面对发展中遇到的各种大风大浪保持坚定立场，面对社会思想领域出现的各种杂音噪音保持清醒头脑；从而做到坚持高举中国特色社会主义伟大旗帜不动摇、坚持中国特色社会主义道路不动摇、坚持中国特色社会主义理论体系不动摇、坚持中国特色社会主义制度不动摇，成为共产主义远大理想和中国特色社会主义共同理想的坚定信仰者和践行者。

2. 领导干部要通过加强学习提高党性修养。坚强的党性，是高素质领导干部的首要条件。党性不是与生俱来的，需要在长期工作实践中加强学习，努力锻炼，不断巩固和提高。党性修养是每一名共产党员的必修课，加强学习是共产党人提高修养的重要途径。大量事例表明，一些领导干部之所以党性不强、党性不纯，以至于犯错误，与忽视学习、不注重修养有很大关系。领导干部要通过学习党的历史充分吸收党性修养的丰富养料；通过学习世界各国政党执政的经验教训深刻认识加强党性修养的重要性和必要性；通过学习各方面的现代知识积极探索加强党性修养的方法途径；通过努力学习马克思主义的世界观和方法论，不断加强世界观、人生观、价值观的改造，增强党的意识、宗旨意识、执政意识、大局意识、责任意识。总之，要通过不懈地学习，不断地自我净化，自我完善，自我革新，自我提高，切实做到讲党性、重品行、作表率，始终保持共产党员的先进性和纯洁性。

3. 领导干部要通过加强学习提升道德素质。“为政以德，譬如北辰，居其所而众星共之。”人们对于公职人员有着比普通公民更高的道德标准和要求，古今中外莫不如此。我们共产党人更应该以较高的道德标准严格要求自己，否则就难以体现党的先进性之所在。在新的历史条件下，衡量共产党员道德的标准不仅包括政治品德，而且包括社会公德、职业道德、家庭美德、个人品德，这实际上全面系统地提出了每一名共产党员提升道德素质的基本内容。社会主义荣辱观体现了社会主义道德的根本要求，领导干部要加强对社会主义荣辱观的学习，明荣知耻，提升自身的道德水准，始终保持昂扬向上的精神状态，展现出共产党人不断与时俱进的朝气与活力。党员干部还要通过学习科学理论和科学知识，学习中华民族优秀文化和人类优秀文明成果，特别是学习哲学历史等人文科学方面的知识，从中汲取智慧的养分、陶冶高尚的情操、培养豁达的心灵、提高人生的境界。

二、学以增智，全面提升领导干部的知识水平和认识水平

学以增智，就是要求领导干部通过学习增长知识和见识，全面提升知识水平和认识水平，从而准确把握当今世界发展大势，准确把握社会主义初级阶段基本国情，准确把握改革发展实际，深入研究回答重大理论和实际问题，担当起肩负的历史责任。

1. 世情国情党情的发展变化，要求领导干部必须加强对新知识的

跟踪学习。当今时代，世界多极化、经济全球化深入发展，科技进步日新月异，知识创造呈现爆炸性趋势，知识传播呈现全覆盖态势。当前我国随着经济体制深刻变革、社会结构深刻变动、利益结构深刻调整、思想观念深刻变化，新形势复杂新任务艰巨，新情况新问题不断涌现。同时，我们党又面临着长期执政的考验、改革开放的考验、市场经济的考验、外部环境的考验。世情国情党情的这种新变化让我们感觉到，学习的任务从未像今天这样紧迫，学习的内容从未像今天这样繁多，学习的压力从未像今天这样巨大。面对这种情况，领导干部必须加强对新知识的跟踪学习，努力吸收科学的新思想、新成果，改善知识结构，扩大知识容量，提高知识水平。同时，通过不断学习新知识，还能开阔视野，增长见识，训练思维方式，提高认识新情况、新问题、新事物的水平。可以说，提高认识水平与提高知识水平同为学以增“智”的题中应有之义。

2. 领导干部必须加强对多方面知识的系统学习，求之以“博”。学习是全面的、系统的。社会主义现代化建设是一项全局性事业，现代领导活动是一项系统性工作。要成为善于治国理政的政治家，而不是仅仅满足于做一般的行政管理者，就必须加强学习，掌握现代化建设所必需的各方面知识，成为知识储备较为全面、知识结构较为优化的优秀领导者。毛泽东同志说过：“有了学问，好比站在山上，可以看到很远很多的东西。没有学问，如在暗沟里走路，摸索不着，那会苦煞人。”领导干部要以开放的心态学习人类社会创造的一切文明成果，以钻研的态度学习现代化建设所需要的经济、政治、文化、社会、法律、科技、管理、历史、军事和国际等各方面知识，特别是要学习科学执政、依法执政、民主执政所必备的哲学社会科学知识。当然，对于这些知识的学习决不能停留在知其表面，而必须善于消化吸收其精要，并真正内化于自身，融会贯通地加以运用，在知识的增益中开阔思路、把握规律，用丰厚的知识储备从容应对工作领域的新变化、工作对象的新转换、工作要求的新提高。

3. 领导干部还必须加强对业务知识的深入学习，求之以“专”。一般来说，我们党的领导干部在其职业生涯中都要经历多个岗位的锻炼，每个岗位的转换都是一次加强学习的契机。为人民服务的宗旨决定了领导干部必须同时是马克思主义政治家和业务工作的行家。“立身百行，以学为基”。要想成为所从事工作的内行和专家，必须注重业务知识的学习。领导干部的领导活动主要是出主意、想办法、作决策，不精通业务知识，对本职工作的情况不熟悉、不了解，是难以开展好领导活动的。正如邓小平同志所说，“无论在什么岗位上，都要有一定的专业知识和专业能力，没有的要学，有的要继续学”。学习业务知识，除了学习书本知识之外，还要注重实践经验的学习。同时，加强调查研究，虚心向群众请教，不断总结人民群众创造的新经验新做法，善于学习借鉴其他地区、部门和单位的好经验好做法，并有机地运用到实际工作中去。

三、学以创业，不断提高领导干部解决实际问题、干事创业的能力和水平

列宁说，我们共产党人讲学习“不是学而不用，或只会讲些时髦的词句。”学以创业，就是要求领导干部发扬理论联系实际的马克思主义学风，努力做到学用结合，学以致用，用以促学，学用相长，不断提高解决实际问题、干事创业的能力和推动科学发展的领导水平。

1. 通过学习不断提高领导干部解决实际问题、干事创业的能力。实践的观点是马克思主义辩证唯物论的基本观点。始终坚持实践第一，注重从实际出发，运用马克思主义基本原理解决前进中的各种问题，推动党的事业不断发展壮大，是我们党的重要经验和优良传统。经过30多年的改革开放，党领导的社会主义现代化建设事业取得了历史性成就，但是发展起来后的问题并不比未发展时少，而且更难解决。解决这

些矛盾和问题，历史上没有现成经验，书本里没有现成答案。唯有通过不断学习、实践，提高解决实际问题的能力，领导干部才能找到解决矛盾和问题的好办法，才能妥善化解和处置各种各样的具体问题。学习的目的全在于应用，必须注重实践、注重应用，注重在实践中学习并应用于实践，不断提高解决实际问题、干事创业的能力、做好本职工作的能力。唯此，才称得上提高领导干部的执政能力。所以，领导干部一定要把学习过程同研究解决本地区本部门本单位改革发展稳定的突出矛盾和问题结合起来，提出化解矛盾、解决问题的有效措施和办法；要同研究解决人民最关心最直接最现实的利益问题结合起来，努力实现好、维护好、发展好人民群众的根本利益。

2. **通过学习不断提高领导干部领导科学发展的能力。**科学发展观是发展中国特色社会主义必须坚持和贯彻的重大战略思想，而领导干部是中国特色社会主义事业的组织者、领导者、推动者，其推动科学发展的能力水平的提高，直接关系到中国特色社会主义伟大事业的发展。认真总结深入学习实践科学发展观活动成功经验，不断推动学习实践活动向深度和广度发展，是开展学习型政党建设的一项重要任务；检验学习型政党建设成效的重要标准，就是要看推动科学发展的成效如何。而推动科学发展的成效，很大程度上取决于我们党的领导干部领导科学发展的能力水平。通过学习不断提高领导干部领导科学发展的能力，要求领导干部必须准确掌握科学发展观的科学内涵和精神实质，深刻理解科学发展观对各方面工作提出的新要求，对科学发展认识上有新提高、思想上有新收获；要求领导干部通过学习和研究，形成谋划科学发展的正确思路、制定促进科学发展的政策措施，着力解决制约科学发展的突出问题；要求领导干部按照科学发展观的要求积极探索科学的工作方法和领导艺术，着力增强调查研究能力、分析判断能力、科学决策能力和统筹协调能力。

3. **通过学习不断提高领导干部推动改革创新的能力。**中国特色社会主义伟大事业是在改革创新中不断发展的。改革创新，是新时期的基本特征；改革创新精神，是新时期我们党积累的最宝贵的精神财富。建设学习型党组织是我们党进行自我修炼的重要举措，这本身就是一个改革创新的过程，内在地蕴涵着以改革创新应对挑战的任务，内在地蕴涵着提高领导干部改革创新能力的要求。领导干部改革创新能力强不强，直接关系党和国家事业的发展。改革开放以来，正是由于我们党培养造就了大批求真务实、开拓创新、锐意进取的领导干部，我们的社会主义现代化建设事业才取得今天的成就。面向未来，通过学习不断提高改革创新能力，要求领导干部必须积极更新理念，保持改革创新、开拓进取的精神状态；要求领导干部必须着力解放思想、与时俱进，研究新情况、理清新思路、解决新问题，不断提高工作原则性、系统性、预见性和创造性。

总之，胡锦涛总书记提出的“学以立德、学以增智、学以创业”这十二个字要求，对于我们建设马克思主义学习型政党、建设学习型党组织，具有重要指导意义。领导干部要从政治高度对待学习，心中时刻装着这十二个字的原则要求，时时拿来指导引领和检验对照自己的学习活动。唯有如此，领导干部才能在学习型党组织建设中学有目标、学有重点、学有所获、学有所成。

（作者单位：中央党校）

关于当前农村基层学习型党组织建设的调查与思考

中央文献研究室调研组

把各级党组织建设成为学习型党组织，是建设马克思主义学习型政党的基础性工程。从我国目前的实际情况来看，建设学习型党组织的重点和难点无疑在农村。为了解近年来农村基层学习型党组织建设的情况，中央文献研究室组成多个调研组，分赴东、中、西部地区，对北京、广东、江苏、江西、湖北、河南、甘肃、四川等8个省（市）的12个区（县）、28个乡（镇）和192个村进行调查。调查采取问卷、座谈和实地考察相结合的方式进行。共召开68次县、乡、村三级座谈会，发放2775份调查问卷。重点了解乡镇和村组开展学习型党组织建设情况。

一、基本情况

在本次调查发出并收回的2775份问卷中，参加填写问卷的农村乡镇党员和村组党员几乎各占一半，分别为1392人和1383人。其中东、中、西部参与问卷调查的党员人数和占比分别为：东部，1473人，占53.08%；西部，858人，占30.92%；中部444人，占16%。从年龄分布来看，36—50岁的党员最多，其次是35岁以下的党员（见表一）。

学历分布很不均衡，如广东一带，本科学历占 28.6%，大专学历占 35.2%，中专及高中学历占 24.8%。而在中西部地区，中专及高中以下学历的党员占 92.68%。

表一　问卷调查党员年龄分布表　　单位：人

年龄分组	乡镇党员	村组党员	合计	百分比
35 岁及以下	563	197	760	27.4%
36—50 岁	663	569	1232	44.4%
51—60 岁	164	400	564	20.3%
61 岁及以上	2	217	219	7.9%
总　计	1392	1383	2775	100%

从问卷的答题情况看，对“党的基本理论”类题目，乡镇党员的答题正确率为 95.25%，村组党员的答题正确率为 89.07%；对“党的路线方针政策”，乡镇党员的答题正确率为 89.84%，村组党员的答题正确率为 76.14%；对“法律法规”，乡镇党员的答题正确率为 86.47%，村组党员的答题正确率为 81.67%；“其他”类题目，乡镇党员的答题正确率为 96.67%，村组党员的答题正确率为 88.14%。对于所在基层党组织的学习情况，97.56% 的乡镇党员和 97.18% 的村组党员认为党组织负责人基本能够带头学习；87.43% 的乡镇党员和 89.66% 的村组党员认为党组织有明确的学习制度且执行得很好。对于学习的效果，90.73% 的乡镇党员和 92.19% 的村组党员认为“很有收获，对工作帮助很大”。

在开展问卷调查的同时，调研组还到一些乡（镇）村进行走访，召开座谈会，查看学习制度、党员学习笔记和有关统计数据，与基层党员随机交谈了解情况。综合问卷调查、座谈调查和实地走访调查，总的印象是：近年来，各地基层党组织普遍成立了推进学习型党组织建设的组织领导机构，制定下发文件，召开动员会、推进会，进行全面部署，并注意将学习型党组织建设同本地实际相结合，进一步理清发展思路，推动科学发展。作为我们党在广大农村的执政根基，绝大多数农村基层党组织在推进学习型党组织建设、促进当地经济社会发展、维护社会和谐稳定、服务群众生产生活的过程中，积极创新，多措并举，发挥了坚强战斗堡垒作用，具有较强的凝聚力、影响力和号召力。

二、探索与创新

许多地方从自身实际出发，因地制宜，既坚持了一些长期以来行之有效的传统做法，也努力探索了一些具有鲜明时代特点的新做法。

1. 整合学习资源，营造学习氛围。学习资源匮乏、人才不足是农村基层开展学习型党组织建设面临的突出问题。不少基层党组织通过创建综合学习平台和加大上级学习指导力度有效化解这一矛盾。江苏省盐城市东台市五烈镇通过整合镇党校、社区教育中心、文化站、农民科普学校、青少年德育学校等资源，建立农村社区综合教育基地，一个院子多块牌子，一套设施多种用途，一套班子多项职能。广东省阳江市阳东县建立了县班子成员挂镇联村指导学习型党组织建设制度，县、镇党委班子成员深入各联络村，加强对学习型党组织建设的指导。

2. 创新学习形式，提高学习兴趣。学习形式单一、呆板，是农村基层党组织学习很难深入并长期开展下去的重要原因。不少基层党组织运用读书会、知识竞赛、文艺表演、电影放映、“能人党员讲堂”等党员喜闻乐见的形式，把党员吸引到学习活动中来。北京市平谷区是中国著名的大桃之乡，每年开展“田间地头培训”达1000多期次，并以村级管理果园技术好的党员为骨干，以党员示范户为基地，成立了128个科技骨干服务队，进果园对果农进行指导。甘肃省定西市安定区内官营镇创设“飞信课堂”，利用现代信息手段传递学习内容，反馈信息，双向互动。

3. 拓展学习内容，增强学习实效。为达到好的学习效果，不少基层党组织通过调查研究，有针对性地确定学习内容，努力促进学习与农村生动的发展实际和农村党员现实需要相契合。广东省佛山市南海区紧密结合地区发展和基层工作的具体实际，采取“领导点题”和“部门荐题”相结合的方式，为基层党组织制定“学习专题菜单”。四川省眉山市东坡区万胜镇根据本地区自然灾害易发多发的情况，有针对性地开展灾害预防和应急救助方面的学习。在2010年遭遇百年不遇的洪灾时，因防控措施有力，有效降低了人民群众的生命财产损失，该镇党委受到四川省委的表彰。

4. 健全学习制度，激发学习活力。为使学习活动经常化，培养农村党员的自学能力和习惯，不少基层党组织制定了相应学习制度，努力变“软任务”为“硬约束”。江西省南昌市新建县、江苏省东台市对村支部书记、村委会主任免费培训提出明确要求。武汉市江夏区五里界镇全面推行“双月培训日”制度，规定每逢双月的28号为村两委干部的法定培训日。河南省南阳市南召县从2010年7月起，开展“每天读书一小时，每月阅读一本书”的读书活动，并建立了相应考核制度。武汉市蔡甸区根据目标要求，每年年中、年底分别对理论中心组成员的学习情况进行检查考核。

5. 抓好流动党员学习，扩大学习覆盖面。如何抓好流动党员的学习，是一个难点问题，对此，各地分别探索了一些解决方法。在眉山市东坡区三苏乡，各党支部除了加强与流动党员的短信联络、经常向他们寄发相关学习资料外，还借助他们春节回家探亲的机会，组织外出务工党员聚会，加强沟通。江苏省苏州市吴江市针对镇郊村相继拆迁的特殊情况，采取临时村部集中、党员中心户集中、送学入户等方式带动党员学习，对零散拆迁无法集中的党员，协调现居住地的村、社区党组织，安排学习活动。

三、困难和问题

在调查中我们也发现，农村基层学习型党组织建设中仍面临着不少困难，存在一些带有普遍性的矛盾和问题。

1. 村组党员队伍存在结构性矛盾，党员的认知水平差异性较大。从调研地区村组党员的情况来看，结构性矛盾主要表现在以下四个方面：一是整体年龄偏大，老龄化趋势明显。51 岁以上党员占 53.81%，其中 61 岁以上占 30.52%。二是整体学历偏低，受教育程度参差不齐，人才匮乏。初中及以下占 63.84%，中专及高中占 28.84%。三是不少村组党员居住较为分散，组织集中学习难度大。四是外出务工比较多，流动性较大。仅射洪县就有 4481 名党员常年在外务工，且都是学历较高，年富力强的农村党员。以上情况与农村生产活动季节性强、农民群体组织化程度相对偏低等因素交织在一起，制约着农村党员自身学习能力的提高，并使其在一些基本常识性问题上表现出较大的认知差异。比如，从问卷调查情况看，一些农村党员不知道《为人民服务》的作者是谁；一些地方有 28% 左右的党员干部不知道“建设马克思主义学习型政党”这一重大战略任务；还有极少数党员认为建设学习型党组织没有必要、不太必要或说不清楚。

2. 普遍存在工学矛盾，一些基层乡镇党员对学习的重要性认识不够。在调研中，乡镇党员干部普遍反映工学矛盾突出。究其原因，主要是工作忙，乡镇干部在经济发展和社会稳定方面的任务重、压力大，他们普遍感到精力不足、时间不够，很难挤出时间来开展学习活动。另外，一些基层乡镇党员存在重经济、轻学习，重实际、轻理论的思想倾向，认为农村基层抓经济、抓民生是“硬任务”、抓学习是“软任务”，只要把经济任务完成了，经济效益提高了，学不学理论都无所谓。再加上一些农村基层党组织负责人带头学和带领大家学的热情不高、积极性不够，也直接影响了学习型党组织的建设。

3. 一些地方学习投入不足，设施使用率不高。在我们调查的地区，一般来说，县委和乡镇党委对学习大都很重视，也有一定的经费保障。但乡镇以下的广大农村基层党组织，用于学习方面的投入非常少。发达地区和欠发达地区，东部地区和中西部地区，在经费投入上差别也较大。在我们接触到的乡镇党员中，有483人反映存在资料和阵地问题，占31.47%；村组党员中，有222人反映资料阵地和经费不足，占34.2%。有些地方集中学习的场所非常简陋；有的地方农村书屋和远程教育接收点还没有完全建好；有些地方花了很多钱建立起来的远程教育接收点，没有很好地发挥作用，组织部门制定的一些管理制度也没有真正落实，有的地方开机率不高，甚至成为摆设，等等。

4. 适用材料较为缺乏，学习方式陈旧单调。不少地方的农村党员反映，目前适合农村基层党组织和农村党员学习的通俗理论读物太少。从问卷调查情况看，有38.61%的人认为“缺少合适的学习材料”。还有一些基层党组织反映，他们希望有一些真正了解农村、能够与农民沟通的专家深入基层，用通俗语言给基层党员作辅导报告，但目前这样的专家太少。

在学习方式上，一些地方缺少创新，形式呆板枯燥，与基层党员干部的需求很不相适应。我们了解到，目前绝大多数基层党组织开展学习的主要方式还是“集中开会、学习文件”（见表二）。很多地方学习就是读报纸、读文件，从头念到尾，念的人口干舌燥，听的人昏昏欲睡。由于经费等问题，有的地方很难开展丰富多样的干部培训、外出参观考察等受大家欢迎的活动。也有的地方反映，有些学习只是一味地迎合上级的口味，摆花架子，搞形式主义，存在学用脱节的现象。

表二　学习方式现状和最喜欢学习方式对比分析表

主要学习形式	村组（现状）	乡镇（现状）	最喜欢（乡镇）
集中学习会议、文件精神	92.62%	95.26%	42.89%
听专题讲座	51.34%	75.72%	55.32%
观看专题片	56.76%	72.70%	45.69%
参观学习、交流	57.19%	68.68%	66.52%
要求自学	31.45%	59.41%	31.36%
其他	2.96%	2.87%	0.86%

5. 有些地方制度流于形式，缺乏督促检查。在我们调查走访的地区，多数基层组织对建设农村基层学习型党组织比较重视。但也有一些地方反映，许多学习制度是仓促制定的，没有经过认真调查论证和分析，内容空泛，脱离实际，难以发挥实际效用。还有些党员反映，他们所在的党支部没有明确的学习制度。相当多的农村基层党组织认为，仅有文件和制度是不够的，应该建立有效的监督学习机制，尤其是要把“虚”的学习任务量化为让人看得见摸得着的考评标准和方法手段，并结合有效的奖优罚劣措施，这样才能真正持久深入地推进学习型党组织建设。

四、思考与建议

结合调查中基层党组织和农村党员的反映，认真分析和思考调研中了解的各地情况，调研组对进一步加强农村基层学习型党组织建设问题，谨提出以下几点建议。

1. 首先要抓好基层党组织的领导班子建设，尤其要选好带头人，这是加强农村基层学习型党组织建设的组织保障。在调研中我们深深感到，无论经济发达地区还是欠发达地区，农村基层党组织的凝聚力和战斗力强不强，基层建设包括学习型党组织建设抓得好不好，关键在于有没有一个好的领导班子和一个好的带头人。因此，下大气力加强基层党组织建设，尤其是整顿那些软弱涣散的基层领导班子，选好配强农村基层党支部书记，是加强农村基层组织建设和建好学习型党组织的当务之急。要把那些政治性强、政策水平高，有文化、懂技术、又年富力强的“能人”选进领导班子。

2. 农村基层学习型党组织建设的重心要下移，要使学习内容、手段、形式同农村基层党员的实际需求相适应。重心下移首先要体现在创新学习内容上，有关部门要多替农村基层考虑，多编一些适合农村基层党支部和农村党员学习的可读性强、携带方便的通俗读物，如“口袋书”、“三字经”等，有条件的地方可创办类似《罗南报》、《新龙降桥》（分别为佛山市禅城区南庄镇罗南村和吴江市震泽镇龙降桥村办的小报，在推动基层党员的学习中发挥了很好的作用）等小刊物。其次，在学习手段和方式上也需要创新。调查显示，目前村组党员了解党的路线方针政策的渠道，排在前四位的分别是：电视（84.16%）、会议（65.37%）、报刊杂志书籍（56.76%）、远程教育（56.69%）；而乡镇党员的渠道排在前四位的分别是：电视（91.95%）、互联网（80.75%）、会议（80.17%）、文件（74.07%）（见图一）。可见，随着学习手段的多样化和现代化，抓学习不仅要用好传统的方式、手段，还要充分利用远程教育、互联网、手机短信等现代手段。还可以组织一些“田间地头”的体验式学习。利用小品、戏剧等群众喜闻乐见的形式，将党的方针政策用大众的、通俗的语言表达出来，有效地激发农村党员的学习热情，让他们更积极地参与到学习活动中来。

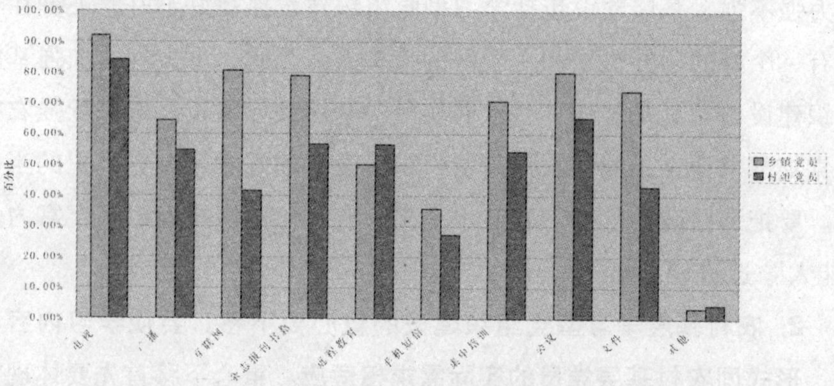

图一　乡镇、村组党员了解党的方针政策的渠道比较分析图

3. 整合学习资源，提高设施利用率，着力解决农村基层投入不足的问题。党的十七届四中全会明确提出："加强城乡基层党建资源整合，普遍推行机关、企业、社区党组织同农村党组织结对帮扶等做法，推动城乡基层党组织互相促进。"要采取有效措施，坚决贯彻落实这一要求。各级党委，特别是市、县委应着眼于提供最基础的学习条件，进一步加大投入，多方调动、整合和配置社会资源。要建立县（区）、乡（镇）和农村基层学习活动的联动机制，组织和鼓励党员干部定点定期到村级支部讲课、释疑、解惑，充分发挥县、乡对基层学习型党组织引领带动作用。同时，充分利用好现有的设备设施。比如，农村党员远程教育接收点，是目前加强农村基层学习型党组织建设切实可行的平台和载体。在这方面，一是要解决不少地方至今远程教育设施不完善、不到位的状况，尽快按质按量配备电教设备等相关硬件；二是要提高利用率，要设置专人管理，搞好软硬件结合，有组织、有针对性地开展学习。

4. 搭建成长平台，充分发挥大学生村官作用，重点破解农村基层人才匮乏的难题。大学生"村官"是新型的农村干部，正在成为农村各方面建设和农村基层学习型党组织建设中不可或缺的重要力量。调查问卷表明，基层党员认为大学生"村官"在党支部组织的学习中作用发挥好的占76.28%，他们在农村基层学习型党组织建设中的作用普遍得到认可。在目前农村人才缺乏的情况下，发挥大学生“村官”在建设农村基层学习型党组织中的积极作用是一条切实可行的途径。要进一步为大学生“村官”开展工作搭建平台，营造氛围，支持和鼓励他们在不断加强自身学习的同时，发挥自己的特长和优势，辅导其他党员干部学习，当好政策法规宣传员，理论学习辅导员。

5. 增强制度措施的可操作性，确保建设学习型党组织的任务落到实处。毫无疑问，开展农村基层学习型党组织建设，必须建立完备的学习制度，但更重要的还要看这些制度是否有运行机制保障，是否切实可行和收到实效。一些地方为了将学习制度落到实处，采取了一些操作性强的措施，比如，把领导班子、干部和党员在建设学习型党组织的表现纳入考核评价体系，通过把学习考核与干部的平时考核、年度考核和党员民主评议结合起来，实现学习考核的制度化，在党员干部中形成勤学、善学、比学的良好风尚。当前正在全党开展的创先争优活动，是农村基层学习型党组织建设的一个重要契机。要充分利用创先争优活动，努力推动农村基层学习型党组织建设不断取得新的成果。

总之，深入开展农村基层学习型党组织建设是一项长期的战略任务。困难很多，任务艰巨，但意义重大。只要我们坚持从中国农村的实际出发，不断探索切合农村党员干部特点的可操作性措施和办法，这项工作一定能够达到预期的目标。

（调研组长：董　宏；
成　　员：张　民　刘金田　何树平　张家权
纪晓华　梁　营　王　骏　王敏玉
李国禹　郭如才　郑国成；
执　　笔：何树平）

大力加强学习型党组织建设 努力提高机关党员干部的综合素质

团中央直属机关党委

建设学习型党组织，是建设马克思主义学习型政党的基础工程，是党的十七届四中全会提出的重要任务。团中央书记处历来高度重视机关党员干部的学习，注重学习是团中央机关的优良传统。开展学习型党组织建设以来，在中直工委和团中央书记处的关心指导下，团中央直属机关党委着力推进学习型党组织建设，明确学习内容，创新学习载体，健全学习制度，营造良好学习氛围，努力把机关党组织打造成为党员干部学习理论、提高素质、增长本领的大学校。

一、大力推进学习型党组织建设是新形势下做好共青团工作的必然要求

共青团是党领导的先进青年的群众组织，肩负着不断巩固和扩大党执政的青年群众基础的重要职责。大力推进学习型党组织建设，引导机关党员干部向书本学习、向实践学习、向群众学习，对于贯彻落实胡锦涛总书记对共青团提出的“坚持眼睛向下、重心下移，力争使团的基层组织网络覆盖全体青年、使团的各项工作和活动影响全体青年”的重要要求，提高履行共青团根本职责和各项职能的能力和水平，不断开

创共青团事业新局面具有十分重要的意义。

1. 建设学习型党组织是推动共青团工作创新的重要要求。随着我国经济社会的快速发展，青年在思想行为方式、社会参与方式、空间和职业分布等方面呈现出许多新变化新特点。要有效应对这些新变化新特点，必须以学习型党组织建设为契机，紧紧围绕党和国家工作大局，按照科学理论武装、具有世界眼光、善于把握规律、富有创新精神的要求，深入学习马克思主义理论，学习党的路线方针政策和国家法律法规，学习党的历史，学习现代化建设所需要的各方面知识，主动适应青年的新变化新特点，主动适应市场经济条件下每一类社会组织的基本任务和主要功能，在工作格局、方法、手段等方面努力体现创新要求，根据青年的特点和需求设计工作内容、活动载体和实现路径，为活跃共青团工作提供新的动力。

2. 建设学习型党组织是加强机关党的建设的重要载体。团中央机关是全团的最高领导机关，是支持全团最高决策过程的重要思想库，是部署推动工作的作战部。推动发挥团中央机关职能作用，对机关党的建设和工作提出了新的更高要求。必须以学习型党组织建设为载体，努力营造和形成重视学习、崇尚学习、坚持学习的浓厚氛围，牢固确立党组织全员学习、党员终身学习的理念，建立健全管用有效的学习制度，引导机关党组织和党员干部带头坚决贯彻落实中央重要决定、要求，带头破解共青团工作难题，带头转变作风、提高群众工作能力，带头推动全团重点工作，带头传承共青团的好传统，充分发挥党组织战斗堡垒作用和党员先锋模范作用，进而带动各级团组织推动全团各项重点工作实现新发展、取得新突破。

3. 建设学习型党组织是加强机关党员干部队伍建设的重要途径。团中央机关党员干部队伍主要由年轻干部组成。机关 11 个职能部门共有正式干部 223 人，其中党员 220 人，研究生以上学历 102 人，大学学历 113 人，平均年龄 37. 1 岁。要带领全团履行好共青团的根本职责，巩固和扩大党执政的青年群众基础，客观上要求建设一支“忠诚党的事业、热爱团的岗位、竭诚服务青年”的高素质的团中央机关党员干部队伍。必须以学习型党组织建设为途径，切实加强党员干部理想信念教育，增强贯彻党的路线方针政策的自觉性和坚定性，加强党性锻炼和党性修养，提高党的意识、宗旨意识、大局意识、责任意识，引导党员干部比风气、比作风、比工作状态、比研究思考问题的深度、比对工作的推动，努力打造一支让党放心、让青年满意的团干部队伍。

二、推进机关学习型党组织建设，关键在于领导带头、党员参与

共青团十六大以来，新一届团中央书记处在继承以往经验做法的基础上，进一步完善了书记处中心组集体学习制度，充分发挥了领导集体学习的示范带动作用。

1. 注重学习主题内容的选择。集体学习紧紧围绕我国经济社会发展，以及共青团工作中面临的重大理论和现实课题，既注重体现前沿性、宽领域、多视角的特点和时代要求，又注重与共青团工作实践的结合，尤其是注意通过确立学习主题引导各级团组织特别是团的领导机关把好方向、加强学习、推动工作。目前，先后以“从党团关系和青年运动的发展看新时期共青团工作”等为主题，已经组织了24次集体学习。

2. 注重集体学习主讲人的遴选。根据年初制定的学习计划，集体学习坚持每月举办一次，每次都邀请视野开阔、经历丰富、具有深厚理论功底和政策水平、具备较高学术地位和业界权威性的知名专家学者，以及在工作实践中有重要影响力的决策者或领导者担任主讲，从而保证了集体学习的质量和效果。

3. 注重学习过程中的互动交流。集体学习包括主讲人专题讲解、

互动提问讨论、书记处主要负责同志总结讲话等三个环节。专家学者集中讲授结束后，听众可以就其中涉及的热点难点问题与主讲人进行交流探讨，增强了学习的针对性和实效性。书记处主要负责同志的总结讲话，既是对本次讲座主题的高度概括和深刻阐述，同时也结合实际提出明确要求，进一步强化基本理论对共青团工作的指导和借鉴作用。

4. 注重发挥集体学习的辐射作用。新一届书记处将参加集体学习的人员范围从机关副处级以上干部扩大到机关全体党员干部。同时，将每次学习中书记处第一书记总结讲话、主讲人讲稿及推荐的参考文章、书目编印成专题学习资料，供团中央机关全体干部、各省级团委负责同志、副省级城市团委和地市级团委的主要负责同志参阅，进一步扩大了学习的覆盖面，受到了广大团干部的欢迎和好评。此外，每次集体学习后，及时在中国青年报头版和中国共青团网等团属媒体刊发消息，为全团树立鲜明导向，营造良好学习氛围。

三、推动机关学习型党组织建设，重点在于联系实际、推动工作

在推动学习型党组织建设过程中，我们非常重视对科学理论的实践运用，重视对共青团工作面临的实际问题的理性思考，将学习型党组织建设的全过程与干部素质能力的提高紧密结合，与不断推动共青团工作实现新发展紧密结合。

1. 引导党员干部在推动全团重点工作中学习提高。我们要求机关党员干部要深入思考胡锦涛总书记“两个全体青年”的重要要求，深入思考和研究共青团事业发展中带有根本性、全局性、战略性的重大课题，紧紧围绕团的根本职责和重要职能，不断深化对全团重点工作实现路径的研究和探索，不断提高服务中心工作的能力和水平，贯彻落实团十六大和共青团五年工作纲要的要求部署，大力推进组织青年、引导青

年、服务青年和维护青少年合法权益等方面的重点工作。

2. 引导党员干部在深入基层的实践锻炼中学习提高。一方面，团十六大以来，围绕探索增强基层团组织活力的新途径、加强青年分类引导等方面工作，引导党员干部深入基层、深入青年，开展了一系列专题调研活动。比如，围绕撰写《四类青年群体思想引导大纲》，我们累计发放调查问卷88472份，“一对一”访谈和小范围访谈8725人，形成访谈记录近千万字，并在此基础上，梳理出四类青年群体的40个思想意识关键点及其背后的143条思考逻辑。另一方面，团中央书记处有计划地安排机关年轻干部到基层开展工作、接受锻炼。比如，配合全团加强基层组织建设和基层工作，全团选派市（地）级以上团委的5批共3500名团干部到县级团委开展为期半年的工作，其中有87名团中央机关年轻干部参加。再比如，我们定期安排部分年轻干部到乡镇、街道等基层党政岗位挂职、任职，帮助他们在深入基层、深入一线、深入青年的过程中增进与广大普通群众特别是普通青年的深厚感情，在基层工作和艰苦环境中锤炼党性、提高本领。

3. 引导党员干部在全身心投入本职工作中学习提高。近年来，团中央机关在年轻干部中广泛开展了“践行正确成长观，创先争优作贡献”主题实践活动、“学党史、知党情、跟党走”主题教育活动，以及“为什么当干部，怎样才能当好干部”思想大讨论。通过多种形式的教育实践活动，教育引导党员干部特别是年轻干部深刻理解党的宗旨、使命和思想主张，把党的优良传统和作风内化到工作之中，不断增强为党做好新形势下青年群众工作的责任感和使命感，使他们认识到选择当干部、干共青团工作，应当源于对党的根本宗旨高度的内心认同，源于为人民大众谋福利的社会理想和抱负，在内心深处真正树立起做好一名党政干部的本质追求。

四、推动机关学习型党组织建设，核心在于创新方法、完善制度

1. 定期举办机关年轻干部学习交流会，充分发挥年轻干部在学习中的能动作用。从整体上看，团中央机关年轻干部所占比例大，具有较高的学习热情和较强的学习动力。机关干部学习，既靠个人努力，也靠组织推动；既讲兴趣爱好，更重工作需要。从2009年1月开始，在团中央书记处的关心和直接推动下，机关每月举办一次年轻干部学习交流会，分四个阶段来推进，截至目前已举办34次，取得了明显成效。

第一阶段，注重各学科基本理论知识的讲授和交流。帮助机关干部建立起做好共青团和青年工作所需要的主流社会科学的基本理论知识和理论框架，借助主流社会科学的基本理论框架分析研究共青团和青年工作面临的问题。来自机关11个部门的14名同志分别围绕政治学、社会学、法学、哲学、历史学、国际政治学、新闻学等基础理论学科进行了主讲。团中央书记处全体同志分别出席各次学习交流会，围绕主题与大家一起交流学习体会，并结合机关年轻干部思想和工作实际进行面对面指导。

第二阶段，重点开展共青团工作相关理论的深度学习。机关各部门主要负责同志围绕全团对一些重大问题所作的思考和部署，就其背后涉及的学科基本理论和现实问题与大家进行深入交流。办公厅等11个职能部门的主要负责同志就“共青团组织面临的三大挑战的学习体会”、“我国青年就业创业的理论和实践”等主题进行了深入讲解，机关年轻干部从工作实践与基础理论紧密结合的角度，进一步加深了对共青团和青年工作的认识和理解。

第三阶段，重点围绕党和国家以及青年中的热点难点问题开展学习交流。这一阶段的学习主要由机关各党支部承办，每次学习都分为两个

环节：首先，组织年轻干部针对党政工作的重点难点进行实地参观考察，及时了解和亲身感受农村、企业、社区以及重大工程项目等基层的最新问题和解决过程，不断加深对国情的了解，增强对基层群众的感情；然后，请相关领域具有丰富实践经验的专家进行专题讲授和互动交流，帮助年轻干部理解领会党和国家重大决策部署的实践意义以及背后的理论支持。

第四阶段，重点围绕党政工作特别是全团重点工作中的热点难点问题开展学习交流。交流会由机关党委和机关各部门党支部联合主办，每次围绕一项全团重点工作，邀请机关主管部门负责人、相关处室负责人、团省委干部、市（县、乡）基层团干部进行讲解，并邀请基层青年参与和机关年轻干部互动交流，帮助年轻干部从多层面、多角度研讨全团重点工作。

2. 广泛开展“今日我开讲”活动，充分发挥部门党支部的基础性作用。鼓励和引导部门党支部紧密结合本部门工作和党员干部实际，组织开展主题党日、参观考察等多种形式的学习教育活动。“今日我开讲”活动就是近年来团中央机关部门党支部探索形成的一种新的学习载体。这项活动以各部门党支部为单位，定期围绕共青团重点工作和经济社会发展中的热点难点问题确定一个主题，请部门 1 至 2 名党员干部作为主讲人，就这一主题为部门全体同志讲述学习心得、畅谈学习体会。然后，其他党员干部发表各自的看法和见解，进行互动交流。同时，还针对学习内容推荐相关理论书籍，帮助大家深入了解掌握学习主题背后的理论逻辑。这种学习形式充分调动了每一位党员干部的积极性、主动性和创造性，帮助他们在材料收集、现场讲解和回答提问的过程中，进一步强化基础学科理论知识，夯实业务工作理论功底。

3. 加强学习阵地建设，充分发挥互联网等新媒体的学习平台作用。为扩大学习交流覆盖面，增强学习交流效果，我们对中国青年网和中国共青团网进行了改版，建立了“10 号楼之窗”和“团干加油站”专题网站。机关党员干部和各省级团委的团干部都可以通过这些网络平台了解掌握团中央书记处中心组集体学习、机关年轻干部学习交流会等最新的学习动态和学习资料，交流学习经验，共享学习成果。同时，我们还充分利用 MSN、QQ 和飞信等网络新媒体即时高效的特点，建立了部门党支部书记群，及时了解和反映基层开展学习型党组织建设情况。

4. 加强学习制度建设，充分发挥制度机制的保障作用。为推动机关学习型党组织建设的有序开展，我们制定了《团的领导干部学习大纲》，明确了学习要求，规定了必读书目，要求党组织集体学习每个月不少于 2 个半天，党员每人每月自学时间不少于 30 个学时。同时，逐步建立完善了一系列学习制度规范和学习考评体系，做到读书有心得、学习有笔记、活动有记录、成果有检验，不断推动学习的科学化、制度化、规范化。

多措并举　全面推进　切实提高教育系统学习型党组织建设水平

教育部党组

建设马克思主义学习型政党，是党的十七届四中全会提出的一项重大战略任务，是提高党的执政能力、保持和发展党的先进性的一项战略举措。认真抓好学习型党组织建设，对于教育系统贯彻落实《国家中长期教育改革和发展规划纲要（2010—2020年）》（以下简称《教育规划纲要》），促进我国教育事业科学发展具有重要意义。

一、坚持围绕中心抓学习，着力凸显学习型党组织建设的目标价值

建设学习型党组织，根本目的是以学习求发展，树立与时代发展相适应的学习理念，不断在用科学理论武装头脑、指导实践、推动工作上取得新成效。近年来，教育系统坚持把学习国家方针政策与当前中心工作相结合，积极推动学习型党组织建设，切实把相关精神要求转化为谋划教育事业发展的思路、促进教育事业发展的措施、推动教育事业发展的动力。

紧紧围绕党和国家的中心工作抓学习。党的十七届四中、五中、六中全会召开以后以及胡锦涛总书记在庆祝清华大学建校100周年大会

上、在庆祝中国共产党成立90周年大会上的重要讲话发表以后，教育部党组立即下发了认真学习宣传贯彻中央精神的通知，组织广大干部师生认真学习、深刻领会中央精神实质，真正把中央关于全面提高高等教育质量提出的“四个大力”要求，对全国青年学生提出的“三个紧密结合”的希望，转化为正确的办学方向、办学理念、发展思路和改革措施，切实把思想行动统一到中央的决策部署上来。党的十七届六中全会召开后，部党组按照中央有关工作分工，结合教育系统实际，专题研究拟定了49项贯彻落实的重点工作，并举行系列专题讲座，实现了学习贯彻中央精神与推进中心工作的有机统一。

紧紧围绕教育事业发展的中心工作抓学习。党中央、国务院召开全国教育工作会议、颁布实施教育规划纲要后，教育部党组把学习贯彻会议精神和教育规划纲要作为重要职责和头等大事，迅速行动、狠抓落实。发出《关于认真学习贯彻全国教育工作会议精神　全面实施教育改革和发展规划纲要的通知》，要求全系统深入学习纲要的主要内容、精神实质和基本要求，认真贯彻“优先发展、育人为本、改革创新、促进公平、提高质量”的工作方针，进一步明确学前教育、义务教育、高中阶段教育、职业教育、高等教育、继续教育的发展任务，切实做到学习纲要深入、贯彻纲要坚决、落实纲要有效，努力为办好人民满意的教育作出新贡献。及时组织编写印发《全国教育工作会议文件汇编》、《教育规划纲要辅导读本》、《教育规划纲要学习辅导百问》等学习材料。部党组成员及有关专家组成宣讲组分赴31个省（区、市）和新疆生产建设兵团开展宣讲活动，推动教育系统学习贯彻活动深入开展。

二、坚持领导示范抓学习，有效引领学习型党组织建设的推进方向

党员干部是教育系统建设学习型党组织的组织者、推动者、践行

者，具有导向和带头示范作用。近年来，教育系统广大党员干部充分发挥示范引领和带动辐射的作用，在坚持先学一步、学深一些的同时，把抓好党组织和全体党员的学习作为一项领导责任，认真履行职能，抓总体规划，抓具体落实，抓严格监督，引导教育系统党组织形成学习、研究、探索、实践的良好风气，不断推进教育系统学习型党组织建设进程。

重视发挥教育部直属机关的带头示范作用。部直属机关把学习型党组织建设作为建设为民、务实、清廉机关的重要载体，牢牢抓在手上。每年初部党组专门制订详细学习安排方案，加强学习统筹，健全体制机制，确保各项学习任务的落实。建立健全学习制度和机制，坚持和完善部党组中心组学习制度，建立直属机关集体学习制度、教育形势报告制度、经常性干部培训制度、学习考核与交流制度。坚持部司局级以上干部集体学习每月不少于1次。充分发挥中心组学习的示范和带动作用。把学习型党组织建设与创先争优活动、机关作风建设年活动相结合，切实增强机关党员干部为人民服务的本领，在部直属机关形成崇尚学习、创先争优的良好氛围。

重视发挥党员干部的带头示范作用。坚持以党员干部培训制度为载体和依托。深入贯彻中组部《干部教育培训工作条例（试行)》、《关于2008—2012年大规模培训干部工作的实施意见》和《2009—2013年全国党员教育培训工作规划》等文件精神，明确培训要求，加强干部培训。着力加强学习考勤、通报、督查等制度建设，制订详细学习计划，明确学习内容和要求，科学安排学习时间和活动，加强学习过程管理，强化检查和定期考核。制定高校党务工作者骨干培训计划，系统推进高校党务工作者培养培训工作。依托井冈山大学、延安大学、临沂大学等有关高校开展高校党务工作骨干队伍示范培训。

三、坚持结合师生思想抓学习，切实提高学习型党组织建设的针对性实效性

教育系统建设学习型党组织紧密结合师生的思想实际，使广大师生充分认识到学习不仅能丰富和更新自身的知识储备和结构，不断培养和提高思想水平和思维能力，同时也是世界观、人生观、价值观改造的过程，更是良好行为习惯养成的过程，要从思想意识、知识结构、行为养成等方面开展全方位学习。近年来，教育系统深入推进马克思主义中国化、时代化、大众化，大力开展社会主义核心价值体系学习教育，坚持用中国特色社会主义理论体系武装师生的头脑，不断提高师生运用科学理论分析解决实际问题的能力。

大力加强骨干教师队伍理论培训。在中央党校举办哲学社会科学骨干教师培训班。做好高校思想政治理论课骨干教师研修工作和全国高校“形势与政策”课骨干教师培训工作。招收思想政治理论课专职教师、高校辅导员在职攻读马克思主义理论学科博士学位。注重抓好辅导员骨干的示范培训工作，实施辅导员学位提升计划，组织辅导员骨干出国研修，积极推进辅导员培训和研修基地建设。2007 年起国家培训思想政治理论课骨干教师 2000 余人、哲学社会科学教学科研骨干 3000 余人、辅导员骨干近 4000 人。

大力推进马克思主义中国化最新成果“三进”。积极发挥课堂教学主渠道作用，按照充分体现马克思主义中国化最新成果的要求，不断充实教学内容，改进教学方法，改善教学手段。将新中国成立以来的奋斗历程、辉煌成就、宝贵经验和前进方向等内容融入高校思想政治理论课和中小学思想政治课及思想品德课、中等职业学校德育课。加快推进思想政治理论课本科 4 本必修课教材修订。做好 5 个研究生思想政治理论课教学大纲编写工作。完善和实施《高等学校思想政治理论课建设标准》。

大力深化实践育人。出台《教育部等部门关于进一步加强高校实践育人工作的若干意见》，以强化实践教学要求为重点，以创新实践育人方法途径为基础，以加强实践育人基地建设为依托，以加大实践育人经费投入为保障，积极调动整合社会各方面资源，形成实践育人合力，着力构建长效机制。深入开展“我爱我的祖国”、“永远跟党走”主题暑期社会实践活动，各地各高校按照统一部署，把社会实践与服务国家保增长保民生保稳定的要求相结合，与学生党员践行科学发展观、创先争优相结合，与大学生志愿服务活动相结合，使广大青少年学生切实在实践中受教育、长才干、作贡献。

大力学习宣传典型先进事迹。先后组织大学毕业生建功立业先进事迹报告团、全国先进模范人物爱国奉献事迹报告团、全国高校创先争优先进事迹报告团、“党在百姓心中”百姓宣讲团等赴各地高校开展巡讲活动，引起广大学生的强烈反响。评选全国教书育人楷模，通过“每月一星”学习宣传活动，使楷模事迹家喻户晓，优秀教师群体形象深入人心，营造了全社会尊师重教的良好风尚。

四、坚持结合重要节点抓学习，不断推动学习型党组织建设深入开展

重大节庆是党和国家高度重视、世界为之瞩目的重要历史时刻，是弘扬民族精神、增进爱国情感、提升思想道德素养的有利时机，是推进学习型党组织建设的重要平台。近年来，教育系统以庆祝新中国成立60周年、庆祝中国共产党成立90周年、纪念辛亥革命100周年等重大节庆为契机，组织广大师生员工开展“我爱我的祖国”、“永远跟党走”等主题教育活动，深入学习党的理论、党的历史、党的知识、党的优良传统和优良作风，不断掀起学习型党组织建设的高潮。

深入开展党史学习和理论研讨活动。深入开展党史学习教育活动，

引导师生学党史、知党情。在井冈山、延安、西柏坡和深圳、上海浦东、华西村设立了教育部机关党员干部党情与国情教育基地，切实加强革命传统和改革开放教育。深入开展党的重大理论和实践问题研究，重点推出一批高水平理论文章，推出一批党史党建研究学术精品。邀请各级党政领导等为师生作形势政策报告。通过报告会、学习讨论会、发放学习资料、制作宣传图片等形式，加强党史国情教育，使党的历史、党的知识深入人心。

深入开展主题突出、特色鲜明的教育活动。紧密围绕“我爱我的祖国”、“永远跟党走”的教育主题，与校园文化建设、学生党团组织建设、班级建设相结合，深入开展各种形式主题教育活动。各地各学校按照中央和教育部党组的统一部署，精心设计活动载体，大力开展主题党团日、主题班（队）会活动和座谈交流、知识竞赛、演讲诵读、诗歌创作、书画征文、参观展览等主题教育活动，让师生受教育、获教益。

深入开展具有较高思想水平、艺术水准的大型文艺活动。广泛开展迎国庆“祖国万岁”歌咏活动、“五月的鲜花——永远跟党走”全国大学生校园文艺汇演、“中华诵·颂歌献给党”红色经典诵读活动；组织开展“永远跟党走——庆祝中国共产党建党90周年”网上系列主题活动、纪念建党90周年优秀剧目进校园、廉洁文化进校园、高雅艺术进校园系列活动等，广大党员干部和师生在丰厚的艺术享受中陶冶了性情、净化了心灵。

五、坚持创新方法抓学习，努力增加学习型党组织建设的吸引力感染力

创新方式方法是学习型党组织建设体现时代性、把握规律性、富于创造性的关键之举。近年来，教育系统在学习型党组织建设中，从教育工作的特点和教学、科研、管理的岗位职责出发，注重方式方法创新，

推动学习取得实效。

拓展学习阵地。充分运用现代信息技术和各种新兴媒体，加强数字图书馆、数字出版物、电化教育等网络学习教育平台建设，推进网上学习资源共享工程建设，不断提高党员干部学习教育的信息化水平。在部直属机关定期举办教育改革发展大讲堂，创办机关手机党校，完善机关网络学习平台。发挥国家教育行政学院和井冈山、延安培训基地的作用，扩大覆盖面和参与度，努力在全系统形成全员学习、终身学习的良好风气。

丰富学习形式。在充分利用各级党校、党政例会、党建工作会、中心组学习、辅导报告和专题讲座等传统形式的同时，紧密联系本单位工作实际和党员干部思想实际，针对新形势下党员干部的学习特点，创建读书会、研讨会、实地考察、课题调研、网络课堂等丰富有效的学习形式，不断增强学习型党组织建设活动的吸引力凝聚力。

创新学习载体。为促进机关干部拜人民为师，向人民学习，2011年10月底和12月初，教育部选派没有对口基层工作经验的53名机关干部分两批10组，赴新疆、贵州、甘肃、宁夏、青海、内蒙古、广西、重庆、四川、云南等10个省（区、市），深入教育改革试点地区、学校和教育部党组成员创先争优活动联系点单位，开展为期1个月的调研蹲点活动，增进了同师生群众的感情、增长了真才实干、增强了干好工作的动力。

六、坚持理论支撑抓学习，不断增强学习型党组织建设的内生动力

党的理论创新每推进一步，理论学习、理论研究、理论宣传就要跟进一步。学习型党组织建设既是重大实践问题又是重大理论问题。在推进过程中，一系列新的理论问题迫切需要深入研究，一系列新的实践课

题迫切需要科学回答，一系列新的鲜活经验迫切需要总结推广。面对这些新的形势和任务，用理论指导工作，用理论支撑工作，显得尤为重要。近年来，教育系统充分发挥学习资源丰富、人才特别是哲学社会科学人才密集的优势，积极参与理论研究、理论创新和理论宣传工作，自觉用理论创新推动学习型党组织建设。

编写修订理论教材。抓好教育部牵头的93种高校哲学社会科学重点教材编写工作。在《马克思主义基本原理概论》、《毛泽东思想和中国特色社会主义理论体系概论》、《中国近现代史纲要》、《思想道德修养与法律基础》修订工作中承担主力军作用，在深入回答“六个为什么”、自觉划清“四个重大界限”、弄清“七个怎么看”等重大问题中，发挥了骨干作用，切实推进了党的理论创新成果“三进”工作。

组织开展专项研究。将学习型党组织建设理论研究等纳入教育部人文社会科学研究专项任务项目，努力形成一批高水平的理论研究成果。开展“马克思主义中国化、时代化、大众化研究”、“纪念中国共产党建党90周年”专项课题研究，进一步加大支持力度，扩大立项规模。

提供理论人才服务。近年来，教育部认真实施马克思主义理论人才队伍建设规划，努力培养造就一大批马克思主义理论家特别是中青年理论家，成为党和政府用得上、靠得住的“思想库”和“智囊团”，为丰富、发展和传播马克思主义理论提供平台保证和人才支撑。将进一步培养一批学术功底扎实、有创造活力，善于运用通俗语言，善于运用电视、网络等现代传媒，为广大党员解疑释惑的理论宣传名家，并从制度和机制入手，鼓励他们到各级党组织，为广大党员作辅导报告、进行理论宣讲等。

教育系统各级党组织将按照中央的部署和要求，继续加强对学习型党组织建设理论与实践的探索，更好地团结和带领广大党员干部和师生员工投身推动科学发展、促进校园和谐、服务人民群众的各项工作中，以优异成绩迎接党的十八大胜利召开。

扎实推进学习型党组织建设
进一步开创财政工作新局面

财政部党组

建设马克思主义学习型政党，是我们党深刻总结历史经验，科学分析形势变化，着眼于提高党的执政能力、保持和发展党的纯洁性先进性提出的一项重大战略任务。建设学习型党组织是建设学习型政党的基础工程。2010年2月，中央发出《关于推进学习型党组织建设的意见》，进一步明确了建设学习型党组织的重要意义、总体要求、主要原则、工作内容、途径方法。财政部党组认真贯彻中央精神，高度重视学习型党组织建设，按照“科学理论武装、具有世界眼光、善于把握规律、富有创新精神”的总要求，健全学习机制、创新学习形式，加强组织领导、坚持统筹兼顾，扎实推进学习型党组织建设，有力推动了财政中心工作。

一、抓思想，在提高认识上求先行

思想是行动的先导。思想认识的高度，决定了行为方式选择的科学程度，决定了工作落实的力度。广大党员干部对学习型党组织建设在思想上重视的程度和认识的高度，决定了活动的最终成效。

在学习型党组织建设实践中，财政部党组充分认识新形势下开展学习型党组织建设的重要意义，要求各单位把建设学习型党组织摆上重要日程，认真做好思想发动，努力提高干部认识。通过扎实开展学习型党组织建设，财政部党组和广大党员干部深刻认识到：从党的历史来看，重视和善于学习，是我们党在长期实践中形成的优良传统，也是党的一个重要政治优势。建党90多年来，我们党总是根据形势和任务的变化向全党提出学习的任务，特别是在每一个重大历史转折时期，都把加强学习作为战胜艰难曲折、夺取新胜利的重要法宝，极大地推动了党的事业的蓬勃发展。从现实的意义来看，面对世界的新变化、形势的新发展，我们在推进改革开放和现代化建设中肩负的任务、面临的矛盾以及面对的困难世所罕见。在全党开展学习型党组织建设，是党始终走在时代前列、完成好肩负的历史责任、引领国家发展进步的重要基础，是党领导人民夺取全面建设小康社会新胜利、开创中国特色社会主义事业新局面的必然要求，是提高党的执政力、保持和发展党的先进性的迫切要求。从财政部门的角度来看，推进学习型党组织建设是贯彻落实科学发展观的必然要求。财政部门作为宏观调控部门，通过推进学习型党组织建设，进一步贯彻落实科学发展观，不仅关系到财政事业自身的科学发展，而且关系到财政职能作用的有效发挥，关系到经济社会的全面协调可持续发展。通过加强学习，更加准确地掌握科学发展观的科学内涵和精神实质，深刻理解和把握科学发展观对财政工作提出的要求，用科学发展观统领财政工作，创新发展理念、理清发展思路、破解发展难题；通过加强学习，不断增强财政部基层党组织的创造力、凝聚力和战斗力，把各级党组织建设成为贯彻落实科学发展观的坚强堡垒；通过加强学习，提升财政部党员干部贯彻落实科学发展观的能力素质，把各级领导班子建设成为善于带领科学发展的坚强领导集体，更好地发挥财政职能作用，为促进科学发展、推动社会和谐、全面建设小康社会服务。推进学习型党组织建设是做好新时期财政工作的客观需要。我国已进入新的发展阶段，经济社会发展呈现出一系列阶段性特征，财政工作面临着新领域、新课题和新挑战。这就要求我们必须大力推进学习型党组织建设，不断加强学习，提高财政干部的政治理论素养和应对新形势、解决新问题的实际工作能力，引导广大财政干部始终牢记“为国理财、为民服务”财政工作宗旨，切实增强依法理财、科学理财、民主理财的意识和能力，转变传统的财政管理理念和管理方式，树立全局观念、法治观念、创新观念、效率观念、服务观念、责任观念，全面推进财政科学化精细化管理，发挥好公共财政的职能作用。

二、抓重点，在领导带头上求先行

党员领导干部是我们党的骨干，他们的素质如何直接关系到能否保持我们党的先进性，能否提高我们党的执政能力。发挥好领导干部在学习中的示范带动作用，是推进学习型党组织建设不断深入的重点。党员领导干部只有以高度的责任感、强烈的求知欲和积极的进取精神，带头学习做表率，成为建设学习型党组织和学习型领导班子的坚强组织者、积极促进者、自觉实践者，才能保证学习型党组织建设取得实效。

财政部党组紧紧抓住领导班子和领导干部这个重点，充分发挥部党组中心组学习“龙头”的带学帮学促学作用，推动全体党员干部自觉学习、深入学习。部党组中心组按照中央《关于进一步加强和改进党委（党组）中心组学习的意见》的要求，严格学习规范、制定学习计划、完善学习制度，在坚持个人自学的基础上，每年集中学习研讨不少于12次。学习中注重把部党组集体学习同研究解决财政难点、热点、焦点问题结合起来，重点加强对保持经济稳定增长、促进经济结构调整、保障和改善民生、财税体制改革、实施结构性减税等事关财政发展改革重大问题的学习研究；注重带领部机关各级党组织和党员干部深入学习思考，以重点课题为切入点，提高科学理财能力；注重扩大部党组中心组学习的覆盖面，吸收各司局和直属单位的一把手参加，进一步扩大了中心组学习的影响力。部主要领导同志还带头为全体党员干部上党课，专题学习“推进学习型党组织和学习型机关建设，加强党员领导干部学习问题”，并在报刊上发表了题为《大力推进学习型机关建设 不断提高为国理财为民服务能力》的署名文章，有力地推动了财政部学习型党组织建设工作的深入开展。在部党组的带动下，部内各单位的领导班子和领导干部也充分发挥示范带头作用，努力先学一步、多学一些、学深一点，并充分利用本单位的主题党日、主题团日、支部活动以及机关党委的“财政文化大讲堂”、机关党校的“司局长论坛”等平台，为党员干部上党课、作报告，分析形势，讲解政策，解疑释惑。正是有了领导干部的示范带动，在财政部初步形成了“一把手”带动领导班子、领导干部带动一般干部、党员干部带动广大群众的学习局面，在党组织和党员干部中初步形成了崇尚学习、飘溢书香的良好风尚。

三、抓关键，在服务中心工作上求先行

理论联系实际是我们党的优良作风。学习的目的在于运用，学习的成效要体现在推动实际工作上。建设学习型党组织，重在学习，贵在实践，一定要坚持和发扬理论联系实际的学风，紧紧围绕和服务于财政中心工作，着眼于解决实际问题。

财政部党组向全体党员和各级党组织提出要深入扎实地推进学习型党组织建设，确保财政工作取得明显进展。要求理论联系实际，坚持向书本学习、向实践学习，善于带着问题学、结合财政工作学，努力做到学以致用、用以促学、学用相长，从丰富生动的实践中汲取营养、提升智慧，通过学习找到解决实际问题的思路和办法，提高工作的系统性、预见性和创造性，真正把学习作为增强本领、推动工作的根本途径。在活动实践中，部党组成员带头坚持理论联系实际，认真制定理论研究和调研课题，亲自带队深入基层，通过走访、实地调研、座谈交流、理论

研讨，形成了一批高质量的理论成果和调研报告，为制定财政政策和财政“十二五”规划提供了政策依据。在部党组的带领下，各司局党组织也结合本单位的工作职责和实际情况，组织开展了各具特色的学习调研活动。经济建设司党支部认真坚持“春节回乡调研”制度，组织青年干部利用春节回乡机会，深入工矿企业、田边地头、农民家中，开展调查研究，先后共形成40篇调研报告，真实反映了财政政策的执行效果和基层群众的意见建议。农村综合改革办公室党支部建立联系点制度，确定9个联系村，先后派出蹲点调研人员58人次，累计调研326天。通过广泛深入的调查研究，在倾听群众意见建议的过程中，加深了对一些重大财政理论、政策和实际问题的理解把握，进一步理清了推动财政发展与改革的思路。财政中心工作也取得了明显成效：合理把握财政政策的方向、力度和节奏，促进国民经济保持平稳较快发展；促进社会事业发展，民生得到进一步改善；支持经济结构调整和区域协调发展，推动经济发展方式转变取得新进展；深化财税体制改革，有利于科学发展的财税体制逐步健全；加强财政科学化精细化管理，财政效能不断提高。

四、抓载体，在创新形式上求先行

创新是一个民族的灵魂，也是一个政党永葆生机与活力的源泉。坚持用时代发展要求审视自己、以改革创新精神提高和完善自己，是我们党在长期执政实践中不断推进党的建设、始终保持党的团结统一、不断增强党的创造活力的重要法宝和强大动力。设计顺应时代特点又贴近党员需求的各种活动载体，是深入推进学习型党组织建设的有力保障。

财政部党组精心设计特色鲜明、务实管用的活动载体，找准活动的着力点，确保学习型党组织建设扎实开展。总的原则是有利于党组织开展活动，有利于党员参加，有利于活动取得实效。活动载体要保持相对稳定性、连续性，活动内容要与时俱进、不断创新。以“薪火相传”主题教育活动为重点，号召财政干部向历史学、向前辈学，继承弘扬财政优良传统。通过邀请老干部“口述历史”，深入挖掘财政部门优良传统，教育干部、凝聚力量、鼓舞人心，在全部上下形成了“竞相动员话传承”、“到处逢人谈薪火”的浓厚氛围，促使广大干部特别是青年干部为找到财政事业之“根”，感受到财政作风之“魂”而兴奋，而思考；全面激发青年干部在工作实践中丰富和传承财政优良传统的使命感，为“财政薪火”不断注入新的时代内涵。“薪火相传”征文活动，收集征文1200多篇，并将通过活动收集的重要资料和优秀论文，汇编成《丰碑》和《传承》两册图书出版，成为传承财政优良传统作风的重要史料、财政事业发展的珍贵见证和财政干部学习、培训的重要教材。以深入开展学雷锋活动为契机，对党员干部进行社会主义核心价值体系和理想信念教育。根据中央要求，结合财政工作实际，组织开展了以主题报告会、主题座谈会、主题征文、社会实践为主要形式的学雷锋活动，大力弘扬雷锋精神，促进社会主义核心价值体系建设，增强财政干部“为国理财、为民服务”的公仆意识和服务意识。在财政工作岗位上弘扬雷锋精神，在财政工作实践中建功立业，已成为广大党员干部的响亮口号和实际行动。以“读经典　谈体会”活动为抓手，用科学理论武装党员干部。发动党员干部广泛参与“读经典　谈体会”活动，通过个人自学、集中学习、撰写心得及座谈交流等形式，引导党员干部认真学习中国特色社会主义理论，坚持用中国特色社会主义理论武装党员干部头脑，增强坚持中国特色社会主义道路、理论体系、制度的自觉性和坚定性。以“财政文化大讲堂”为平台，提高党员干部的理论素质。定期举办“财政文化大讲堂”，邀请政治、经济、文化、历史、军事及财政方面的专家、学者和部内领导走上大讲堂，为党员干部传业授道、答疑解惑。同时，注意突出财政特色，把握时代大势，使广大党员干部通过大讲堂汲取历史文化营养，指导财政中心工作。

五、抓保障，在完善机制上求先行

学习靠自觉，也要靠制度。建设学习型党组织是一项长期任务，只有“进行时”，没有“完成时”。建立健全一套科学完备、符合实际、行之有效的学习制度，是推进学习型党组织建设的基础性工作。

财政部高度重视建立健全有利于促进党员干部学习的长效机制，不断加强制度建设。积极抓好“五个环节”、“四级联动”，创立长效管用的学习新机制。制订并印发了部党组《关于推进财政部学习型党组织建设的实施意见》，对财政部的学习型党组织建设工作进行了制度性的要求和安排，建立了“五个环节”、“四级联动”的学习新机制，重点抓好“紧扣实践、提升能力、培育作风、组织推动、制度保障”五个环节，做到“党组、党委、党支部、党小组”四级联动。突出队伍建设，加大培训力度，努力构建全员学习、持续学习的机制。认真落实中央《2009—2013年全国党员教育培训工作规划》，把集中学习培训作为提高党员干部能力和素质的重要途径，强化干部培训工作，发挥机关党校教育培训的主渠道主阵地作用。构建学习效果评价机制。连续17年开展“优秀论文、优秀调研报告、优秀公文”评选活动，并将其列入机关党委的工作职责，有效地推进了干部职工思想作风和工作作风的转变。各司局积极探索各具特色的学习制度。国库司党总支的“业余读书学习小组”活动，经济建设司党支部常年坚持的“读经典”活动等。通过建立健全完善各项学习制度，推动了学习型党组织建设深入扎实开展。

“问渠哪得清如许，为有源头活水来”。我们深深感受到，建设学习型党组织，是党的建设的一个重大理论创新，也是财政发展与改革事业不竭的动力源泉。财政部党组将以科学发展观为指导，在财政工作实践中继续深化对学习型党组织建设的理论和实践探索，更好地发挥财政职能作用，为进一步开创财政工作新局面而努力奋斗。

以学习型党组织建设引领和带动学习型企业建设

国务院国有资产监督管理委员会

把各级党组织建设成为学习型党组织，是建设马克思主义学习型政党的基础工程，是提高党的执政能力、保持和发展党的先进性的紧迫任务。党的基层组织是我们党的全部工作和战斗力的基础，是党在社会基层组织中的战斗堡垒。国有企业是我们党执政的重要基础，把国有企业各级党组织建设成为学习型党组织，对于充分发挥国有企业的政治优势，引领和带动学习型企业建设，促进企业又好又快发展具有深远的意义。

一、准确把握学习型党组织与学习型企业的内涵

建设马克思主义学习型政党，是党的十七届四中全会从全面推进中国特色社会主义伟大事业和党的建设新的伟大工程的全局出发，提出的一项重大战略任务。把各级党组织建设成为学习型党组织，对于建设马克思主义学习型政党具有重大意义。

建设学习型党组织，就是要大力营造和形成重视学习、崇尚学习、坚持学习的浓厚氛围，牢固确立党组织全员学习、党员终身学习的理念，建立健全管用有效的学习制度，使党组织和党员的学习能力不断提

升、知识素养不断提高、先锋模范作用充分发挥，使党组织的创造力、凝聚力、战斗力不断增强，不断在武装头脑、指导实践、推动工作上取得新成效。

学习型企业，以共同愿景为基础，以团队学习为特征，以人为本，以企业和个人的全面发展为中心，以增强企业学习力，提高人的综合素质为目标，所架构的学习求知和所建立起的能够不断实现知识转化运行机制的可持续发展的现代企业。

在国有企业，学习型党组织建设与学习型企业建设具有方向上同向，内容上互补，频率上共振的特点，都是有机的、以人为本的学习型组织，都是为了提高组织整体的学习能力。通过学习型党组织建设坚持企业的政治方向，提高党组织的创造力、凝聚力和战斗力；通过学习型企业建设提高员工的学习能力和知识素养，为建设学习型党组织创造良好的条件，两者相互促进，共同提升，推进企业科学发展。

二、充分发挥学习型党组织建设对学习型企业建设的引领带动作用

1．以学习型党组织建设引领和带动学习型企业建设，是坚持发挥党组织在国有企业政治核心作用的必然要求。国有企业是全面建设小康社会的重要力量，是中国特色社会主义的重要支柱，是我们党执政的重要基础。党对国有企业的领导，既关系到党的自身建设与执政基础，也关系到中国特色社会主义制度的性质。党章规定，国有企业中党的基层组织发挥政治核心作用。把国有企业党组织建设成学习型党组织，是发挥企业党组织政治核心作用的重要保证。因此，在国有企业，必须坚持以学习型党组织建设来引领和带动学习型企业建设。

2．以学习型党组织建设引领和带动学习型企业建设，是打造国有企业核心竞争力的现实需要。当前，世界经济结构和竞争格局发生深刻

变化，金融危机深层次影响持续蔓延，催生新一轮技术革命和产业革命，主要发达经济体大力推动经济转型，加快发展新兴产业，力图抢占未来发展制高点。国有企业面临更高层次、更高水平、更加激烈的国际竞争；从国内看，我国经济结构调整和产业转型升级任务十分繁重，国有企业需要不断提高核心竞争力，积极参与激烈的国际竞争，在结构调整、转型升级中发挥骨干带头作用。企业核心竞争力的提高需要加强学习型企业建设，而学习型党组织的建设对学习型企业建设具有重要的引领带动作用。

3．以学习型党组织建设引领和带动学习型企业建设，是实施人才强企战略的重要保证。人才是企业发展的重要资源。国有企业要不断提升发展质量，必须始终把人才队伍建设作为重大战略任务来抓，切实把人力资源优势转化为人才优势，使企业的发展方式加快转变到依靠科技进步、人才素质提升和管理创新的轨道上来。通过建设学习型党组织，不仅可以大大促进党员素质的全面提升，而且通过引领和带动学习型企业建设，促进企业整个人才队伍建设，为实施人才强企战略提供重要保证。

三、以学习型党组织建设引领和带动学习型企业建设需要把握的几个问题

1．必须坚持把深化理论武装作为第一位任务。国有企业承担着经济责任、政治责任和社会责任，必须加强国有企业党建工作，把党组织的政治优势转化为企业的竞争优势，为企业改革发展提供坚强保证。国有企业的党员领导干部，也是党的干部队伍的重要组成部分。因此，要始终坚持把理论武装作为首要任务，引导党员干部认真学习中国特色社会主义理论体系，系统掌握马克思主义中国化最新成果，不断提高用马克思主义立场、观点、方法分析和解决问题的能力，进一步增强贯彻党

的路线方针政策的自觉性坚定性，从而保证国有企业社会主义性质和正确的发展方向，坚定搞好国有企业的信念。

2．**必须坚持立足实际、学以致用**。要把以学习型党组织建设引领和带动学习型企业建设的过程，转化为推动企业发展的过程。要坚持把学习理论同研究解决企业科学发展的重大问题；广大员工最关心、最直接、最现实的利益问题；党组织建设存在的突出问题等结合起来，努力增强谋划发展、推动发展、优化发展的本领。在当前，要紧紧围绕“十二五”时期国资监管、国企改革发展的目标任务，特别要注重把加强学习同转变经济发展方式、推进经济结构战略性调整、应对复杂的国际国内经济形势等结合起来，不断提高驾驭复杂局面、应对各种风险挑战的能力，促进企业又好又快发展。

3．**必须坚持以领导班子和领导干部为重点**。企业领导班子和党员领导干部的表率作用，是推进学习型党组织建设取得实效的关键，对全体员工具有鲜明的导向作用。要充分发挥企业各级中心组学习的示范、引领、辐射、带动作用，强化学习型领导班子建设，积极倡导领导干部带学帮学促学，以身作则、率先垂范，努力成为学习型党组织建设的带动者和促进者。

4．**必须坚持全员参与，扩大覆盖面**。要注重扩大学习型党组织建设引领和带动学习型企业建设的覆盖面。员工是推动企业发展的主体，只有广大员工成为学习型员工，企业才可能成为学习型企业。要紧密联系企业实际，积极开展形式多样、各具特色的主题学习活动，不断创新学习理念，拓展学习内容，改进学习方式，努力使学习型党组织建设体现时代特点、贴近企业需求、富有实际成效。

国有企业担负着发展壮大国有经济、巩固党的执政基础的重要使命，要在学习型党组织建设方面走在前列，做出表率。我们要准确理解和把握建设学习型党组织与学习型企业的内涵和关系，以学习型党组织引领和带动学习型企业建设，以学习型企业的成功实践体现学习型党组织建设的成效，使学习型党组织的建设成为企业改革发展的源动力，实现企业党组织的政治优势转化为企业科学发展的组织优势、思想优势和智力优势，推动国有企业做强做优，成为具有国际竞争力的世界一流企业，为促进我国经济社会又好又快发展做出更大贡献。

大力弘扬理论联系实际的马克思主义学风

新华社机关党委

党的十七届四中全会提出，要把建设马克思主义学习型政党作为重大而紧迫的战略任务抓紧抓好。在十七届中央纪委七次全会上，胡锦涛总书记强调，要大力保持党员、干部思想纯洁，加强思想建设，教育引导广大党员、干部坚定理想信念、坚守共产党人精神家园，认真学习和实践中国特色社会主义理论体系，坚持不懈加强党性修养和党性锻炼，牢固树立正确的世界观、权力观、事业观。因此，加强学风建设、树立良好学风既是深化理论武装工作、提高全党思想政治水平的必然要求，更是贯彻落实建设马克思主义学习型政党、保持党的纯洁性的重要保证。

马克思主义学风是指马克思主义政党以马克思主义的科学世界观作指导，为掌握、运用认识世界和改造世界的一般规律而形成的风气。学风问题本质上是党的思想路线问题，是对待马克思主义的态度问题，是重大的政治问题。它包括认真学习的风气，民主讨论的风气，积极探索的风气，求真务实的风气。其实质和核心是理论联系实际，基本要求是坚持学习理论和指导实践相结合，坚持改造客观世界和改造主观世界相结合，坚持运用理论和发展理论相结合。它的哲学基础是辩证唯物主义和历史唯物主义。务实、创新、学用结合、实事求是、与时俱进，是理论联系实际的马克思主义学风的基本特征。

一、新形势下弘扬马克思主义学风的重要意义

1. 弘扬马克思主义学风是建设马克思主义学习型政党、坚持中国特色社会主义理论体系的优良传统和宝贵经验。我们党历来高度重视学风建设，在长期学习理论、学习实践过程中，形成了丰富的思想。毛泽东同志是刻苦学习的典范，也是我们党内第一个提出学风问题的领导人。早在延安整风期间，他就把学风问题看作是党领导中国革命必须解决的“一个非常重要的问题”，是“第一个重要的问题”。邓小平同志很早就强调学风问题。特别是在“文化大革命”结束后，他提出要完整准确地理解毛泽东思想，恢复党的实事求是的思想路线，支持并领导了关于真理标准问题的大讨论，打开了思想战线上拨乱反正的缺口。江泽民同志把学风问题提高到“是一个关系党的兴衰成败的重大政治问题”的战略高度来认识，一再强调全党要学习、学习、再学习，实践、实践、再实践。党的十六大以来，以胡锦涛同志为总书记的党中央，进一步继承和发扬党重视学习、善于学习的优良传统，提出了建设学习型政党、构建学习型社会的重大战略思想。

大力弘扬马克思主义学风，既是加强党的建设的宝贵经验，又对创建马克思主义学习型政党、坚持中国特色社会主义理论体系具有十分重要的作用。中国特色社会主义理论体系是马克思主义中国化的最新成果。坚持用中国特色社会主义理论体系武装全党，是建设马克思主义学习型政党的重中之重。因此，必须牢固树立辩证唯物主义和历史唯物主义的世界观和方法论，坚持理论联系实际，大力弘扬马克思主义学风，系统掌握中国特色社会主义理论体系的科学内涵和精神实质，着力解决当前一系列现实问题和矛盾，才能进一步提高素质和能力，增强责任感、使命感，肩负起时代和人民赋予的历史重任。

学风问题既是领导机关、党员干部的思想方法问题，也是领导机关、党员干部的工作方法问题。学风问题的实质是对待马克思主义的态度问题，正确的学风是坚持理论与实际相结合。学习和掌握中国特色社会主义理论体系，不是为了好看，更不是为了炫耀，其目的全在于应用。要把认真学习领会中国特色社会主义理论体系的一系列基本观点、重要思想和重大论断，与加强党的执政能力建设结合起来，紧密围绕我国改革开放和现代化建设的实际，着眼于理论体系的运用，着眼于实际问题的思考，着眼于新的实践和新的发展，不断提高用中国特色社会主义理论体系武装头脑、指导实践、推动工作的能力。

2. 弘扬马克思主义学风是建设马克思主义学习型政党的重要特征。马克思主义学风是马克思主义学习型政党的本质所在。我们党在长期实践中，坚持把学风、党风、文风视作是一个不可分割的整体，并把学风建设放在首要位置，始终把学风建设作为建设马克思主义学习型政党的重要内容和事关党的事业兴旺发达的战略任务来抓。

世界在变化，形势在发展，中国特色社会主义实践在深入，不断学习、善于学习，努力掌握和运用一切科学的新思想、新知识、新经验，是党始终走在时代前列、引领中国发展进步的决定性因素。因此，大力弘扬马克思主义学风，按照科学理论武装、具有世界眼光、善于把握规律、富有创新精神的基本要求建设学习型党组织，既是一项带有开创性的工作，也是一项长期艰巨的任务。我们不仅要深刻理解，学习、掌握和运用马克思主义的立场、观点和方法，来分析问题和解决问题，还要不断推进马克思主义中国化、时代化、大众化，坚持用中国特色社会主义理论体系武装全党，自觉践行社会主义核心价值体系，切实提高对学习型党组织建设重要意义的认识；更要从事关党的事业兴衰成败的战略高度，来看待学风建设，把进一步完善和改进学风作为推动马克思主义学习型政党建设的重中之重，大力倡导科学先进的学习理念，培育永无止境的学习精神，探索管用有效的学习办法，努力做到学用结合、学用贯通，坚持理论联系实际，不断提升广大党员干部的学习能力、知识素养、工作本领，不断增强各级党组织的凝聚力、创造力、战斗力。

3. 弘扬马克思主义学风是保持和发展马克思主义学习型政党先进性的必然要求。建设马克思主义学习型政党的根本目的，就是坚持不断创新的马克思主义，以指导不断发展的实践，始终保持党的先进性。党的十七届六中全会指出，要毫不动摇地坚持马克思主义基本原理，紧密结合中国实际、时代特征、人民愿望，用发展着的马克思主义指导新的实践。因此，进一步加强学风建设、大力弘扬马克思主义学风，是保持和发展马克思主义学习型政党先进性的必然要求。弘扬马克思主义学风，就要善于把理论学习与加强主观世界改造结合起来，树立科学的思想观念和思想方法，不断提高对科学发展观的认识能力和运用水平。坚持学以致用、学用相长，引导广大党员干部向书本学习、向实践学习、向群众学习，做真学真懂真信真用科学发展观的模范，把学习同解决人民最关心最直接最现实的利益问题、本地区本部门本单位改革发展稳定的重大问题、党的建设突出问题结合起来，把学习成果转化为实际工作能力。弘扬马克思主义学风，就要把解决学风问题与解决文风问题结合起来，提倡短、实、新的优良文风，反对长、空、假的不良文风，正确处理好文风与学风、政风、党风的关系，坚持和弘扬理论联系实际的马克思主义学风，注重讲短话、讲明白话、讲管用的话，把改进文风与改进党的思想作风、工作作风和会风统一起来，使学风建设成为进一步加强学习型党组织建设的关键方法和重要途径。

二、弘扬马克思主义学风的对策建议

党的十七届六中全会指出，加强和改进党对文化工作的领导，是推进文化改革发展的根本保证，也是加强党的执政能力建设和先进性建设的内在要求。弘扬马克思主义学风既是加强和改进党的工作的必然要求，也是推进文化发展改革的基本保障，必须遵循马克思主义学风建设的科学规律。

1. 探索马克思主义学风建设的规律。从我们党的历史经验中，至少可以总结出以下三条规律：

第一，弘扬马克思主义学风是在实践中不断发展着的问题，要围绕时代主题不断丰富充实其内容和形式。学风建设作为党的建设的重要内容，是同整个党的建设相互适应、同步发展的。由于党在各个历史时期面临的形势任务不同，党的建设的具体内容和客观要求不同，因而学风建设的侧重点也不相同，这就决定了学风问题是一个随着时代的前进和实践的发展而不断发展着的问题。当前，要从建设马克思主义学习型政党、提高党员领导干部执政能力的高度来弘扬马克思主义学风，明确其目的在于推动科学发展、构建和谐社会。

第二，学风问题是思想方法问题，是对待马克思主义的态度问题。学风建设既不能采取自由主义、放任自流的态度，也不能管得太死，搞“一刀切”的命令模式。对于人的态度，最有效并持续不断的控制不是强制，而是触发个人内在的自发控制。因此，学风建设不能仅仅依靠上层组织的动员和管理，而要通过动员和管理来更多地激发基层党员的活力和他们的主动性、创造性。

第三，学风建设要坚持实践第一的观点，始终与党性实践相结合。马克思主义党性实践是学风养成的必要条件和归宿。马克思主义学风和马克思主义党性是表里关系，“诚于中，形于外”。因此，要鼓励党员“以我国改革开放和现代化建设的实际问题、以我们正在做的事情为中心，着眼于马克思主义理论的运用，着眼于对实际问题的理论思考，着眼于新的实践和新的发展”。

2. 弘扬马克思主义学风的着力点。针对当前党员干部学风中存在的问题，根据以上马克思主义学风建设的规律，我们可以从四个方面着手弘扬马克思主义学风。

一是从内生动力上着手，端正学习态度，激发学习热情，增强马克思主义学风建设的自觉性。通过学风建设重要性教育来增强党员学习上的自律性。各级党组织要教育党员从提高执政能力，永葆先进性的高度深刻认识学风问题，从提高党建科学化水平的客观需要来认识学风问题，从领导干部肩负的历史使命和党员作为社会表率、群众榜样的社会地位来认识学风问题。真正把学习当做一种政治责任、一种精神追求、一种思想境界，树立终身学习的理念，切实增强党员理论学习的紧迫感和自觉性，引导党员自觉培养、努力实践良好的学风，努力在推进建设学习型政党和学习型社会中作表率。

建立激励机制提高党员学习上的积极性。激励机制是一种激发内在活力的诱导性、驱动性机制，建立这种机制，可以唤起党员的内在动力。组织上要关心、激励党员加强自我教育，善于用党员队伍中的学习模范、优秀标兵激励党员个体。通过政治上的重视、学习上的鼓励和工作上的帮助，对于那些勤奋好学、学以致用、成绩突出的党员，要及时进行奖励，在提拔任用上优先考虑。通过正面激励，逐步营造和形成重视学习、崇尚学习、坚持学习的浓厚氛围。

以个性化的指导激发党员学习上的主动性。要把弘扬学风的具体要求细化到创建学习型党组织的方案中去。各级党组织从制定学习计划，落实学习任务，到检查学习效果都要密切联系工作实际和党员个人发展的实际，着眼于人的全面发展和干部成长规律，为每个党员安排各取所需、扬长补短的菜单式学习，提供必要的学习材料和学习时间，帮助党员认清差距，激发主动性，从“要我学”转化成“我要学”。

二是从重点环节上着手，加强对党员的学风管理，推进党员学习的制度化建设，增强马克思主义学风建设的科学性。加强党员学习教育经常化制度建设。各级党组织要努力形成学习长效机制，对党员常规学习实行全流程量化档案管理，建立健全党员学习考勤、学习档案、学习通报等各项制度。进一步探索完善各种学习形式，加强日常学习、脱产学习、短期集中培训等管理。切实做好考学、述学、评学管理，实行党员学习学分制度，将党员的培训学习情况纳入目标管理。

健全培训与使用相结合的制度。探索建立党政领导干部政治理论水平任职资格考试制度，按照干部岗位职责的不同要求，实行理论资格考试制度，任职几年后要重新参加考试，打破“一考管终身”的局限；要进一步建立健全学习成果应用转化评估制度，要通过学习，推动群众反映强烈的突出问题和涉及群众切身利益的实际问题的解决，推动创建学习型机关、学习型组织活动的深入开展。

三是从改进方法着手，继承和发扬传统方法，探索和创新学风建设新途径，增强马克思主义学风建设的有效性。继承和发扬调查研究的优良传统。调查研究是我党的优良传统，是理论联系实际的马克思主义学风的具体体现。实践证明，越是改革和发展的紧要关头，越是实施重大举措、解决复杂矛盾的时候，就越需要领导干部深入实际调查研究，到丰富多彩的创造性实践中去寻找解决问题的正确答案，推进改革和各项事业的健康发展。近年来，我们陆续开展了以“保持共产党员先进性”和“深入学习实践科学发展观”为主题的学习实践活动，各级党组织在实践中探索出的党员领导干部驻点工作制、走访工作制、城乡党组织结对帮扶制度等，以解决实际问题为中心，是调查研究传统方法在新时期的深化和延伸，是弘扬马克思主义学风的有效实践形式。

大力提倡优良文风促进学风的转变。文风与学风紧密相连，反映作风、体现党风，改进学风必须改进文风。改进文风要首先抓好开会的会风、领导讲话的文风、文件的文风。各级党组织要在减少会议、文件的同时，切实提高质量，要把领会上级精神与了解本地情况结合起来，找准上级精神与本地实际的结合点，创造性地落实上级精神，注重讲短话、讲明白话、讲管用的话，不讲空话套话，注重亲和力和感召力，狠治“长、假、空”，提倡“短、实、新”。

四是从关键对象着手，领导带头学习，年轻党员发挥生力军作用，增强马克思主义学风建设的针对性。提倡领导干部带头勤学、活学、博学、乐学。当前，抓好领导干部的学风建设，要提倡勤学、活学、博学、乐学，在日常学习中鼓励领导带头讲党课，承担研究课题，做学习报告，推荐学习书目，真正起到示范作用。在学习效果上尤其要强调学以致用、学用结合，研究解决改革发展稳定的突出矛盾和问题，研究解决人民群众最关心、最直接、最现实的利益问题，以进一步推动当前工作，解决实际问题。

鼓励年轻党员在理论学习和党性锻炼上下工夫。随着干部新老交替不断进行，一大批年轻党员干部相继走上重要工作岗位，他们学历高、知识新、眼界宽，但普遍缺乏党性修养、实践锻炼和传统教育，尤其需要加强马克思主义学风教育。要根据年轻人思维活跃的特点，重提一个“挤”字、一个“钻”字，鼓励他们提出问题、讨论问题、解决问题，在理论学习和党性锻炼上下工夫，向书本、实践和人民群众学习，发挥他们在建设学习型政党和学习型社会中的生力军作用。

总之，坚持和弘扬马克思主义学风，是一个长期学习和实践的过程，它不仅是一个系统工程，而且还是一个艰巨工程。因此，如何在新时期弘扬马克思主义学风，建设马克思主义学习型政党，需要我们在实践中不断探索，需要我们始终弘扬与时俱进的马克思主义理论品质，不断开拓马克思主义的新境界。

充分发挥干部教育培训主渠道作用服务马克思主义学习型政党建设

国家行政学院

在新的历史条件下，党的十七届四中全会向全党提出了建设马克思主义学习型政党的战略任务，同时提出，要充分发挥党校、行政学院在建设马克思主义学习型政党中的重要作用。党的十七届六中全会又强调指出，要把文化建设内容纳入干部培训计划和各级党校、行政学院、干部学院教学体系。这是对干部教育培训工作提出的新任务和新要求，是赋予行政学院的重要职责和使命。习近平同志在视察国家行政学院时强调，各级行政学院是干部教育培训的主渠道、主阵地，要进一步认清在国家干部教育培训大格局中的定位，充分发挥自身优势，更好彰显办学特色，使教育培训更加贴近建设学习型党组织的需要。我们要深刻认识干部教育培训工作在建设马克思主义学习型政党中承担的重要职责任务，更加自觉地发挥行政学院的职能作用，为建设马克思主义学习型政党服务。

一、做好干部教育培训工作是建设马克思主义学习型政党的重要内容

建设马克思主义学习型政党是新时期党的建设的重大决策，是我们

党重视学习培训的优良传统在新形势下的发展与弘扬。在革命、建设和改革的各个历史阶段，党始终把干部教育培训作为一项战略性、基础性工作来抓。从建党之初到井冈山时期，党中央就先后创办了湖南自修大学、安源党校、农民运动讲习所和红军军官教导队等学校，教育和培养了大批干部。延安时期，中央专门成立了干部教育部，创办了中央党校、抗日军政大学、陕北公学和行政学院等，干部教育培训在中央的高度重视下蓬勃开展，在延安整风运动中发挥了重要作用。新中国成立以后，我们党从夺取政权到执掌政权，全党按照毛泽东同志的要求，掀起了新的学习培训热潮。改革开放以后，随着党和国家工作重点的战略转移，邓小平同志引导全党解放思想，一场学习文化知识、提高专业能力的热潮在全党迅速展开。从党的十四大到十五大，以江泽民同志为核心的党的第三代中央领导集体，号召全党“学习、学习、再学习”，全党兴起了干部理论学习的新高潮。党的十六大以来，以胡锦涛同志为总书记的党中央，从党和国家事业发展的高度出发，提出了大规模培训干部、大幅度提高干部素质的战略任务，我们党的干部教育培训事业进入了一个大发展时期。党的十七届四中全会进一步提出建设马克思主义学习型政党的战略任务，党校、行政学院等干部教育培训机构责任更加重大，使命更加光荣，作用更加凸显，干部教育培训事业呈现出蓬勃发展的大好局面。我们党的历史经验表明，干部教育培训工作是建设马克思主义学习型政党的重要内容，是推进学习型党组织建设的重要基础性工作。做好干部教育培训工作，对马克思主义学习型政党建设起着重要的推动作用。

行政学院在建设马克思主义学习型政党中承担着重要职责和光荣使命。2009 年 12 月，国务院颁发的《行政学院工作条例》规定：“行政学院是培训公务员、培养公共管理人员和政策研究人员、开展社会科学研究和决策咨询的机构。行政学院应当发挥公务员教育培训的主渠道作用、公共行政理论和政府管理创新研究的重要基地作用、政府决策咨询的思想库作用”。国家行政学院和各级行政学院必须从党和国家事业发展的全局出发，自觉围绕建设马克思主义学习型政党的根本要求和主要任务开展教育培训、科学研究和决策咨询工作。

二、干部教育培训必须紧紧围绕建设马克思主义学习型政党战略任务培养大批学习型领导干部

中央提出，建设马克思主义学习型政党，要紧紧围绕党和国家工作大局，按照科学理论武装、具有世界眼光、善于把握规律、富有创新精神的基本要求，以提高全党思想政治水平为基本目标，深入学习马克思主义理论，学习国家法律法规和党的路线方针政策，学习党的历史，学习现代化建设所需要的各方面知识，不断在武装头脑、指导实践、推动工作等方面取得新成效，把各级党组织建设成为学习型党组织，把各级领导班子建设成学习型领导班子。干部教育培训必须紧紧围绕这些重要任务来展开，培养大批学习型领导干部。

干部教育培训要积极推进马克思主义中国化、时代化、大众化。要通过学习培训，引导党员干部深入研究和解决中国改革开放的实际问题，总结中国的独特经验，紧跟时代发展步伐，不断吸收新的时代内容，科学回答时代课题。在教育培训中把马克思主义理论用简单质朴的语言讲清楚，用党员干部喜闻乐见的方式说明白，使之更好地为广大党员干部所理解、接受和运用，作真学真懂真信真用的表率。

干部教育培训要用中国特色社会主义理论体系武装党员干部。要用党的理论创新成果武装党员干部，在提高能力、深化认识上下工夫。在教学过程中，注意引导学员牢固树立辩证唯物主义和历史唯物主义世界观和方法论，系统掌握中国特色社会主义理论体系，把学习领会科学发展观摆在突出位置。进一步提高领导干部的思想理论素养，不断增强战

略思维能力和辩证思维能力；进一步焕发广大党员干部的创新激情、激发创造活力，不断增强各级党组织的创新能力；进一步提高各级党组织和每个党员自我完善、自我锤炼的能力，强化党员干部对中国特色社会主义的坚定信念，始终保持党的先进性和纯洁性。

干部教育培训要深入开展社会主义核心价值体系学习教育。要引导广大党员干部模范学习和践行社会主义核心价值体系，在认知、认同上下工夫，使社会主义核心价值体系转化为党员干部的精神信仰和基本价值取向；要在贯穿、融入上下工夫，切实把社会主义核心价值体系体现到党员干部教育的全过程；要在践行、示范上下工夫，通过党员、干部率先垂范推动社会主义核心价值体系建设。

干部教育培训要积极推进学习型党组织建设。要深入研究探讨学习型党组织建设的理论和实践问题。既要研究体现当今世界通行的学习型组织的一般规律和基本要求，又必须用当代中国马克思主义执政党的政治理念和广阔视野，研究和把握学习型党组织建设的特殊规律和本质要求。同时，还要培养一大批身体力行的学习型领导骨干，通过培训帮助各级干部提高思想政治素质和能力素质，提高学习的积极性和主动性，不断帮助他们掌握学习型党组织建设的理论和方法，在学习实践中正确地发挥指导作用。

三、努力发挥行政学院在建设马克思主义学习型政党中的重要作用

国家行政学院是干部教育培训的主渠道、主阵地，最大特色是“行政”，中心工作是教学培训。学院的培训对象是政府公务员，在教育培训中我们坚持以政府工作为主题，与政府建设和政府工作相适应，以公仆意识、政府管理、依法行政作为培训重点，通过强化“行政”、教学、科研咨询“三位一体”、开放办学这三大特色，创新公务员教育

培训，提升学院办学水平和核心竞争力。

1. 充分发挥行政学院在公务员教育培训中的主渠道、主阵地作用，为提高学员的思想政治素质、执政能力和学习能力服务。国家行政学院坚持把中国特色社会主义理论体系作为理论教育的重点，充分体现到培训内容、教学布局、教材建设上，指导和帮助学员全面系统、完整准确地理解中国特色社会主义理论体系。在培训内容上，在抓好马克思主义理论教育的同时，坚持把继承和弘扬党的优良传统作为一门必修课，教育学员牢固树立正确的世界观权力观事业观，忠于党、忠于祖国、忠于人民、忠于中国特色社会主义事业，永做人民公仆，始终保持艰苦奋斗、甘于奉献的精神和锐意创新、开拓进取的激情，尽职尽责干好工作，经受住各种风浪和诱惑的考验。在教学布局和课程设置上，行政学院加大了道德品行教育的分量和力度，坚持用共产党人的道德观和社会主义荣辱观教育干部，引导他们养成良好的思想素质、生活作风和健康向上的生活情趣，模范遵守社会公德、职业道德、家庭美德和个人品德，始终保持道德品行的先进性和纯洁性。

行政学院紧紧围绕政府工作实际开展公务员培训，形成了富有特色的以提高公务员综合素质和行政能力为核心，以公仆意识、政府管理和依法行政为重点的教学培训布局。在培训的班次设置上，紧紧围绕党中央、国务院重大工作部署，2011 年，成功举办省部级领导干部“推进主体功能区建设”、“加强食品监管”、“住房保障与房地产市场调控”、“文化体制改革和文化建设”等重点班次，有力地配合了中央有关重要决策部署的贯彻落实，得到社会普遍的好评。全年共举办各级各类培训班次 222 期，培训学员 10784 人次，培训规模首次超过了 1 万人次。在学制较长的班次中探索开展政府管理创新、领导能力提高等系统化和模块化的培训，加大了政府应急管理培训力度，全面提升公务员素质和能力。

2. 充分发挥行政学院科学研究的重要基地作用，为理论创新和实

践创新服务。建设马克思主义学习型政党是一个崭新和重大的历史课题，有许多新问题需要深入研究。行政学院作为重要的社会科学研究机构，在推进马克思主义学习型政党建设实践中，注重发挥自己专家学者较多的优势，力争在一些难点、热点、重点问题上有所突破，对建设实践中遇到的问题作出深入而令人信服的阐释，对社会发展中遇到的实际问题给予新的理论概括和科学回答，为推动马克思主义学习型政党建设服务。近些年来，国家行政学院围绕政府管理创新问题进行了深入研究，承担了“在应对国际金融危机中加强政府自身改革和建设”、“加强和创新社会管理”等重大课题，取得一批具有较高理论价值的研究成果，并创办《行政管理改革》杂志和《行政改革内参》，为推进政府各项改革提供了理论支撑。

3. 充分发挥行政学院决策咨询的思想库作用，为建设马克思主义学习型政党提供高质量的决策咨询服务。建设马克思主义学习型政党既是一项重大而紧迫的战略任务，也是一项长期性的工作，需要不断总结和提高。我们及时跟踪国际国内形势变化，充分利用行政学院贴近党委政府工作、参与性和实践性强、专家学者多、理论素养高的特点，注意发挥学员理论水平较高又了解实际情况的优势，鼓励学员参与决策咨询活动。2011 年，行政学院以各种形式向党中央、国务院报送决策咨询报告 120 多份，其中中央领导同志作出批示的有 50 余件 80 多条，受到有关方面重视，成为有关领导科学决策和部门制定政策的重要参考依据。

4. 充分发挥行政学院的宣传阵地作用，为建设马克思主义学习型政党做好舆论宣传服务。行政学院作为研究宣讲马克思主义理论和中国特色社会主义理论体系的重要阵地，决定了在推动马克思主义学习型政党建设的宣传方面，具有义不容辞的责任。我们充分发挥行政学院鲜明的“行政”特色，突出政治理论和教学培训优势，加强对建设马克思主义学习型政党历史必然性、客观必要性、现实重要性和时间紧迫性的宣传，加强对建设马克思主义学习型政党和学习型党组织的基本要求、基本原则、基本做法的宣传推广，进一步加深了领导干部对建设马克思主义学习型政党重大意义的认识，从而增强了各级领导干部加快建设马克思主义学习型政党和学习型党组织的坚定性和自觉性。

5. 充分发挥开放办学的特色优势，为领导干部开阔国际视野和提高战略思维能力服务。行政学院加大开放办学力度，多方面积极推进国（境）外交流与合作，已经与78个国家（地区）的130余所行政院校和有关机构建立了合作关系，聘请了28名来自英、美、德、法等国的高级官员和专家担任名誉教授或客座教授，每年都派出省部级和厅局级学员赴美国、加拿大、法国、日本等国家进行培训，有效地拓展了学员的国际视野和统筹分析国内国际形势的能力。学院还举办国外公务员培训班，学员来自世界107个国家和地区。接待法国、俄罗斯和日本公务员来学院培训，标志着为发达国家公务员提供研习、培训工作迈出了重要步伐，发挥了培训外交的积极作用，扩大了我国的国际影响力。举办香港、澳门特别行政区政府公务员和各界人士培训班，为贯彻“一国两制”方针服务，很好地宣传了我国改革开放的成就和建设马克思主义学习型政党的举措。

6. 充分发挥行政学院教学改革的先导作用，为学习型党组织建设方式方法创新探索新路。我们创新教学培训体制机制，注重提高教学培训质量，加强班次体系、课程体系、教材体系和学科体系建设，现在每年的课程更新率保持在30%以上，已开发1400余门课程。我们积极推进教学培训方式创新，大力推进情景式、案例式、互动式和研讨式教学模式，推广引导式结构化研讨方法和行动学习法，综合运用学员论坛、专家讲坛、案例分析等方法，取得明显效果，调动了学员探索研讨问题的积极性，在提高学员学习能力的同时，努力提高他们组织学习、领导学习和指导学习的能力，成为所在单位学习型党组织建设的精心组织者、积极促进者和自觉实践者，从而推动全国的学习型党组织建设。

在今后的工作中，我们要进一步提高推进马克思主义学习型政党的责任感和使命感，积极探索，勇于创新，使教学培训、科学研究、决策咨询和开放办学工作更加贴近建设马克思主义学习型政党的需要，不断总结和探索促进学习、保障学习的制度和机制，为深入持久地推进马克思主义学习型政党建设提供智力支持。

真学真懂真信真用　深入推进学习型党组织建设

北京市委宣传部

党的十七届四中全会提出了建设马克思主义学习型政党的重大战略任务，这充分体现了我们党在新的历史条件下敏锐的时代意识，强烈的进取精神、高度的政治责任感和永不停滞的鲜明特征。建设学习型党组织是建设马克思主义学习型政党的基础工程，这既是对我们党重视学习、善于学习这一优良传统和政治优势的继承和弘扬，也是在新形势下提高党的建设科学化水平的重大举措。深入推进学习型党组织建设，要求全党更加自觉主动地学习，把全党的学习提高到一个新水平。

一、建设学习型党组织，关键在于改进学风，切实解决对马克思主义理论学习的根本态度问题，做到对理论真学、真懂、真信、真用

真学，即端正学习目的和态度。真学的基本要求是，把理论作为思想武器去掌握，自觉把学习作为提高素质、增长本领、做好领导工作的根本途径。要真正学好理论，必须采取各种方式培育、强化党员的理论感、理论兴趣，养成理论思维，形成学习自觉，让马克思主义中国化最新成果真正融入到广大干部、党员的血肉中。理论思维能够使人看问题

从局部到全局、从现象到本质、从看到现状到预见未来。共产党人科学判断形势、正确总结经验教训、制定方针政策、规划工作部署，都离不开理论思维。有了理论思维，知识才能转化为财富、局部经验才能上升到理性认识、一时失误才能换来永久财富，一招一式才能提升为系统的工作思路。正因为理论思维有如此巨大的作用，所以要下苦工夫真学，深入学习马克思主义理论特别是马克思主义中国化最新成果，学习党的路线方针政策和国家的法律法规，学习党的历史，学习现代化建设所需要的经济、政治、文化、科技、社会和国际等各方面知识，切实做到不断学习、善于学习。

真懂，即从价值取向和精神实质上把握马克思主义包括马克思主义中国化最新成果——中国特色社会主义理论。马克思主义是来自实践又用来指导实践的理论。它是博大精深的思想体系，阐述的是社会发展的最基本的道理。真理永远是朴素的。邓小平同志深刻指出，马克思主义其实是很朴实的道理。这种理论本身具有的实践性、人民性的品格，决定了它可以被党组织、党员所掌握。马克思主义唯物论认为，理论在一个国家的实现程度，取决于这个国家需要理论的程度。我国改革开放和现代化建设的伟大实践，比以往任何时候都需要理论的指导，这正是学习、掌握理论的最有利条件。要掌握马克思主义认识问题和解决问题的立场观点方法，学懂弄通中国特色社会主义理论的价值取向和精神实质，深刻理解党的基本理论、基本路线、基本纲领和基本经验。

真信，即让科学理论入脑入心，从思想深处解决好信仰、信念和信心问题。我国改革开放和现代化建设的成就雄辩地证明了马克思主义及其中国化最新成果的真理性。有些党员干部认为学理论不管用、不解渴。造成这种差距的主要原因是一些人的思想意识和利益驱动影响了理论原则的贯彻；或理论转化为现实的“中介”还不完备。必须采取多种途径把这些消极因素转变为推动学习的积极因素，更加牢固树立对理论的信心，坚持通过持久深入的学习，切实增强党的意识、宗旨意识、执政意识、大局意识、责任意识，在错综复杂的形势变化面前保持清醒的政治头脑，增强政治敏锐性和政治鉴别力，始终坚持中国特色社会主义旗帜、道路和理论体系不动摇。

真用，即用理论指导改造世界。马克思说："哲学家们只是用不同的方式解释世界，问题在于改变世界。""用"是理论联系实际的根本目的。理论只有在实践中才能发挥作用。真信与真用相互联系和促进。随着马克思主义理论的大众化，党员干部文化水平的普遍提高，懂得马克思主义一般道理并不困难。最重要的是，党员干部理论学习尤其是党性方面的学习必须完成把知识内化为信念、外化为行动的艰巨过程，把真信与真用相联系，并互相促进：一方面，从实践的需求来学习理论，并把真诚相信的理论付诸实践；另一方面，在实践中体会理论的正确，进一步坚定信念并发展理论。

二、大力弘扬理论联系实际的马克思主义学风，做到真学、真懂、真信、真用，要求在学习型党组织建设中，必须抓好三个着力点

要抓好"为何学"的问题，即不断完善、提升组织和个人的学习动机。从组织来说，学习的动机有两个方面，一是为促进和保证完成现阶段任务，这是配合完成党的中心工作的措施；但仅仅为保证完成任务而学习是不够的，党组织的学习不仅要着眼于完成硬任务，还要有更高的目标，即通过学习统一思想、凝聚共识、形成合力，最终落实到提高党组织的凝聚力和创新活力上。从个人来说，要进一步认识到，理论学习也是贯彻落实科学发展观、全面发展自我、提升综合素质的需要。只有这样，学习才有更大的自觉性和持久的主动性，才能真正实现从"要我学"到"我要学"的转变，实现短期学到终身学转变。要以提高思想政治素养为根本，以深化理论武装为第一位任务，通过学习型党组

织建设，不断深化广大党员干部对党的理论创新成果的理解，对中国特色社会主义道路的信心。

要抓好“谁来学”的问题，即真正把党员干部作为主体。广大党员是各级党组织凝聚力、战斗力、创造力的源泉，是建设学习型党组织的主体和受益者。能否激发党员内在的学习热情，在党内形成良好的学习氛围，事关学习型党组织建设的成败。领导干部带头，是我们党开展工作的一条重要经验。建设学习型党组织，领导干部要以身作则，率先垂范，带头读书、搞调研，以讲党课、做辅导的形式宣讲理论、分析形势、讲解政策，帮助党员干部解决学习上的难点、认识上的困惑。要发挥党员的主体作用，着力增强党员的学习意识，养成良好的学习习惯，以组织学习带动个人学习，以个人学习促进组织学习，使勤学习、爱学习成为每个党员的自觉行为和生活方式。要发挥基层党组织的主阵地作用，在社区、村镇、企业、机关、学校等不同类型的基层单位，因地制宜地开展丰富多彩的主题教育和主题实践活动，不断增强战斗堡垒作用。

要抓好“向谁学”的问题，即坚持贯彻群众路线。建设学习型党组织，不仅要向书本学习，还要向实践学习，向群众学习，特别是要深入群众，搞好调查研究。联系实际历来与联系群众相统一。改革中群众的利益诉求、工作、生活和思想感情的变化和对党组织的期盼要求，是当前最大的实际，是特别需要关注的。目前，科技进步为了解实际情况和群众意见提供了技术手段，但是终究不能代替党员领导干部直接深入群众了解情况，群众的各种意见可以搜集统计，群众的情绪必须亲身感受，与人民群众的感情也必须在实践中培养。深入基层、转变作风，直接向实践学习，向群众学习，从群众中吸收营养，是弘扬理论联系实际学风的迫切要求。

三、在端正学习动机、明确学习主体、坚持正确学习方向上下工夫，努力做到真学、真懂、真信、真用，确保北京市学习型党组织建设扎实深入推进

1. 把加强党的思想理论建设作为最核心的任务。一是把学习放在突出位置。始终坚持重大决策前必学习、解决突出问题时必学习、谋划长远发展时必学习，努力使党员干部的思想、素质、能力与马克思主义中国化同步，与知识创新同步，与经济社会发展要求同步。二是以党的理论创新成果为重点。始终把学习中国特色社会主义理论体系特别是科学发展观列为学习的重要内容，引导党员干部深入学习领会科学发展观的科学内涵和精神实质，进一步增强领导和推动首都科学发展的能力和水平。紧紧围绕新中国成立60周年、建党90周年等重大主题，党的十七届四中、五中、六中全会等重要会议，组织党员干部深入学习四中、五中、六中全会重大决策部署和胡锦涛总书记“七一”重要讲话精神，学习党领导人民进行革命、建设取得的伟大成就和宝贵经验，把全市党员的思想和行动统一起来。三是推动“北京精神”的提炼、学习和践行工作。把提炼、弘扬和践行“北京精神”作为首都践行社会主义核心价值体系的一个生动载体，充分发挥党员干部的引领和示范作用，统筹推进宣传普及、研究阐释、景观布置、文艺创作、主题活动等学习宣传教育活动，努力使“北京精神”在全体干部群众中内化于心、外践于行。

2. 充分发挥党员干部主体作用。一是牢牢抓住党委（党组）中心组这个龙头和处级以上干部这个重点，把理论中心组建成本地区、本部门学习型党组织建设的“示范班”。积极推动领导干部写文章、讲党课、作报告，交流所学、所思、所得，养成勤读书、勤思考、勤动笔的

好习惯，在各级党组织中形成良好的学习氛围。各级党组织广泛开展领导干部理论文章、调查报告评选，领导干部讲党课等活动，保证了领导干部先学有动力，深学有成果。二是着力激发广大党员干部内在的学习热情，满足党员多方面的学习需求。不断完善学习讲坛、读书学会、大讲堂等形式，举办“读书、荐书、评书”等活动，培育、评选、打造建设学习型党组织工作示范点和品牌活动，努力使学习真正成为一种习惯、一种风气、一种氛围，成为各级党组织的重要特性和基本标志。三是把树立正确的世界观人生观价值观、坚定理想信念、提高自身素质与实践能力作为学习目的，坚持将学习作为保持党的先进性和纯洁性的基础工作，使全市党员干部信念更坚定、生活更丰富、精神更充实、人格更完善，更加自觉地加强学习，发挥好主体作用。

3. 坚持向实践学习、向群众学习。一是大兴调研之风。调查研究是科学决策的基础，是学习型党组织建设的重要内容。近年来，围绕加快城乡结合部改造、推动城乡一体化发展，加强政府效能建设应对金融危机、保增长调结构促发展，发挥全国文化中心作用、建设先进文化之都等重大主题，市领导坚持深入基层开展贯穿全年的调研活动，带动各级领导干部把调研作为向实践学习、向群众学习的重要途径。二是深入开展“走基层、转作风、改文风”活动。将学习型党组织建设和“走转改”活动紧密结合，按照中央统一部署，发出虚心向群众学习的号召，要求新闻、理论、文艺战线在学习运用群众语言、提升新闻报道吸引力感染力上下工夫见成效，确保向群众学习、向实践学习取得实实在在的效果。三是激发群众参与热情。创造性地开展百姓宣讲活动，先后举办“我和我的祖国”、“百姓爱心故事”、“党在百姓心中”、“百姓话成就”、“从怎么看到怎么办”、“北京精神”等百姓宣讲活动2000余场，激发群众学习党的创新理论、了解国情市情的积极性，营造了浓厚的全民学习良好氛围。

在推动科学发展的实践中探索学习型党组织建设的规律

天津市委宣传部

建设学习型党组织，是深入贯彻落实科学发展观、推动科学发展、促进社会和谐的迫切需要，是提高党的执政能力、保持和发展党的先进性纯洁性的重要保障。实践证明，只有紧紧抓住学习型党组织建设这项基础性工程，才能为加快转变经济发展方式、实现经济社会又好又快发展提供思想保证、精神动力和智力支持；同时也只有在推动科学发展的实践中加强学习型党组织建设，才能使学习的方向更加明确、重点更加突出、成效更加显著，不断深化对学习型党组织建设规律的认识，推动学习型党组织建设向广度深度发展。

一、在贯彻落实科学发展观的实践中，不断深化对学习型党组织建设的认识

建设学习型党组织是贯彻落实科学发展观的内在要求，必须从增强推动科学发展的自觉性坚定性上来认识，从全面推进党的建设新的伟大工程的高度来理解。

1. 贯彻落实科学发展观，需要把建设学习型党组织作为一种政治责任来要求。当前，我国已进入新的发展阶段，机遇前所未有，挑战前

所未有，科学发展的道路并不平坦，新情况、新问题、新矛盾不断涌现，我们不熟悉、不了解、不懂得的东西越来越多。高度重视学习，通过全党广泛而深入的学习推动事业的大发展大进步，是我们党的优良传统和政治优势。站在贯彻落实科学发展观的高度，充分认识和把握学习型党组织建设的重大意义，自觉把学习型党组织建设作为一种历史使命来要求，作为一种政治责任来落实，兴起学习热潮，切实把党的思想政治优势转化为推动科学发展的强大动力，这是贯彻落实科学发展观的有力思想保证，也是对科学发展观理论和实践的丰富发展。

2. 贯彻落实科学发展观，需要把理论武装作为建设学习型党组织的根本来加强。科学理论武装是马克思主义学习型政党的本质特征。建设学习型党组织，坚持用马克思主义科学理论武装全党，是党永远走在时代前列、永葆肌体健康和纯洁的思想前提；也是认识、把握、运用科学发展观的重要思想武器。实践证明，只有按照科学理论武装、具有世界眼光、善于把握规律、富有创新精神的基本要求，切实加强学习型党组织建设，才能引导广大党员、干部深刻理解和全面把握科学发展观的科学内涵、精神实质和根本要求，增强高举中国特色社会主义伟大旗帜的自觉性和坚定性，坚定不移地把科学发展观贯彻落实到经济社会发展各个方面。

3. 贯彻落实科学发展观，需要把增强党员干部本领作为建设学习型党组织的关键来落实。各级党组织和广大党员干部是贯彻落实科学发展观的主体和骨干，增强各级党组织和党员干部队伍贯彻落实科学发展的能力是建设学习型党组织的关键。在推进科学发展的伟大实践中，党要经受执政、改革开放、市场经济和外部环境的考验，化解精神懈怠、能力不足、脱离群众和消极腐败的危险，就必须更加重视和善于学习，努力掌握和运用一切科学的新思想、新知识、新经验，顺应新的时代要求，敏锐把握时代前进脉搏，科学判断世界发展大势，不断增强谋划发展、领导发展、推动发展的本领，不断增强推动科学发展的预见性、系统性、原则性和创造性，真正使党组织成为增强党性修养、提高思想觉悟的大熔炉，成为党员学习新知识、增长新本领的大学校。

二、在贯彻落实科学发展观的实践中，不断提升创建学习型党组织的效果

学习型党组织建设，重在创建、贵在实践，必须按照科学发展观的要求来谋划，沿着科学发展的道路去推动，用科学发展的成果来检验。

1. **把学习成效转化为转变发展观念的推动力。**实现科学发展，必然要求我们以解放思想为先导、以改革创新为动力，在新的思想高度上形成深化改革开放的共识、找到解决问题的突破口，在发展理念、发展思路、发展方式、发展体制上都要有一个深刻转变，确立起符合科学发展观要求的思想观念、方式方法、体制机制。天津市委在创建学习型党组织的实践中，紧紧抓住破除制约科学发展的思想束缚和体制障碍这个重点，开展“解放思想、干事创业、科学发展”大讨论，着力引导党员干部把学习作为一种理念融入思想、作为一种动力融入精神、作为一种能力融入工作、作为一种追求融入人生，以学习力的提升，促进发展理念的转变和创造力的提高。组织市和部门、区县负责同志先后到二十多个省市区学习考察，努力做到“三个善于”，即善于发扬天津的好做法，善于学习借鉴兄弟省区市的先进经验，善于结合实际消化吸收再创新。解放思想、比学先进、海纳百川、博采众长、干事创业在全市上下蔚成风尚，推动各项工作站在高起点、抢占至高点、达到高水平。

2. **把学习成效转化为谋划科学发展的决策力。**创建学习型党组织，要突出实践特色，注重实际效果，坚持学以致用、用有所成，把学习成果转化为谋划科学发展的正确思路。按照胡锦涛总书记对天津工作提出的“一个排头兵”、“两个走在全国前列”、“四个着力”、“四个注重”和“五个下工夫、见成效”等一系列重要指示精神，结合加快推进滨

海新区开发开放重大战略，市委中心组组织专题学习，在学习中统一思想、提高认识、理清思路、科学决策。市委确定了“一二三四五六”（一个奋斗目标、两个发展阶段、三个重要战略、四个毫不动摇、五个工作方针、六个显著变化）的奋斗目标和工作思路，提出了滨海新区龙头带动、中心城区全面提升、各区县加快发展三个层面联动协调的发展战略，着力构筑高端产业、自主创新、生态宜居“三个高地”，全力打好滨海新区开发开放、结构调整、体制机制创新、文化大发展大繁荣、保持社会和谐稳定“五个攻坚战”。这一系列重要决策为在更高层次、更宽领域、更高水平上实现天津科学发展、和谐发展、率先发展奠定了坚实基础。

3. 把学习成效转化为破解科学发展难题的创新力。推动科学发展，转变发展方式，必须破解发展难题。我们紧密结合天津实际，围绕主题主线主攻方向，在学习型党组织建设中把发展难点作为学习重点，就加快转变经济发展方式、调整优化经济结构、提高自主创新能力、统筹城乡发展、提升开放型经济水平等一系列课题，深入学习讨论，开展调查研究，召开市委中心组理论学习读书会暨现场交流推动会，把学习课堂搬到项目现场，组织各区县、各系统、各部门开展互看互比互学，将专题学习、专项调研与寻找差距、比学先进、推动工作融为一体。从市委理论学习中心组到基层党组织，紧紧结合这些重点课题安排学习内容，并把解决影响和制约科学发展的突出问题贯穿学习始终。市委中心组成员带头深入基层，解难题、促转变，把学习的过程变为总结运用实践经验，解决发展面临突出问题的过程，进一步增强了用新理念、新思路、新模式创新工作、推动发展的主动性创造性。

4. 把学习成效转化为推动科学发展的执行力。科学发展的思路政策措施要靠党组织带领人民群众去落实，发展的目标规划要靠党组织带领人民群众去实现。在创建学习型党组织中，天津市委把倡导求真务实作风、提高推动发展的执行力作为党性党风教育的重要内容，大力倡导

"三用心、五要、五不要"的作风：即用心把握，用心工作，用心落实；标准要高，要求要严，调子要低，工作要实，效果要好；不提脱离实际的目标，不喊空洞无物的口号，不讲夸大虚假的空话，不搞短期行为，不搞形象工程。市委把创建学习型党组织活动与持续开展的"调结构、惠民生、上水平"等系列活动结合起来，市和区县、乡镇（街道）三级党政机关数千名干部，每年成立数百个服务工作组，深入企业、项目现场和基层一线，把学到的理论和知识真正用到实践中，狠抓各项工作落实，形成了风正气顺心齐、想干会干干好、团结一致干事业、齐心协力促发展的良好环境，创造了天津精神、天津速度、天津效益，探索出一条符合科学发展观要求、具有天津特点的发展路子。

5. 把学习成效转化为夯实科学发展群众基础的凝聚力。强化宗旨意识，密切党群关系，保障和改善民计民生，是创建学习型党组织的出发点和落脚点。学习的效果、科学发展的成效，最终都要由群众得实惠来衡量。在创建学习型党组织中，市委把开展群众路线教育和保持党的纯洁性教育作为学习活动的重要内容，引导党员干部坚持从群众中来、到群众中去，问需于民、问学于民、问计于民，集中民智，汇聚民意，把执政智慧的增长、执政本领的增强深深扎根于人民群众的创造性实践中，努力成为知民情、解民忧、暖民心的党员干部。坚持把学习与解决人民群众最关心、最直接、最现实的利益问题结合起来，每年实施20项民心工程，健全一整套民生保障机制，下大力气解决群众关心的社会保障、住房、就业、教育、医疗等民计民生问题，努力使人民群众学有所教、劳有所得、病有所医、老有所养、住有所居。通过学习教育活动，进一步拉近了党同人民群众的距离，增进了同人民群众的感情，凝聚了民心民力民气，为推动科学发展奠定了深厚的群众基础。

三、在贯彻落实科学发展观的实践中，不断探索和自觉运用规律，提高学习型党组织建设的科学化水平

总结经验，探索规律，是不断把学习型党组织建设引向深入的重要途径。只有在理论与实践的统一中，深刻认识和牢牢把握内在规律，才能切实提高学习型党组织建设的科学化水平。

1. 建设学习型党组织要始终坚持用中国特色社会主义理论体系武装全党，努力在对科学发展观的认识上取得新提高。深入贯彻落实科学发展观，基础在于用中国特色社会主义理论体系武装广大党员干部头脑。建设学习型党组织，就要教育引导广大党员干部感情上真诚认同、政治上坚定信仰、行动上自觉运用马克思主义中国化最新成果，把用科学理论武装头脑与进一步解放思想、坚持改革开放、推动科学发展结合起来。组织学习、开展活动，以科学发展观为主要内容，破解难题、完善思路；以科学发展观为重要指导，解决问题、创新机制；以服务和推动科学发展为根本目的，切实把科学发展观转化为推动科学发展的坚强意志、谋划科学发展的正确思路、领导科学发展的实际能力、促进科学发展的政策措施、落实科学发展的自觉行动。只有这样，理论武装工作才能不断取得实实在在的效果，学习型党组织建设才能扎实向前推进，科学发展观也才能在实践中不断得以丰富发展。

2. 建设学习型党组织要始终坚持围绕中心、服务大局，努力在解决制约科学发展的突出问题上取得新突破。围绕党的基本理论、基本纲领和基本路线加强党的建设，是我们党的一条重要经验。学习型党组织建设，必须始终围绕经济建设这个中心，突出科学发展这个主题，适应加快转变经济发展方式这条主线和调整优化经济结构这个主攻方向的新要求，进一步强化各级党组织和党员的机遇意识、发展意识、中心意

识、大局意识，自觉把发展作为党执政兴国的第一要务，坚持发展不动摇，扭住发展不放松；进一步凝聚全党共识、激发全党活力、团结全党力量，着力在解决制约科学发展的突出问题上取得新突破，为加快转变经济发展方式、加快经济结构战略性调整、实现经济社会又好又快发展凝心聚力。

3. 建设学习型党组织要始终坚持改革创新，努力在创新科学发展的体制机制上取得新进展。贯彻落实科学发展观，动力在于创新体制机制。当前，我国的改革已经进入攻坚阶段，改革越是向前推进，所触及的矛盾就越深，涉及的利益就越复杂，碰到的阻力也就越大，这既需要勇气和担当，更需要能力和智慧。进一步打开思想解放的闸门，需要我们大力弘扬马克思主义学风，把大胆探索的勇气和科学求实的精神统一起来，保持改革创新、开拓进取的精神状态，积极拓展学习的内容、途径、渠道，不断创新组织学习的思路、办法和机制，营造宽松的环境，激发创造的智慧，努力形成有利于学习研究和贯彻落实科学发展观的政策导向、舆论导向、用人导向和体制机制，把各级党组织建设成为贯彻落实科学发展观的坚强堡垒，把各级领导班子建设成为善于领导科学发展的坚强领导集体，把党员干部队伍建设成为贯彻落实科学发展观的骨干力量。

4. 建设学习型党组织要坚持以人为本、统筹兼顾，努力在提高科学化水平上取得新成效。在学习型党组织建设中贯彻“以人为本”的核心理念，就是要尊重党员的主体地位，尊重基层党组织和党员的首创精神，使学习的过程自觉成为加强党性修养和党性锻炼的过程，不断增强自我净化、自我完善、自我革新、自我提高的能力，始终保持思想纯洁、组织纯洁、作风纯洁。贯彻统筹兼顾的根本方法，要正确处理好重要关系，推动学习型党组织建设更加科学化。一要科学把握理论武装与中心工作的关系，使理论武装工作的主题更突出、内容更充实，更好地为中心工作服务，做到学以致用、用以促学、学用相长。二要科学把握改造客观世界与改造主观世界的关系，使学习不仅成为一种手段，也成为目的，使广大党员干部努力做践行社会主义核心价值体系的模范。三要科学把握向书本学习与向实践学习、向群众学习的关系，使学习不仅成为一种胸怀，也成为一种境界；不仅是一种信念，也是一种责任。四要科学把握改革创新与继承传统的关系，坚持继承与创新的统一，继承是创新的基础，创新是继承的接续。正因为能继承，创新才有可能；正因为有创新，继承才有价值。这也是学习型党组织建设规律的集中体现。五要科学把握外在制度与内在自觉的关系，在建立健全管用有效的学习制度，加强对党员干部行为规范的同时，重在激发党员干部内在的学习动力，引导党员干部牢固树立全员学习、终身学习、全过程学习的理念，使学习成为党员干部的一种精神追求，成为每个共产党员的一种觉悟、一种精神、一种能力、一种责任、一种境界，成为工作和生活的一部分，成为生命中的“第一需要”，自觉把学习作为一种立场来坚持，作为一种视野来打开，作为一种眼光来延伸，作为一种能力来培养，作为一种党性来要求。

弘扬西柏坡精神
深化学习型政党建设

河北省委宣传部

建设马克思主义学习型政党，对全面推进党的建设和党的事业具有重大而深远的战略意义。以“两个务必”为核心的西柏坡精神，体现了我们党在重大历史转折关头重视学习，善于学习的经验智慧和精神境界，为我们党在革命、建设和改革中经受各种风险和考验提供了强大的精神动力和思想支撑。在新的历史条件下，我们党面临着新的机遇和挑战，继续弘扬西柏坡精神，推进马克思主义学习型政党建设，是我们党巩固执政地位，提高执政能力，应对新的风险和考验，推动科学发展，实现全面建设小康社会奋斗目标的根本保障。

一、西柏坡精神凝聚着我们党学习型政党建设的经验和智慧

以两个“务必”为核心的西柏坡精神，内涵丰富，博大精深，实质是敢于斗争、敢于胜利的大无畏精神，永不骄傲、永不自满的进取精神，不懈努力、艰苦奋斗的创业精神。它形成于中国革命和中国社会发生重大历史转折时期，集中国革命精神之大成，体现了中国共产党人的优良传统和精神风貌，为建设马克思主义学习型政党积累了丰富经验，

提供了有益启示。

1. 西柏坡精神体现了我们党学习和运用马克思主义的态度和方法。 西柏坡时期，中国革命处于从战争到和平建设的转折前夜。当时，党内对如何认识马克思主义和中国化的马克思主义出现了不同意见。毛泽东同志分析指出："我们有些高级干部，在马克思列宁主义的基本理论问题上也有不同的语言，原因是学习还不够。""我们在理论上要提高，还要普及。"为了提高全党马克思主义理论水平，兴起了学习马克思列宁主义的高潮。第一，四次部署全党中高级干部学习马克思列宁主义。毛泽东同志要求中央委员和政治局委员把学习马克思主义经典著作当做一个政治任务来注意，强调要根据革命形势和任务去学习，并形成共同认识。他开出必读的 12 本书书目，规定在三年内看一到两遍，极大地提高了党的中高级干部的理论素养。第二，以党校为阵地加强马克思列宁主义教育。1948 年 7 月 24 日，中央发出《关于创办马列学院的决定》，"任务为比较有系统地培养具有理论的党的领导干部和宣传干部"，并对教学内容和培训时间做出了具体安排和要求，强调党校要着重学习理论，既反对教条主义，又克服经验主义，使党的干部在学习中提高认识。三是强调了学习态度和方法。毛泽东同志指出："我们比较缺乏的是马、恩、列、斯的理论，我们党的理论水平低，虽然也翻译了很多书，可是实际上没有对马、恩、列、斯著作做很好的宣传。"所以"不要把毛与马、恩、列、斯并列起来"，"如果并列起来一提，就似乎我们自己有了一切，似乎主人就是我，而请马、恩、列、斯来做陪客。我们请他们来不是做陪客的，而是做先生的，我们做学生。对科学的东西不能调皮"，强调理论联系实际，实现"马克思主义的普遍真理与中国革命的具体实践的统一"。从此，我们党在对待马克思列宁主义和马克思主义中国化问题上有了科学的态度，并把通过高级干部学习带动全党学习以制度的形式规定了下来。

2. 西柏坡精神彰显了我们党重视学习、善于学习的优良传统和品

质。西柏坡精神中蕴涵着我们党重视学习、善于学习的精神。为了迎接和促进中国革命和社会的伟大转折，我们党强调要“学会原来不懂的东西”。一是从巩固执政地位、执政为民的高度认识学习的重要性。毛泽东同志指出：“如果我们在生产工作上无知，不能很快地学会生产工作，不能使生产事业尽可能迅速地恢复和发展，获得确实的成绩，首先使工人生活有所改善，并使一般人民的生活有所改善，那我们就不能维持政权，我们就会站不住脚，我们就会要失败。”二是从开展工作和赢得胜利的全局重视学习内容的广泛性。既重视学习新民主主义革命的总路线以保持方向正确，又重视学习具体的、基本的政治和经济纲领，以有效而系统地纠正工作中“左”的和右的错误倾向；还重视学习城市管理和建设的经验知识、军事战略和战术，以担负党的工作重心转移带来的新任务。三是从地方和军队两个角度重视学习方式方法的灵活性。对于地方干部，“差不多在一切解放区都召开了有关整党和土地改革的大的干部会议”，学习党的相关政策，纠正党内在某种程度上存在着的成分不纯或者作风不纯的严重现象；对于军队，“差不多一切人民解放军的部队，在最近几个月内，都利用了战争的空隙，实行了大规模的整训。这种整训，是完全有领导地和有秩序地采用民主方法进行的。”“全党大多数干部，在过去几年，特别是在一九四八年，有系统地学会了在农村工作中，在城市工作中和在军事工作中的各项具体的政策和策略，有系统地纠正了右的和‘左’的偏向。许多同志在过去长时期内没有学会的东西，一个年头内都学会了。这样，就使党的总路线在全党内能够贯彻执行。这是一个最伟大和最根本的胜利。这是我党政治成熟程度的极大的增长。”这样，重视学习、善于学习，就成为中国共产党永葆先进性的基本经验。

3. 西柏坡精神准备了我们党“赶考”的思想条件和基础。西柏坡时期，我们党以依靠群众、为了群众的工作作风成功进行了土地改革，赢得了人民的拥护。以敢于斗争、敢于胜利的气概进行了三大战役，奠定了夺取全国胜利的基础。以团结合作、民主协商的真诚与各民主党派达成共识，为民主建国开辟了新路。以服从大局、甘于奉献的境界迎接各种挑战，为全面胜利开启了人民的觉悟。特别是，向全党提出了“两个务必”思想，高瞻远瞩地描绘了革命发展的宏伟蓝图。面对即将夺取全国性的胜利，毛泽东同志满怀忧患意识，形象地把“执政”比喻为“进京赶考”。在七届二中全会上，他指出：“这一点现在就必须向党内讲明白，务必使同志们继续地保持谦虚、谨慎、不骄、不躁的作风，务必使同志们继续地保持艰苦奋斗的作风。”毛泽东同志还指出：“可能有这样一些共产党人，他们是不曾被拿枪的敌人征服过的，他们在这些敌人面前不愧英雄的称号；但是经不起人们用糖衣裹着的炮弹的攻击，他们在糖弹面前要打败仗。”这些思想是总结历代政权兴亡的经验教训，对走出“历史周期律”的深刻认识；是处于伟大历史转折时、面对成绩时的自觉和清醒把握；是展望未来，面对艰巨任务时的担当和坚定追求。这些思想超越时空，警醒着共产党人为交出一份优异答卷而不懈努力。

二、推进学习型政党建设必然要求弘扬西柏坡精神

建设学习型政党，是立足于新的历史条件下对执政党如何更好领导中国经济社会发展的实践提出的新命题。时空跨越60多年，我们今天仍然需要通过大力弘扬西柏坡精神，推进学习型政党建设。

1. 建设学习型政党的本质要求科学对待马克思主义。没有先进理论武装的党，不可能是先进的党。西柏坡时期，全党同志大规模学习，使我们党在历史转折时期很好地坚持和发展了马克思主义，为夺取全国胜利和实现革命转变指明了方向。新的历史时期，建设学习型政党，首要任务也是用马克思主义及其中国化的最新成果武装全党，坚持中国发展进步的正确方向。这就要求我们必须像西柏坡时期那样，以谦虚谨

慎、不骄不躁的态度认真学习、准确掌握和自觉运用马克思主义基本原理，并与中国改革发展的具体实践相结合，不断开拓马克思主义中国化新境界。

2. 建设学习型政党的内核要求自觉“学会不懂的东西”。建设学习型政党是党正确应对时代新考验的现实需要。当今世界正处在大发展大变革大调整时期，机遇和挑战并存，中国经济总量跃居世界第二，对世界的影响力不断增强，但是，改革攻坚、矛盾凸显也使党面临的“四大考验”日益突出。面对新情况新问题，我们在如何促进科学发展、有效改善民生、实现民主与和谐等方面，不同程度地存在着“本领恐慌”的情况。这就需要借鉴西柏坡时期我们党积累的面对伟大转变进行成功学习的宝贵经验，以远大的目光和开拓奋进的勇气，克服困难，学会自己不懂的东西。要向一切内行的人们学习。“拜他们做老师，恭恭敬敬地学，老老实实地学。不懂就是不懂，不要装懂。不要摆官僚架子。钻进去，几个月，一年两年，三年五年，总可以学会的。”要学习一切必须学习的新思想、新知识、新经验；积极借鉴人类文明发展的一切有益成果；及时总结经验、深刻揭示规律、科学预见未来；不断提高党的领导水平和执政水平，推动中国特色社会主义事业蓬勃发展。

3. 建设学习型政党的历史方位要求发扬西柏坡精神。建设学习型政党是准确把握执政党历史方位提出的新要求，是践行党的执政宗旨的现实需要。同西柏坡时期相比，我们党处在一个新的历史起点上，但共同的特点是我们该如何面对所取得的举世瞩目的成就？该如何面对我们所面临的问题和挑战？该如何肩负起“立党为公、执政为民”的历史使命？也就是如何在新的“赶考”中交出一份合格的答卷。新时期，党的建设在取得巨大成绩的同时，也还存在一些不容忽视的问题。一些基层党组织软弱涣散；少数党员干部作风不正，形式主义、官僚主义问题比较突出；奢侈浪费、消极腐败现象仍然比较严重。建设学习型政党正是我们党为解决新时期如何应对新形势完成新任务而提出的新策略。

只有发扬西柏坡精神，才能在学习中正确认识和把握世情国情党情，抓住机遇，沉着应对一切风险和挑战，在风云变幻的国际形势中运筹帷幄，才能营造依靠人民、为了人民、团结合作、同甘共苦、风清气正的氛围，团结和带领群众同心同德、共克时艰。

三、弘扬西柏坡精神深化学习型政党建设的思路和对策

弘扬西柏坡精神深化学习型政党建设，关键是坚持西柏坡精神所体现出来的立场、观点和方法，解放思想，与时俱进，开拓创新。

1. 弘扬西柏坡精神深化学习型政党建设，必须坚持不懈地推进马克思主义中国化、时代化、大众化，加强党的理论武装。我们党是一个高度重视理论指导并善于进行理论创新的马克思主义政党。西柏坡时期，我们党厘清了马克思主义基本原理与马克思主义中国化的最新成果——毛泽东思想之间的关系，为我们正确对待马克思主义和不断发展马克思主义奠定了基础。新时期，建设马克思主义学习型政党，就是要在一个与时俱进的、开放和发展的动态过程中，突破对马克思主义教条的和形而上学的理解，贴近实际、贴近生活、贴近群众，以我们正在做的事情为中心，着眼于马克思主义的实际运用，着眼于对实际问题的理论思考，着眼于新的实践和新的发展，不断丰富和发展马克思主义。要用中国特色社会主义理论体系武装全党，认真贯穿落实科学发展观，积极探索中国科学发展、和谐发展的规律和路径，用不断创新的理论指导新的实践。

2. 以西柏坡精神深化学习型政党建设，必须具备世界眼光和战略思维，吸收和借鉴人类创造的一切优秀文明成果。西柏坡时期，党的地位和面临的任务发生了根本性的转变，毛泽东同志号召全党重视学习，用极大的努力去掌握不熟悉、不懂的东西。要先做学生，后做先生。新

的历史时期，与党在西柏坡时有着一定的相似之处，但是“我们今天所处的时代，是一个和平与发展成为时代主题、政治多极化更加明朗、经济全球化深入发展的时代，是一个以变革、调整、创新为显著特征的时代。特别是现代科学技术进步日新月异，新发明、新创造层出不穷，知识生产、知识传播不断加速，知识和人才成为社会发展进步的第一资源，知识经济、创意产业成为重要经济形态，创新能力成为综合国力和国际竞争力的核心因素。重视和加强学习，倡导建设学习型组织、学习型社会，已经成为一股世界潮流。”这就要求我们必须具备世界眼光和战略思维，正确认识社会主义与资本主义的关系，正确辨析人类文明优秀成果，在中国与世界相互联系、相互影响中，不断学习、善于学习。努力掌握和运用一切科学的新思想、新知识、新经验，使党始终走在时代前列，引领中国发展进步。

3. **以西柏坡精神深化学习型政党建设，必须牢记以“两个务必”为核心的西柏坡精神，把握规律，开拓创新。**“两个务必”是西柏坡精神的核心和灵魂，体现了中国共产党的政治本色。它前承中国革命精神之大成，后启中国革命精神之创新，是伟大转折中产生的大智慧，是中国共产党领导中国革命和建设事业取得成功的思想动力和精神支撑。在建设学习型政党中牢记以“两个务必”为核心的西柏坡精神，就是要以谦虚谨慎的学习态度、勤奋刻苦的学习精神、求真务实的学习方法、开拓创新的学习氛围、真抓实干的学习效果、勤俭廉政的学习楷模，推动学习型政党健康发展。我们必须清醒地看到，国际形势正在发生复杂而深刻的变化，国际反华势力分化中国的战略图谋没有改变，我国依然处于社会主义初级阶段，同世界发达国家相比，我国的经济实力、科技实力、国防实力和人民的生活水平还存在很大差距，我们面临的任务仍然艰巨而繁重。这就要求我们党牢记“两个务必”思想，激发全体党员干部干事创业的积极性主动性创造性，保持优秀的学习品质，以锲而不舍的学习精神，深入研究“三大规律”，认真总结经验教训，积极探索发展新路，使自己成为一个善于学习、不断更新的马克思主义执政党。我们还必须看到，毛泽东同志曾预料的“可能”的情况不仅现实地存在着，而且拜金主义、享乐主义和贪污腐败现象还有滋长蔓延之势。这同样要求我们必须发扬以“两个务必”为核心的西柏坡精神，搞好党员干部的教育和管理，使他们权大不忘责任重，位高不移公仆心，正确对待权力、地位和自身利益，关注民生，发展民主，接受监督，建立健全体制机制，坚决同各种腐败现象作斗争，为民、务实、清廉。新的历史条件下，毛泽东同志60多年前的“赶考”思想，今天并没有结束。这场“赶考”，不仅是个人的考试，而且是全党更大范围的考试；不仅是在国内接受考试，而且已经到世界舞台上去接受考试。因此，必须发扬西柏坡精神，以谦逊的胸怀、大无畏的气概、优良的作风和不懈的追求冷静应对，以优异的成绩交出一份合格的答卷。

着力提升学风建设的科学化水平

胡苏平

坚持和弘扬理论联系实际的学风，是马克思主义政党需要不断解决的一个永恒课题。当前，在“四大考验”和“四大危险”的严峻挑战下，着力弘扬理论联系实际的学风，提升学风建设的科学化水平，对于加强党的纯洁性、先进性和执政能力建设，深入贯彻落实科学发展观，加快推进中国特色社会主义伟大事业具有重大而深远的战略意义。

一、深化思想认识，保持理论联系实际的清醒自觉

理论联系实际是马克思主义理论的本质要求，是马克思主义理论具有强大生命力的根本所在，是马克思主义政党具有强大凝聚力、战斗力、创造力的不竭源泉，是解决当前中国各种矛盾、困难和问题的关键所在。

1. 理论联系实际是马克思主义的一个基本思想。马克思主义经典作家在思想和行为中都内在地贯穿了理论联系实际的学风，他们的理论创造和实践创造为我们树立了理论联系实际的光辉典范。恩格斯说：“马克思的历史理论是任何坚定不移和始终一贯的革命策略的基本条件；为了找到这种策略，需要的只是把这一理论应用于本国的经济条件和政治条件。”这讲的就是要理论联系实际。毛泽东同志明确指出：“学风问题是领导机关、全体干部、全体党员的思想方法问题，是我们

对待马克思列宁主义的态度问题，是全党同志的工作态度问题。既然是这样，学风问题就是一个非常重要的问题，就是第一个重要的问题。”邓小平同志在粉碎“四人帮”后，痛感理论脱离实际不良学风的危害，果断地举起了解放思想、实事求是的大旗，推动全党恢复了理论联系实际的马克思主义学风，并指出学马列“要精、要管用”。江泽民同志在总结以往经验的基础上，明确指出：“坚持理论联系实际是个重大的政治问题”，“能不能把理论和实际很好地结合起来，是理论上和政治上是否成熟的一个标志。”胡锦涛总书记反复强调理论联系实际的重要性，提出要建设马克思主义学习型政党、建设学习型党组织，必须“大力弘扬理论联系实际的学风”，“把坚持学习理论和指导实践相结合，努力做到学以致用、学用结合、学用相长”，不断推动理论创新和实践创新。

2. 理论联系实际是中国共产党人的重要历史经验。我们党始终坚持把马克思主义的普遍原理同中国革命、建设和改革的实践相结合，形成了中国化的马克思主义，即毛泽东思想和中国特色社会主义理论体系，奏响了理论创新和实践创新的高昂旋律，创造了人类历史上伟大奇迹。当然，我们党也曾有学风严重不正的时候，像王明教条主义给党和红军带来的严重危害，“文化大革命”中极“左”思想给党和国家造成的深重灾难，就是在全局上背离了理论联系实际的学风。90 年来的历史反复证明，什么时候学风端正，党的事业就会胜利前行；什么时候学风不正，党的事业就遭受挫折。坚持和弘扬理论联系实际的学风，是党的作风建设的一项基础性工程，关系着党的生机和活力，关系着党的生死存亡，关系着改革和建设事业的兴衰成败。

3. 必须高度重视解决学风方面存在的突出问题。改革开放以来，我们党在学风建设上取得了很大成就，以邓小平理论、“三个代表”重要思想和科学发展观等一系列重大战略思想为核心内容的中国特色社会主义理论体系的形成，以及改革开放和现代化建设取得的辉煌成就，都是学风建设的突出成效。然而必须清醒地看到，在学风问题上虽然没有犯全局性的错误，但目前存在的突出问题已经严重不适应科学发展观的学习贯彻落实，不适应经济社会的发展要求，这其中，既有理论脱离实际的问题，也有实际脱离理论的问题；既有对理论掌握不完整、不准确的问题，也有对实际把握得不全面、不客观的问题；既有学习理论浅尝辄止、敷衍应付的问题，也有应用理论片面化、表面化、简单化、绝对化的问题。尤其是因循守旧、故步自封、思想僵化、不与时俱进的问题；懒于学习、轻视理论、凭经验决策的问题；照抄照搬、本本主义、脱离实际的问题，严重制约着改革发展。特别值得注意的是，发生在少数干部身上的知行不一、言行不一，说一套、做一套的问题，已经成为学风建设的拦路虎。这种恶劣的学风践踏党的理论、败坏党的形象，阻碍着改革发展的进程，危害极为严重。一些地方、部门和单位的决策之所以严重失误，一些劳民伤财的“政绩工程”、“形象工程”之所以屡禁不止，侵害国家和群众利益的事件之所以频频发生，究其深层原因，都与学风问题直接相关。个别党员干部之所以贪污受贿、以权谋私，由人民的公仆变为人民的罪人，从根本上讲是由于不学习理论，或是学习理论不联系自已的思想实际，放松世界观改造造成的。可见，学风方面存在的突出问题危害严重，必须下工夫加以解决。

二、坚持科学原则，把握理论联系实际的内在要求

理论联系实际的学风是党的性质、宗旨的内在要求和重要体现，解决当前学风方面存在的突出问题，必须同党的纯洁性和先进性建设紧密结合，始终坚持科学的原则和方法。

1. 坚持人民性原则。这是理论联系实际的价值追求。我们在运用理论解决实际问题的过程中，必须坚持人民是真正英雄的唯物史观，把人民放在心中的最高位置，坚持发展为了人民、发展依靠人民、发展成

果由人民共享。始终站稳群众立场，尊重群众创造，集中群众智慧，总结群众经验，满足群众需求，同群众同呼吸、共命运、心连心，把人民满意作为最高评判标准。只有这样，理论联系实际才能获得不竭的动力源泉。

2. 坚持彻底性原则。这是理论联系实际的本质特征。一方面理论本身要彻底。正如马克思所言，理论只有彻底才能说服人，理论只有说服人才能掌握群众。所谓彻底性，就是要反映本质、揭示规律。因此，在理论上绝不能故步自封、僵化保守，必须解放思想、与时俱进，积极借鉴吸收人类一切文明成果，并结合新的实践，不断推进理论创新。另一方面联系实际要彻底。要联系主观世界的改造，真学真懂真信真用理论，树立起对理论的虔诚信仰；要联系客观世界的改造，真正运用理论全面系统、具体深入地解决实际问题。坚持理论联系实际彻底性原则，是保持党的先进性的必然要求。

3. 坚持动态性原则。这是理论联系实际的鲜明品格。世界万事万物都在变化之中，理论在与时俱进，实际在与时俱进，理论联系实际也必须与时俱进。如果我们以静态的思想和行为对待理论联系实际，就会犯教条主义的错误。为此，我们在运用理论指导实践的过程中，一定要看到动态是绝对的、静态是相对的，在动态和静态的辩证统一中推动理论和实践的结合。

4. 坚持针对性原则。这是理论联系实际的活的灵魂。运用理论指导实践，一定要具体问题具体分析，一把钥匙开一把锁，做到对症下药。要依据时间和空间的变化，既把握好理论在运用中的适用范围和适用对象，又把握好实际对理论的需求状况，找到理论联系实际的具体契合点，发挥理论指导实践的最大效用。

5. 坚持超前性原则。这是理论联系实际的战略使命。总结过去，把握规律，从战略和全局的高度科学地谋划未来，努力增强工作的前瞻性、预见性、创造性，是理论和实际结合的必然要求。为此，我们在理论联系实际的过程中一定要有超前的意识、超前的思维、超前的举措。这样既能从战略全局上科学地预测事物未来的发展趋势，又能在具体问题上未雨绸缪、防微杜渐，把问题解决在萌芽状态，引导党和人民的事业沿着正确的方向破浪前进。

三、反对主观主义，扫除理论联系实际的思想阻碍

学风不正的总根源是主观主义，主要表现为教条主义、经验主义、实用主义和极端个人主义四种形态。加强学风建设必须坚决反对四种形态的主观主义。

1. 坚决反对教条主义。教条主义的特征是脱离实际，一切从本本出发，把理论教条化。马克思主义是行动的指南，而不是可以照抄照搬的教条，其精髓就是解放思想、实事求是。正因为如此，马克思主义才显示出与时俱进的理论品格以及强大的创造力和生命力。然而在实际生活中，我们的一些同志总是难以从旧的思维框架中摆脱出来，他们往往把马列主义、毛泽东思想教条化，人为地用不合时宜的一些观念来看待中国特色社会主义理论体系，误解和曲解党的创新理论；还有些同志总是习惯于教条式地看待党的理论，结果生机勃勃的理论在他们那里成了僵死的东西，不仅无法推进实践，反而束缚了实践。当前，要克服三种教条主义：第一种是左教条主义，就是把马克思主义神圣化；第二种是洋教条主义，就是照抄照搬西方的思想理论；第三种是古教条主义，就是不加分析地盲目崇拜中国的儒家思想。我们必须把思想认识从那些不合时宜的观念、做法和体制的约束中解放出来，从对马克思主义错误的和教条式的理解中解放出来，从主观主义和形而上学的桎梏中解放出来。

2. 坚决反对经验主义。经验主义的特征就是从局部的狭隘的经验出发，否认理论对实践的指导作用，我行我素，自以为是。在实际生活

中，我们一些同志借口实践第一，借口以经济建设为中心，整天埋头于事务之中，用狭隘的经验去指导日新月异的实践，一再犯一些本来可以避免的错误。我们必须使这些同志从保守、狭隘的经验圈子里走出来，培养他们的理论兴趣，用新理论、新思想、新知识开拓他们的眼界，提高他们的战略思维能力和科学决策能力。

3. 坚决反对实用主义。实用主义的特征就是一切从功利出发。在学习马克思主义理论时，不是学基本立场观点方法，而是寻找能带来实利的具体办法。一旦找不到，就认为学习理论无用；或者为了应付，走走形式，装潢一下门面。这种实用主义倾向决不能忽视。如果任其发展，就会使得严肃的政治理论学习变成可有可无或者形有实无的东西。因此，决不能把理论降低到纯业务、纯技艺的层次，决不能把理论学习庸俗化。我们必须使这些同志懂得理论是管全局的，是管方向的，是提供科学方法的，实用主义地对待理论是完全错误的。

4. 坚决反对极端个人主义。在发展社会主义市场经济过程中，极端个人主义有所滋长并渗透到各个领域。极端个人主义和实用主义有相近的一面，即所谓有用就是一切，但也有不同的一面。实用主义者可能是完全从极端自私的角度出发的，也可能不是。极端个人主义则完全是以自己的私利为中心，以对我是否有用作为价值标准。中国特色社会主义理论体系是富民强国的理论，与极端个人主义者的需求背道而驰，不仅不被极端个人主义者所接受，而且会受到他们的非议和抵制。由于受极端个人主义的影响，理论学习在一些地方、部门和单位总是难以开展，理论与实际结合在那里也就成了一句空话。我们必须以有力的举措坚决清除极端个人主义的影响。

四、强化全局思维，把握理论联系实际的重要环节

做到理论联系实际，一定要有战略眼光和全局思维，全面系统地认

识和把握理论联系实际的方方面面，尤其要注意把握好三个重要环节：

1. **完整准确地掌握理论**。这是理论联系实际的基本前提。如果连基本理论都没弄清，拿什么去联系实际？完整、准确地把握理论，一是从总体上把握。要把握理论的科学体系，避免断章取义、割裂肢解，或者只见树木、不见森林。二是从精神实质上把握。不是从字面上去理解，而要从其蕴涵的深刻含义上去理解，要联系历史、现实、形势、思想和工作去理解和把握。从精神实质上去把握，说到底就是要把握立场、观点和方法。完整准确地把握理论，必须下苦功学习。

2. **客观全面地把握实际**。这是理论联系实际的必然要求。如果对实际情况不了解，从理论到理论，从抽象到抽象，工作中自然就会犯教条主义的错误。如果对实际情况了解得不客观、不全面，用完整准确的理论去联系不客观、不全面的实际，也是要犯主观主义和片面性错误的，用不完整、不准确的理论去联系不客观、不全面的实际更是要犯大错误。要做到客观全面地把握实际，就要善于调查研究，全面准确地认识和把握客观事物的内部和外部联系，既要看到解决矛盾的有利因素，也要看到不利因素，只有这样，才能全面地、客观地、辩证地把握实际。

3. **实事求是地做好结合**。这是理论联系实际的关键点和根本点。当前理论联系实际的重点，就是要把科学发展观同中国特色社会主义的实践进程结合起来，更好地应对复杂局面、破解发展难题、加快科学发展；同改造主观世界的实际结合起来，努力树立正确的世界观、人生观、价值观，提升全社会的思想道德水平，增强加快改革发展的精神力量。

五、坚持改革创新，探索理论联系实际的有效途径

改革创新是推动马克思主义学风建设的强大动力。我们必须认真研究和探索当前理论联系实际的科学思路和途径办法。当前，要重点在以下方面着力。

1. 抓“三观”建设，为理论联系实际提供思想基础。理论联系实际说到底是世界观、人生观、价值观问题，如果这个问题不解决，理论联系实际就失去了基石。因此，一定要加强党员干部特别是领导干部主观世界的改造，使他们坚定马克思主义的信仰，坚定中国特色社会主义的信念，牢记全心全意为人民服务的宗旨，正确地对待名与利、苦与乐、荣与辱，以高度的思想自觉坚持和弘扬理论联系实际的学风。

2. 抓制度建设，为理论联系实际提供有力保障。要认真抓好理论联系实际的制度建设，切实把学风建设的要求融入和贯穿到党委中心组学习、在职自学、离职脱产培训和学习考核等各项制度之中，充分发挥制度的保证作用，推动理论联系实际的学风尽快走上制度化、规范化的轨道。

3. 抓机制建设，为理论联系实际提供强大动力。学风建设是一项系统工程，如果就学风抓学风，是很难从根本上解决学风不正问题的。必须建立和完善理论联系实际的相关机制，形成推动学风建设的强大动力。当前，尤其要注重建立这样几个机制：一是评价机制。要公平公正地评价党员干部在理论联系实际方面的成效，形成理论联系实际的良好舆论氛围。二是转化机制。要不断完善理论联系实际的制度、途径和方法，推动理论向实践转化。三是监督机制。要形成党组织、群众、舆论等方面力量共同监督的监督体系，形成理论联系实际光荣、理论脱离实际可耻的良好社会环境。四是用人机制。要把对干部的学风要求纳入干部选拔任用中，形成有力的激励约束机制，增强干部理论联系实际的内生动力。五是调研机制。要把调查研究作为理论联系实际的重要一环，建立健全调查研究制度，制定和落实调查研究计划，形成在调研中总结经验、探索规律、指导实践的良好行为习惯。

（作者单位：山西省委宣传部）

积极探索基层学习型党组织建设的有效路径

内蒙古自治区党委宣传部

建设学习型党组织是建设马克思主义学习型政党的基础工程。如果说，建设学习型领导班子是这一工程的龙头，那么建设基层学习型党组织则是这一工程的基础。近年来，内蒙古在推进学习型党组织建设过程中，针对基层学习阵地薄弱、学习资源缺乏、宣讲人才不足、组织力量分散，以及党的宣传教育工作不同程度地存在“上热下冷”的状况，积极探索建设基层学习型党组织的新途径、新方法，依托基层大讲堂工程，把建设基层学习型党组织工作落到了实处，开创了以学习型党组织建设带动学习型社会建设的新局面，为自治区科学发展、富民强区提供了有力的政治保证和精神动力。基层大讲堂建设的成功实践，引发了我们对建设基层学习型党组织路径的深入思考。

一、加强基层学习型党组织建设是建设学习型党组织的必然要求

建设学习型党组织把学习提升到党的建设全局性、战略性的高度。这不仅对各级领导班子、领导干部提出了更高要求，也对基层党组织和广大党员提出了更高的要求，使建设基层学习型党组织任务尤为凸显和

紧迫。

推进学习型党组织理论武装的迫切需要。党的意识形态领域阵地，马克思主义不去占领，非马克思主义的东西就必然去占领。这是党的思想建设的重要经验，也是建设学习型党组织必须解决的首要问题。在社会思潮多元纷呈的情况下，人们思想活动的独立性、选择性、多变性、差异性明显增强，如何用党的创新理论引领社会，用社会主义先进文化占领思想文化阵地，深入推进马克思主义大众化，坚持不懈地用中国特色社会主义理论体系武装全党，教育人民，成为推进学习型党组织建设的迫切需要。基层党组织作为党联系群众的桥梁和纽带，只有在学习中首先搞好理论武装，才能筑牢马克思主义的基础阵地，担当起用党的创新理论武装党员、惠及群众的重任。

夯实学习型党组织建设基础的现实需要。党的基层组织是党的全部工作和战斗力的基础。在新的形势下，只有按照建设学习型党组织的要求，不断提高自身素质和能力，才能不辱使命。但在深入调查中我们看到，基层党组织建设发展很不平衡，面临着诸多“不适应”和“不符合”问题：一是基层宣传阵地薄弱，不少基层党组织缺乏稳定的学习阵地，有的村、社区甚至没有活动场所。二是基层学习资源缺乏，基层文化站、图书室利用率较低，缺乏能够持续供给学习资源的有效途径，学习吸引力不足，进而形成学习难组织的状况。三是学习组织机制不完善，在基层学习宣传中部门为阵、“各吹各的号、各拉各的调”的现象比较普遍，使有限的学习资源得不到合理利用，未形成推进合力。四是学以致用不足，重形式、轻内容，与党员的工作实际联系不紧密，影响了学习实效。而与之形成鲜明对比的是，封建迷信在一些地方依然根深蒂固，信教队伍在一些地区有所扩大，各种非主流意识形态有所蔓延，党的创新理论普及“上热下冷”的瓶颈状况没有得到根本解决。在这种背景下，如何强化党的基层宣传阵地和宣传队伍建设，完善学习组织机制，及时将党的创新理论、方针政策和先进文化传播到党员干部群众中去，便成为建设学习型党组织刻不容缓的基础性任务。

发挥基层学习型党组织功能的内在需要。党的组织是由各级党组织组成的有机整体，各级党组织在为共同目标的奋斗中，由于各自的职能和所处环境不同，因而在建设学习型党组织中必须探索符合实际的学习方式和组织方式。从一定意义上讲，建设学习型党组织的目的也在于通过学习，提升素质，达到各级党组织和党员更好地立足实际、把握规律，发挥作用的功效。比如，以学习型党组织带动学习型社会建设是所有党组织共同面临的任务，但在实现这一任务过程中基层党组织与上级党组织发挥作用的方式显然是不同的。上级党组织主要是靠决策、指导、组织协调来履职；而基层党组织则主要靠直接推动或党群互动来发挥作用。这种发挥作用的方式还会因所处环境不同而有所区别。就内蒙古而言，地处北疆少数民族地区的区情，使之成为境内外敌对势力渗透的重点地区，由此决定党的组织既承担着科学发展、富民强区的重要职责，又肩负着维护民族团结和边疆稳定的重要使命；又由于内蒙古地广人稀、民族众多，服务半径大的现实，建设基层学习型党组织就需要建立一种像“乌兰牧骑”式的既稳定、又流动的学习组织机制，探索适合民族地区学习型党组织建设的规律。总之，只有立足实际推进基层学习型党组织建设，才能真正把建设学习型党组织的战略任务落到实处。

二、内蒙古以基层大讲堂为载体推进基层学习型党组织建设的创新实践

内蒙古基层大讲堂，是适应自治区科学发展的新需要和人民群众的新期待，在建设学习型党组织建设中总结创造的面向基层的综合学习平台；是在党委领导下，宣传部门牵头、各部门分工负责、基层党组织具体实施，以各级专兼职宣讲队伍宣讲为引领，以整合各类学习资源为手段，以服务基层党员、干部和群众为基本职能，以学习型党组织建设带

动学习型社会建设为目标的“学习型”模式。这种模式赋予基层大讲堂学习型、创新型、引领型品质，在推进基层学习型党组织建设上实现了多方面创新和突破。

创新理念，实现学习宣传由“下基层”向“驻基层”的转变。学习的理念和基本价值取向，影响着学习内容、方式、机制的选择，决定着学习的方向。基层大讲堂建设以“扎根基层、服务群众、推动发展”为理念，旨在通过长期稳定的基层学习载体的有效运行，让基层党组织及党员干部群众获得所需的知识、技能。为此，我们提出了推进宣传思想工作重心下移、夯实基础的目标，并大力实施了基层大讲堂建设工程。经过几年努力，目前已建立起各类基层讲堂6000多所，形成了面向基层的形式多样、广为覆盖、多级联动、相互配套的五级讲堂体系，将党的理论政策宣传阵地直接延伸到乡村、社区，使学习阵地在基层落地生根。

创新职能，实现学习宣传由“单纯讲授”向“综合服务”转变。“多元”的社会发展趋势决定了大众需求的多样性，理论普及只有适应这种多元需求才能真正发挥理论服务大众的价值。基层大讲堂建设始终关注基层党员群众的所思所想、所困所惑、所忧所患，努力做到先进引领与按需择学的有机结合。在实践中，既坚持主题性，将党的理论政策和地方党委政府的重大决策宣传普及贯穿始终；又突出需求性，通过专家“配菜”、群众“点菜”的方式，积极拓展公民道德、法律法规、民族文化、科学技术、生产技能、家庭教育等方面的内容。既重视“以讲丰学”，又重视“以讲聚学”，通过搭建综合讲堂、特色讲堂、网络讲堂等多种载体，采用各种群众喜闻乐见的方式，通过分众化、个性化、具象化的宣讲，吸引群众广泛参与。既强调理论武装，又强调学以致用，解决基层群众在生活、生产中遇到的实际问题。内容丰富、形式多样、贴近实际的基层大讲堂，搭建了基层党员群众踊跃参加的学习平台，成为党组织联系群众、服务群众、化解矛盾、推动工作、加强和创新社会管理的有效途径。

创新路径，实现学习宣传由“个人讲”向“团队讲”转变。当团队力量真正形成的时候，不仅可以强化学习成员之间的信息交流与共享，而且会产生超乎个人力量总和的整体成果。基层大讲堂建设以发展团队成员整体搭配能力为抓手，在发挥专职教师宣讲作用的同时，大力发展宣讲志愿者、兼职宣讲员、业余联合宣讲团，层层建立讲师库，形成了一支12000多人专兼职宣讲队伍。基层大讲堂吸引各类有特长、热心公益事业的专家、领导、“五老人员”、“土专家”、大学生、致富能手、道德模范、文艺人才参加，使之成为发现人才、培养人才、集聚人才的摇篮，成为党员群众广泛参与、自主学习和互学共进的开放性社会大学。

创新组织，推动学习宣传由“部门为阵”向“合力共建”转变。为了改变基层学习缺乏资源、缺乏合力的状况，自治区党委宣传部、组织部、财政厅等20个单位联合下发了《关于加强基层大讲堂建设的意见》，明确基层大讲堂建设总体要求、目标任务和主要措施，从制度上构建了讲堂建设所需的场地、人才、资金等合力共建的保障机制。在具体组织上，自治区实施了以基层讲堂为主体各方面参与推进的“一体多翼”发展计划，依托各系统、各单位的资源优势创办了面向基层大众的“北疆讲坛”、“空中讲堂”、“网上讲堂”、“科普讲堂”、“法律讲堂”、“道德讲堂”、“家庭讲堂”、“妇女讲堂”等几十种讲堂。各盟市、旗县将基层党建资源、文化资源、科普资源、人才资源有机整合起来，将中心组学习、党员干部学习、群众学习有机结合起来，形成了城乡党建资源统筹、各级党组织、各部门合力推进基层学习型党组织建设的新局面。资源整合的基层大讲堂以学习型党组织带动了学习型机关、学习型企业、学习型学校、学习型社区建设，成为推动学习型社会建设的综合平台。

创新机制，实现学习宣传由“时段性”向“常态化”转变。建设学习型组织是一个推动学习全员性、常态化的过程，需要以制度为核心的长效机制来保障。为此，全区各级党组织自上而下地成立了基层讲堂建设领导小组和办公室，建立了相关部门工作协调机制，形成了党委领导、宣传部门主抓、各部门分工负责，社会力量积极参与的组织机制。为规范讲堂建设，全区实施了示范讲堂建设工程，规定所有的讲堂都要达到“九有”（即有讲堂名称、有固定场所、有组织机构、有管理制度、有授课计划、有师资队伍、有档案资料、有工作总结、有考核激励）标准，并制定了具体的考评细则，把基层大讲堂作为建设学习型党组织的重要内容列入对各级领导班子、党员干部的实绩考核之中。为加强工作指导，各级宣传部坚持每年都召开1至2次基层大讲堂建设经验交流会、观摩会，每年举办2次以上宣讲员培训班，每年表彰一批成绩突出的先进组织、示范讲堂和优秀宣讲员，编写了《基层大讲堂建设丛书》和系列学习教材，在各大媒体都开辟了专题、专栏，以指导工作的常态化推动基层大讲堂持续健康地深入发展。系统规范的基层大讲堂，实现了学习型党组织建设与党的思想建设、组织建设、制度建设的有效融合，使其在推进学习型党组织建设中发挥了解疑释惑、凝心聚力、促进边疆和谐稳定和科学发展的特殊功效，得到上至中宣部、中央军委领导，下至基层干部群众的普遍认可，已经成为内蒙古影响广泛的学习型党组织建设的品牌。

三、深入推进基层学习型党组织建设的启示与思考

推进基层学习型党组织建设的关键是使学习常态化、理论实践化，通过“学习型”的制度安排和实践创新，解决好为何学、学什么、怎样学等问题，探索出一条符合基层党组织建设规律的“学习型”之路。

丰富建设基层学习型党组织的学习内容，解决“学什么”问题。党员学习需求的日益多样化，必然要求学习内容的多元化。因此，在学

习中，一方面要深入推进党的理论武装，始终坚持马克思主义一元化引领；另一方面，必须立足实际，不断满足党员履行岗位职责和发挥作用所必需的各方面知识和技能。实践证明，只有学习内容做到先进引领、按需所学、学用结合，建设基层学习型党组织才会成为广大党员的自觉行为。

强化建设基层学习型党组织的阵地建设，解决“在哪学”问题。强化基层学习型党组织的阵地建设，就是把基层党建资源、文化资源、科普资源、党校教育资源、网络资源等各方面社会资源有效整合起来，形成协调配套、多级联动、全面覆盖、立体交叉的学习阵地体系。实践证明，坚持继承与创新相结合，通过制定标准、配套政策，组织协调，完善合作的联动机制，夯实资源丰富、场所稳定的学习阵地，是建设基层学习型党组织的基础保证。

加强基层学习型党组织的宣讲队伍建设，解决“谁讲学”问题。优秀宣讲人才“传、帮、带”的示范带动效应，是形成全员参与理论学习新局面的关键环节。建设基层学习型党组织必须在充分发挥各级党校、院校、讲师团专职理论教师作用的同时，有效地整合社会各方面的宣讲人才资源，广泛吸纳一切热心社会公益事业、有宣讲能力的优秀人才，组成多层次、多专业的专兼职宣讲队伍。实践证明，树立正确的群众观、人才观，在发现人才、集聚人才、培养激励人才上下工夫，建立起一支服务基层、来自基层、常驻基层的稳定宣讲队伍，解决好基层宣传人才匮乏问题，是建设基层学习型党组织的核心要素。

创新基层学习型党组织的学习方式，解决“吸引学”问题。立足实际，顺应时代发展，积极探索新形势下组织学习的特点和规律，拓展多样性、灵活性、开放性的学习载体、学习渠道、学习资源，营造全员学习、自觉学习的浓厚氛围，必须积极创新学习的组织方式和学习方式。实践证明，采用基层党员易于接受的科学合理的方法、措施和手段，使学习成为乐趣和习惯，学习型党组织建设就会变得更加生动活泼、富有吸引力。

坚持理论联系实际、学以致用的原则，解决“有效学”问题。提高基层党组织的学习力、实践力，保持党的先进性，是建设基层学习型党组织的最终落脚点。因此，只有坚持理论联系实际、求真务实的学风，遵循围绕大局、服务发展、服务群众的原则，坚持以人为本，紧扣理论的重点、生活的热点、群众关注的焦点，善于用科学的理论指导实践，不断解决现实生活中党员和群众存在的思想认识问题和实际问题、解决好推动工作的问题，才能把基层学习型党组织建设不断引向深入。

构建城乡统筹、党群互动的学习格局，解决“带动学”问题。建设学习型党组织关键在领导、重点在基层、难点在农村。在基层学习型党组织建设中，要树立开放式、大党建的观念，把城乡学习型党组织建设作为一个整体来谋划，积极探索学习型党组织建设以城带乡、党群互动、功能互补、双向受益的有效途径，通过推行城乡联建、村企联建、村居联建、党群共建等互动式学习载体和学习形式，实现阵地、人才、信息、技术、设施等资源共享。只有这样，才能为建设基层学习型党组织建设提供可持续发展动力，实现以学习型党组织建设带动学习型社会建设的目标。

完善建设基层学习型党组织的工作机制，解决“常态学”问题。学习型党组织的建设是一项长期工程，在建设过程中需要以健全完善的制度和组织方式保障学习型党组织建设常态化。实践证明，通过制度将建设工作责任落实到各级党组织、各部门，改变主要领导缺乏重视、部门为政的状况，形成党委领导、党委宣传部牵头总抓、各部门分工负责、基层党组织具体实施、广大党员全员参与的各司其职、齐抓共建的长效机制。这是持续推进基层学习型党组织建设的根本保证。

建设马克思主义学习型政党的科学内涵、本质特征和基本规律

辽宁省委宣传部

中国共产党在学习传播马克思主义中诞生，在正确运用马克思主义中壮大，在推动马克思主义基本原理与中国实际相结合中迈出坚实理论创新步伐，开辟了中国革命、建设和改革的发展道路。在即将进入新世纪的第二个十年，我们党提出建设马克思主义学习型政党这一全局性、战略性重大历史命题，如何全面把握其科学内涵、本质特征和基本规律，是在理论和实践上回答这一命题，推动新的伟大工程和伟大事业的重要前提。

一、马克思主义学习型政党的科学内涵

建设马克思主义学习型政党，是在继承和发扬党重视学习、善于学习的优良传统和历史经验的基础上，以学习传播发展马克思主义为根本，以保持和发展党在理论和实践上的先进性、提高党的执政能力为目标，以完整的学习体系、完善的学习机制为保障，通过更新学习理念，创新学习制度，创新方式方法，推动全党学习不断走向科学化、制度化和规范化，保持党作为马克思主义政党的纯洁性和先进性。马克思主义学习型政党的科学内涵主要体现在以下四个方面：

1. 马克思主义学习型政党是用马克思主义理论武装起来的党。马克思主义是党在思想上、政治上的一面旗帜，是党的根本指导思想。建设马克思主义学习型政党的首要内涵就是以学习马克思主义为根本，结合党的建设实际，结合党在不同时期、不同阶段的目标任务，持续不断地用马克思主义及其中国化的最新成果武装全党，提高全党的思想政治水平。这是马克思主义学习型政党区别于一般学习型组织、学习型政党的根本所在，也是建设马克思主义学习型政党第一位的任务。

2. 马克思主义学习型政党是不断推动自身理论创新的党。党的历史是一部推进马克思主义理论创新的历史。建设马克思主义学习型政党，不仅要学习传播马克思主义，更要创新发展马克思主义，全面系统地推动马克思主义时代化、中国化、大众化。这也是马克思主义学习型政党建设的题中应有之义。党要始终走在时代前列，代表中国先进生产力的发展要求、先进文化的前进方向和最广大人民的根本利益，就要保持和强化马克思主义与时俱进的理论品质，不断推动马克思主义与我国国情相结合、与时代发展同进步、与人民群众共命运。

3. 马克思主义学习型政党是在实践中学习、不断推进实践创新的党。建设马克思主义学习型政党中的“学习”，是一个理论与实践相结合的过程，不仅要向书本学习，也要向实践学习、向群众学习。同时，作为执政党的自身建设，马克思主义学习型政党建设必须面向实践，服务实践，紧紧围绕执政目标，把理论与实践紧密结合起来，以面临的重大理论和实际问题为主攻方向，以正在做的事情为中心开展学习、调查和研究，不断推进改革发展、推进实践创新。这是必须坚持的一条基本原则。

4. 马克思主义学习型政党是把学习作为党的建设的本质属性的党。所谓“型”，就是表征事物存在和发展的相对稳定的基本属性。建设马克思主义学习型政党，不仅强调发扬重视学习、善于学习的优良传统和政治优势，更强调把“学习”当做党的建设本质属性来认识、来推进。

这一本质属性在政党层面上体现为马克思主义学习型政党，在各级党组织层面上体现为学习型党组织，在个体层面上体现为学习型党员干部。这一本质属性要通过理念、制度、机制等展现出来。从这个意义上说，建设马克思主义学习型政党，贵在学习，重在有型。

二、建设马克思主义学习型政党的本质特征

特征是事物特点的征象、标志。本质特征是事物本质属性的外在表现。从建设马克思主义学习型政党的科学内涵可以看出，马克思主义学习型政党建设的本质特征包括以下几个方面：

1. **活动的组织性**。作为政党层面的自身建设，马克思主义学习型政党建设具有高度的组织性，体现为全党的长期性、战略性、前瞻性和科学性的统筹规划和部署，有计划、有步骤的分类实施。同时，这种组织性也体现为各级党组织结合自身建设实际，从“重视学习”向“学习型”转变，让学习成为党组织的重要建设方式和推进中心工作的方式。因此，建设马克思主义学习型政党，更强调政党及其组织的学习行为，更强调发挥政党及其组织在学习上的推动力，更强调实现从个体学习行为到组织学习行为的升华，从重视学习的优良传统和政治优势向本质属性的升华。

2. **目标的实践性**。马克思主义学习型政党建设的过程，是一个理论与实践良性互动的过程，是学习与实践并行不悖的过程。马克思主义学习型政党建设的实践特征，表现为建设的过程始终与党所领导的中国特色社会主义伟大事业紧紧联系在一起，与党所面临的三大历史任务紧密联系在一起，与广大人民群众的根本利益紧密联系在一起。马克思主义学习型政党建设的最终目的，既是为了推动党的建设新的伟大工程，更是为了推进党所领导的伟大事业。因此，马克思主义学习型政党建设的实践性，是由党的地位和党所面临的历史任务决定的。

3. 方法的创新性。从党的本质属性的角度看，马克思主义学习型政党建设是一项新任务，标准高、要求高，其本身就是一项系统的创新学习工程。这种创新特征表现在学习理念、学习制度、学习载体、学习方式方法等方方面面，也表现在推进建设工作的方法和途径上。特别是建设学习型党组织要覆盖全体党员干部，横向到边，纵向到底，需要充分发挥基层党组织和广大党员干部的积极性、主动性和创造性，因地制宜，创新形式，提高学习的针对性和吸引力，不断提高学习质量。

4. 进程的阶段性。建设马克思主义学习型政党是一项长期系统工程，涉及理念、制度、机制等各个方面，也要覆盖各地区各行业的各级党组织、党员干部，不可能一蹴而就，必然呈现阶段性特征。因此，在马克思主义学习型政党的建设实践中，必须按照分阶段实施的原则，突出重点、区分类别、循序渐进地推进工作。特别是要采取试点先行、典型引路的方法，力争在重点领域、关键环节取得突破，不断总结经验，再适时铺开，充分发挥辐射带动作用。同时，也注意把试点经验上升为制度化、机制化成果，推进马克思主义学习型政党建设的长期稳定发展。

三、建设马克思主义学习型政党的基本规律

党的历史是不断学习、不断实践、不断创新的历史。正是由于重视学习、善于学习，中国共产党在重大历史关头、重大历史机遇面前，能够以宽广的政治视野、深邃的政治眼光、巨大的理论勇气、坚韧的革命精神、卓越的驾驭全局能力，战胜一个又一个艰难险阻，取得一个又一个胜利。按照科学理论武装、具有世界眼光、善于把握规律、富有创新精神的要求和标准，建设马克思主义学习型政党，必须把学习贯穿到马克思主义政党建设的各个环节。

1. 重视学习、善于学习，树立先进的学习理念，是建设马克思主

义学习型政党的根本前提。党在革命、建设和改革的伟大实践中形成的一个优良传统和政治优势就是重视学习、善于学习。党的十七届四中全会把这一优良传统和政治优势用“型”体现出来，固定下来，上升到马克思主义政党的本质属性这一高度来认识，应该说关系到党的建设新的伟大工程的全局，关系到中国特色社会主义事业全局。

从马克思主义政党的本质属性高度看待学习，必须把一般的“重视学习”上升到“学习型”的高度，从更强调党员干部个体的学习上升到更强调组织行为的高度，从党的思想理论建设的局部上升到一个政党建设全局的高度。所以，在思想认识上，不能把学习的意义看小了，把学习的地位看低了，要把建设马克思主义学习型政党摆在全党工作更加突出的位置，作为一项重大而紧迫的战略任务抓紧抓好。

从马克思主义政党的本质属性高度看待学习，对各级党组织、党员干部的学习理念要求更高。如各级党组织要把学习作为一种党建方式，作为一种推动工作方式，就是一种全局性、系统性要求，需要结合党建工作和中心工作，统筹部署学习型党组织建设工作。再如党员干部把学习当做一种工作方式、生活方式，就是要求进一步提高学习的积极性、主动性，变被动学习为主动学习。思想是行动的先导，只有把先进的学习理念，落实于每个党组织，落实于每个党员干部，马克思主义学习型政党建设工作才能有一个好的前提和保证。

2. 学习马克思主义，结合实际发展马克思主义，是建设马克思主义学习型政党的首要任务。不断学习传播发展马克思主义，是党90余年的历史贯穿的一条红线，也是党重视学习、善于学习取得的一条宝贵经验。正是由于始终重视学习传播发展马克思主义，始终坚持科学理论武装，党才能由一个只有50多名党员的党成长为一个革命党、执政党，实现从小到大、由弱变强，始终走在时代前列，始终保持先进性，成为中国特色社会主义事业的坚强领导核心。

建设马克思主义学习型政党，在内容上是丰富的、开放的，人类社会创造的一切优秀文明成果都包括其中。但是，党是用马克思主义理论武装起来的政党，马克思主义是立党立国的根本指导思想。建设马克思主义学习型政党，必须首先保证各级党组织和党员干部学习传播发展马克思主义理论，保证广大党员干部真学、真懂、真信、真用马克思主义。这是一个根本性的要求。

特别是当前，在发展中国特色社会主义的重要阶段和关键时期，要深入学习传播发展马克思主义中国化的最新成果——中国特色社会主义理论体系。这是各级党组织和党员干部第一位的任务，在这个问题上，决不能改镜头、换频道。如果由于学习别的什么内容而冲淡了学习传播发展中国特色社会主义理论体系这个主题，那么马克思主义学习型政党建设也就偏离了正确的方向。

3. 紧密联系实际，特别是联系改革发展稳定大局开展学习，是建设马克思主义学习型政党的根本原则。从 1942 年的整风运动、1959 年底到 1960 年初的全党学习运动，到真理标准问题的讨论；从 1930 年毛泽东提出“没有调查，没有发言权”的科学论断，到 1961 年全党大兴调查研究之风，都坚持了一个重要原则，即紧密联系实际。紧密联系面临的重大问题、重大任务开展学习，是我们党的优良学风，也是一条重要的历史经验。

建设马克思主义学习型政党，必须弘扬党的优良学风，坚持紧密联系实际，把伟大工程与伟大事业结合起来，把理论与实际结合起来，将学习的着力点放到关系改革发展稳定大局的重要问题上，放到加强和改进党的建设的紧迫问题上，放到解决党员和群众关注的突出问题上。坚持紧密联系实际，要重点把握两条，一条是掌握理论，一条是从实际出发，目的是提高学习的针对性和实效性，提高运用科学理论分析和解决实际问题能力。

4. 以领导班子和领导干部为重点，建立完善的学习体系，是建设学习型党组织的重要途径。1942 年的整风运动，分党的高级干部与一般干部、普通党员两个层次进行，重点是党的高中级干部特别是高级干部。1951 年的整风运动，重点是对领导机关和干部进行教育。以领导干部为重点，坚持分类实施，是党开展学习教育的一个重要途径和方法。

领导班子和领导干部是建设马克思主义学习型政党的组织者、实施者，对所在的党组织的学习起着决定性作用，对一般干部和普通党员的学习有着重要影响。在建设马克思主义学习型政党实践中，对领导班子和领导干部的学习标准要高，要求要严，促进他们以学习的实际行动走在前列，充分发挥引领、带动和表率作用。在此基础上，构建覆盖广泛、运转有效的全党学习体系。这个体系包括党委（党组）、支部（总支）的学习，也包括领导班子和党员干部的学习。这个体系要根据不同的对象，提出差异化的学习内容和学习标准，坚持分类实施的原则。

5. 加强制度建设，建立学习长效机制，是建设马克思主义学习型政党的重要保证。制度是党的优良传统、历史经验的固化形态，也是先进理念的重要载体。把一般的“重视学习”上升到“学习型”的高度，最根本的任务就是发挥制度在马克思主义学习型政党建设中的关键作用，用一系列的制度构建学习的长效机制。这是一个带有根本性、全局性、稳定性和长期性的问题。这个问题解决好了，才能真正实现从重视党员干部个体的学习到更强调组织行为的转变。

近些年的学习实践中，各级党组织对学习普遍比较重视，制定和完善了许多学习制度，采取了一些加强和改进学习的实际举措并取得了一定成效。但也有的党组织在学习中还存在一些问题，比如忽冷忽热、时紧时松，说起来重要、做起来次要、忙起来不要；学习内容脱离实际，学习形式枯燥乏味，学习效果不够突出；搞形式主义、做表面文章，学与不学一个样、学多学少一个样，等等。解决这些问题，最根本的一条，就是紧紧抓住学习制度建设，不断完善学习长效机制。

长期以来，党在学习实践中制定的一系列好的学习制度和机制，要继续坚持和完善。同时，从学习是马克思主义政党的本质属性这一高度出发，一些新的制度、机制亟待建立。从学习实践中反映最突出的问题入手，是学习制度和机制建设的一个重要途径。辽宁省在学习型党组织建设中，逐步建立了学习推进机制、学习引导机制、学习评价机制和学习保障机制，在一定程度上解决了一些突出问题，实践中收到了良好效果。当然，这种制度和机制建设是一个随着学习实践的发展而发展的循序渐进的过程。只有真正建立和有效实施包括学习动力机制、学习组织机制、学习实践机制和学习保障机制在内的长效机制，才能有效推进马克思主义学习型政党建设。

以学习型党组织建设带动学习型社会建设

吉林省委宣传部

学习型党组织建设在学习型社会建设中发挥着重要示范和引领作用。我们党要领导全国各族人民建设学习型社会，就要带头把自己建设成为学习型政党。近年来，吉林省通过探索学习型党组织建设的内在规律，用学习型党组织建设引领学习型社会建设，使党员“学”起来，群众“跟”上来，形成了党员群众热爱学习、崇尚文明的社会氛围，为实现“科学发展、加快振兴，努力让城乡居民生活得更加美好”统一了思想，凝聚了共识，形成了合力。

一、按照建设马克思主义学习型政党的要求，把学习型党组织建设融入党的建设全过程

建设学习型党组织是建设马克思主义学习型政党的基础工程。中央作出建设学习型党组织的重要部署以来，吉林省委把学习型党组织建设工作摆上重要议事日程，省委常委会两次专题研究部署，省委书记孙政才强调，“要更加自觉地把学习型党组织建设作为提升党员干部自身素质、提高领导科学发展能力的重要途径，作为创先争优和保持共产党员先进性的内在要求，结合实际，切实抓紧抓实”，不断增强党的凝聚

力、政府的公信力、干部的执行力和制度的约束力。

1. 着眼科学理论武装，提高广大党员的思想政治水平。从思想理论上建党，是我们党的一条重要政治经验和优良传统。学习型党组织建设的基本要求和目标，就是要把科学理论武装作为根本任务，提高全党思想政治水平。省委坚持把党委（党组）中心组学习作为建设学习型党组织的一项重要制度和提高党员领导干部科学发展能力的一项重要举措，常年坚持，常抓不懈，努力建设“研讨型、创新型、务实型、开放型”理论学习中心组。省委专门制定了《关于进一步规范省委中心组学习的实施办法》，省纪检委、省委组织部、省委宣传部联合制定《全省干部理论学习的安排意见》，加强对各级党委（党组）中心组学习的指导。编辑出版《学习型党组织建设“五学”读本》，编印《学习型党组织建设“五学”参考资料》，建立吉林省领导干部网络培训学苑，在中国吉林网开设“理论频道”，在吉林手机报开设“理论学习天天向上”专栏，搭建全省干部理论学习平台。其中，中国吉林网理论频道每年更新5000多条，吉林手机报“理论学习天天向上专栏”每年刊出200多期。

2. 着眼提高各级党组织特别是基层党组织的战斗力，把学习型党组织建设渗透到党组织建设各项工作中。基层党组织是党的战斗堡垒，是党的生命力所在。吉林省有8万多个基层党组织，分布在各行业各领域。吉林省按照党组织所在单位属性、党组织设置及其职能等情况，把学习的普遍性要求与特殊性需要相结合，分别提出相应的任务和要求，形成了一个纵向到市（州）、县（市、区）、乡镇、村党组织，横向到机关、企事业单位、学校、社区、农村党组织的全覆盖式网络体系。在县处级以上领导干部中开展“廉政教育测试”，在普通党员中开展以“学理论、学省情、学法律、学新知、学典型”为主题的“五学”活动，避免了理论工作“上下一般粗”的弊病，取得了良好的实践效果。同时，把学习型党组织建设与“创先争优”活动结合起来，以农村基层组织“三项工程”、城市基层组织“五有一创工程”和边疆地区“强基富民固边工程”为载体，开展学习型党组织建设联系点、示范点建设，推进城乡基层党建工作。

3. 着眼保持党的先进性和纯洁性，把学习型党组织建设融入党的作风建设各个环节。作风是世界观的外在表现。党员干部的作风是党的先进性和纯洁性的重要体现，是党组织凝聚力和公信力的基础。吉林省以保持党同人民群众血肉联系为重点，以“促转变、惠民生、求实效”为基本要求，深入开展“树新风正气、促和谐发展”主题教育，加强党员干部作风建设，增强党员干部的党性意识、宗旨意识、执政意识、大局意识、责任意识，牢固树立良好的思想作风、学风、工作作风、领导作风和生活作风，以优良的党风政风凝聚党心民心。结合全省开展的“三帮扶”活动，加强以人为本、执政为民教育，引导党员干部把精力集中到加快发展上，把心思用在改善民生上，把工夫下到狠抓落实上。截至目前，全省共筹措各类帮扶资金4.5亿多元，组织动员30万名党员干部、党员技术人员、党员志愿者与低保对象结成帮扶对子，建立困难党员帮扶专项资金1.2亿元，转化薄弱基层党组织561个，党组织的向心力和凝聚力不断加大。

4. 着眼预防腐败、倡导廉洁，把学习型党组织建设纳入反腐倡廉全过程。近年来，吉林省把建设学习型党组织作为提升党员干部素质，提高反腐倡廉能力的重要途径。拓宽学习领域，在全省党员干部中广泛开展廉政文化建设活动，在县处级以上党员干部中开展廉政教育测试，有效提高了党员干部知法、守法、学法、用法的自觉性和主动性。搭建学习平台，设立省和市（州）廉政教育基地、警示教育基地，开展“廉政教育一日活动”，目前已有近百万党员干部接受预防职务犯罪和警示教育，心灵受到触动，灵魂得到洗礼。开展法制宣讲活动，通过开展讲座、理论研讨、答疑解惑等形式，宣传了政策，促进了学习，教育了干部群众。

5. 着眼建立长效机制，把学习型党组织建设落实到制度建设的具体环节。不以规矩，无以成方圆。制度约束是做好一切工作的重要基础，是党员干部自觉学习、有效学习的保障和规范。吉林省建立完善了统一的组织协调机制，成立了由省委宣传部牵头、9 个相关部门组成的工作协调小组，下发了《关于推进学习型党组织建设的实施意见》。各地各部门各单位都做出专门部署，制定实施意见，成立协调机构，加强组织领导，为工作顺利推进提供了有力保障。建立健全了激励约束督查机制，探索建立了领导干部述职述学述廉、定期学习交流、联系指导基层和学习考核评价等制度机制，为学习型党组织建设提供了制度保障。

二、以推动全民学习为目标，用学习型党组织建设引领学习型社会建设

建设学习型社会体现了我国经济社会发展的内在需要，为学习型党组织建设提供重要的环境基础。唯有让党员和群众在学习中有机互动起来，才能使学习型党组织建设有深厚的源泉、扎实的根基、强大的动力。近年来，吉林省在加强学习型党组织建设的同时，打造了一批大众化的群众学习载体，有力地推动了学习型社会建设。

1. 建立各类学习型社会组织，营造全民学习氛围。近年来，吉林省通过大力加强学习型党组织建设来促进各类社会组织的“学习化”，全省各种“学习型”社会组织广泛涌现。目前，全省已有 27 所大学先后建立了 4345 个大学生理论自学组织，参加自学的大学生达 14.4 万人，占这些学校学生总数的 39.44%。白城市通榆县苏公坨村“青年农民‘四自’理论学习小组”已经扩展到全县 172 个行政村和较大自然屯，全县已有 227 个“四自”理论学习小组，参加小组学习的青年农民 2833 人。长春市朝阳区建立了 352 个楼栋党支部，覆盖 1253 栋楼宇，组织社区党员干部群众学习党的创新理论。

2. 深入开展理论和形势政策宣讲，推进党的理论创新成果宣传普及。坚持工作重心下移，积极开展面向城乡基层群众的通俗宣讲活动，把党的声音传达到群众中去。近年来，编写并免费下发了《十七大通俗讲稿》、《学习实践科学发展观百例分析》、《学习型党组织建设“五学”读本》、《学习型党组织建设“五学”参考资料》等宣讲教材，供全省广大党员干部群众学习使用。建立省、市、县三级宣讲体系，组建省委、市（州）委宣讲团、县（市、区）宣讲小分队，结合吉林实际广泛开展基层宣讲活动，全省各级领导干部带头宣讲，省委宣讲团直接深入高校、机关宣讲，讲师团、党校、社科研究单位及基层宣传文化阵地组织力量深入城乡基层宣讲党的创新理论，宣传形势政策。各地各部门探索了“干部讲坛”、“市民讲堂”、“炕头培训班”、“吉商论坛”等深受基层群众欢迎的社会性、群众性学习载体。充分利用文化信息资源共享工程、农村远程教育网、手机报和互联网站等网络宣传渠道和途径，推动党的理论创新成果和重大方针政策进机关、进社区、进校园、进企业、进农村。

3. 开展层次多样、形式多样的活动，不断拓展学习的覆盖面。每个月举办一次主要面向领导干部的吉林“高端讲堂”，邀请国内知名专家学者作专题报告。开展“万场党课下基层”活动。针对不同行业、不同对象，鼓励、扶持、推广“干部论坛”、“企业家论坛”、“社科讲堂”、“市民讲堂”、“职工小讲堂”、“社区读报沙龙”、楼栋“党员中心户”、“炕头培训班”等社会性、群众性学习载体，增强学习的积极性自觉性，营造了崇学向学乐学的浓厚氛围。

4. 培育宣传典型经验，发挥示范引导作用。以党报党刊、电台电视台为主，整合都市类媒体、网络媒体等多种宣传资源，加大对学习型党组织和学习型社会建设中的先进典型经验宣传推广的力度。在吉林日报、吉林人民广播电台、吉林电视台、中国吉林网、《新长征》杂志等媒体开辟专题、专栏和专版，及时宣传各地各部门在学习型党组织和学习型社会建设中的新举措新进展，认真总结、宣传推广各个领域、各条战线、各个行业在学习型党组织和学习型社会创建活动中涌现出来的先进典型，以此来引领和推动各类学习型组织的建设，进而推动学习型社会建设。召开全省学习型党组织建设工作经验交流会，总结了46个地区和单位学习型党组织建设工作经验，涵盖了省直机关、高校、企业、市（州）、县（市、区）、街道（社区）、农村、新经济组织和新社会组织等多个层次和类别。广泛宣传延边“市民大讲堂”、吉林大学理论“三进”、长春市朝阳区“楼栋党支部”、长春市二道区理论宣传“四大讲坛”、吉林市“市民学校”、通榆县青年农民“四自”学习小组、大学生自学组织、镇赉县“五求五实现”等经验做法，取得了良好社会反响。

三、学习涵养发展动力，学习激发振兴活力

学习的目的在于应用。吉林省在建设学习型党组织和学习型社会的过程中，始终注重强化“终身学习”、“人人学习”、“处处学习”、“时时学习”的意识，不断把思想解放的成果从观念层面向实践层面转化，促进吉林老工业基地发展振兴的步伐日益加快。

1. 以学习转思维，广大干部群众科学发展的理念进一步树立。学习带来的是发展的时代眼光和全局襟怀，带来的是科学明晰的发展思路和坚定的发展实践。通过学习，吉林人对自己所处历史方位做出了清晰准确的判断：吉林正处在夯实基础、积蓄能量、调整结构、加快发展方式转变的关键节点；处在统筹城乡发展，推动工业化、城镇化、农业现代化相互支撑、相互融合、互动发展的关键节点；处在破除体制机制深层次矛盾，激发创新发展活力，加快形成经济内生增长机制的关键节点。必须增强发展意识、破解发展难题、提升发展质量，把解放思想的成果实实在在地由观念层面向实践层面转化，体现到每一项具体工作

中，转化为贯彻落实科学发展观、加快经济发展方式转变的实际行动，形成推动科学发展的强大合力，努力让城乡居民生活得更加美好。

2. 以学习强素质，广大干部群众推动科学发展的能力有新提高。广大干部群众学风端正，把学习作为一种自觉行为，一种精神状态，一种思想境界，实现了知识、能力、素质转型，进一步树立起大局意识、责任意识、宗旨意识，增强了干事服务的本领。学习使领导干部进一步开阔了视野、活跃了思维，增强了科学发展、加快振兴、富民强省的意识和坚定信念，丰富了谋划发展的新思路、新举措，学习能力、执行能力、创新能力明显增强，学习知识的系统性、思维方式的灵活性、认识问题的客观性、把握发展的科学性、推进工作的创新性较以前有不同程度的提高。提升了驾驭全局的能力，推进了经济社会的全面协调可持续发展。

3. 以学习促工作，全省经济社会发展呈现出良好发展态势。全省上下积极推进学习型党组织和学习型社会建设与发展经济、改善民生良性互动、深度融合，各级党组织和广大党员干部群众在应对各种挑战和复杂局面，推动吉林科学发展、加快振兴、富民强省的实践中，发展潜能得到集聚，发展动力得到增强，发展活力得到释放。2011 年，全省地区生产总值突破万亿元大关，成为发展进程中的重要里程碑。发展质量进一步提高，一般预算全口径财政收入、地方级财政收入分别增长 34.3%、41.1%，增幅创分税制改革 18 年来的最高水平。粮食总产达 634.2 亿斤，再创历史新高，比上年增产 65.7 亿斤，占全国增量 13.3%。城乡居民生活继续改善，全省城镇居民人均可支配收入 17797 元，农民人均纯收入 7510 元，同比分别增长 15.5% 和 20.4%。“八路安居”工程实现全覆盖。“暖房子”工程增量扩面，68.87 万户城市居民受益。全省养老、失业、医疗、工伤、生育保险覆盖面超过 3162 万人次。

坚持学习型党组织建设的实践指向

张效廉

实践是理论创新的源泉，是学习型党组织建设的生命力所在。学习型党组织建设本身就是实践的过程。立足实践、融入实践、推动实践，才能关注新问题、切准大问题、解决真问题，才能真正做到学以立德、学以增智、学以创业。

一、学习型党组织建设实践指向的逻辑基础

学习型党组织建设着眼于实践指向，有着深刻的理论逻辑、历史逻辑和现实逻辑。

马克思主义的实践观是学习型党组织建设实践指向的理论逻辑基础。实践是人们改造客观世界的一切活动，物质生产实践活动是社会发展的根本动力。实践观点是马克思主义认识论首要的和基本的观点。马克思主义来自于实践，把实践作为自己的本质特征，并随着实践的发展而不断丰富和发展。因此，坚持马克思主义，就必须坚持实践的观点、发展的观点，就必须把立足点、出发点放到实践上来，就必须把理论联系实际、学以致用作为最根本的方法。这也是贯穿于马克思主义全部内容中最基本的东西，是马克思主义的灵魂，具有普遍价值和意义。彼得·圣吉的学习型组织理论之所以得到广泛认同和运用，就在于它着眼于解决现实问题。学习型组织理论倡导的“自我超越、改善心智模式、

建立共同愿景、团队学习、系统思考”五项修炼，核心与本质，就是要通过学习实现不断变革，把主观与客观、认识与实践有机结合起来，以此提升组织生存发展能力。事实表明，建设学习型党组织要服务实际、凝聚共识，就必须始终坚持实践的价值取向。

我们党以学兴党立业的历程是学习型党组织建设实践指向的历史逻辑基础。我们党历来高度重视学习，在某种意义上，党是靠学习起家的，也是在不断改进学风中发展壮大、走向成熟的。延安时期，我们党从整顿学风入手，使全党从主观主义和教条主义的枷锁中摆脱出来，树立起理论联系实际的良好学风，用马克思主义之“矢”，成功地解决了中国革命之“的”，为抗日战争最终胜利和新民主主义革命在全国的胜利奠定了重要的思想基础。党的十一届三中全会以来，我们党坚持实践是检验真理的唯一标准，在全党重新恢复了理论联系实际的马克思主义学风。正如邓小平同志指出，“实现四个现代化是一场深刻的伟大的革命。在这场伟大的革命中，我们是在不断地解决新的矛盾中前进的。因此，全党同志一定要善于学习，善于重新学习。”“学习什么？根本的是要学习马列主义、毛泽东思想，要努力把马克思主义的普遍原则同我国实现四个现代化的具体实践结合起来。”以江泽民同志为核心的党的第三代中央领导集体和以胡锦涛同志为总书记的党中央也始终把学风建设作为重中之重，在改革开放实践中坚持和发展马克思主义，形成了中国特色社会主义理论体系，使改革开放和现代化建设事业取得了辉煌的历史性成就。而党的历史上发生的“左”、右倾错误，尤其是“文化大革命”十年内乱，给党的事业造成巨大损失，学风不正导致主观主义盛行、教条主义泛滥，也是一个重要原因。历史一再表明，“不正派的学风，是反科学的反马克思列宁主义的主观主义的方法，是共产党的大敌，是工人阶级的大敌，是人民的大敌，是民族的大敌，是党性不纯的一种表现”，“学风问题是一个非常重要的问题，是第一重要的问题”，决定着党的事业的兴衰成败。历史的经验最可宝贵，历史也无法割裂。

建设学习型党组织要取得实效，必须把弘扬马克思主义学风的优良传统放在头等重要的位置。

提高党的执政能力的时代要求是学习型党组织建设实践指向的现实逻辑基础。当前，随着世情国情党情的深刻变化，我们面临的挑战和考验前所未有。正如胡锦涛总书记在七一讲话中指出，“我们党面临长期执政的考验、改革开放的考验、市场经济的考验、外部环境的考验”，“面临着精神懈怠的危险、能力不足的危险、脱离群众的危险、消极腐败的危险。”可以说，提升执政能力比以往任何时候都更为紧迫。提高执政能力，首先要提高学习能力。在当今知识经济时代、信息化时代，学习能力在某种程度上甚至决定了执政能力。一些国家执政党兴亡的事实也表明，不重学则怠，不好学则退，不善学则衰，把学习力转化为执政力、发展力是时代赋予我们党的重大使命。现阶段，我们党内还存在一些不良学风，一些党员干部和党组织的学习状况确实不容乐观，存在不愿学、不勤学、不真学、不深学、不善学等问题。这些问题究其根源，既有思想上的懈怠、价值观的扭曲；也有认识上的片面、方法论的失当。比如，把学习视为读书写字的孤立活动，把认识成果视为实践成果，使学习仅仅停留在理论层面的探讨、认识层面的反思、工作层面的查摆上，而没有形成科学的发展思路和付诸攻坚破难的实际行动。问题的根本，就是学用脱节，没有把学习与实际、实践结合起来，把改造主观世界和改造客观世界统一起来，如果对这些问题视而不见、放任不管，就会导致执政意识弱化，执政本领削弱，执政风险提高。建设学习型党组织就是要以学习能力的提升来提高执政能力。

二、正确把握学习型党组织建设的实践指向

按照中央的要求，黑龙江省在研究制定学习型党组织建设三年集中行动规划时，就适应时代要求，结合省情实际，明确把“提高素质、

创新理念、凝聚力量、推动发展”的主题作为实践导向，努力构建学以致用、用以促学、学用相长的科学体系。

提高素质是学习型党组织建设的首要任务。广大党员干部的素质，决定着党的领导水平和执政能力。共产党人是特殊材料制成的，特殊就在于具有优秀的综合素质，既要有理论上的清醒，又要有坚定的政治信仰，既要有良好的品性修养，又要有推动科学发展的能力。良好的素质是在学习和实践中锻炼培育形成的。建设学习型党组织，必须把提高党员干部的思想政治素质放在首位，始终以理论上的先进性保持和发展党的先进性，以理论上的清醒保持政治上的坚定。要深入学习中国特色社会主义理论体系特别是科学发展观，学习党的基本理论、基本路线、基本纲领和基本经验，坚定理想信念，始终做共产主义远大理想和中国特色社会主义共同理想的坚定信仰者。要学习掌握正确的立场、观点、方法，以宽广眼界观察了解世界，正确把握时代发展趋势，从国际国内形势的相互联系中把握发展方向，从国际国内条件的相互转化中用好发展机遇，从国际国内资源的优势互补中创造发展条件，从国际国内因素的综合作用中掌握发展全局，不断增强各项工作的战略性和前瞻性。要加强党性修养，牢固树立正确的世界观人生观价值观，坚持讲党性、重品行、作表率，以共产党人思想作风的纯洁性来保持党组织的纯洁性。要适应形势要求，努力学习掌握现代化建设所必须的经济、政治、文化、科技、社会和管理等各方面科学知识，不断优化知识结构、开阔思路、把握规律，提高战略思维、创新思维、辩证思维能力，努力成为本领域本行业的行家里手。

创新理念是学习型党组织建设的时代要求。创新是一个民族进步的灵魂，是国家兴旺发达的不竭动力，也是一个政党永葆生机的源泉。特别是在当前，随着现代科技的飞速发展，知识创造、知识更新速度一日千里，创新能力越来越成为实践能力的核心因素，越来越成为竞争制胜的关键法宝。创新离不开学习，学习是创新的前提和基础。只有通过学习，掌握的知识多了，才有创新的愿望和追求，才有创新的智慧和本领，创新才能达到一个比较自由的境界。创新也离不开实践，如果唯书、唯上而不唯实，就会导致教条主义，窒息理论的生命力，最终缺乏创造力。建设学习型党组织，就是要通过拓展学习的内容、方式方法、渠道等，以学习的创新推动理论与实践的互动，不断催生新的理念，不断推动新的实践，实现理论与实际、历史眼光与世界眼光的有机统一。我们要进一步解放思想，突破已有观念束缚，用新思维、新视角观察问题、处理问题；从改革开放和现代化建设的实践中总结经验、探索规律，升华科学的理论，不断丰富和发展中国特色社会主义理论体系。创新理念，就会焕发创造激情，调动创新潜能，促进各级党组织和广大党员干部不断有所发明、有所创造、有所提高；就能积极回应经济社会发展对创新的热切呼唤，使党的执政理念更加符合时代发展要求，使党的执政实践更加符合人民群众愿望；就会推动行为方式、制度模式的重大变革，不断提高党的建设科学化水平，真正实现与时俱进、永葆党的生机和活力。

凝聚力量是学习型党组织建设的动力保障。党组织对内有凝聚力，对外才会有战斗力，才能承担起推动科学发展、造福一方百姓的重要责任。我们党作为一个拥有 8000 多万党员的大党，只有通过自上而下的学习，才能有统一的思想、统一的意志、统一的行动。党组织凝聚力来自科学理论的武装、来自共同信念的鼓舞、来自党的纯洁廉洁。科学理论武装和党的纯洁性是我们党在改革开放和社会主义现代化进程中应对和经受住各种考验，化解和战胜各种危险的重要法宝。放松学习，理想就会淡化，知识就会老化，思想就会僵化，能力就会退化。忧党必须忧学，兴党必须兴学，从严治党必须从严治学，增强党组织的凝聚力，必须从改造学习入手。建设学习型党组织，就要把学习作为培养理想信念的重要途径，把保持党的纯洁性作为增强组织纪律性的内在要求，不断推动党内学习生活化、党内生活学习化，学习工作化、工作学习化。通过发挥学习的激励作用、增智作用、导行作用，认真查找和解决影响发挥党的领导核心作用、基层党组织的战斗堡垒作用、党员的先锋模范作用的主要问题，认真查找和解决影响党群、干群关系的突出问题，研究解决反腐倡廉建设方面存在的突出问题，推进党的建设科学化、制度化、规范化，使各级党组织真正成为党员学习新知识、增长新本领的大学校，真正成为党员增强党性修养、提高思想觉悟、保持纯洁性的大熔炉，切实提高党组织的创造力、凝聚力和战斗力，切实解决个别基层党组织软弱涣散、班子薄弱、政令不通等问题。

推动发展是学习型党组织建设的根本目的。推动经济社会科学发展、和谐发展，是实现我们党全心全意为人民服务的根本要求。当前，我国正处于发展的关键期、改革的攻坚期和矛盾凸显期，各种复杂矛盾和问题相互交织，热点难点相对集中，实现科学发展的任务异常艰巨，这是对各级党组织领导能力的重大考验。在学习中理清科学发展思路，就要通过学习的革命，从书斋走向田野，由理论回归现实，站在高处、学在新处、用在实处，把学习成果体现在化解现实矛盾、解决实际问题上，体现在促进经济社会又好又快发展上。在学习中必须紧密结合经济社会发展实际，深刻领会科学发展这一主题和加快转变经济发展方式这一主线，努力突破制约科学发展的瓶颈因素，把转方式、调结构作为应对国内外环境变化、实现可持续发展的根本出路，在破解发展难题、推动本地区本部门又好又快发展上取得新成效；在学习中必须牢固树立群众观点，强化执政为民意识，坚持问政于民、问需于民、问计于民，集中财力办好经济社会发展急需、人民群众热切期盼的大事、实事，在解决人民群众最直接最现实最迫切的利益问题上取得新成效；在学习中必须创新社会管理，把法治和德治有效结合起来，最大限度增加和谐因素、最大限度减少不和谐因素，在解决影响社会和谐稳定的突出问题上取得新成效。学习型党组织建设只有融入科学发展的生动实践中，才会获得无限生机和活力。

三、坚持学习型党组织建设实践指向的机制保障

坚持学习型党组织建设实践指向不动摇，制度是根本。邓小平同志指出，“要把学习搞好，认真建立学习制度。”“制度问题更带有根本性、全局性、稳定性和长期性。”从黑龙江的实践看，要确保学习型党组织建设融入生活、融入实践、融入发展，必须建立健全学用结合、学以致用的学习制度，以科学有效的制度作保障，使学习型党组织建设逐步实现由“软任务”向“硬约束”转变，由抓活动向促常态转变，由务虚向务实转变。**建立健全管理机制，确立实践导向。**要把调查研究作为理论向实践转化的关键环节，深入基层、深入群众、深入实际，了解不同类型党员的特点，把握不同部门工作的难点，根据形势需要和具体实际，制定和完善学习规划，确保学习的针对性、实效性。同时，根据形势和任务的变化，定期分析学习现状、查找问题不足、提出改进措施，确保学习始终沿着正确的方向前行。**建立健全成果转化机制，保证良好实践方向。**要把握好成果转化的落脚点，减少成果转化环节，推动学习成果及时转化为实践成果。及时总结推广各地各部门在学习型党组织建设实践中创造的好经验好做法好成果，拓展运用空间，放大成果，叠加效能。**建立健全学习考评机制，确立实践取向。**进一步完善学习型党组织建设成效考评制度，量化考核内容，创新考核办法，完善考核措施。把学风好坏纳入考核之中，把考核结果作为民主评议党员、综合考核评价领导班子和领导干部的重要内容，把理论素养、学习态度和学习能力作为选拔任用领导干部的重要依据，树立“学风端正受重用，学风不正不使用”的正确用人导向。

（作者单位：黑龙江省委宣传部）

论建设马克思主义学习型政党的科学内涵、本质特征和基本要求

上海市委宣传部

党的十七届四中全会提出，要把建设马克思主义学习型政党作为重大而紧迫的战略任务抓紧抓好。建设马克思主义学习型政党是我们党在新时期提出的一个新的重大课题，既反映了时代发展的客观要求，也反映了我们党自身建设和发展的内在要求。准确理解马克思主义学习型政党的科学内涵、本质特征和基本要求，是建设马克思主义学习型政党的首要前提。

一、马克思主义学习型政党的科学内涵

马克思主义政党天生是“学习性”政党，重视学习、善于学习是我们党一贯的优良传统和宝贵经验。在革命、建设和改革的各个历史阶段，我们党始终把学习摆在重要位置。中国共产党领导人民进行革命与建设的伟大实践，正是中国共产党向实践学习、向群众学习，不断推进马克思主义中国化的过程。“学习型政党”之“型”是指一种风格、品格。马克思主义学习型政党的科学内涵，可以从以下四个方面加以理解：

1. 以马克思主义的世界观和方法论为指导。马克思主义政党要在

实践中不断学习、持续学习、终身学习，必须牢固树立辩证唯物主义和历史唯物主义的世界观和方法论，深入学习马克思列宁主义、毛泽东思想、“三个代表”重要思想和邓小平理论，学习科学发展观，全面系统、完整准确地掌握中国特色社会主义理论体系，从理论和实践、历史和逻辑的统一上把握中国特色社会主义理论体系，奠定建设中国特色社会主义的共同思想基础。

2. 以科学的学习理念和学习方法为基础。建设马克思主义学习型政党，要重视学习、善于学习，拓展传统学习内涵，树立全员学习、全面学习、终身学习的新理念，坚持科学的学习方法，推进开放学习、创新学习、互动学习，营造坚持理论与实际相结合的优良学风，激发党内自觉学习的动力，通过工作学习化、学习工作化，实现学以致用、以用促学、学用相长，不断提升学习能力和学习效果。

3. 以健全的学习制度和学习机制为保障。马克思主义学习型政党的建设，它更突出地表现为一种组织化的学习，必然以健全的学习制度和学习机制为保障，包括一系列促进学习的竞争机制、激励机制、考核机制和创新机制。健全的学习制度与学习机制是建设马克思主义学习型政党的内在要求，也是有效激活学习的内在动力和外部驱力的重要因素，更是学习活动持久有序进行的重要保障。

4. 以提高思想理论水平和执政能力为目标。这是由马克思主义政党的性质决定的。建设马克思主义学习型政党，就是要通过学习，进一步提高思想理论素养，不断增强战略思维能力和辩证思维能力，就是要推动广大党员干部加深对党的理论创新成果的学习理解，掌握贯穿其中的立场观点方法，做到真学真懂真信真用；就是要增强政治敏锐性和政治鉴别力，澄清模糊认识、明辨理论是非，自觉抵制各种错误思想的影响；就是要善于从历史和现实的交汇中把握社会发展趋势，从国际和国内形势的相互联系中把握发展方向，增强坚持中国特色社会主义道路和理论体系的自觉性坚定性。

二、马克思主义学习型政党的本质特征

科学理论武装是马克思主义学习型政党的本质特征。建设马克思主义学习型政党，就是要以有效的学习提升党的创新能力，增强党的生机活力。

1. 把学习作为一种政治责任、一种精神追求和党组织自我完善的重要方式，进一步增强创造力、凝聚力、战斗力。马克思主义学习型政党与其他学习型组织的本质区别，就是把讲政治、讲党性作为最基本的原则，把学习作为一种政治责任，把科学理论武装作为本质特征。通过学习，不断增强党的意识、宗旨意识、执政意识、大局意识、责任意识，使各级党组织和全体党员在举什么旗、走什么路、朝着什么样的发展目标前进等重大问题上更加旗帜鲜明、立场坚定，形成推进中国特色社会主义伟大事业的强大力量；通过学习，不断强化宗旨意识，进一步加强党性修养，坚持立党为公、执政为民。

2. 把学习作为基本品格，贯穿于思想建设、组织建设、作风建设、制度建设和反腐倡廉建设的全过程。我们党接受马克思主义并将其作为指导思想，就是我们学习和接受先进理论的过程，党的历史就是一部通过学习而发展进步的历史。早在延安时期，我们党就在党内大力倡导并形成了学习的优良作风，并把5月5日作为学习节，使全党同志很快凝聚在毛泽东思想旗帜下。在社会主义建设和改革开放新时期，我们党大力弘扬理论联系实际的马克思主义学风，通过学习马克思主义理论、学习社会主义建设的实践经验、学习西方先进的管理经验和科学技术的最新知识，使学习进一步内化为我们党的品格。在党的建设新的伟大工程中，我们党提出马克思主义学习型政党建设的任务，全党再次掀起学习热潮，努力实现学习生活化、生活学习化，使学习成为我们党的一种内在品格。

3. 使学习成为保持先进性和纯洁性的重要途径。党的先进性是历史的、具体的，而不是一成不变的，更不是一劳永逸的。过去先进不等于现在先进，更不等于永远先进。时代和实践的发展，总是不断赋予党的先进性以新的内涵。建设马克思主义学习型政党，目的就是要保持党的先进性和纯洁性。保持先进性和纯洁性，是学习型政党建设本质特征的重要方面。这一本质特征要求，通过学习，使全党坚持把为社会主义、共产主义奋斗作为理想信念，坚持马克思主义实事求是的思想路线，坚决抵制各种反马克思主义思想的侵蚀；使广大党员坚持党的民主集中制，严格坚持党纲、党章，按照党纲、党章规定的标准严格要求自己，始终保持共产党人的浩然正气；使理论联系实际、密切联系群众、批评与自我批评的优良作风发扬光大，始终保持党同人民群众的血肉联系。

三、建设马克思主义学习型政党的基本要求

马克思主义学习型政党的科学内涵和本质特征，决定建设马克思主义学习型政党需要遵循以下基本要求。

1. 注重科学性。马克思主义学习型政党以科学理论和先进理念为指导，坚持科学性是建设马克思主义学习型政党的前提。要坚持用马克思主义的立场、观点、方法来认识问题、分析问题、指导工作，用马克思主义中国化的最新成果武装全党；要紧密结合中国国情和时代特征大力推进理论创新，丰富和发展中国特色社会主义理论体系。要尊重学习活动自身的规律，一切从实际出发，坚持因时制宜、因地制宜，以科学的理念和制度确保学习的自主性、即时性、便利性，不搞一刀切，不搞形式主义，确保全部学习活动的实际效果，实现马克思主义学习型政党建设科学化、制度化、规范化。

2. 把握时代性。时代的发展总是不断提出新问题、新要求、新挑

战，能不能与时代的要求自觉保持一致，是党的事业成败的关键。我们党历来自觉地与时代同呼吸、与人民共命运，并以此作为自身生命力的源泉。我们的革命事业之所以能够成功，我们的改革开放之所以取得骄人成就，均与我们党准确理解把握时代要求紧密相关。历史一再表明，只有自觉地反映时代要求，制定符合人民利益和时代要求的政策和纲领，党的事业才会兴旺发达，国家的发展才会蒸蒸日上。新时期，建设马克思主义学习型政党更加需要不断强化时代意识，坚持解放思想，实事求是，通过不断学习，使我们党的路线、方针、政策、制度始终反映时代发展要求，切实引领时代发展潮流。

3. 坚持开放性。马克思主义本身就是一个科学的、开放的思想体系，是人类创造的一切知识财富的集大成者。它不是死的教条，而是具有旺盛生命力、不断创新和发展的理论。建设马克思主义学习型政党，必须始终坚持以宽广的视野和胸怀，不断从人类文明的一切优秀成果中汲取思想营养。坚持开放性，就是要用古今中外人类创造的一切财富以丰富自己的头脑，正如毛泽东同志指出的那样，“世界上所有国家的有益的东西，我们都要学。找知识要到各方面去找，只到一个地方去找，就单调了。”坚持开放性，还要广泛拓展学习途径，不但要向书本学习，努力掌握各学科领域的知识、不断拓宽学习领域；还要善于向实践学习，努力把握实践中形成的新鲜经验；更要勇于向群众学习，虚心学习群众的智慧和创造，以开放的胸襟不断从各方面汲取智慧和力量。

4. 强调创新性。创新是学习型组织的核心与标志。因此，创新性是建设马克思主义学习型政党的根本要求。我们党自诞生之日起，就始终坚持紧密联系实际，掌握一切科学的新思想、新知识、新经验，不断地在实践中解决新问题，提出新观点，形成新理论，不断推出马克思主义中国化的最新成果，这赋予了马克思主义学习型政党突出的创新性特征。新时期，我们建设马克思主义学习型政党，依然要特别强调创新性，树立创新理念，培育创新意识，积极回应经济社会发展对创新的热切呼唤，使党的执政理念更加符合时代发展要求；切实激发创造激情，调动创新潜能，鼓足创新勇气，始终保持创新的干劲和力度，使我们党不断积蓄和持续释放创造能量；要通过创新体制机制，不断改革和完善党的领导方式和执政方式、领导体制和工作机制，不断提高科学执政、民主执政、依法执政水平。

5. 突出实践性。实践性是马克思主义学习型政党的重要特征。马克思主义学习型政党历来善于向实践学习，善于带着问题学、结合实际工作学，从丰富生动的实践中汲取营养、提升智慧，在倾听群众的意见建议中找到解决问题的思路和办法，提高工作的系统性、预见性、创造性，真正把学习作为增强本领、推动工作的根本途径，把学习的成果运用到实际工作中，转化成解决现实问题的能力。突出实践性，首先要牢固树立实践第一的观点，深入了解我国社会主义初级阶段的基本国情和当前我国经济社会发展的一系列阶段性特征，不断深化对中央提出的一系列重大战略思想和政策措施的认识。突出实践性，还要大兴调查研究之风，善于发现问题、敢于正视问题，及时总结经验教训，不断深化对经济社会发展规律的认识，创造性地贯彻执行党的路线方针政策，坚持把学习的着眼点放到研究解决实践中的问题上。

把提高领导干部思想理论素养作为深化学习型党组织建设的重中之重

王燕文

建设学习型党组织，思想理论建设始终是必须坚持的根本，科学理论武装始终是第一位的任务，发挥领导干部的示范引领作用始终是整个创建工作的重点。通过近几年的实践探索，我们切实体会到，深入推进学习型党组织建设，必须把提高各级领导干部的思想理论素养作为至关重要的任务，作为新形势下保持党的纯洁性的重要方面，努力下工夫、出实招、见成效。

一、提升领导干部理论素养凸显了学习型党组织建设的核心要求

建设学习型党组织是一项宏大的系统工程，提高思想理论素养是基础性和根本性建设，提升领导干部的素质能力是骨干工程建设，这两者的有机叠加、相互融合，构成了学习型党组织思想主导力与骨干主体力的建设，进一步彰显出创建工作的核心要求。

1. 掌握科学理论是马克思主义政党发展进步的根本保证。马克思主义是人类历史上迄今为止最伟大的思想成果、最科学的理论体系。中国共产党是以马克思主义科学理论武装起来的，其发展进步最根本的原

因就是“以先进理论为指南”，重视和善于学习，勇于并善于在实践探索的基础上推进理论创新。胡锦涛总书记指出：“中国共产党人坚信马克思主义基本原理是颠扑不破的科学真理”，同时又“坚信马克思主义必须随着实践发展而不断丰富和发展，从来不把马克思主义看成空洞、僵硬、刻板的教条”。在新的历史条件下，我们党保持和发展先进性、提高执政能力，首要的仍然是保持和发展理论上的先进性，提升全党特别是领导干部的思想理论素质。这是深入推进学习型党组织建设的首要之举。

2. 善于学习科学理论是中国共产党发展壮大的重要法宝。回顾历史，中国共产党就是在学习科学理论中诞生的。在新文化运动和“五四”运动大潮中，中国的先进知识分子学习、领悟马克思主义，接受、掌握马克思主义，在此基础上创立中国共产党，并迅速成长为中国最先进的政党。中国共产党也是在学习尤其是理论学习中不断发展壮大的。90 多年来，党的队伍和党所领导的事业持续发展进步，其原因不仅在于掌握了马克思主义的理论武器，而且在于掌握了重视学习、善于学习这一重要法宝。马克思主义不会自发产生，也不能轻易就掌握，必须通过持续、科学而系统地学习才能内化于心、外化于行。在革命、建设和改革开放的不同历史时期，尤其是面临每一个大变动、大转折、大发展的关头，党中央总是在全党范围发出加强学习的号召。延安整风、真理标准大讨论、“三讲”教育、先进性教育、学习实践科学发展观等多次学习热潮，不断推动着我们党走在时代前列，引领发展进步。我们正在建设的中国特色社会主义是一项全新的事业，无论理论上还是实践上都没有现成的模式可循，加之在发展的新阶段，不可避免会产生许多新情况、新矛盾和新问题，党所肩负的任务的艰巨性、复杂性、繁重性史所罕见、世所罕有，迫切需要加强以提升思想理论素养为核心的学习，克服各种各样的“知识恐慌”、“本领恐慌”。

3. 提高各级领导干部的思想理论素养是我们党不断进步的关键所

在。中国的事情能不能办好，关键在党，尤其是各级领导干部，因为他们是党的路线、方针、政策和决议的制定者、执行者、督导者。干部能否发挥好作用，素质和能力是关键。各级领导干部作用发挥得大小，很大程度上取决于其理论素养的高低。邓小平同志早就明确提出，“我希望党中央能作出切实可行的决定，使全党的各级干部首先是领导干部，在繁忙的工作中，仍然有一定的时间学习，熟悉马克思主义的基本理论，从而加强我们工作中的原则性、系统性、预见性和创造性。”胡锦涛总书记强调，干部的素质最重要、最根本的是理论素养。当前，在两种社会制度、两种价值体系并存较量的世界格局中，在价值多元、思想驳杂的社会条件下，各级领导干部能否通过理论的清醒坚定确保立场坚定、政治清醒，更是事关“举什么旗、走什么路”这个执政兴国、治国理政的根本，也是应对“四个考验”、化解“四种危险”的基石。正由于此，各级领导干部应当努力成为勤于学习理论、善于学习理论、乐于提升理论素养的典范。

二、领导干部思想理论素养具有丰富的时代内涵和现实要求

当今时代，领导干部思想理论素养的内涵和要求丰富而深刻，集中体现在理想信念、政治立场、思想方法、道德境界、战略思维和政策水平等多个方面。

1. 马克思主义的世界观人生观价值观和崇高的理想信念。世界观人生观价值观是领导干部做人、为官、干事业的指针与坐标。树立正确的世界观人生观价值观，是领导干部思想理论素养的首要基础。领导干部的思想理论素养如何，首先看其是否确立了马克思主义世界观人生观价值观，是否具有共产主义远大理想和中国特色社会主义坚定信念。只有牢固树立正确的“三观”和崇高的理想信念，才能在复杂形势中有

主见，在纷繁变化中有鉴别，在矛盾困难前不退缩，在利益诱惑前不腐败。树立马克思主义世界观人生观价值观，坚定共产党人的理想信念，要求领导干部必须坚持学习运用马克思主义，学习领悟中国特色社会主义理论体系，不断提高运用马克思主义立场观点方法分析、解决问题的能力，不断增强贯彻党的路线方针政策的自觉性坚定性，不断增强政治敏锐性和政治鉴别力。

2. 以人为本、全心全意为人民服务的鲜明政治立场。始终站在人民群众的立场上，一切为了人民、一切相信人民、一切依靠人民，这是马克思主义的根本出发点和落脚点，也是毛泽东思想和中国特色社会主义理论体系的根本出发点和落脚点。深刻回答和解决好“我是谁”、“为了谁”、“依靠谁”等根本政治立场和原则问题，是领导干部理论素养的深刻反映，是马克思主义“以人为本”观念的集中体现。站在人民群众的立场上，首先必须对人民群众有真挚感情，从思想和感情深处真正把人民群众当主人、当先生，把自己看作人民群众的公仆和学生，自觉贯彻党的群众路线。站在人民大众立场上，归根到底要解决好为谁掌权用权的问题，自觉认识到领导干部的权力是人民赋予的，只能用来为人民谋利益，绝不能把它变成牟取个人或少数人私利的工具。站在人民群众的立场上，要真正在灵魂深处烙下“人民至上”的理念，任何时候任何情况下都坚持以人为本、以人民利益为重、以服务人民奉献人民为荣。

3. 马克思主义的科学思想方法和工作方法。领导干部理论素养的高低，不是看能否熟背多少马克思主义的词句，而主要看会否运用马克思主义的科学方法分析解决问题。牢固掌握并科学运用马克思主义思想路线、思想方法和工作方法，是衡量领导干部思想理论素养高低的重要标尺。要学习掌握马克思主义唯物辩证的思想方法，善于在矛盾双方对立统一中把握事物发展规律；要学习掌握实事求是的思想方法，不唯上、不唯书、只唯实，把解放思想、实事求是、与时俱进有机统一起来，善于坚持真理、勇于纠正错误；要学习掌握群众路线的工作方法，坚持从群众中来、到群众中去，让人民群众检验和评判我们的思想境界、工作水平和执政绩效。

4. **崇高的道德情操和精神境界。**思想理论素养与道德境界内在关联、相互促进。江泽民同志指出，掌握的知识多了，学问多了，精神境界也就会高起来。道德操守和精神境界，是思想理论素养的重要内容，也是提高思想理论素养的一大着力点。在新的时代条件下，面对林林总总的诱惑，领导干部要经受住考验，更要自觉把好改造主观世界这个"总开关"。坚持理论联系实际，既要联系工作实际，又要联系个人思想实际，加强党性锤炼，坚定党性观念，解决好权力观、地位观、利益观等问题。要时刻自重、自省、自警、自励，自觉树立和践行社会主义荣辱观，讲修养、讲道德、讲品格，培养高尚道德情操和健康生活情趣，保持共产党人的浩然正气，不断升华自己的人生追求。

5. **开阔的眼界思路和深邃的思维能力。**领导干部深厚的思想理论素养，是眼界、是思路、是胸襟，更是一种创新思维、辩证思维和战略思维的能力，常常表现为善于把握时代脉搏，眼观六路、耳听八方，注意多方面、多层次、多角度观察分析问题，既有时代眼光、历史眼光，又有全局眼光、世界眼光；表现为具有自觉的宏观意识和长远眼光，善于洞察关系全局性、长远性、根本性的重大问题，善于把握经济社会发展的趋势和运动规律；表现为集思广益、深思熟虑，善于总结群众的经验和基层的创造，并以此作为想问题、作决策、谋工作的基础；表现为善于统筹兼顾、举一反三，辩证而系统地洞察大局、研判大势，立足当前、把握未来。

6. **适应现代化建设要求的政策水平和决策能力。**制定和执行政策的水平，科学决策的能力，集中反映了领导干部的执政理念、对形势任务的综合研判、对人民群众利益的关切把握，是检验领导干部思想理论素养高低的又一重要标尺。政策价值取向和决策指导思想不同，制定的政策和作出的决策往往会大相径庭。如果没有科学理论作基础，政策、决策就会失去正确方向；如果不遵循立党为公、执政为民的基本准则，政策、决策就会偏离正确轨道。这些，同样是思想理论素养的深刻反映和要求。

三、在加强理论学习和实践创新的互动中提升领导干部思想理论素养

领导干部思想理论素养的提升，是一个理论学习与实践锻炼互动推进的过程。面对日新月异的发展环境、经济社会的转型变革、矛盾问题的易发多发，以及理论创新、知识信息的加速更新，提高领导干部思想理论素养必须多管齐下、系统推进。

1. 坚持“真学真懂真信真用”，增强领导干部理论武装的自觉性主动性。自觉加强理论学习是领导干部坚定理想信念、提高理论素养的重要前提。增强理论武装的自觉性，必须首先强化自主学习的理念，真正把学习作为一种精神追求和生活方式。要坚持“真学真懂真信真用”，以科学的态度对待马克思主义及其创新理论成果。要围绕“四真”要求，切实加强学习的制度机制建设，建立完善领导干部带学、帮学、促学制度，健全巡学、述学、评学、考学体系，努力使领导干部的理论学习形成长效机制；积极探索完善有效学习形式，健全理论务虚会、党校轮训、专题研讨、学习调研、主题报告会等，不断增强理论学习的吸引力感染力；努力强化督促检查和学习考评，把理论学习的考核结果纳入领导干部综合评价体系，作为选拔任用领导干部的重要依据，使自主学习、制度规范和自觉行动有机贯通。去年起，江苏在全省县处级以上领导干部中推行述学制度，把述学与述职、述廉相结合，使学习能力和理论素养成为评价干部的重要内容。

2. 倡导读经典、强基础，夯实领导干部的马克思主义理论功底。

经典是人类智慧的结晶，思想深邃，营养丰厚。提高领导干部的思想理论素养，必须倡导原原本本读原著、扎扎实实学经典。最重要的是加强对马克思主义经典原著的研读。这些经典著作，蕴涵并集中体现着马克思主义的基本原理，是马克思主义理论的本源和基础。要积极引导领导干部把学习中国特色社会主义理论体系与研读马列著作、毛泽东著作结合起来，系统地掌握马克思主义基本理论及贯穿其中的立场观点方法，真正打牢马克思主义理论功底。要引导领导干部广泛涉猎古今中外的经典名篇，多汲取人类文明各种优秀的思想成果，并且善于以比较、批判的思维提升对各种思想理论的甄别力。近十年来，江苏省委宣传部、省委组织部每年都联合部署县处级以上领导干部专题读书调研活动，推介原著经典，倡导学好书、用好书，有效促进了学习型党组织建设的不断深入。

3. 注重深入基层、深入群众，在总结提炼人民群众实践创造的基础上提升思想理论素养。人民创造历史的实践，不仅是思想理论的源头活水，而且是理论创新的不竭动力，启迪着智慧创造，开拓着思想旅程。提高领导干部的思想理论素养，要积极倡导向人民群众学习，大兴调查研究之风。各级领导干部要带着政治责任、怀着深厚感情，深入基层，访民情、听民意、察民心，虚心拜人民为师、主动向群众求教，善于把基层人民群众的实践经验上升为科学发展的思路举措，真正把思想认识的深化、理论素养的提高深深扎根于人民群众创造历史的实践沃土。江苏省委明确提出“科学发展向上攀登、联系群众向下扎根”的要求，省级领导干部带头进村驻点、深入基层，开展“三解三促”活动（了解民情民意、破解发展难题、化解社会矛盾，促进干群关系融洽、促进基层发展稳定、促进机关作风转变）。今年起，又在省级机关处以上干部中全面开展“三解三促”活动，进一步强化了党员干部的群众观念和宗旨意识。

4. 重视团队学习，在系统研讨中不断凝聚思想共识。独学而无友，则孤陋而寡闻。思想理论的学习需要一个互动共生的环境和优良学习“生态”。相互学习、互相研讨、取长补短，是领导干部提高思想理论素养的重要途径。要紧紧依托党委（党组）中心组这一重要载体，抓住“学理论、议大事、转观念、促共识”的定位，积极倡导领导班子成员之间互学互帮、互研互动，就工作中遇到的重点难点深入研讨，在凝聚重大问题的思想共识中增强理论思维的原则性、系统性、预见性、创造性，在分析研判纷繁复杂的局势中认清主流、把握规律、驾驭大势、统筹兼顾，不断深化对经济社会发展规律的认识。苏州立足“当好江苏基本实现现代化先导区”的实践探索，市委中心组以“问题—课题—解题”为基本学习路径，注重研讨发展难题，学习成效明显。

5. 立足于知行合一，在坚持学以致用中完善知识结构、拓展思想视野。提高思想理论素养离不开潜心研读，更离不开自身的实践锤炼。各级领导干部尤其要以我们正在做的事情为中心，着眼于马克思主义的实践运用、着眼于对实际问题的理论思考、着眼于新的实践和发展，在投身领导和建设中国特色社会主义的伟大实践探索过程中，善于运用马克思主义的立场观点方法观察分析问题，善于用改革创新的思路破解发展难题，善于听取各方面的意见建议，把深化理论学习和探求实践创新相结合，做到学以致用、用以促学、学用相长，在解决实际问题中深化对思想理论问题的认识。要结合形势任务和时代要求，拓展学习内容，广泛学习掌握现代化建设所必需的新思想、新知识、新经验，不断充实完善自身的知识结构，在学习借鉴中开阔知识视野，在辨别比较中提升理论素养。江苏省委每年8月集中举办领导干部学习会，注重把中央战略决策与省委重大部署、理论与实践、读书与调研、专家与领导、省级领导机关与市级党政机关等多元要素相结合，促进领导干部知行合一，提升思想素养和学识才干。

（作者单位：江苏省委宣传部）

以改革创新精神
推进基层学习型党组织建设

浙江省委宣传部、仙居县委

建设学习型党组织，是党的十七届四中全会在深刻总结历史经验，科学分析新形势新任务基础上提出的一项重大战略任务，也是新形势下提高党的建设科学化水平的重要举措。大力推进学习型党组织建设，对于党的基层组织来说，既要以战略的意识、全局的眼光、创新的思维，牢固树立科学的学习理念，又要进一步强化组织领导，紧扣经济社会发展大局，不断创新学习方式，建立健全科学、有效、管用的学习制度，不断提高全党思想政治水平，有效推动经济社会又好又快发展。

一、把加强组织领导作为推进学习型党组织建设的有效举措，坚持党委推动、干部带动

学习型党组织建设强调有组织的共同学习，优化组织结构有助于在组织化的共同学习中，使广大党员干部相互启发、相互激励，在共同学习中提升学习实效，从而增强党组织的凝聚力、创造力和战斗力。

1. 明确目标定位是前提。目标犹如海上灯塔，指引人们前进的方向，它是学习型党组织建设必须首先解决的问题。只有科学设定共同、清晰、而又务实的目标定位，学习型党组织建设才能够有方向、有指

引、有源泉，才能够凝聚全体党员的信心、力量和勇气，也才能够产生强大的向心力、内合力和超越力，确保学习不会跑偏、工作少走弯路。仙居县委定位把自身建设成为善于把握机遇、善于科学决策、善于推动发展、富有团队精神的学习型党组织；把乡镇（街道)、县级机关党组织建成能引领干部群众、能把握大政方针、能创新方式方法，富有执行力的学习型党组织；把村级党组织建成能凝聚群众、带头致富、能落实工作、富有战斗力的学习型党组织；把“两新”党组织建成能凝神聚力、能出谋划策、能示范带动、富有责任感的学习型党组织；并把“科学跨越、全面小康”确定为全县各级党组织的共同愿景，要求各级党组织和党员干部围绕这个目标努力奋斗。

2. 强化领导示范是关键。马克思主义哲学告诉我们，办事情、做工作要抓住主要矛盾或矛盾的主要方面，这样才能取得事半功倍的效果。我党90多年来革命、建设、改革和发展的历史经验也告诉我们，只要领导干部冲锋陷阵、身先士卒、带头垂范，我们的社会主义建设伟大事业就能无往而不胜。建设马克思主义学习型政党，关键是建设学习型领导班子。推动学习型党组织建设，必须坚持从领导干部的学习抓起，推动领导干部先学一步、学深一步，成为学习型党组织建设的积极倡导者、精心组织者、大力推动者，充分发挥好表率作用和示范效应。仙居县委从自身抓起，改进县委中心组学习，以“科学跨越、全面小康”为主题，结合各自分工，坚持同一课题调研、同一课题宣讲、同一课题发言、同一课题破难的“四个同一”原则，有效运用实地调研、专家辅导、主题发言、组团破难等形式，把学习内容同县委中心工作相结合，把提升能力同落实工作相结合，把学习成果转化同重大事项决策相结合，努力做到学习工作的无缝对接。在此基础上，牢牢抓住领导干部这个重点，深入开展“走进矛盾、破解难题”、“百名干部进百企、千名专家联万户、创优服务促发展”等一系列活动，要求各级领导干部带头学习、带头调研、带头恳谈、带头宣讲、带头考学，引导示范带动基层党组织和党员干部开展学习，有效形成班子成员带头学、基层支部推动学、普通党员比着学的良好局面。

3. 发挥组织优势是基础。传统意义上的“学习”更多的是一种个体行为，党中央把“学习”上升为“学习型”的层面，更加强调了学习的群体性、组织性和长效性。在基层，由于思想认识、客观条件、工学矛盾等方面的制约，单纯依靠各级党员干部的自觉性、主动性和积极性，学习型党组织建设不大可能取得预期效果、实现预期目标，必须有相应的组织措施来保障推进。在县级，党建资源比较分散，如何有效整合并合理利用分布在纪委、组织、宣传、统战等部门的可控资源，形成强大的工作合力来服务和推动学习型党组织建设，就成为能否把学习型党组织建设各项工作真正落到实处的关键所在。县委成立了推进学习型党组织建设领导小组及办公室，制定出台乡镇（街道）、县级机关两套实施方案和县级机关、乡镇（街道）、农村、企业四个考评细则，通过开展“党员学习月”活动、设置大型广告牌、发送学习动态快讯等方式营造浓厚学习氛围，并把学习型党组织建设纳入基层党建工作责任制考核，实行项目化管理，有效增强推进工作的压力和动力。

二、把丰富学习方式作为推进学习型党组织建设的关键环节，坚持因地制宜、分类指导

有效的学习方式是开展有效学习的基本要素。学习型党组织建设作为一项系统工程，不同类型、不同层次的党组织和党员在学习方面的需求又是千差万别，要结合实际提出差别化的学习要求，分层推进、分类指导，才能确保学习的质量和效果。

1. 从最能利用教学资源的角度选择学习方式。基层党员干部的工学矛盾非常突出，教学经费比较紧张，单单靠“走出去”的学习方式，容易激发基层的管理矛盾，势必造成不可持续的学习。创新学习方式，

要立足基层各地实际情况，用足用好现有教学资源。如党校、理论讲师团、党员干部远程教育平台、网上学习城、农村书屋、流动舞台车等。仙居县重点发挥县委党校的主阵地作用，采取小班化、专题式、互动式和体验式的教学，每年对全县党员干部分层分批开展集中培训，让基层党员干部就地、短期、脱产、系统地参加学习培训，既能避开客观条件的制约，又能有效地提高他们的理论水平和实际本领。

2. 从最能体现基层特点的角度选择学习方式。由于经济结构、资源禀赋、风俗习惯等方面存在差异，各地各级可运用的学习资源必定有所不同，对学习时间、内容、需求等方面也有所差异，因此，在选择一般性、大众化的共性学习方式基础上，还要创新地域性、特色化的个性学习方式，充分体现地方特色，不断增强学习的吸引力和感染力。如有效设置“乡村论坛”、“田间课堂”、“互学讲堂”、“机关讲坛”等灵活多样的载体，创新运用三句半、莲花、快板、道情等乡土气息的形式，积极组织“千名干部下基层、千场讲座进村头”、群众工作巡回宣讲、文艺下乡、乡村大擂台等富有成效的活动，不断增强学习效果。

3. 从最能满足党员需求的角度选择学习方式。不同地区、不同年龄、不同职业、不同文化的党员群体对学习的要求是多种多样的，要针对不同群体的不同实际，采用差异化的学习方式，才能最大限度地满足党员需求、方便干部学习。如对交通不便地区的党员，要采取传带资料、分散自学、送学上门等方式；对外出流动党员，要采取组建流动党组织、邮寄资料、网上学习、远教助学等方式；对文化程度较低的党员，要采取结对互学、一对一帮扶、寓教于乐等方式；对有专门需求的党员，要采取定向帮学、专家授课、实践教学等方式。

4. 从最能调动参学兴趣的角度选择学习方式。兴趣是最好的老师。只有充分激发党员群众的学习兴趣，学习才能由消极变为积极、由被动变为主动、由强制变为自觉，实现组织要求与个体行为的有机统一、深度融合。因此，要改变教条式、填鸭式的单向学习方式，变成互动式、讨论式的双向学习方式，如群组共学、专题研讨、案例教学、现场观摩、拓展体验、自主选课等现代培训教育方式，并充分利用报刊、电视、网络等大众传媒，充分发挥先进学习典型的示范导向作用，不断激发各级党组织和党员干部的参学热情。

三、把健全长效机制作为推进学习型党组织建设的根本保障，坚持立足当前、着眼长远

制度建设作为学习型党组织建设的一项基础性工作，是确保学习型党组织建设长效化、常态化的有力保障。同时，是否具有完善的制度机制，也是衡量一个党组织是不是学习型党组织的重要标志。要使学习型党组织建设工作深入持久地开展下去，把我们党建设成为真正的马克思主义学习型政党，就必须着力构建一整套“学有记录、考有方式、综合考评、务实运用”的学习型党组织建设制度体系，做到用制度管学习、促学习。

1. **健全领导协调机制**。要把加强组织领导放在重要位置，不断充实和完善各级党组织建设学习型党组织工作协调小组及办公室，切实形成各级党委统一领导、宣传部门牵头协调、有关部门分工负责、各级党组织积极参与的良好工作机制。

2. **健全教育培训机制**。要建立完善多层次、常态化、立体式的学习培训机制，不断加强日常学习、脱产学习、个人学习和集中学习，科学安排岗前培训、业务培训、晋职培训和理论培训，有效开展主题教育、调查研究、挂职锻炼和轮岗交流，形成系统、规范、高效的教育培训制度体系，并及时总结在实践中创造的新做法、新经验，及时用制度的形式固定下来，形成完善的组织学习机制。

3. **健全学习管理机制**。要把学习情况纳入单位和个人年度目标绩效管理，建立健全计划安排、考勤登记、学习档案、理论积分等制度，

并对学习时间、读书数目、参加培训、调查研究等提出具体要求，更好地规范和细化每位党员干部的学习过程。

4. 健全督促检查机制。要建立健全领导干部述学评学制度，采取多种方式，及时掌握各级党组织和党员干部的学习情况，根据不同层面和类型的党组织及党员干部特点，有针对性地加强指导，并定期对下级党组织和党员干部学习情况开展督促检查，针对存在的问题和不足，提出加强和改进的具体要求。

5. 健全考核评价机制。要制定统一的考核标准，坚持学习、考核、使用、待遇一体化，把学习态度、学习精神、学习能力和学习成效作为考察的重要内容，把学习考核结果作为干部选拔任用的重要依据，形成注重学习的用人导向。仙居县重点建立健全以“理论普考、技能选考、选拔必考”为主要内容的“三考机制”。2011 年以来，组织开展了两轮竞争性公开选拔副科级领导干部工作，通过考试任用 28 名领导干部，占两年来提拔使用干部数的 31%，公开考录成为我县干部使用的常态渠道。与此同时，要特别注意在增强制度的操作性和机制的执行力上下工夫，确保各项制度得以有效落实、长期坚持、不断完善。

四、把实现成果转化作为推进学习型党组织建设的最终落脚，坚持学以致用、以学促干

党中央提出把各级党组织建设成为学习型党组织，不是把学习作为一般性的任务，也不是一般性地号召学习，而是与提高党的执政水平、完成党的执政使命、更好地造福人民紧密联系在一起的，根本目的就是：通过学习，进一步完善推动科学发展、促进社会和谐的工作思路、措施和办法，不断提高解决实际问题的能力。

1. 把学习成果转化为工作思路。清晰的思路是推动发展的前提。通过强化学习，进一步认清当前经济社会发展所面临的宏观形势、客观环

境和严峻挑战，带着目的、任务和问题，深入基层开展调查研究，采取考察借鉴、听取意见、互动研讨等方法，发挥知识共享、团队组合、集体决策等优势，认真分析、深入思考，提出符合当地实际的发展思路。

2. **把学习成果转化为良好环境**。良好的环境是推动发展的保障。要有意识、有计划、有组织地开展诸如解放思想大讨论、“进村入企”大走访、千名干部进企业优化服务促转型、“机关服务基层、干部服务群众”等活动，以强化学习促作风转变，以作风转变促服务优化，不断改善本地发展环境。如仙居县通过开设“1890（一拨就灵）企业服务专线”，为企业提供“保姆式”服务，全面构建了以审批提速、热线服务、全程代理、组团破难为主要内容的“四位一体”系列服务，有效地改善了投资环境，实现了从“招商引资”到“招商选资”的转变。

3. **把学习成果转化为政策措施**。有力的措施是推动发展的关键。要在明确定位、理清思路、优化环境的基础上，积极出台科学、务实、长效的政策措施，突出工作重点，明确责任主体，落实职能分工，确保各项政策能够落实到位、真正执行。对于发展过程中暴露出的各类突出问题，个性问题落实到具体责任部门，实行挂牌督办、跟踪问效、破解销号；共性问题分别交由相关领导领衔破解、重点攻关、组团推进。

4. **把学习成果转化为发展实效**。明显的成效是推动发展的结果。要积极探索实践行之有效的渠道、方式和途径，努力把学习成果转化为实实在在的发展成效，真正实现学用结合、学以致用。仙居县通过深入开展学习型党组织建设，有效破解一批制约仙居发展的难题，有效搭建三大产业平台，有效推进重大项目重点工程，有效提升特色产业发展，并不断推进低收入农户创业增收工程、乡村康庄工程、“清洁优美家园、文明和谐乡村”、新农合、农老保等民生建设，形成了经济社会跨越发展的良好态势。连续3年获得台州市对9个县（市、区）发展目标责任制考核第一名，连续2年获得台州市对9个县（市、区）党建工作责任制考核优秀等级。

延安时期大学习运动及其经验启示

安徽省委宣传部

延安时期在全党开展大学习运动，由党的六届六中全会提出，历时近七年之久，是党的历史上第一次大规模的集中学习，是提高干部理论素养、统一思想认识、增加知识储备和提高工作能力的一次创造性的成功实践。大学习运动全面推进了党的建设"伟大工程"，打造了一支具有坚定的理想信念、高尚的情操品质、过硬的作风本领的党员干部队伍，如周恩来当时所说："比过去20年还要伟大，还有更多成就的工作"。

一、延安时期开展大学习运动的必要性

1. 开展大学习运动是党员干部树立马克思主义思想品德，提高马克思主义理论水平的迫切需要。一个政党要走在时代前列，一刻也离不开理论指导；一个党员干部要做好本职工作，一刻也离不开理论学习。中国共产党是用马克思主义理论武装起来的党。但在延安整风运动前，一方面全党对中国社会和中国革命的规律了解还很肤浅，还不善于把马克思主义的基本原理同中国革命的具体实际结合起来，存在着教条主义和经验主义两种表现形态的主观主义。许多党员干部学习马列主义不是为了革命实践的需要，而是为了单纯的学习，只会片面引用马克思、恩格斯、列宁、斯大林的个别词句，而不会运用他们的立场、观点和方法

具体分析和解决中国革命问题，“不是有的放矢，而是无的放矢”。另一方面，抗战时期党员队伍迅速壮大，1937 年到 1940 年，中共党员人数迅速从 3 万增加到 80 万。这些新党员大多数出身于农民和小资产阶级，缺乏系统的马克思主义教育，很容易受到一些错误思想和作风的影响。为此，毛泽东指出：理论这件事很重要，革命如果不提高理论水平，革命胜利是不可能的。因此必须在党内进行一次普遍的、生动的、理论联系实际的马克思列宁主义教育运动。通过学习马克思主义，使广大党员干部提升思想品德、提高理论水平，学会运用马克思主义的立场、观点和方法来辨别是非、观察问题，指导中国革命实践。

2. 开展大学习运动是党员干部明晰党史、统一认识的迫切需要。“以史为鉴，可以知兴替”。当时我们党有长达 20 多年的革命斗争史，积累了丰富的经验和教训，但在长期战争环境下，没有也不可能将其梳理清楚，不少党员干部甚至党的高级干部的认识水平有待提高，对党的历史的认识见仁见智。虽然遵义会议以后形成了以毛泽东为核心的党中央领导集体，但以王明为代表的“左”倾思想影响仍未彻底清除。正如毛泽东同志在《改造我们的学习》一文指出的，不少同志“对于中国昨天和前天的面目漆黑一团”，“对于中国今天的面目若明若暗”，“许多马克思列宁主义的学者也是言必称希腊”。这些情况极大影响了党在思想认识上的统一。

3. 开展大学习运动是党员干部研究现状，增长治党治国治军才干的迫切需要。延安时期，中国共产党一方面要正确处理敌我友三方关系，制定正确的策略方针，在战争中生存壮大并取得战争的胜利。另一方面，陕甘宁边区政府已经是一个国家政权的雏形，不仅有政治工作，而且有组织管理、财经贸易、科教文化、外交统战、生产流通、党的建设等各方面的工作，这些对于年轻的中国共产党来说都是崭新的课题。毛泽东指出：开展学习运动“是工作中的缺陷迫切需要克服”。他在《改造我们的学习》中进一步指出：“二十年来，一般地说，我们并没有对于上述各方面作过系统周密的收集材料加以研究的工作”，以至于教政治学的不引导学生研究中国革命的策略，教军事的不引导学生研究适合中国特点的战略和战术，经济学教授不能解释边币和法币。对此，毛泽东不无担忧地说：延安没有政治恐慌，没有经济恐慌，有的只是“本领恐慌”。他还进一步指出：我们的知识和本领就像一个杂货铺，本来东西就不多，越卖越空，空空如也，这就必须进货，进货的办法就是学习。总之，建设一支高素质的党员干部队伍，是当时形势发展的迫切需要，这就必须号召广大党员干部加强学习，研究现状，提高素质、增长才干。

二、延安时期开展大学习运动的经验做法

1. 健全学习组织，制定学习制度。1939 年 10 月中组部发出《关于巩固党的决定的指示》以后，各地党组织纷纷成立了领导学习的组织机构，各系统、各单位都结合具体实际情况，制定了灵活有效的学习制度。1941 年 9 月，中共中央决定成立中央学习研究组，毛泽东任组长，王稼祥任副组长，组织在延安的高级干部学习马克思列宁主义理论。同时决定成立各地高级学习组，颁发高级学习组的组织条例。1942 年 5 月，中央政治局决定成立中央总学习委员会。总学委由毛泽东、凯丰、李富春、陈云等组成，毛泽东任主任。在总学委领导下，延安的各单位、各系统包括中央机关和陕甘宁边区等都成立了学习分委员会，具体指导开展学习运动。为确保制度的落实，树立制度是最大的权威的观念，坚持制度学习的硬性约束。在学习时间、学习内容、学习参加人员、学习效果等方面均作出了规定。如明确规定，所有在职干部平均每天要学习 2 小时，每周至少要学习 12 小时，一切为学习教育而耗费的时间，均算入正规工作时间之内。

2. 领导以身作则，大兴学习研究之风。延安时期，毛泽东始终是

学习研究的表率。在一年的时间里，他阅读的哲学书籍有据可考的就达24种。在学习研究的基础上，毛泽东亲手撰写了《辩证法唯物论》。毛泽东还同李维汉等人共同撰写了《中国革命和中国共产党》的教材，发表了《论持久战》、《新民主主义论》、《青年运动的方向》、《〈共产党人〉发刊词》、《纪念白求恩》、《论政策》、《抗日游击战争的战略问题》等许多光辉文献。在毛泽东的带动下，朱德、周恩来、刘少奇、任弼时、邓小平等中央领导和军队将军们纷纷投入到对现状、历史和马列主义理论的学习研究中，为党员干部学习树立了光辉的典范。张闻天和刘亚楼等人编写了《中国现代革命运动史》、陈昌浩撰写了《世界近代革命运动史》。刘少奇著文《论共产党员修养》、《抗日游击战争中各种若干政策问题》，朱德发表《论抗日游击战争》，彭德怀撰文《争取持久抗战胜利的几个先决问题》，陈云发表《党的支部》和《怎样做一个共产党员》，周恩来撰写了《关于党的"六大"的研究》的报告。毛泽东等许多中央领导人还担任了中央党校、中国人民抗日军事政治大学、马列学院等院校的领导和兼职教授并多次登台授课。1941年8月，中共中央发出《关于调查研究的决定》，并设立中央调查研究局，以毛泽东为主任，任弼时为副主任。林伯渠、张闻天等中央领导人纷纷组团，开展调查研究。一时间，延安形成了浓厚的学习研究氛围。

3. **创办大批干训机构，积极开展干部教育培训。**为了提高党员干部的文化政治素质，中国共产党在延安陆续创办了中央党校、抗日军政大学、马列学院等许多干部培训学校，积极发挥它们在干部教育培训中的主阵地主渠道作用，训练出了一大批派往各地的军政干部。特别是抗大，在1940年后陆续办起14所分校、5所陆军中学、1所附设中学，在抗日战争期间共培养了10余万军政干部。在陕北和各敌后抗日根据地还开办了其他干部学校20多所。这些学校的领导人大多是久经锻炼的老干部，许多教师是来自全国的名流学者。当时各地都十分重视加强对党员干部的马克思列宁主义教育，以提高他们的政治思想觉悟。陕甘宁边区采取有计划地选调干部到马列学院和中央党校学习，扩大边区党校以轮训区级干部及开办乡级党员训练班等措施，加强对党员干部的教育培训。

4. 明确学习内容，积极引导党员干部学习理论，学习历史和研究现状。首先是学习理论，用马克思列宁主义武装干部大脑。在《新民主主义论》中，毛泽东指出："应该扩大共产主义思想的宣传，加强马克思列宁主义的学习，没有这种宣传和学习，不但不能引导中国革命到将来社会主义阶段上去，也不能指导现时的民主革命达到胜利"。为了把学习理论引向深入，党的六届六中全会提出了马克思主义在中国具体化的任务。党中央还把5月5日马克思诞辰定为"学习节"，在延安成立了马列学院，专门抽调精通外语，又有一定理论水平的同志，在院内成立编译部。先后编译出版马克思、恩格斯、列宁、斯大林的著作共32种，达几百万字。针对学习马列主义理论存在主观主义问题，毛泽东大力倡导理论与实践相结合，学以致用。指出："如果有了正确的理论，只是把它空谈一阵，束之高阁，并不实行，那么，这种理论再好也是没有意义的。"毛泽东还着重论述了什么是理论和理论家的问题。指出，绝不能把马克思主义的理论当做死的教条。只知记诵马克思主义书本上的个别结论和个别原理，而不能根据马克思主义理论来研究中国的历史实际和革命实际，不能从理论上来思考中国的革命实践的人，是不能称为马克思主义理论家的。这一时期，学习马列主义理论的一个突出特点，就是用马列主义与中国实际相结合的产物——毛泽东思想武装党员干部头脑。党的七大最终把毛泽东思想确定为党的指导思想，并且向全党发出学习号召。一时间，在延安和各抗日根据地掀起了学习马列主义毛泽东思想的热潮。

其次是学习历史，统一全党思想认识。从1941年到1945年，毛泽东用了4年的时间，引导党的高级干部认真学习与研究党的历史，深刻总结党的历史经验。首先，1941年毛泽东亲自编写了《历史问题草案》，主持中央书记处，查阅了近千万字的中央文件，编译出版了416万多字的《六大以来——党内秘密文件》（上、下册）和《六大以前——党的历史材料》两部大型党史文献，供高级干部学习党史之用。其次，从1943年10月以后，毛泽东、周恩来、朱德等人作了一系列关于党史研究的报告，指导党的高级干部正确总结历史经验，分别召开了许多总结党的历史经验的座谈会，对于党的全部历史，特别是1931年到1934年这一时期中央的政治路线问题进行多次讨论，使干部从切身的实践经验中，更好地认识党的历史上的路线是非问题。1944年5月，由任弼时主持，成立了有刘少奇、康生、周恩来、张闻天等人参加的党的历史问题决议准备委员会，开始起草"历史问题决议"。后来毛泽东直接主持并多次修改决议，最终形成了《关于若干历史问题的决议》，并在党的六届七中全会上讨论通过。通过学习党史，全党统一了认识，增强了在毛泽东思想基础上的团结，为中国革命胜利创造了充分联系的思想条件。

再次是研究现状，培养理论联系实际的学风。学习理论、学习历史、研究现状三者是相互结合的。在学习过程中，中央大力倡导学以致用，要求广大党员和干部通过调查研究，深入了解中国社会状况，了解中国革命的特点和规律，学会将马克思主义基本原理同中国革命具体实际相结合。既要"仰望星空"，也要"关注脚下"，既要有理论的眼光，也要有实践的能力，既要务虚，也要务实。于是许多研究团体纷纷成立，大量研究成果涌现。如《中国通史简编》（上册）、《马恩列斯思想方法论》、"乡村建设运动研究"、"平民教育促进会研究"、"社会科学概论"、《抗日战争丛书》、《中国现代革命运动史》、《陕甘宁边区实录》、《日本帝国主义在中国沦陷区》等都是这一时期研究的产物。在延安，除了有许多社会科学的学术性团体外，1940年2月还成立了西北自然科学研究会，以后又建立了医药、农学、地质矿冶、生物、机械电机、化学等专门学会，它们对边区科学技术的进步和发展，发挥了较大作用。浓厚的学习研究氛围，为我们党实事求是思想路线的形成奠定了现实基础。

三、延安时期开展大学习运动的主要启示

1. 全党要把加强学习摆在战略性、基础性、先导性地位。要充分认识到学习问题不仅关系党员、干部自身的发展进步，而且关系国家、民族的兴衰和社会主义现代化事业的成败。要把学习作为政治责任，作为第一需要，时刻对自己在学识、眼界、能力等方面的不适应保持警醒，通过学习促进工作、通过工作推动学习，在学习中提升人生境界、实现自我超越，更好地履行职责。

2. 领导干部要作学习的表率，打造学习型领导。不仅要成为政治工作、经济工作、思想工作、群众工作的“专家”，还要成为理论、科技、文化等“杂家”。必须以学习的主动赢得工作的主动，抢先掌握新知识新本领、及时研究新情况新问题，科学运用新方法新措施，更好更科学地驾驭全局，履行职责。

3. 党内学习必须坚持理论联系实际的优良学风。既要抓好理论学习，让广大党员干部向书本学习，同时还要引导党员上好实践这堂课，主动向群众学习、向实践学习，努力做到学以致用、用以促学、学用相长，围绕推进本地区本部门本单位的工作，解决突出矛盾、破解发展难题、提高工作水平，在推动问题的解决中深化认识、提高能力，切实做到将科学理论转化为加快发展的坚定信念、谋划发展的正确思路、促进发展的政策措施、实现发展的实际本领、武装干部群众的巨大精神力量。

4. 建立健全党员干部学习的保障机制。要制定一定时期的学习规划纲要，有计划、有步骤、分阶段、有目标地推进全党的学习活动。各级党委要加强组织领导，把建设学习型党组织作为重要任务列入议事日程。一是进一步加大对党校、行政学院和干部院校的经费投入，确保教

学、科研、队伍、基础设施建设正常有序开展，充分发挥干部教育培训的主渠道作用。二是党的经费要更多地用于党员干部的学习、教育、培训等项目上。三是投入专项资金，尽快建立党的学习数据库和网络平台，为广大党员干部在线学习及时便捷地提供电子书籍和信息，促进广大党员干部阅读方式的革命，使传统阅读与数字阅读方式相补并进、相得益彰。四是制定切实可行的学习激励机制，进一步完善“干部教育学分制考核管理”，真正把学习情况作为评价干部思想政治状况、工作状况和工作实绩的重要内容和重要依据，形成鼓励学习、激励先进的正确导向。

5. 拓展学习培训内容，改进学习培训方法。要着眼提高理论素养，深入学习马克思主义理论特别是马克思主义中国化最新成果，努力掌握贯穿其中的立场观点方法，着力解决马克思主义理论武装“空心化”问题，不断提高运用科学理论分析解决实际问题的能力。要着眼于新的发展和实践，围绕时代中心任务，切实解决本地区本部门存在的实际问题。要着眼于做好本职工作，学习党的路线方针政策和国家法律法规，学习现代化建设所需要的经济、政治、文化、社会等各方面知识，不断扩大知识面，使自己成为本领域本行业的行家里手。在学习培训的方法上，要结合时代特征，利用当今现代科技手段，创新学习培训方法，增强培训对象和培训内容的针对性。要把“拼盘式”内容转变为“菜单式”内容，利用互动式、研讨式、案例式、观摩式等学习培训方法，切实增强学习培训效果，并努力把学习成果转化成谋划工作的思路、促进工作的措施、干好工作的本领。

（执笔：黄贤斌　韩军）

奋力推动党的理论创新成果进基层

福建省委宣传部课题组

我们党历来高度重视理论武装工作，始终把思想理论建设摆在党的建设的首位，坚持不懈地用马克思主义中国化的最新成果武装全党、教育人民。深入开展中国特色社会主义理论体系宣传普及活动，推动党的理论创新成果进基层，是建设学习型党组织的重要任务。围绕这一目标，近年来，福州市在实践中积极探索，努力推动理论学习常态化、理论宣传大众化、理论应用科学化、理论平台时代化，不断把学习型党组织建设引向深入，为在更高起点上实现科学发展新跨越提供了强大的精神动力。

一、加强组织领导，推进理论学习常态化

学习型党组织所倡导的学习不是个体的、松散的学习，而是一种组织的、团队的学习。这种学习方式，使得广大党员干部能共同参与、平等交流、共享成果、共同提高。实践中，福州市切实加强组织领导，建立健全工作机制，努力实现理论学习常态化。

1. 抓计划建制度，坚持学习活动贯穿始终。党的理论创新成果的普及是一项长期性系统工程，必须坚持科学安排部署、科学组织实施、健全长效机制、力求最佳效果，推动中国特色社会主义理论体系进教

材、进课堂、进头脑，更好地发挥科学理论的教育引导作用。福州市结合经济社会发展实际，制定中长期党的理论创新成果普及规划，围绕年度安排、阶段任务和单项工作，把党的理论创新成果普及计划具体落实到各级党组织。总结运用党委中心组学习、调研、决策、落实“四位一体”方式，确立“有方向、有任务、有标准、有典型、有方法、有机制、有考核、有成效”的“八有”标准，使理论学习进入党委政府议事日程和中心工作层面，一起研究部署，一起贯彻落实，一起检查评估。建立“机关事业单位、农村、企业、学校、社区”等五大类型学习创建体系，开设“必修课”与“基础课”，针对领导干部、一般干部、普通群众、私营企业的外来员工和离退休党员干部五个层级，分别设置重点学习内容，提出不同的理论学习要求。建立健全集体学习、集中培训、调查研究、自主学习、学习考核、学习统筹和学习成果转化等机制，做到每月有理论学习主题、半年有专题分析、年终有检查考评，以制度化规范化确保理论学习贯穿始终。

2. **依托基层党组织，实现各种学习组织多方联动。**理论创新成果普及活动需要各方面的广泛参与。近几年来，福州市依托基层党组织，着力发挥组织功能和联动效应。通过设立学习日、组织生活会、读书活动等，把党员干部、青年学生、社会各阶层人员组织发动起来，实现学习主体、内容和各种元素的最佳配置。通过工青妇、人民团体以及各种社会组织，不失时机地组织社会各阶层群众包括外来人员开展理论学习和思想教育，形成横向到边覆盖、纵向到底驱动的格局，使党的理论创新成果进基层落到实处。为了发挥领导机关、领导干部示范带动作用，还在市县区领导机关中普遍建立行业间“理论共学”、组织内“相互帮学”、上下级之间“带学促学”等学习机制，收到很好的效果。

3. **激发党员学习积极性，形成自主学习风尚。**党员学习积极性高低，决定理论普及工作成效的大小。近年来，随着广大党员文化水平的普遍提升，学习方式方法的不断创新，岗位职业能力需求的日益加大，自主学习已经成为广大党员干部的自觉追求。顺应自主学习发展，福州市委制定了鼓励支持后续教育、终身教育、自学成才的相关政策，各级党组织加强对自主学习的指导和服务，提供必要师资、场所、时间保障，大力开发利用自主学习的空间和资源，诸如免费开放各类图书馆、博物馆，开设各种形式的学习讲坛、农家书屋等，党员干部群众自主学习形成风尚。近三年间，30%的党员干部获得了高一级学历，100%的党员干部接受了一遍以上的专门学习培训，形成人人是学习之人、处处是学习之所、时时是学习之机的生动局面。2010年以来，福州市委被树为福建省学习型党组织建设先进典型，福州市也被评为全国全民阅读活动先进单位和创建学习型家庭示范城市。

二、服务基层群众，推动理论宣传大众化

党的创新理论具有鲜明的科学性、实践性和群众性。推动党的创新理论大众化，需要坚持贴近实际、贴近生活、贴近群众，进一步研究受众、创新形式、丰富手段，在党的创新理论和人民群众之间架起一座桥梁，让党的创新理论更好地走进人民群众，真正为人民群众所坚信、所认同、所掌握、所运用，使之成为广大党员干部群众认识世界和改造世界的强大思想武器。

1. 关注需求，打通理论进基层门槛。开展党的创新理论普及，必须不断满足人民群众的理论需求，积极做好社会热点引导，回应群众关切的问题，科学解疑释惑，着力凝聚共识。几年来，福州市探索总结出专家导学、领导干部带学、集体备课研学、典型示范教学、相互帮助扶学等方法，通过拟制宣讲提纲、培训理论骨干、编写《基层理论宣讲面对面》、《基层理论学习》等系列通俗读本，运用基层理论宣讲团、百姓讲坛、方言讲理论、读书分享、读报点等载体，把“讲道理”与“讲故事”、“普通话”与“本地话”、“我来讲”与“大家讲”结合起

来，有效拉近理论与群众的距离。比如，在“基层理论宣讲面对面”活动中，我们围绕人民群众在想什么、需要什么、喜欢什么，每季度到群众中收集、梳理出共同关注的热点问题，采用老百姓喜欢听、听得懂的语言，到基层做面对面的宣讲和释疑解惑工作，及时解答人民群众关心的问题。通过建立市县乡三级理论宣讲团（队）、三级立体式理论服务体系，为党委中心组学习、形势政策教育宣讲、普通党员干部群众和青年学生的日常理论普及提供分层分众的理论服务，架起党的创新理论走进人民群众的桥梁。

2. 突出主体，创新贴近基层的方式方法。理论普及的主体是基层党组织和广大党员干部群众，必须把理论普及作为全员参与、主动作为的重大政治任务。近几年来，福州市在理论普及工作中着力突出基层党员干部群众这个主体，不断创新和运用最能够贴近基层的方式方法，推动面向基层的理论普及。通过强化基层党组织功能、尊重广大党员干部群众主体地位，用上进心、责任感、求知欲激发他们强烈的学习兴趣。通过加大基层基础设施建设、培育各类示范联系点、建设农家书屋、壮大基层理论骨干队伍、建立基层理论服务网络、成立基层理论宣讲团、农村企业外来工和大学生村官理论宣讲队等，不断优化理论普及服务。通过健全农村党员远程教育网络、办好基层图书馆和流动图书点、常年三下乡、开辟村村通村村响、农村百场电影百场戏等途径，加大理论普及保障力度。

3. 占领空间，扩大理论宣传受众面。扩大理论宣传受众面，是实现创新理论进基层的关键。为此，理论普及要以活动占阵地、以理论信息占空间、以主动争速度、以扩大社会宣传赢得社会受众，形成平面覆盖和纵深推进的良好态势，牢牢把握工作的主动权。在信息传播上，市属各新闻媒体均开辟有专版、专栏、专题、专门频道，加大党的理论宣传，在继续组织摄制、播放电视理论宣传片的同时，创办“沟通零距离”电视访谈、对话类理论宣传节目，为党员干部发表学习体会、交流学习经验、推介学习成果提供载体，强化理论信息覆盖。在活动形式上，坚持利用各种重大节庆、读书月、百姓喜爱的当地传统节日、各类招商活动以及新生的群众性文化活动，寓教于乐；结合文明小戏进社区、文艺会演、扶贫济困、科技推广、法律援助等活动，扩大科学理论宣传幅度。在阵地拓展上，充分利用公共场所、街边和小区宣传栏、画廊、户外公益广告栏、LED 电子屏，建立起党的理论宣传标牌，张贴理论宣传图片，滚动播出理论内容字幕，播放党的理论创新成果影视片，让社会受众耳濡目染，时刻置身于健康向上的理论氛围中。

三、围绕发展主题，推动理论应用科学化

学习的目的全在于应用。而应用的好坏，则取决于理论能否正确指导实践、推动工作。在新时期新阶段，服务发展主题是理论学习宣传和普及的出发点和落脚点。福州市紧紧围绕改革开放和科学发展的主题，突出海峡西岸经济区建设和福州新跨越主线，联系经济社会发展中迫切需要解决的重大理论和实际问题，扎实深入开展调查研究，努力运用马克思主义立场观点方法，认识新情况解决新问题，不断提高执政能力和工作能力，实现领导工作科学化。

1. 深入开展调查研究，提高决策科学性。科学决策首先源于对上情与下情、外情与内情的准确把握。福州市在海峡西岸经济区建设中扮演着海西省会中心城市的角色，担当起辐射龙头作用。为了增强决策的科学性，市委领导兵分六路，带领县（市）区和各部门主要领导以及专家，利用 1 个月时间展开大调研、大讨论，广泛听取各方意见，上“长三角”、下“珠三角”等先进地区实地考学。在调研的基础上，市委提出了推动福州科学发展新跨越的新战略，确定了建设开放文明和谐幸福新福州的目标，制定了《关于推动海西省会中心城市跨越发展的纲要》、《关于加快福州经济发展方式转变的若干意见》等二十几个政

策性文件，进一步明确今后一个时期发展战略和举措，提出了建设海西先进制造业基地、现代服务业中心、文化创意产业中心、海洋经济强市以及重要的自然文化旅游中心城市和知名旅游目的地城市的奋斗目标。

2. 着力破解发展难题，提高工作实效性。推进理论普及的一个重要环节，就是要拿出理论勇气，以创新的思路和对策，着力研究解决制约推动科学发展新跨越中的深层问题。近年来，随着福州城市区位优势的迅速提升，吸引更多外来人口涌入，随之出现住房难、入学难、看病难、就业难、出行难和社会管理难等一系列难题。为此，市委市政府坚持从理论指导中寻求良方和答案。通过学习实践科学发展观，坚持以人为本，开阔眼界、拓宽思路、找准对策。如力求以大力发展社会保障房、廉租房解决“住房难”，以扩建学校教室、完善城市教育布局解决“入学难”，以普遍建立医疗保障体系解决“看病难”，以建立现代化就业体系解决“就业难”，以扩大公共交通、扩展城市道路解决“出行难”，以创新社会管理解决“社会管理难”等等，使党的理论在解决难题上，接地气、对上路，大大提高了工作的实效性。

3. 扎实做好绩效评估，提高理论武装工作的权威性。理论来自于实践，又在实践中受到检验。而绩效评估则是检验理论正确与否的有效方式。党的理论普及必须渗透到方方面面，运用于工作的各个环节。几年来，福州市制定实施《福州市学习型党组织工作考评细则》、《党委中心组考评办法》、《基层理论学习若干规定》等，把理论普及这样的“软任务”细化为一条一条“硬措施”，纳入综合绩效考评体系，在各级年度绩效考核、精神文明创建、评先评优、述职述廉、干部选拔任用、文化改革发展等方面，都把党员干部学习运用理论的现实表现作为重要内容。通过理论学习、运用的检查评估，提升了理论武装工作的权威性。

四、坚持创新手段，推动理论平台时代化

理论普及不但要求在内容上随实践的发展而不断吸收新成果，而且要在总结、继承和运用以往好做法好载体的基础上，适应时代发展新要求，不断创造新方式，运用新载体，使理论普及活动常做常新，实现理论普及平台时代化。

1. 开辟多功能讲坛平台，打造理论学习品牌。讲坛作为广大党员干部群众喜闻乐见的创新形式，在理论普及中越来越凸显辐射带动效应。几年来，顺应讲坛快速发展需求，福州市在县（市）区、乡镇（街道）、村（社区）和企业，分别建立属于老百姓自己的“百姓讲坛”。在市区建立起百个“市民道德大讲堂”；在市县乡三级建立“基层理论宣讲面对面讲坛”；在各级党校、机关、学校、企业、离退休干部群体中，分别建立不同类型的学习讲坛。其中，在市电视台建立的“闽都大讲坛”中心讲坛，围绕新理论、新思想、新知识、新经验和福州人文素养，每周开坛一讲，每讲经三个频道播出，年播出156场次，成为深受广大党员和市民喜爱的理论学习平台。

2. 推广网络学习平台，赋予理论宣传新活力。理论普及要适应现代信息技术日新月异的发展趋势，特别是发挥互联网等新兴媒体的优势，运用博客、微博等新兴传播形式和动漫、手机短信等新兴文化样式，不断扩大理论普及的覆盖面和影响力。几年来，福州市在各级政府网、新闻网、电视网、电信网络中，开辟“理论普及”频道，设置理论学习、宣传、实践等栏目，宣传最新理论成果，发布最新理论信息，转载理论普及工作经验。在腾讯网开通政务微博“理论在线”专页，发动党员干部开博、写博；普遍建立“网上学校”，与国内外、省内外理论学习资源相对接，建立网上课堂学习模块，实现网上规模化、课程化学习；依托电信ITV平台，开设电视理论频道，让受众打开电视就能

学理论；利用农村党员远程教育平台，设置培训课程，对农村党员干部群众实行全程、全覆盖式的理论学习教育；利用电信网络，普遍建立起手机理论信息频道，开设“手机报”、“手机课堂”等板块，由政府统一出资、党委宣传部负责提供理论发布信息的内容；积极推进数字图书馆、数字出版建设，与机关、企业、学校和驻地部队联线建立电子阅览室、图书室，实施每年干部普法、业务在线考试，把理论普及融入各种信息服务、文化产品和精神文化活动中，融入人民群众日常工作学习生活中。

3. **创建地方特色传播平台，增强理论普及吸引力。**理论传播载体越是体现地方特色，就越能增强理论普及吸引力，越能受到广大党员和群众的欢迎。几年来，福州市在大力推进现代传播手段的同时，注重发挥具有本地特色的传播载体的作用。如根据福州地区老百姓酷爱演唱“闽剧”的传统，推出“理论进闽剧”工程，利用“闽剧”这一平台，采用“片断、专场、穿插”“三段式”，较成功地实现了党的创新理论与闽剧的有效嫁接，把党的创新理论的新思想、新观点、新论述与闽剧剧情相糅、内容相容，让群众在观赏闽剧的过程中，接受党的创新理论的教育和熏陶，收到很好的效果。针对基层特别是农村偏远地区的群众习惯讲本地话的实际，经过探索总结，推出“方言学理论”，开展“本地话讲理论”活动。几年来，不少市县领导干部到挂钩联系点用本地话上党课、作理论学习辅导，既融洽了同群众的感情，又提升了宣讲效果。

深化理论武装工作
扎实推进学习型党组织建设

江西省委宣传部

用科学理论武装头脑、指导实践、推动工作，是我们党在长期实践中形成的优良传统和政治优势。深入推进学习型党组织建设，必须把科学理论武装作为首要任务，为广大党员干部干事创业打牢思想基础、提供强大精神动力。

一、理论武装在学习型党组织建设中具有重要意义

“科学理论武装，具有世界眼光，善于把握规律，富有创新精神”，是我们党对建设学习型政党、建设学习型党组织提出的基本要求，而科学理论武装居于首位，充分体现了深化理论武装工作的极端重要性。

1. 深化理论武装工作是建设马克思主义学习型政党的本质要求。我们党是用马克思主义理论武装起来的政党，从一开始就鲜明地打上了马克思主义政党的烙印。党的十七届四中全会提出要把我们党建设成为马克思主义学习型政党，这一战略任务的提出，内在地要求在建设学习型党组织的过程中，不断深化理论武装工作。毛泽东同志早就说过，“马克思主义绝不是从天上掉下来的，也不是头脑里固有的。”只有通

过学习，通过理论武装，用马列主义、毛泽东思想和中国特色社会主义理论体系武装教育广大党员干部，才有可能把我们党真正建设成马克思主义学习型政党。只有这样，才能在应对各种风险考验中，永葆我们党马克思主义政党的本色，才能符合我们建设马克思主义学习型政党的战略要求。

2. 深化理论武装工作是使学习型党组织建设沿着正确方向前进的重要保证。推进学习型党组织建设，必须坚持正确的政治方向。方向决定前途，方向决定成败。当前，国际上各种思想文化交流、交融、交锋日益频繁，国内社会思想多元、多样、多变特征更加明显，主流与非主流并存，先进与落后交织，各种社会思潮相互激荡，马克思主义与非马克思主义的斗争从来就没有停歇过。在这种背景下推进学习型党组织建设，一定要旗帜鲜明，立场坚定，不为任何风险所惧，不为任何干扰所惑，沿着马克思主义学习型政党的目标不断前进。深化理论武装工作，就是要用马克思主义和贯穿其中的基本立场观点方法教育全体党员，让全体党员切实增强政治敏锐性和政治鉴别力，进一步澄清各种模糊认识，明辨各种是非，认清非马克思主义理论的本质，划清马克思主义和非马克思主义的界限，以理论上的成熟，巩固政治上的成熟，以思想上的清醒，确保行动上的自觉。

3. 深化理论武装工作是适应马克思主义中国化时代化大众化的客观需要。我们党一直高度重视理论创新工作，我们党的发展壮大史，就是一部坚持不懈推动理论创新的历史。回顾我们党成立 90 余年的风雨历程，从毛泽东思想到邓小平理论，从“三个代表”重要思想到科学发展观，理论创新在不断发展，理论武装工作也在不断推进。马克思主义与时俱进的理论品质，要求我们不断地推进理论创新，把中国特色社会主义的伟大实践与马克思主义结合起来，运用马克思主义的基本立场观点方法，不断做出新的理论概括。在学习型党组织建设过程中，党的理论创新成果是我们学习的重要内容，只有加强对党的理论创新成果的学习才能适应不断变化发展的形势，才能突破教条主义的禁锢，真正掌握马克思主义的精髓，才能有效地认识中国特色社会主义伟大实践中的各种新现象，找到解决各种疑难问题的出路，才能真正坚持党的群众路线，与人民群众打成一片，得到人民群众的理解和拥护。

二、在推进学习型党组织建设工作中明确理论武装的主要任务

科学理论武装是学习型党组织建设的首要任务。我们要在中央的指引下，沿着深化理论武装，全面推进学习型党组织建设的既定目标，脚踏实地，一步一个脚印地不断向前迈进。

1. 坚持学以励志，着力提高党员干部的理论素养。党员是党组织的细胞，只有每个党员都能真正从思想上入党，自觉树立为共产主义而奋斗的远大理想，自觉坚持党的基本路线，自觉与党中央保持高度一致，才能保证我们党的集中统一，才能保证我们党的纯洁性。在学习型党组织的建设过程中，要把提高党员的理论素养作为深化理论武装的首要任务，通过长期不懈的理论武装和思想信念教育，引导全体党员认真学习马克思列宁主义，认真学习毛泽东思想和中国特色社会主义理论体系，系统掌握马克思主义的立场、观点、方法，系统掌握毛泽东思想和中国特色社会主义理论体系的科学内涵、精神实质、根本要求，不断增强党员干部的宗旨意识、执政意识、大局意识、责任意识，使全体党员牢固树立马克思主义的世界观、人生观、价值观，做共产主义远大理想和中国特色社会主义共同理想的坚定信仰者、科学发展观的带头践行者，这样才能把我们党建设成为一个思想上高度统一、政治上坚定可靠、行动上步调一致的坚强战斗堡垒。

2. 坚持学以立德，着力提高党员干部的道德修养。“德者事业之基，未有基不固而栋宇坚久者。”理论学习是党员干部提升道德修养的

重要途径。高尚的人格魅力、良好的道德操守不是与生俱来的，而是学习的不断积累和后天的逐渐养成。不少党员干部最终沦为党和人民痛恨的阶下囚，从深层次原因看是疏于学习，放纵失德败德行为所致。所以，在理论武装工作中，要把加强党员干部的思想道德修养作为理论武装工作的重要内容，通过学习使广大党员干部充分汲取中华民族的传统美德，进一步陶冶情操、净化心灵、提升境界，努力培养共产主义的道德品质，陶冶高尚的道德情操，培养健康的生活情趣，始终保持昂扬奋发的精神状态，做理想远大、无私奉献的社会主义道德楷模，做良好风气的积极实践者和引领者。

3. 坚持学以增智，着力提高党员干部的知识水平。加强理论学习是党员干部提高自身素质、做出正确决策的重要方法和途径。当今时代，科技进步日新月异，知识更新不断加快，各方面工作的综合性、系统性显著增强，领导干部只有通过不断学习，加强知识储备、扩充和更新，才能跟上形势，克服知识恐慌、才能恐慌和本领恐慌，把工作做得更好。在理论学习工作中，要组织广大党员干部有针对性地深入学习现代化建设所需的经济、政治、文化、科技、社会和国际等各方面知识，在学习中拓宽视野，努力使自己真正成为行家里手、内行领导。要把学习的过程变成思考工作、提高能力的过程，通过学习不断深化对共产党执政规律、社会主义建设规律和人类社会发展规律的认识，准确把握当今世界发展大势，准确把握我国改革发展实际，努力使自己站得高一些、看得远一些。

4. 坚持学以致用，着力提高党员干部的工作能力。理论的价值在于指导实践，学习的目的全在于应用。坚持理论联系实际，学以致用，学用结合，是我们党一贯坚持的优良学风。对党员干部来说，学习的意义不仅在于提高认识，更在于指导工作、推动实践。在理论武装工作中，要把理论学习同社会主义初级阶段的国情和改革发展的实际结合起来，同研究解决人民群众最关心最直接最现实的利益问题结合起来，同本地区本部门改革发展稳定的重大问题结合起来，努力把学习间接经验和学习直接经验结合起来，让理论学习成果转化成为指导工作的方针政策和思路方法，努力增强工作的原则性、系统性、预见性、创造性，切实提高驾驭市场经济和统筹协调发展的能力、做好党的群众工作的能力、保民生促稳定的能力，努力推动科学发展、促进社会和谐。

三、增强理论武装工作的针对性，确保学习型党组织建设取得成效

理论武装工作在学习型党组织建设工作全局中的突出地位，要求我们必须深刻把握推进理论武装的工作重点和关键环节，在今后的工作中有的放矢、对症下药，不断提高理论武装工作的针对性和实效性。

1. 要把规范学习内容作为深化理论武装工作的基本点。在学习型党组织建设过程中，要引导党员干部把马克思主义和党的创新理论成果作为首要学习内容，在吃透精神实质、领会思想内核上下工夫，把推动理论武装工作落实到基层、落实到个人。当前，首先是要加强对中国特色社会主义理论体系特别是科学发展观的学习。科学发展观是中国特色社会主义理论体系的重要组成部分，是我国经济社会发展和党的建设的重要指导方针。要通过深入学习，帮助广大党员干部真学真懂真信真用中国特色社会主义理论体系，并自觉运用马克思主义立场观点方法和科学发展观研究、解决中国革命、建设、改革的实际问题，不断提高认识和解决推动科学发展、促进社会和谐的能力。其次，要大力学习实践社会主义核心价值体系。社会主义核心价值体系是社会主义意识形态的本质体现，是我们党在经济全球化和社会多样化中带领人民开拓奋进的精神旗帜，对每个社会成员的人生观、世界观、价值观都有着重大而深刻的影响，是我们整个社会秩序得以维持，整个社会得以运转的基本精神依托。要把社会主义核心价值体系作为理论学习的重要内容，融入学习

型党组织建设的各个方面，使社会主义核心价值体系转化为党员的精神信仰和基本价值取向，体现到党员、干部工作学习的全过程，自觉成为社会主义核心价值体系的坚定信仰者、积极传播者和模范践行者。最后，要大力学习政治、经济、科技、文化、艺术等各个方面有用的知识，进一步解放思想，更新观念，努力适应日新月异快速发展的新形势。

2. 要把突出学习主体作为深化理论武装工作的着力点。全面深化理论武装工作，要把加强领导干部的学习作为重点。各级领导干部是推进改革开放事业的组织者和领导者，是我们党治国理政的骨干。领导干部在政治上立场坚定不坚定，在思想上成熟不成熟，直接关系到党的方针政策能否落实，直接关系到一个地方、一个单位的大局是否稳定，关系到党的执政地位是否巩固。应该看到，由于受各种因素的影响，在一些领导干部中，人生缺少追求、奋斗没有目标、理想信念淡薄的问题还比较严重。在深化理论武装工作中，必须紧紧抓住领导干部这个重点，以党委中心组学习为龙头。领导干部以身作则、带头学习，不仅自身能够保持清醒，明辨是非，而且还能形成以点带面的良好效果，带动全党全社会自觉加强理论武装。中央高度重视理论武装工作，胡锦涛总书记在第十六届中央政治局第一次集体学习时强调："不学习、不坚持学习、不刻苦学习，势必会落伍，势必难以胜任我们所肩负的重大职责。"据统计，十六大以来，中央政治局10年间一共开展了几十次集中学习，学习内容涵盖经济、政治、法律、文化、社会、国际问题、军事、党建等各个方面，为各级党组织加强集中学习、提升自身素养树立了光辉的典范。各级党组织、各级党员领导干部是各个地方和单位的主心骨，一定要带头学习，不仅要带头搞好集体学习，而且要带头加强自学，在加强学习的过程中汲取营养、提升素质、锤炼品格、推动工作，真正做一个爱学习的专家型领导干部。

3. 要把完善学习机制作为深化理论武装工作的支撑点。体制机制具有根本性、稳定性、长期性，我们要努力建设一套科学完备、符合实际、行之有效的理论武装机制，促进人人重视理论学习、人人参与理论学习，推动理论武装工作走上正规化、科学化的健康发展之路。首先，要建立促进理论武装工作的常态机制。要进一步完善各级党委中心组集体学习制度，促进各级党委中心组按照学习计划定期开展学习。同时，加强理论学习的督促检查，把理论武装工作纳入各党支部、党小组的组织生活，组织党员定期作理论学习情况汇报，及时了解掌握党员学习党的创新理论的进展情况。其次，要大力建立促进理论武装工作的监督机制。制度执行要靠自觉，更要靠监督。缺乏必要的监督机制，学习制度很可能形同虚设。要建立学习考勤、学习通报、学习调研、学习检查等各项制度。再次，要建立促进理论武装工作的考评机制。要把加强理论学习的情况纳入到党组织年度绩效考核评价体系，努力形成重视加强理论武装的导向。要建立起党员干部述学、评学、考学制度，把党员干部的学习情况作为民主评议党员、综合考核评价领导班子和领导干部的重要内容，把党员干部理论素养、学习态度和学习能力作为提拔重用的重要依据，把加强理论学习的“软任务”变成“硬约束”，促进理论武装工作不断落到实处。

4. 要把践行学习主题作为深化理论武装工作的落脚点。学习马克思主义，信仰马克思主义，不仅要表现在口头上，更重要的是要体现在行动上。要着力推动党员干部在掌握贯穿马克思主义精神的基本立场、基本观点、基本方法上下工夫，推动党员干部在活学活用马克思主义上下工夫，在身体力行马克思主义上下工夫，努力把党员干部对马克思主义的信仰内化为每个人的精神支柱，转化为实实在在的行动。要倡导党员干部大力践行社会主义核心价值体系，引导党员干部做马克思主义指导思想的坚定信仰者，做中国特色社会主义理想的忠实追随者，做爱国主义民族精神和改革创新时代精神的积极实践者，做社会主义荣辱观的大力维护者，进一步筑牢全党全国人民共同团结奋斗的思想基础，匡正社会风气，凝聚社会共识。真正在真学真信真懂真用中不断提升每个党员的马克思主义思想境界，筑牢我们党的思想理论基础。只有这样，我们党才能永远屹立于时代潮头而不倒，才能始终坚持正确的前进方向，才能团结带领全国人民不断开创建设中国特色社会主义的崭新局面。

（执笔：钟小武　刘建勋）

完善学习型党组织建设长效机制
努力促进学习制度化常态化

山东省委宣传部

建设学习型党组织是党的十七届四中全会提出的一项长期战略任务。实现学习型党组织建设常态化，把学习的“软任务”变成真正的“硬约束”，最根本的是靠机制保证。只有健全完善学习型党组织建设长效机制，不断使学习内化为党组织的基本特征和显著标志，形成学以致用、用以促学、学用相长的良性循环，才能使学习型党组织建设科学化水平提高到一个新的层次。

一、建立完善长效机制是学习型党组织建设的根本要求

机制建设对一个组织来讲，是带有根本性、全局性、稳定性和长期性的问题。大力加强长效机制建设，对于保持学习型党组织建设的良好态势、促进持久永续地健康开展，具有重要意义。

1. 这是提高学习型党组织建设科学化水平的内在要求。学习型党组织建设重在建设、贵在持续，难在成“型”。推进学习型党组织建设科学化，首先就要弄清楚“学习型”概念问题。“型”，指的是规范、形状和样式；“学习型”，赋予了“学习”特殊内涵，超出了学习的一般意义，把学习作为了一个组织或个人的基本要求和重要特征，形成完

整系统而且稳定的制度体系和运行机制。从这一意义理解，建立长效机制，是筑“型”之基、固“型”之要、展“型”之举。一个能够称得上“学习型”的党组织，必须是把学习作为自身的重要品格、内化为自觉行动、固化为本质属性的党组织。我们衡量和判断一个党组织是不是学习型党组织，一个重要标志就是看它是不是建立形成运转通畅、执行有力、管用有效的学习机制，有没有根本解决学习目标、学习动力、学习方法、学习保障等方面问题。从山东实际来看，我们在探索学习型党组织长效机制建设方面积累了一些有益经验，但总的感到还是初步、零碎的，与“型”的要求仍有很大差距，既有思想认识不到位的问题，也有制度不够健全、方式方法陈旧的问题，建立健全长效机制对于学习型党组织建设十分艰巨和紧迫。

2. 这是推动学习型党组织建设深入持续开展的现实需要。建设学习型党组织是我们党的一项宏大的创新工程，只有“进行时”、没有“完成时”，它贯穿于党的建设全过程，融入于中国特色社会主义建设的伟大实践。毛泽东同志形象地把全党学习比作“无期大学”。学习任务的长期性和持续性，决定了我们必须着力加强学习型党组织长效机制建设。只有有效地建立起长效机制，避免和杜绝时紧时松、间断停歇、一阵风式的“运动式”学习，才能持续保持学习热情和活力，做到持之以恒、永不松懈，使学习型党组织建设驶向发展的快车道。在实际工作中，我们高度重视，积极探索和改进组织领导机制、目标管理机制、监督保障机制、考核激励机制等，尽力纠正学习的“浅、慢、散、短”行为，不断推动学习型党组织建设深入发展、科学发展。

3. 这是确保学习型党组织建设取得实效的重要保障。完善长效机制，能够充分激发组织内部活力、广泛调动学习热情，事关学习型党组织建设效果。胡锦涛总书记指出：“要提高学习实效，开展丰富多彩、富有成效的活动，在激发学习动力、提高学习质量、增强学习实效上狠下工夫，坚决避免形式主义、一阵风、一刀切。”这就要求我们要着力健全完善学习型党组织建设长效机制。这些年，我们以研究解决重大现实问题为着眼点，着力推进学习成果转化，不断使学习取得实实在在的成效。比如青岛、烟台、潍坊等市紧紧围绕建设山东半岛蓝色经济区深化学习，滨州、东营、德州等市把提升黄河三角洲高效生态经济区建设能力作为学习型党组织建设的重要内容，淄博、枣庄、莱芜等市把学习作为促进老工业区转型升级的重要条件，推动了本地经济社会又好又快发展，成为推进学习成果转化机制的生动体现。这些实践使我们深刻认识到，学习型党组织建设不是空对空的学习，而是有着生动的学习内容、丰富的学习载体、明确的学习目的；不是简单的挂标语、喊口号、造声势，“假、大、空”地摆摆样子，而是要通过学习型党组织建设，进一步提升各级党组织和党员干部的学习能力和实践能力，不断在推动工作、促进发展上见到真正成效。

二、把握规律，以改革创新精神推动长效机制建设

完善学习型党组织建设长效机制，必须坚持科学性、创新性和实践性的统一，既要顺应当前党组织及党员队伍状况的新变化，积极探索新形势下党组织学习的特点和规律；又要继承过去优良传统和经验做法，使学习型党组织长效机制建设充分体现时代特点、贴近党员实际。

1. 推动长效机制建设要遵循运行规律、体现科学性。体现科学性是完善学习型党组织建设长效机制的根本要求。完善长效机制，要充分遵循学习型党组织建设规律，以科学态度、科学思维、科学管理、科学方法进行深入推动。一是规定科学实用的学习内容，为广大党员干部提供优秀精神食粮。引导广大党员干部全面系统地掌握中国特色社会主义理论体系特别是科学发展观，深刻领会贯穿其中的马克思主义立场观点方法。坚持向书本学习、向实践学习、向群众学习，努力掌握和运用一切科学的新思想、新知识、新经验。二是建立科学完备的制度体系，为

学习型党组织建设提供坚实保障。任何事业持续不断的发展都得力于制度的保障和推动，学习型党组织建设也是如此。山东省进一步建立健全集体学习制度、培训制度、调查研究制度、主题教育制度、学习考核制度等，不断推进党员干部学习的深入开展。三是设置科学有效的学习形式，为学习型党组织建设提供有效形式载体。近年来，立足于新的形势和任务，山东省委先后制定出台了省委常委加强自身学习、改进县级以上党委（党组）中心组学习、强化党政领导干部理论学习考核等一系列文件，使领导班子和领导干部学习机制渐成体系，学习形式、学习载体、学习方法得到创新发展，自觉学习、深入学习、带动学习的氛围日渐浓厚。市、县和各系统、省直各部门党委（党组）也都结合实际制定完善相应制度和配套办法，并注重把基层实践中的一些好经验好做法以制度形式固定下来，用于指导和规范各级党组织和党员干部学习行为，有效提升了学习型党组织建设科学化、规范化、常态化水平。

2. 推动长效机制建设要适应时代要求、突出创新性。富有创新精神是学习型党组织的目标任务。完善长效机制就是要使各级党组织和党员干部保持持续的学习力创造力，使学习不断体现时代性、把握规律性、富于创造性。近年来，我们着眼于探寻学习型党组织建设的平台和抓手，深入开展了以“领导干部带头学习、领导班子带动学习，争创学习型党组织”为主题的“两带一创”学习活动，把领导干部学习、领导班子学习和学习型党组织建设三者有机地结合在一起，有力地推动了学习型党组织建设的载体化和实在化。我们十分重视学习方法途径创新，促进形成有利于党员干部实现自我完善、自我发展的学习机制。比如坚持把现代科技手段和新兴媒体引入学习机制建设，创办“山东干部学习网”，采取“门户网站+学习平台”的架构方式，要求每个干部每年至少修满8学分，年点击量达到3800万人次，大大提高了学习的吸引力和感召力。

3. 推动长效机制建设要注重运用效果、彰显实践性。完善长效机制，就要充分体现学习型党组织建设的实践性特征。要通过“认识—实践—再认识—再实践”的反复循环验证，最终形成结构合理、关系协调、程序严密、执行顺畅的制度体系和工作机制。要充分发挥广大党员的积极性和主动性，尊重党组织和党员的首创精神，在广泛开展丰富多彩的创建活动中推进长效机制建设。近年来，我们在宣传文化系统深入开展了“三个一切”主题教育活动，坚持向群众学、带群众学、为群众学，切实做好宣传、引导、服务群众的工作，引导党员干部在深入群众、深入实际、深入基层中，不断开创学习型党组织建设新局面。最近，我们认真梳理近些年来各地特别是基层党组织在推进学习型党组织建设的实践经验，并进行总结提升，编辑出版了《山东学习型党组织建设100法》，全面反映我省在机制创新方面的情况和成果。

三、突出重点，在探索实践中推进长效机制建设

学习的长效机制建设，是一项十分重要的基础性工作。按照中央关于学习型党组织建设的工作部署和要求，本着体现时代特点、适应广大党员的实际需要，山东着力从五个方面推进长效机制建设。

1. 建立健全引领机制，以龙头工程带动学习。建设学习型党组织，广大党员是基础，领导干部是重点，领导班子是关键。高标准高质量地推进党委（党组）中心组学习，不断深化理论武装、指导实践、推动工作，是建立健全引领机制的关键所在。中心组学习不是领导班子成员个体力量的简单相加，而是集体力量的有机叠加，是动力组合。要把学习型党组织建设工作深入持续健康地开展下去，必须发挥党委中心组学习的带动作用，以上级党委中心组带动下级党委中心组、各级党委中心组带动同级党组织和党员干部。山东省委历来高度重视党委（党组）中心组学习，把其作为推动学习型党组织建设的龙头工程、示范工程，定期举办读书会、专题报告会，中心组成员带头讲党课、作报告、搞调

研，充分发挥了领导班子和领导干部的示范带动作用，形成了省、市、县三级领导干部集体学习体系，使中心组学习真正成为了引领学习型党组织建设的“动车组”。

2. 建立健全推进机制，以创新手段深化学习。创新载体与手段是学习型党组织长效机制建设的必然要求。只有结合实际积极探索富有时代特色的载体、手段和方法，构建立体格局，全方位推进，才能使学习不断深入下去，取得实实在在的效果。我们注重运用多种形式和手段，搭建多样化学习平台，推进学习型党组织创建工作向基层延伸、向普通党员拓展。比如贴近干部群众理论需求，搭建理论普及平台，连续举办7届社科普及周，直接参与人数超过1100万人；开办“齐鲁大讲坛”，打造大众化、公益性理论普及品牌；开展面对面宣讲活动及“经典诵读”、“读一本好书”以及读书日、读书周、读书月、读书节等活动；针对干部群众关心的热点难点问题，用“山东话”讲“山东事”，用群众语言回答群众关切，组织编写出版《新山东——科学发展面面观》等理论通俗读物、电视理论专题片、理论宣传文章等，为开展好创建活动提供学习教材和理论成果；坚持每两月向党员干部推荐一批学习书目和重点理论文章，进一步深化后续措施，拓展推荐使用渠道，更好地发挥重点图书的示范引领作用。

3. 建立健全激励机制，以典型示范推动学习。建立健全有效的激励机制是学习型党组织建设的内在要求。进一步明确新时期党组织和党员干部的学习标准，制定切实可行的考评、奖惩制度。进一步落实“三个纳入”要求，把学习型党组织建设纳入党的建设工作规划，纳入领导班子和领导干部综合考评体系，纳入民主评议党员的重要内容。建立领导班子和领导干部述学制度，在领导班子民主生活会和年度考核中，既要述职、述廉，也要述学，一并评议，作为评价班子和干部的重要依据。坚持定期评选表彰先进典型，确定示范、树立榜样，激励先进、鞭策后进，以点带面、推动深入。加大媒体宣传力度，在省内主要媒体和重点新闻网站开设专题专栏，宣传推介齐鲁大讲坛、淄博“民生政策宣讲站”等学习品牌和经验做法，形成了重视学习、崇尚学习的舆论氛围和鲜明导向。

4. 建立健全约束机制，以制度保障促进学习。抓好学习型党组织建设，既要发挥党员的主观能动作用，更要建立在完善的制度之上，将学习自觉性、主动性与制度建设很好地结合起来，坚持以制度规范学习、激发活力、保证效果。提高制度的执行力，不仅要重视制定和完善学习制度，更要重视对制度执行情况的督促检查，确保各项学习制度得到长期坚持和有效执行。省学习型党组织建设协调小组成员单位每年都组成督导组，深入到各市和省直部门单位重点就学习制度是否健全、执行是否得力、效果是否明显进行检查；有时还从各市抽调人员采取互查方式，起到了相互督促、相互借鉴、共同提高的效果。

5. 建立健全转化机制，以实际成效检验学习。学习的目的在于运用。山东坚持把学习与解决党员干部的思想实际问题、与推动经济社会发展相结合，努力做到学活、学实、学新。围绕关系山东发展全局的重大问题，每年列出系列专题，组织集中攻关。省委常委会专题研究调研成果运用，及时转化为经济社会发展的战略规划、政策措施。全省各级党委政府围绕推进科学发展、和谐发展、率先发展，大力开展调研考察活动，广泛问政于民、问需于民、问计于民，提出化解矛盾、解决问题的有效措施和办法，以学习的实际效果推动经济文化强省建设、实现富民强省的新跨越。

创新学习　学以致用　不断增强学习型党组织建设的实效性

河南省委宣传部

建设学习型党组织是党的建设的一项长期而又紧迫的战略任务。如何增强学习型党组织建设的实效性是关系到学习型党组织建设能否持续深入健康发展的重要问题。近年来，河南在探索解决这一问题时取得了一些成效与体会。

一、增强学习型党组织建设的实效性，要重视解决创新学习、学以致用的问题

在建设学习型党组织的实践中我们体会到，要充分发挥学习型党组织建设在推动马克思主义学习型政党建设、全面推进党的建设新的伟大工程和促进科学发展中的独特优势、创新价值，必须增强学习型党组织建设的实效性。这里所讲的实效性不仅是学习型党组织建设搞得好坏的一个衡量评判标准，是建设学习型党组织的一项基本要求，更是学习型党组织建设能持续深入健康发展的动力所在。当前，河南省按照中央部署和要求，结合本地实际，大力推进学习型党组织建设，取得了明显成绩：全省各级党组织和党员干部对建设学习型党组织的认识逐步加深，自觉性逐步提高；建设学习型党组织的实践探索全面展开；重视学习创

新的氛围日益浓厚；学习型党组织建设对党的建设、改革创新和各项工作的推动作用逐步显现。但也应当清醒地认识到：学习型政党和学习型党组织建设作为党的建设的一项长期、重大、紧迫的战略任务，不能“毕其功于一役”，无论在理论上还是在实践上，都有许多艰巨的任务需要完成，还有许多未知的课题需要我们去探索、学习与思考。

学习型党组织建设的实效性表现为通过推进学习型党组织建设，真正使广大党员干部和各级领导班子成为重视学习、善于学习、勇于创新的学习型党员干部和学习型团队，真正使党的建设、改革创新得到进一步推进，真正使科学发展及党的各项工作得到推动，充分彰显出学习型党组织建设的创新性与生命力。

目前，影响学习型党组织建设实效性的主要因素可概括为三个方面：一是缺乏学习积极性、主动性。少数党组织把学习看成可有可无，学习目的不明确，缺乏针对性；部分党员学习时浅尝辄止，对所学的东西印象不深，思想上收获不大，不能达到以学习创新工作、推动工作的目的。二是一些党组织缺乏学习创新，学习方式方法不适应新形势新任务的要求。一些党员干部和党组织，在理论学习中缺乏创新式学习，学习不系统、不深入，眼界不宽，知识面狭窄，缺乏创新思维、战略思维，往往不能有效地通过学习开阔视野、拓宽思路，运用学习成果推动工作创新。三是不能学以致用，理论与实践相脱离。一些领导和党员干部很少走出高楼大院，深入基层、深入群众，脚踏实地进行调查研究，不善于在火热的经济社会生活中学习、在联系群众服务群众中学习，不了解群众想说的、想知道的、想要干的，不能从群众的丰富实践和发明创造中，汲取营养、搜集创新素材，实现思想理论升华。只有注重创新学习，引导党员干部弘扬马克思主义学风，树立以学习推动工作、推动发展的理念，倡导调研式学习，真正把学习融入到调查研究中去，融入到密切联系群众中去，融入到改革发展的实际工作中去，才能有效克服学习中的不良倾向和突出问题。

二、在创新学习实践中不断推动学习深入，取得良好学习效果

河南在推进学习型党组织建设过程中，坚持以改革创新精神推进学习内容与方式方法创新，坚持理论联系实际的马克思主义学风，坚持学以致用、用以促学，努力增强学习内容与方式方法的针对性、实效性、吸引力，取得了较好的成效。主要做法是：

1. **强化理论武装**。创新学习首先要把握学习重点，引导党员干部掌握中国特色社会主义理论体系，特别是科学发展观。河南在学习型党组织的建设中，始终坚持把深入学习贯彻科学发展观放在首要位置。一是在全省深入开展学习实践科学发展观活动。在历时近两年的学习实践活动中，河南组织了一系列深入广泛的理论学习，使广大党员干部弄清了科学发展观的科学内涵、精神实质和根本要求，进一步深化了对“什么是发展”、“为什么发展”、“为谁发展”、“靠谁发展”和“怎样发展”的认识，科学发展的理念明显增强。二是重视发挥各级领导班子学习贯彻科学发展观的带头作用。坚持以党委中心组学习为主要抓手，每年制定下发《关于县处级以上党委中心组学习安排意见》，把学习贯彻科学发展观作为各级党委中心组学习的重要内容，拟出一系列学习专题，作出一系列安排部署，使党委中心组学习不断规范化、科学化。同时，为了检验学习效果，在全省实行领导班子和领导干部述学与述职、述廉一同部署、一同检查、一同落实。把领导干部学习情况作为民主评议党员、综合考核评价领导班子、领导干部的重要内容，作为选拔任用领导干部的重要依据。

2. **注重问题研究**。从学习型党组织建设理念来看，学习不仅是读书学习、被动接受教育，获取知识、传承知识的过程，还是面对问题、应对挑战、探索未知，思考、研究、解决问题，创造新知的过程。河南

在推进学习型党组织建设中，在创新学习和学以致用中，非常重视引导党员干部开展问题研究、难题研究，把学习与推动工作有机结合在一起，防止和克服了学用脱节、建设学习型党组织与各项业务工作“两张皮”的问题。“钱从哪里来、人往哪里去、粮食怎么保、民生怎么办”等，是近年来河南面临的“四大难题”。为了破解这些难题，组织开展了一系列学习攻关活动。省委通过组织各种学习、调研、研究活动，使广大党员干部真正弄清自己的优势是什么，劣势是什么，找到了充分发挥优势、创造优势的途径和方法。

3. 拓展干部能力。在建设学习型党组织中，注重提高领导干部领导能力，着力在提高调研能力、创新能力、执行能力方面下工夫。一是提高调研能力。调查研究是做好领导工作的一项基本功，调查研究能力是领导干部整体素质和领导能力的重要组成部分。调查研究的过程是一个领导干部提高认识能力、判断能力和工作能力的过程。河南在全省领导干部中大兴调查研究之风。省委领导积极发挥带头作用，每年抽出大量时间深入基层进行调研。通过深入市县、农村和厂矿企业，召开各种形式的座谈会、研讨会，充分了解民意、听取民声、汇集民智。还积极倡导各地各部门领导班子成员认认真真到基层开展调研，了解社会之需、群众之盼；围绕扩大内需、建立现代产业体系、统筹城乡发展、提升自主创新能力等专题深入研究，破解转化发展难题，探索“三化”协调科学发展的现实途径和措施。在广泛深入的调研学习中，形成了一大批关于加快转变经济发展方式、促进经济社会又好又快发展的调研报告，既提高了干部的调研能力，又为转变发展方式提供了有力的理论和实践基础。二是提高创新能力。通过理念创新、思路创新、政策创新，为河南捕捉新的发展机遇。为解决河南发展的重大战略性问题，省委省政府在“十二五”开局之初，组织动员全省各方面的力量进行深入探索，先后多次召开常委会、扩大会、座谈会、研讨会等进行深入研究，提出了构建中原经济区的战略设想，经过一年时间和方方面面的努力，这一战略上升为国家战略。而其中，探索不以牺牲农业和粮食、生态和环境为代价的新型城镇化、新型工业化、新型农业现代化“三化”协调科学发展的路子，更是在全国具有重要示范意义。三是提高执行能力。为提高贯彻中央“加快经济发展方式转变”战略任务的执行力，省委书记卢展工提出，“用领导方式转变加快发展方式转变”。《河南日报》以系列政论形式，从机遇、忧患、规律、大局、创新、责任、求实、为民等方面，对如何“用领导方式转变加快发展方式转变”进行了深入解读，形成了“九论”；全省18个省辖市和省直几十个部门分别联系各自实际，深入思考，积极谋划，推出了一系列解放思想、转变观念、找准定位、理清思路、加快发展的新思路、新举措，形成了“十八谈”，在社会上引起了强烈反响。

4. 更新升级知识。在知识更新的速度越来越快的今天，每个党员干部无论职务、职称、学历多高，都面临着重新学习、终身学习、不断学习的课题。只有全面更新升级优化知识结构，才能为增长智慧、解放思想、提升能力提供坚实深厚的支撑。河南推出了“争创学习型党组织、争当学习型党员”活动平台。围绕这个平台，全省各地各单位结合自身实际开展了调研活动、研讨活动、竞赛活动、大讲堂活动等，形成了浓厚的学习氛围，推动了党员干部知识更新、观念提升。在这种广泛深入的学习中，广大党员干部的作风明显好转，宗旨意识、大局意识、责任意识进一步增强，在全省形成了贯彻落实科学发展观要坚持重在持续、重在提升、重在统筹、重在为民的“四个重在”实践要领，并进而描绘出围绕主题主线、建设中原经济区、实现中原崛起河南振兴的宏伟蓝图。

5. 增强党性修养。学习型党组织建设所倡导的学习，不仅是获取知识、提升能力，更重要的是加强党性修养，使党员干部成为既有科学文化业务素质，又有崇高思想道德修养的全面发展的党员。这种党性修养是包括科学文化知识、专业知识和思想道德修养的全面修养。在学习型党组织建设过程中，河南采取一系列措施，有效加强了党员干部的党性修养。一是加强勤政廉政作风修养。针对当前精神懈怠的危险、能力不足的危险、脱离群众的危险、消极腐败的危险突出存在的情况，河南省委明确提出，领导干部要树立“三种形象”，即：对人民负责的形象、推动工作的形象、清正廉洁的形象。通过举办大型反腐倡廉图片展览、开展手机短信廉政教育、组织反腐倡廉文艺演出、编撰学习《廉政漫画》口袋书等，把反腐倡廉教育渗透到学习工作生活的方方面面。二是注意加强中原人文精神的修养。长期以来，在中原这块热土上，辛勤的河南人民不但创造了丰富的物质财富，而且创造了宝贵的精神财富，孕育了愚公移山精神、焦裕禄精神、红旗渠精神等。为了挖掘这些精神资源，加强社会主义核心价值体系建设，河南开展了一系列树立昂扬向上的中原人文精神学习教育活动，树立了河南人的良好形象。三是大力开展学习李文祥活动。李文祥是河南范县人，解放战争时期，先后参加济南、淮海、渡江、平潭岛等战役，荣立过特等功、一等功、二等功，荣获过“战斗英雄”等荣誉称号。当年，党和国家发出党员干部回乡支农号召后，他第一个报名回乡务农，不图名、不图利，一干就是50年，从未向组织上提出过任何要求，体现了一个共产党员的高风亮节和伟大人格。李文祥的事迹被发现后，省委专门发出决定，号召全省党员干部向李文祥同志学习。四是大力学习弘扬愚公移山精神、红旗渠精神和焦裕禄精神。这些精神是长期以来在中原大地上诞生的、感动全国也激励河南人民艰苦奋斗、开拓进取的强大精神力量。为了激发广大人民群众振兴中华、实现中华民族伟大复兴、建设中原经济区的昂扬斗志，以学习弘扬这三种精神为着力点，开展了一波又一波的学习热潮，这些崇高精神日益成为人们推进改革发展创新的强大精神支柱和精神动力。

三、深化拓展创新学习、学以致用的思路和途径，把学习型党组织建设不断引向深入

创新学习、学以致用是增强学习型党组织建设实效性、推进学习型党组织建设持续深入健康发展的有效理念与方法。深入推进学习型党组织建设，就要下大力气进一步完善创新学习、学以致用的机制，切实提高工作的实效性。

1. 要创新学习方式方法。创新学习方式方法是提高学习型党组织建设实效性的有效途径和重要措施。要结合实际，积极探索富有时代特点的新的学习方式，针对党员干部自主性不断增强的新情况，加强和改进理论研讨、调研促学、专题讲座、报告会、主题教育等学习教育方式，鼓励和支持党员干部参加各种形式的教育培训，不断增强建设学习型党组织活动的吸引力和凝聚力，扩大覆盖面和参与度。要积极组织开展互动式学习、体验式学习，通过交流研讨、考察调研等充分调动党员干部学习的积极性，针对不同单位的工作特点，多组织开展研究式学习、共享式学习，使学习与工作有机结合、相互促进。要注重因地制宜、因人制宜，根据党员干部的不同需要，努力提供菜单式学习服务，让党员干部在学习内容、学习方式、学习时间上有更多的选择，增强学习兴趣，提高学习效果。

2. 要大力弘扬理论联系实际的马克思主义学风。转变学风是提高学习效果的关键。向实践学习、向群众学习，是当前最紧迫、最现实，也是最有意义的学习。人民群众是我们最好的老师，只有老老实实向群众学习，诚诚恳恳拜群众为师，才能取到真经，学到真本领。要以调研促进学习，以调研课题深化学习，凡有重大学习任务，首先要搞好调研。要带着问题学，真正做到理论联系实际，学习联系问题，把学习同解决人民群众最关心最直接最现实的利益问题、本地本部门发展改革中

的重大问题、党的建设的突出问题结合起来，以取得实实在在的效果。

3. 要领导带头学习。建设学习型党组织，领导干部负有重要责任，具有导向和示范作用。领导干部要坚持先学一步、学深一些、多学一些，带头调研现实问题，带头解放思想创新思路，努力在坚定政治信仰、指导工作实践上作好表率。要大力倡导各级领导干部带头讲党课、作辅导、搞调研，以自己在学习中的实际行动引导带动广大党员干部的学习。

4. 要建立长效机制。完善学习制度、建立学习长效机制是创新学习、学以致用，增强学习型党组织建设实效性的重要保障。要在建立制度、完善制度、执行制度上下工夫，进一步建立健全党组织集体学习制度、党员个人自学制度、培训制度、主题教育制度、调查研究制度、学习交流制度、督查考核制度等，形成完善的学习机制，不断推进学习型党组织建设的科学化、制度化、规范化。

坚持问题导向是端正学风的关键

尹汉宁

学风问题是“第一个重要的问题”。在学习型党组织建设中，我们必须坚持理论联系实际的马克思主义学风。关于用什么理论去联系实际，我们会强调用马克思主义的立场、观点、方法，用马克思主义中国化的最新成果；然而理论联系什么实际、怎样联系实际，我认为也应该具体化，应该有载体、有途径。

一、坚持问题导向是理论联系实际的具体化和重要载体

作为马克思主义执政党的学习型党组织建设，不同于一般的学习，其目的不仅仅在于接受、更新、增加知识，而更重要的则是围绕所承担的历史使命，迎接挑战，引领经济社会发展的潮流。我认为，问题导向是理论联系实际的具体化和重要载体，从实际出发，以问题为导向，是学习型党组织建设的逻辑起点及落脚点。

问题导向是人类文明进步的推动力。古往今来，人类总是在不断发现问题、研究问题、解决问题的过程中前进，科学史上的一切发明创造都是在遭遇和解决问题的过程中完成的，任何一个组织总是在应对问题中发展壮大，在忽视和回避问题中瓦解消亡。“带着问题学”、“学以致用”是人类回应问题、克难前行的基本生存方式。“学而不思则罔，思

而不学则殆”，离开了对于问题的思考和解答，无所谓真正的学习，人类发展的脚步也将停顿。

坚持问题导向是马克思主义理论创立并不断焕发生机和活力的根本原因。强烈的“问题意识”一直是马克思主义学说出场的动力，青年马克思曾说：“问题就是公开的、无畏的、左右一切个人的时代声音。问题就是时代的口号，是它表现自己精神状态的最实际的呼声”，马克思恩格斯带着资本主义“往何处去”的问题，从理论领域转向直接的、实际的经济和政治领域，开始了对资本的批判和后资本道路的探索，深刻揭示了人类社会发展的客观规律。直到如今，每当西方资本主义社会发生危机的时候，马克思主义的信奉者们都会通过再读《资本论》而受到鼓舞，即令是资本主义的维护者仍然希望从《资本论》中寻找应对危机的答案。十月革命一声炮响，给中国送来了马克思列宁主义，如何运用马列主义争取民族独立和人民解放？毛泽东没有照搬教条，他发表《问题研究会章程》，列举了中国需要研究的71项、144个问题，尤其从研究中国半封建半殖民地的农村问题入手，发表《湖南农民运动考察报告》、《新民主主义论》等光辉著作，解决了中国革命的性质、动力、前途等重大问题，实现了马克思主义中国化的重大飞跃。经过30年社会主义建设，中国面临全球化背景下社会主义发展道路问题，以邓小平、江泽民、胡锦涛为首的几代领导人带领党和人民，围绕“什么是社会主义、怎样建设社会主义”、“建设什么样的党、怎样建设党”、“实现什么样的发展、怎样发展”等重大问题，解放思想，实事求是，形成了中国特色社会主义理论体系，实现了马克思主义中国化的新的重大飞跃。没有问题导向，便不可能诞生和发展马克思主义，也不可能实现马克思主义中国化的理论飞跃。

一切教条主义者失败的根本原因，就在于理论脱离实际，或者没有真正联系实际，他们不是从问题出发去学习理论、运用理论和发展理论，而是用现成的理论去套不同的和不断变化的实际，他们所坚持的是概念导向、本本导向。正如毛泽东同志指出的，教条主义“只会片面地引用马克思、恩格斯、列宁、斯大林的个别词句，而不会运用他们的立场观点和方法来具体地研究中国的现状和中国的历史，具体地分析中国革命问题和解决中国革命问题。”

应该说，对于理论联系实际，我们从字面上并不难理解，可是在具体运用过程中往往流于概念化、标签化、空洞化。究其原因，在于没有将理论联系实际这一原则进一步具体化，没有运用有效的联系载体和途径。着眼于实际中的问题，是理论联系的具体化；坚持问题导向，是理论联系实际的有效载体和途径。

党的十七届四中全会对学习型党组织建设提出了“科学理论武装、具有世界眼光、善于把握规律、富有创新精神”的要求，实质上就是要求我们掌握分析判断解决问题的思想武器，拓宽分析判断解决问题的思路、视野，提高发现、认识、解决问题的素质能力，在分析判断解决问题的过程中实现超越与创新。这一要求，体现了强烈的问题导向，贯穿了理论联系实际的学风，为学习型党组织建设指明了方向。

近年来，湖北在学习型党组织建设中坚持以问题为导向，以学风推动学习，以专题解决问题，以成果检验效果，围绕作为地处中部、经济欠发达地区的湖北贯彻落实科学发展观要不要一步到位的问题，省委组织了一系列专题学习和调研，使党员干部深刻认识到，科学发展观是中国特色社会主义理论体系的重要组成部分，贯彻落实科学发展观不仅涉及全面建设小康社会和现代化建设的全局，而且涉及中国特色社会主义事业的得失成败，涉及国家的前途命运；贯彻落实科学发展观，全国是一个标准，湖北必须一步到位，我们不能迟疑、不能观望、不能徘徊，不能降低要求，不能走先粗放后集约、先污染再治理的老路；同时，欠发达地区贯彻科学发展观，还可以从发达地区的历史经验中得到重要启示，发挥后发优势，在发展的高起点上实现弯道赶超。省委省政府先后推出系列重大举措，从战略布局、发展路径、体制机制等方面解决一步到位的问题，推动经济社会步入科学发展轨道。

二、坚持问题导向必须从中国实际出发，直面和回应重大问题

首先，坚持问题导向必须明确一个重要的指导思想，也就是我们所说的联系实际是中国的实际，我们所说的问题是中国的问题，以“言必称希腊”的心态、用洋教条、洋经验解决不了中国的问题。其次，对中国的问题需要而且必须独立思考，必须从中国的基本国情出发，历史地看待中国发展进程中面临的问题，不能用唯心主义、历史虚无主义的态度和方法看待中国的问题，更不能被西方的偏见及别有用心所惑、所左右、所利用，把问题无限放大，看不清发展主流。第三，学习型党组织建设所要坚持的问题导向，不是每天面对的琐碎的问题，而是事关全局、事关长远的重大战略问题。具体说来，主要有以下五个方面：

1. **涉及群众切身利益的民生问题**。比如看病难、住房难、上学难的问题，农民工权益保护问题，留守儿童问题，社会保障问题，治安问题等，都是人民群众最关心最直接最现实的突出问题，直接关系到党的执政基础，涉及“为了谁，依靠谁，我是谁”的根本问题。马克思说过：“‘思想’一旦离开‘利益’，就一定会使自己出丑”。如果我们离开群众利益来空谈问题导向，党组织的学习便没有任何意义。因此，学习型党组织建设的问题导向，必须始终把解决人民群众“三最”利益问题放在首位，而且善于引导人民群众处理好眼前利益与长远利益的关系。

2. **事关全局的重大问题**。比如马克思主义中国化时代化大众化问题、中国特色社会主义道路问题、推进经济社会科学发展问题等。这些问题，关诸党和国家前进方向和发展路径，关诸重大路线方针政策，因而关诸十几亿中国人民的福祉，需要从理论和实践两方面进一步完善发

展。而一些党员干部往往囿于一隅，事不关己、高高挂起，既看不到本职工作对全局工作的价值意义，也不善于从全局的高度谋划本职工作。学习型党组织建设的任务，就是要培养党员干部的大局观念，自觉讲全局、懂全局、谋全局，自觉将个人和局部利益服从党和人民的全局利益、整体利益。

3. 社会普遍关注的突出问题。比如，干群关系问题、贫富差距问题、党风廉政建设问题、道德诚信问题等。对于这样的问题，我们必须从关乎党的事业兴衰成败、党自身的生死存亡的高度，进行学习思考，在提高认识、增强历史责任感和危机感的同时，研究解决问题的途径与办法。

4. 不断涌现的新情况新问题。比如，全球化背景下的贸易摩擦问题、社会转型期的和谐社会建设问题、信息化时代的互联网建设管理问题等。这样的问题，往往是实际情况已经发生变化，而理论、思想观念还没有跟上，同时这些问题往往与经济社会发展相伴随，既反映时代潮流，又容易引发新的矛盾冲突。学习型党组织建设的任务，就是要培养党员干部的新思想、新观念、新思维，不断提高应对各种挑战和复杂局面的能力水平。

5. 前瞻性战略问题。比如，全球气候变暖情况下的人类生存危机问题、两型社会建设问题、文化软实力提升问题等。对于这样的问题，往往在短时期内还难以充分评估到它对未来发展所产生的重要影响，往往有“温水煮蛙”的效应。学习型党组织建设的任务，就是要培养党员干部的战略眼光和全球视野，见微知著，未雨绸缪，不断提高工作预见性创造性。

我们强调问题导向，就是要求我们要有强烈的问题意识、危机意识，善于在日常工作中发现和识别需要高度关注的重大问题；要围绕重大问题组织学习，通过学习思考，探索应对和解决重大问题的途径与方法；要立足当前，着眼长远，把推进常规工作与集中处理重大问题、破解难题结合起来。同时，从思想方法上讲，一方面，我们也应该清醒地认识到，有些重大问题的解决，需要环境、条件和时机，往往需要一个过程，不能操之过急，简单地用目标代替过程；另一方面，坚持问题导向的实质在于直面和解决问题，我们也不能简单地用过程代替目标。

三、能否坚持问题导向是对党性原则和精神境界的检验

愿不愿坚持问题导向，能不能坚持问题导向，不仅是个学习方法、认识水平的问题，更重要的是一个党性原则、政治品质、精神境界的问题。

1. 要防止精神懈怠。胡锦涛总书记把精神懈怠摆在“四大危险”之首。丧失理想信念，精神萎靡、意志消沉、不求上进、无所作为，就会庸、昏、懒、散，就会“做一天和尚撞一天钟”，当然也就不会主动去发现问题，即使发现问题了也可能会视而不见、听之任之。因此，坚持问题导向，首先要坚定理想信念，坚持党性原则，要有良好的精神状态，要有强烈的事业心和责任感。近年来，湖北省委鲜明提出着力提升“精神区位”，打造“精神高地”，以思想和精神上的跨越引领湖北的跨越式发展，开展“治庸问责”活动，整治“庸懒散软”，提振“精气神”，在全省各级党组织、在党员干部中营造了一种干事创业、激情跨越的良好氛围。

2. 要勇于担当。所谓担当，就是把工作或者事业发展中所面对的问题都承担起来。担当有层次、有高低，屈原上下求索，“虽九死其犹未悔”，范仲淹“先天下之忧而忧，后天下之乐而乐”，就是大担当。作为马克思主义者，担当精神源于心中装着最广大的人民，当青年马克思立志选择“最能为人类福利而劳动的职业”时，他担当的是人类解放的大使命；毛泽东“问苍茫大地，谁主沉浮”，所担当的是中华民族

的独立和人民的解放；邓小平深情地说“我是中国人民的儿子”，他担当的是中国人民的富裕幸福。勇于担当是马克思主义最重要的理论品质，是共产党人最重要的人格力量。当今社会，难题很多，有事业开拓之难、改革发展攻坚之难、各种利益矛盾化解之难等等，而任何事业都是在应对各种难题中做大做强的。遇到难题能躲就躲、能绕就绕、能放就放、能拖就拖，就很难做到坚持问题导向，更谈不上围绕重大问题去主动地学习思考，并迎接挑战，着手解决问题。因此，培养担当精神，是坚持问题导向、端正学风的重要内容。

3. **要树立正确的政绩观。**为什么有的人只能说成绩、不能说问题，总是千方百计掩饰问题？为什么有的人急功近利，明知贻患无穷，也要不惜代价搞一些劳民伤财的政绩工程？说到底是价值观、政绩观出了问题，是私心杂念作怪，是本位主义、个人利益、局部利益占了上风。他们的出发点不是去学习思考并解决问题，而是制造问题，累积问题，引发问题，使小问题演变成大问题。学习型党组织建设，就是要培养党员干部正确的价值取向，培养良好的“官德”和高尚的名节，培养一种对事业如临深渊、如履薄冰的忧患意识，“政声人去后，民意闲谈中”，所作所为经得起历史和人民的考验。

四、以问题导向推动创新，永葆党组织的生机与活力

坚持问题导向是推动创新的法宝。发现和解决问题的过程，是实践创新的过程，而通过研究思考、总结评估，又是理论创新的过程。人类发展的总过程就是实践、认识、再实践、再认识，如此循环往复以至无穷的创新过程。同时，坚持问题导向，可以激发学习动力，提高学习效益，推动学习本身的创新。理论、实践与学习的不断创新，使党组织不断焕发生机与活力。

1. 要坚持以问题为导向，端正学风，营造良好的创新文化。从某种意义上讲，创新是学习型党组织建设的出发点、落脚点。我们说解放思想，所针对的是思想僵化，思想僵化的表现是用过时的认识，或者陈旧的知识，来判断和应对已经发生变化的实际和问题。从这个意义上讲，坚持问题导向也是解放思想的过程，自然也是改革创新的过程。没有问题的学习是简单的学习，没有针对性、没有成效的学习，往往也是因循守旧的学习、形式主义的学习。要在党组织内部营造勇于迎接挑战、勇于开拓创新的进取氛围，形成“发现问题是水平，揭露问题是觉悟，正视问题是胆识，解决问题是能力”的思想观念。

2. 要把创建学习型党组织变成推进创新的重要途径和抓手。要把问题导向贯穿于学习型党组织创新的全过程，使创新成为需要、成为常态。要从实际出发，通过专题学习、互动式学习、开放式学习，形成查找问题、发现问题、研究解决问题的机制。要始终紧密联系重大理论和现实问题，通过“问题”，把学习和工作两大环节有机统合在一起，在解决一个个问题的过程中，实现实践创新与理论创新的良性互动。同时，推动学习本身的创新。

我们要通过学习型党组织建设的问题导向，推动各级党组织包括基层组织的创新，通过组织创新带动全体党员的创新，使党永远站在时代潮流的最前列，永葆党的先进性；党的创新引领广大人民群众和全社会的创新，从而推动全面建设小康社会和现代化事业，实现中华民族的伟大复兴！

（作者单位：湖北省委宣传部）

"四化一考"常德模式的主要内涵、理论价值与实践指向

湖南省委学习办、常德市委学习办

根据中央和省委关于学习型党组织建设的部署和要求，常德市积极探索贴近党员需求、富有实际成效的学习实践新模式，初步构建了学习全员化、学习组织化、学习制度化、学习价值化和以考促学的"四化一考"模式，探索出一条具有自身特色的学习型党组织的建设之路。"四化一考"模式，是常德市在近年来学习型城市建设的基础上，深入推进学习型党组织建设的重要认识与实践成果，从本质和规律上反映了学习型党组织建设的基本要求。

一、"四化一考"模式的主要内涵

1. 坚持学习全员化。学习全员化，就是把各级党组织和全体党员全部纳入学习计划，坚持全员学习、终身学习的理念，在全市各级党组织中形成"人人都在学习、处处皆为课堂"的新风尚。一是领导带头学。市县两级领导干部带头抓、带头学。市委主要领导亲自审定学习计划、主持学习活动。所有市级领导带头参加电脑、英语和普通话考试。2010年以来，市领导到党校作形势政策专题报告、赴全市各地作理论宣讲120多场。二是集体专题学。市委理论学习中心组每季度组织一次

集中学习，邀请省内外知名学者授课。三是党员普遍学。根据党员不同层次的学习需求，不断创新学习形式和学习载体，充分激发学习活力，全市30万党员积极投身学习热潮，书店、图书馆、博物馆等学习场所明显升温。市新华书店去年销售额近两亿元，居全省第二；市县城区图书馆去年借阅量达400多万人次，比2005年增加一倍。

2. 坚持学习组织化。学习组织化，就是坚持科学组织，努力创造学习条件、营造整体氛围。一是分段推进。坚持分阶段制定学习计划、明确学习内容。全市各级党组织结合不同地区、不同行业、不同岗位、不同群体党员干部的特点，分别制定了具体的学习工作计划，量化了指标要求。二是分层组织。在领导班子中，突出抓好党委中心组调研式学习。市县两级领导班子成员每年下基层调研不少于60天，每年围绕常德改革发展的热点难点问题撰写一篇以上调研文章；在干部队伍中，重点抓大规模团队式学习培训。三是分类引导。结合各级党组织实际，分门别类确定学习活动的内容和形式，明确重点解决的问题，增强学习型党组织建设的针对性和实效性。

3. 坚持学习制度化。学习制度化，就是依靠科学合理、行之有效的制度将学习行为方式内化为组织和个人的自觉行动。通过建立健全领导、考核、保障三大机制，有力推进了学习型党组织建设的常态化、长效化。一是健全领导机制。成立了由市委书记任组长，相关部门负责人为成员的建设学习型党组织工作领导小组，明确各成员单位的具体职责，构建完整的工作体系。市委出台《关于推进学习型党组织建设工作的实施意见》，从制度层面将学习型党组织建设升级为党建工作“一号工程”、党委“一把手工程”和建设学习型城市的“龙头工程”。二是创新考核机制。推行单位考核“年度目标管理模式”，把建设学习型党组织工作列入对区县（市）和市直单位的年度目标管理考核内容，单位年度考核不合格，取消党政主职当年评先评优资格；推行全员考核“学分制模式”，对党员干部的考核考察，从德、能、勤、绩、廉五个方面，扩展到德、能、勤、绩、廉、学六个方面，个人年度学分不合格，当年不能评先评优，不能提拔重用。三是强化保障机制。将建设学习型党组织工作专项经费纳入财政预算，实行专款专用，为学习活动提供了有力的经费保障。

4. 坚持学习价值化。学习价值化，就是按照学以立德、学以增智、学以创业的要求，把提高人的素质能力、实现经济社会科学发展作为建设学习型党组织的价值追求。一是以学习力提高思想力。着眼于提高各级党组织和广大党员经受“四个考验”、防止“四个危险”的能力，着力构筑学习型党组织这个基石，在各级党组织和广大党员干部中坚持以思想理论建设为根本，用党的理论创新成果武装头脑，不断提高思想理论素养和理性思辨能力，在举什么旗、走什么路、朝着什么样的发展目标前进等重大问题上，做到头脑清醒，立场坚定，旗帜鲜明。深入开展社会主义核心价值体系建设，不断提高市民的文明素质，2011 年成功创建为全国文明城市。二是以学习力提高创新力。通过学习创新知识，培养创新风尚，实施创新战略，牢固树立科学技术是第一生产力、自主创新是第一竞争力的思想，认真落实一把手抓第一生产力的工作责任。近年来，常德市达到湖南省先进水平以上科技成果有 116 项，获省级以上科技进步奖 22 项，被评为“全国科技进步先进市”。三是以学习力提高竞争力。通过培养先进发展理念，提升业务技能，促进自主创新，丰富发展内涵，提高发展水平。近年来，常德市工业强市建设步伐加快，新农村建设在全省领先，各项社会事业统筹推进，城市综合实力进入全国百强。

5. 坚持以考促学。以考促学，就是启动压力机制，用考试检验学习成效。探索建立干部“考学”制度，为党员干部持续学习提供了源源不断的动力。一是在考试内容的把握上注重科学性。既注重干部对政治理论基础知识的掌握，又着重考察干部运用理论解决实际问题的能力；既注重干部对国际国内政治、经济、社会等宏观形势的把握，又着重考察干部对省情市情等具体情况的认知。二是在考试组织过程中坚持严肃性。立足于扩大普及率，对党员干部的政治理论考试，采取分散普考和集中抽考相结合的办法，由宣传、组织部门联合组织，纪检监察部门全程监督。三是在考试结果的运用上体现导向性。将考试结果与干部考核、提拔任用挂钩，形成注重学习的用人导向。

二、"四化一考"模式的理论价值

学习型党组织建设是一个新课题，现阶段在理论和实践层面都有待进一步深化。"四化一考"模式不仅是学习型党组织建设的重要实践成果，也是对学习型党组织建设的有益理论探索，其理论贡献主要体现在三个方面：

1."四化一考"模式是对学习型党组织基本理念的具体化，深化了对学习型党组织特征和建设规律的认识。"学习型"这个词，基本含义指的是以持续学习推动组织变革，进而不断创造优势和未来的一种状态。就此而言，学习型党组织的本质是创新，其核心是一个"变"字。

常德"四化一考"实践表明，在学习型党组织的建设路径上不仅有"型"的存在，而且是"造型"的主战场。学习全员化、学习组织化、学习制度化、学习价值化、以考促学，不仅使全员学习、团队学习、常态学习、学以致用、用以促学等学习型组织的基本理念走向实践，而且进一步细化、具体化了，并在实践中使学习型党组织的组织优势、制度优势、实践优势等得到了较好发挥，取得了实效，走出了特色，形成了模式。这表明，在学习型党组织建设实践过程中，只要能够充分反映学习型党组织的基本理念、遵循学习型党组织的运作规律、发扬学习型党组织的功能优势，就有可能造出"型"来，而且这也是"造型"必须遵循的重要前提条件。常德"四化一考"实践与模式形成，为各地各部门把握"造型"领域和"造型"规律，进而走出贴近实际、富有特色的学习型党组织建设之路具有重要启示。

2. “四化一考”模式是对学习型党组织建设技术手段的创新，建构了一个清晰的学习型党组织成长模型。基于组织成长的技术创新，是组织发展壮大的重要影响因子。学习型党组织建设技术手段创新，既包括应用现代科技建立起的新载体、新平台等，也包括在学习方式、学习氛围等方面取得的突破。前者可统称为“硬技术”创新，后者可谓是“软技术”创新。一般而言，在学习型党组织建设技术创新方面，“软技术”创新往往较“硬技术”创新具有更加突出的作用。

常德“四化一考”模式，就是学习型党组织建设统筹“硬技术”与“软技术”创新的一个样本。学习型党组织所要求的学习，只有“起点”，没有“终点”，是一种永不满足、永不停滞的状态。从这种意义上讲，任何一个学习型党组织在本质上都是发展的，是一个发展型组织或者说是一个成长型组织。就此而言，“四化一考”实践的理论贡献就在于，它通过技术创新，特别是统筹“软技术”创新，构建了一个可复制、可推广的学习型党组织成长模型，为把握学习型党组织建设和发展规律提供了参考样本。常德模式建构起的学习型党组织成长模型，从学理上可归纳为“一个基点、一条主线、三个基本面”，即基点是以考促学，主线是学习价值化，三个基本面分别是学习全员化、学习组织化、学习制度化。

3. “四化一考”模式是对学习型党组织建设路径的有益探索，表明学习型党组织建设能够开启一种适应知识经济时代发展要求的党建新模式。建设学习型党组织，是我们党在新世纪新阶段立足世情国情党情的变化，继承自身学习的优良传统和基本经验，同时积极借鉴学习型组织这一国际先进组织管理理念，进行的一次重大的党建理论与实践创新。在继承与创新的过程中，有两个问题学术界一直在关注：一是学习型组织理论在中国是否存在“水土不服”，学习型党组织建设能否走出一条具有自身特色的成功之路，即适应性问题；二是按照马克思主义政党建设的一般逻辑，学习型党组织建设实践能否真正建构起一种新的党建模式，即实效性问题。

"四化一考"模式的成功实践，不仅探索出了一条学习型党组织建设的有效路径，而且从某种意义上回应了学术界的关切：一方面，"四化一考"模式表明学习型组织理论对学习型党组织建设具有积极的借鉴意义，建设学习型党组织既要发扬我们党学习的基本经验，又有必要从学习型组织的理论与实践中汲取营养；另一方面，"四化一考"模式也表明学习型党组织建设实践能够开启一种适应知识经济时代发展要求的党建新模式。

三、"四化一考"模式的实践指向

"四化一考"模式作为常德学习型党组织建设的核心内容和主要成分，其实践指向概括来说，就是学以立德、学以增智、学以创业。

1. 通过学习型党组织建设坚持正确方向，力求学以立德。始终保持奋发有为的精神状态，是一个决意永葆先进性的马克思主义政党必须一以贯之的政治本色。当前世情、国情、党情深刻变动，各种不确定、不稳定、不安全因素日益增多，在这种背景下，保持清醒的政治头脑，必须学习、学习、再学习，特别是要把学习型党组织建设作为向前、向远、向深处看的有效抓手，牢牢把握正确前进方向和优良传统，切实消解精神懈怠的危险、消极腐败的危险、脱离群众的危险。常德市在"四化一考"实践过程中，通过全员干部政治理论考试、后备干部政治理论任职资格考试等抓手，把科学理论武装摆在突出位置，把提高党员干部的思想政治水平作为第一位的任务抓紧抓好，努力确保党员干部在复杂形势和干扰诱惑面前不迷失、不懈怠、不错位，始终不渝地坚持中国特色社会主义旗帜、道路、理论体系和制度不动摇，积极推动党员干部把学习成效转化为坚持共产主义远大理想和中国特色社会主义共同理想，使他们拥有更加坚定的信念和奋发有为的精神状态。通过对述学、述职、述廉同部署、同考核，促使党员干部自觉弘扬党的优良传统，自觉践行社会主义核心价值体系，真正把学习作为政治责任，做到学以立德，并通过学以立德，做到立身不忘做人之本、为政不忘公仆之心、用权不为一己之私，力求党员干部把学习成效转化为牢固的马克思主义的世界观、人生观、价值观。

2. 通过学习型党组织建设大兴学习之风，力求学以增智。信息化时代，新知识、新情况、新问题层出不穷，许多人遇到了老知识不管用、新知识不够用的问题，出现了程度不同的“本领恐慌”。要解决好这个问题，必须更加重视学习、更加勤于学习、更加善于学习，努力学习一切科学的新思想、新知识、新经验。常德市在“四化一考”实践过程中，把学风建设作为关键环节抓实抓好，在学习中央规定的五个方面学习内容的基础上，坚持干什么学什么、缺什么补什么，把学习与服务地区发展结合起来、与推动本单位工作结合起来、与提升自身本领结合起来，统筹规划实施“五学一推广”和“三学一有”等学习活动，提高了党员干部学习的系统性、针对性和预见性，积极防范和应对可能发生的“能力不足的危险”。

3. 通过学习型党组织建设推动科学发展，力求学以创业。学习的目的在于应用，在于指导实践。发展不是一劳永逸的，一个地区的发展达到一定阶段后，要想进一步取得更大的发展，必须通过学习更新理念、打开思路、创造优势，借以突破原有的发展模式，为新的发展积蓄要素和力量。常德市在“四化一考”实践过程中，把学以致用、学用结合贯彻始终，把学习型党组织建设纳入科学发展观考核评价体系，把党员干部的学习情况作为绩效考评和选拔任用的重要标准，把学习型党组织建设作为贯彻落实科学发展主题和加快转变经济发展方式主线的重要抓手，有力促使党员干部把学习成果及时转化为推动经济社会又好又快发展的思路和举措。

以培育学习型文化推进学习型党组织建设

广东省委宣传部、深圳市委宣传部联合课题组

在党组织和全社会倡导学习探索，形成重视学习、热爱学习的浓厚氛围和良好风尚，是学习型党组织的崇尚和追求。深圳市委适应形势发展，立足学习与文化的一体性内涵，把学习过程与文化发展融为一体，通过建设学习型文化增强学习动力、拓展学习领域、丰富学习载体、提升学习境界，统筹规划学习型党组织建设和学习型城市建设，逐步走出了一条前景广阔的学习型文化建设发展道路。

一、学习型文化是培植学习自觉的良田沃土

如何使学习从党委主导转变成党员自觉，如何把学习的外在形式内化为社会的生活脉动，是关系到学习型党组织建设事业得失成败的重大问题。深圳市委在解决这一问题的探索中认识到，加强学习型文化建设对推进学习型党组织科学发展具有重要意义。

1."学习型文化"提法的科学合理性。学习作为通过教授或体验而获得知识、技术、态度或价值的过程，与狭义的文化相统一，学习和文化的意义都在于丰富和发展人的精神世界。城市学习的兴起就是城市文化的兴起；城市文化的发展和繁荣就是学习群体的壮大，就是城市学

习的扩容和升级。因此，学习与文化的结合是天然的，通过发展文化推进学习在逻辑上也是自然而然的，这是关于“学习”与“文化”的第一点分析。

而另一方面，学习与广义上的文化又是不完全吻合的，学习并不能完全涵盖广义的文化，许多文化现象不是学习现象；文化也不能包括所有学习现象，许多学习现象也算不上文化现象。只有学习的思想行为状态具有广泛、持久、稳定的特色，才可以产生出氤氲的文化气象。如果“学习”与“文化”完全重叠，那就没有必要提“学习型文化”了。因此，把“学习”发展成一种“文化”是学习的历史进步和境界提升，是学习发展的内在要求，这是关于“学习”与“文化”的第二点分析。

从以上分析可以得知，学习型文化所指的“文化”是广义的文化，但又与狭义的文化相融合；把“学习”发展成为“文化”是学习发展的内在要求和必然趋势，通过发展文化推进学习是有效路径。

2. 建设学习型文化的必要性和可能性。当今时代是学习的时代。人人学习、终身学习已成为全社会的共识，学习之所以变得如此重要而深入人心，不仅是因为它与新科技革命、知识经济、信息网络时代的发展相伴生，而且还因为它代表着人的生产生活方式进化的新潮流、社会文明进步的新时尚，而学习型文化的提出正是适应了这种社会发展的需要。

中国共产党是一贯重视学习、善于学习的马克思主义政党。党90多年的发展历程，绘制了一幅中国共产党人在推进马克思主义中国化的伟大进程中不断学习思考、艰辛求索创新、不断战胜困难的历史画卷。学习的力量是伟大的，正是通过学习、探索、创造、总结，我们党实现了马克思主义基本原理与中国实际的紧密结合，产生了毛泽东思想、邓小平理论、“三个代表”重要思想和科学发展观等一系列理论成果，为中国的革命、建设、改革发展指明了正确道路；正是通过学习、探索、创造、总结，我们党获得了强大的精神动力和不竭的智慧源泉，成功跨越了一个个历史关口，开创了党和国家事业发展的新局面。

3. 学习型文化的功能和特点。按照广义的文化构造，学习型文化在精神层面上表现为学习理念的广泛传播和学习意识的普遍增强，在行为层面上表现为学习习惯的养成、学习活动的广泛开展、学习行为的恒久进行、学习制度的内在约束，在器物层面上表现为学习传播载体的建设、学习硬件的匹配等。

学习型文化是学习型社会所具有的特定的精神环境和文化气氛，它包括社会的传统、风尚、人际关系、集体舆论、心理氛围以及社会的各种规划规章和社会成员在共同活动交往中形成的非明文规范的行为准则，也包括建筑设计、景观、绿化美化这种物化形态的内容。健康的学习型文化，可以培育学风、启迪心智、陶冶情操，促进人的全面发展。“学习”一旦变成“文化”，就能产生强大的内生动力和健康的生命基因。

一是学习型文化具有互动性。学习型文化是政府与群众共同创造的。这里包括广大干部领导的作用，领导者的学习理念、学习意识和学习行为，对广大党员群众的影响是不可低估的，对学习型文化建设的作用是巨大的。社会成员的学习精神、学习经验、学习成就也推动着领导者的学习认识。各方面社会成员在学习上的相互影响、相互促进，增强了学习行为的传导效应、共振效应和放大效应。

二是学习型文化具有渗透性。通过各种各样的教育、文艺、体育、理论探讨、学术报告等活动，形成一种生机勃勃，积极向上的文化氛围。党员干部和广大群众置身于这种环境之中，耳濡目染、潜移默化、久而久之，就会形成刚性的学习需求。学习型文化在文化氛围中漂散在社会的各个角落，渗透在领导、党员、群众的观念、言行、举止之中，渗透在他们的工作、生活、科研、阅读的态度和情感中，推动学习生活和学习消费的普遍化、常态化。

三是学习型文化具有传承性。社风、学风、学术传统、思维方式的形成，不是一代人，而是几代人或数代人自觉不自觉地缔造的，而且代代相传，相沿成习。似乎有一种遗传因子，一经形成之后，必然传承下去。学习传统风尚在城市学习的整体演进中形成对学习型党组织建设的强大支撑。

学习型文化强调“大学习”，强调向书本学习、向实践学习、向群众学习、向社会学习，强调把学习型党组织建设与学习型城市建设统筹规划，避免学习格局上的“一点热、一片冷”；学习型文化强调“真学习”，强调学习过程与生产生活的紧密融合，强调学习主体对学习价值的内在需求，真正实现从“要我学”到“我要学”的转变。

4. 以学习型文化建设推进学习型党组织建设。深圳把学习作为城市文化发展的重要组成部分，循着城市文化发展规律扎实推进学习型党组织建设和学习型城市建设，不搞突击战，不搞一风吹、一刀切，而是潜心耕耘，十余载如一日，通过丰富多彩的学习文化活动，逐步在全社会形成了“以读书为荣”的价值追求和“以读书为乐”的生活方式。深圳市学习型党组织建设在学习理念上不断挖掘和提炼，提出了“以学习为荣，以学习为乐”、“让学习成为每个党员的价值追求和生活方式”、“以学习出决策力、出执行力、出创新力”等新理念，体现了对学习的新认识、新态度、新体验。

在学习中，各级党委不断提高决策力。通过学习调研，深圳相继推出了“中国特色社会主义示范市”、“和谐深圳效益深圳”、“国家创新型城市”、“发展循环经济”、“深圳综合配套改革”、“现代化国际化先进城市”、“深圳质量”等一系列新目标、新定位、新思路。在学习中，各级党委不断提高执行力。通过思想作风整顿和形势学习教育，着力“抓落实、抓服务、抓责任”，强调“想干、敢干、快干、会干”，不断提高自身素质和能力；在学习中，各级党委不断提高免疫力。深圳通过加强党风廉政教育，建设廉政文化，教育广大党员干部常修为政之德、常怀律己之心，自觉反对和抵制腐败，努力建设“廉洁城市”。

2010年9月，经省建设学习型党组织工作协调小组办公室推荐，中央建设学习型党组织工作协调小组办公室向全国推广深圳学习型党组织建设经验，人民日报、新华社、光明日报、中央人民广播电台、中央电视台等中央媒体和我省主要媒体进行了广泛的宣传报道。

二、学习文化品牌建设是学习型文化建设的着力点

学习文化品牌建设，首先要以学习诚信为基础、以学习价值为引领，真正满足广大人民群众的文化生活需求。“品牌”就是诚信度、就是知名度，有了诚信度、知名度就具有凝聚力与扩散力，就成为学习发展的动力。

学习文化品牌建设增加城市学习凝聚力，这种凝聚力，不仅能使广大市民在学习中产生认同感、自豪感，还有利于提高市民素质，以适应城市发展的需要，产生与城市发展相共鸣的价值理念和发展智慧，推动城市发展目标的实现。

学习文化品牌建设增强城市学习的吸引力与辐射力，有利于城市美誉度的提高。好的学习文化品牌使外界羡慕、向往，使城市因为读书而受人尊敬，使城市因为文化发展而提升价值、吸引人才、增添活力。基于以上认识，在“文化立市”、“文化深圳”的推动下，深圳打造了一批在全省乃至全国有影响的学习文化品牌，吸引广大党员干部群众主动参与、热情参与和普遍参与学习，有力促进了深圳的学习型党组织建设。

1. 打造了以市委理论学习中心组“深圳学习讲坛”为代表的党委中心组学习品牌。“深圳学习论坛”是深圳市委的理论学习平台，平台建设立足于高起点，包括邀请作报告的领导专家的高规格，辅导选题的高水准，参加学习领导的高层次，成为深圳党政干部理论学习的龙头品牌。

2. 打造了以鼓励全民学习为追求的“深圳读书月”品牌。“深圳读书月”是全国最早推广的大型读书活动，至今开展11届，举办各类活动3000多项。每年11月份深圳街头巷尾都会沉浸在一片书香弥漫、读书情绪高涨的氛围中，读书月已成为市民的文化庆典、城市的文化名片，深圳因此也成为全国读书文化的策源地、推广者和领军城市之一。2009年，中宣部、中央文明办、新闻出版总署在深圳召开全民阅读现场交流会，向全国总结推广深圳读书月经验和模式。

3. 打造了以提高城市鉴赏品位为目的的“市民文化大讲堂”品牌。“市民文化大讲堂”讲文学、讲艺术、讲人文精神和美好生活，进机关、进社区、进企业、进学校、进军营，得到了上千万人次市民的追捧，培育了大批“堂粉”，不进教堂进学堂成为深圳文化新时尚。深圳市民文化大讲堂获得2009年文化部创新工程奖，2010年被列入文化部创新工程。

4. 打造了以推进社科理论知识普及为使命的“社科普及周”品牌。“社科普及周”是促进深圳社会科学“三贴近”的一项有益尝试，通过开展社科专家大型义务咨询、社科知识讲座、“社科知识大闯关”竞赛、社科知识有奖竞赛、优秀社科读物推荐等形式活泼多样、普及覆盖面广的活动，推动了党的理论创新成果的时代化和大众化。

5. 打造了以“百课下基层”为代表的理论宣讲品牌。在全市连续开展七届“百课下基层”活动，为基层开讲理论课500余场，吸引基层听众15万人。宣讲活动根据形势发展，紧密结合实际，满足基层的实际需要；抓好重点片区，充分深入基层；及时收集反馈意见，尝试专家和基层交流互动，增强理论宣讲的生动性和实效性。

6. 打造了以“大家谈”活动为代表的基层思想党建品牌。在全市基层党组织开展了以“发现先进典型、增强党员意识、树立良好形象”为主题的“我所在的党组织和我身边的共产党员、支部书记”大家谈活动，成为基层党建的新品牌、新亮点。这一活动重在基层、重在参与、重在过程，自下而上、逐级开展，有效调动了学习的积极性与主动性。

7. 推动打造社区和企业的学习品牌。社区和企业的学习活动是大众学习、专业性学习、普及性学习，植根于广大市民的实际工作和生活，在党组织的影响和参与下展开，内容丰富多彩，形式不拘一格，日益成为满足广大市民文化生活需求的重要组成部分，深受广大居民的欢迎。在各区建立了6个创建学习型党组织建设示范联系点，并与“百课下基层”相联动，开展多种学习活动。学习型党组织建设与学习型社会建设相互促进，使学习活动的基础更加广泛、学习发展的力量更加强大。

深入推进学习型党组织建设常态化

广西壮族自治区党委宣传部

推进学习型党组织建设，是新形势下党的建设理论和实践的重大创新，是提高党的建设科学化水平的一项带根本性全局性的工作。中央提出建设学习型党组织这一重大战略任务以来，广西各级党委高度重视，精心组织，扎实工作，创造了不少新鲜经验，取得了阶段性成果。我们在实践中深深体会到，始终保持学习型党组织建设的蓬勃生机和活力，必须着眼根本、改进学风、创新方法，关键是要做好常态化这篇文章。

一、始终保持推进学习型党组织建设常态化的高度自觉

常态化既是学习型党组织建设的基本要素，也是提高学习质量的根本途径。对于我们这样一个拥有8000多万党员、380多万个基层组织的大党来说，建设学习型党组织不是一朝一夕之事，不是一人数人之功，必须举全党之力，常抓不懈、持之以恒，做到与知识创新同步，与经济社会发展的要求同步。

1. 常态化是顺应发展大势、赢得竞争主动的重要课题。人类对客观世界认识上的每一次进步，都是在文明传承中演化而来的，学习是促成演化的重要媒介。纵观人类社会发展历史可以看出，谁掌握了学习的先机和主动权，谁就抢占了生存、发展的制高点。当今世界正处在大发

展大变革大调整时期，各个领域知识更新大大加快，科技进步日新月异，新发明、新创造层出不穷，知识生产、知识传播不断加速，社会发展进步对知识和人才的依存度越来越高，创新能力已成为一个国家和地区提升综合竞争力的核心要素。在这种形势下，党员干部需要学习的东西比以往任何时候都多，面临的学习任务比以往任何时候都繁重而紧迫。有一种比较流行的理论认为，“学习的速度小于变化就等于死亡”。这说明当今时代，无论是组织还是个人，只有不断地学习和创新，才能应对时代发展的挑战，具有创造力和生命力。对一个执政党来说，如果把学习仅仅当做一个突击性任务，形式化落实、运动式推动，或者满足于一时之功和一得之见，没有不断学习、永不满足、永不停步、只争朝夕的进取精神，就必然导致观念陈旧、思想落伍、知识老化、能力弱化，就难以完成肩负的历史责任，甚至难以在这个时代立足。

2. 常态化是增强党的执政能力、提高党的执政水平的现实需要。 胡锦涛总书记指出：“不断学习、善于学习，努力掌握和运用一切科学的新思想、新知识、新经验，是党始终走在时代前列引领中国发展进步的决定性因素，直接关系巩固党的执政地位、实现党的执政使命。”当前我国改革开放和现代化建设已进入关键时期。从国际上看，影响和平与发展的不稳定不确定因素增多，综合国力竞争日趋激烈，我们将长期面对发达国家在经济科技等方面占优势的压力，将长期面对西方敌对势力对我国西化分化的严峻挑战。从国内来看，进入新世纪以来，我国工业化、城镇化进程显著加快，西方工业化国家在二三百年工业化、城市化过程中陆续出现的问题在我国集中凸显。随着经济体制深刻变革，社会结构深刻变动，利益格局深刻调整，思想观念深刻变化，经济社会中出现一些新情况新问题，协调各方面利益关系、化解社会矛盾的难度进一步加大。我们面临着巨大的发展机遇，也面临前所未有的挑战。对一个党员来讲，“学习成为常态，工作才能进入状态；学习成为终生，才能走好人生。”对于我们党来讲，要把握机遇，迎接挑战，化解各种风险，战胜各种困难，主动而不是被动，自觉而不是盲目地推进改革开放和现代化建设，就要把学习作为一种常态，不断总结和汲取其他国家的有益经验，不断认识和把握我国经济社会发展的客观规律，进一步提高推动科学发展的能力，提高总揽全局、处理各种复杂矛盾和问题的能力。只有这样，才能从容应对各种复杂局势，在激烈的国际竞争和各种挑战与考验面前始终立于不败之地。

3. 常态化是推动学习型党组织建设向广度和深度拓展的内在要求。 学习贵在锲而不舍、持之以恒，学习型党组织建设是一个在深化思想认识的基础上不断创新、不断提高的发展过程。这就要求我们牢固树立全员学习、终身学习、团队学习、创新学习的理念，自觉把学习作为生存发展之道来追求，作为履职尽责的第一需要来践行，作为生活常态来坚持，实现从被动学习、应急学习、间歇学习、应景学习向主动学习、超前学习、持续学习、潜心学习的转变，不断增强学习的自觉性主动性，努力提升学习的层次和水平。荀子说："不积跬步，无以至千里；不积细流，无以成江海。骐骥一跃，不能十步；驽马十驾，功在不舍。"读书学习也是这样，没有量的积累便不会有质的飞跃，三天打鱼、两天晒网是不可能取得好的学习成效的。只有发扬锲而不舍的精神，日积月累，终身不辍，才能学有所成，不断提高能力素质。扎实推进学习型党组织建设常态化，体现了学习型党组织建设的本质要求，有利于循序渐进、步步深化，促进学习型党组织建设向广度拓展、向深度推进，不断迈上新台阶。

二、深刻把握学习型党组织建设常态化的基本要求

1. 必须着眼于激发学习主体的内在动力。 党员干部是学习型党组织建设最活跃、最具决定性的因素。实践证明，学习的关键在于自觉，建设学习型党组织，必须以高度的政治自觉大力推进。彼得·圣吉在

《第五项修炼——学习型组织的艺术与实务》一书中指出，学习的动力来自于需求。各级党组织要坚持做到自觉学习，防止表面化和一阵风，首先必须端正认识，牢固树立“终身学习”的理念，自觉把学习作为一种政治责任、一种精神追求和生活方式。要积极适应社会发展和人们认知特点的变化，开阔思路，寓教于乐，不断增强学习活动的感染力、吸引力。要尊重广大党员的主体地位，重视发挥基层组织的主动性积极性创造性，倡导团队学习和自主学习，用上进心、责任感、求知欲激发学习兴趣，养成乐于学习、勤于学习的良好习惯。加强宣传教育，坚持以典型示范、以典型引路、以典型推动，广泛开展丰富多彩的学习活动，积极搭建展示成果的平台，帮助党员干部激发内在动力、提振学习信心，不断实现自我超越。要采取有力措施，把理论素养、学习能力作为选拔任用领导干部的重要依据，真正与年度考核、干部升降挂钩，形成注重学习的用人导向，充分发挥制度的激励和约束作用，鼓励先进，鞭策后进。要在党员干部中营造重视学习、崇尚学习的浓厚氛围，构建组织内部的学习文化，形成强大的学习“磁场”，使学习真正成为一种内在自觉。

2. 必须着眼于推进学习与工作的深度融合。学习不只是学习者被动接受教育、获取知识和传承人类已有认识成果的过程，也是一个运用已知、探索未知、创造新知的过程，是一个发现问题、研究问题、解决问题的过程。我们不能依赖已有的理论、书本和文件来寻找各种问题的现成标准答案。面对问题、思考问题、解决问题本身就是一个了解新信息、学习新知识、掌握新本领的过程。每解决一个问题，我们的认识与实践都会前进一步。从这个意义上讲，学习与工作是辩证统一的，二者相互依存、相互促进。学习是工作的基础和前提，工作是学习的延伸和深化。建设学习型党组织，必须秉承马克思主义政党鲜明的实践性品格，大力弘扬理论联系实际的学风，紧紧抓住影响和制约科学发展的主要矛盾和问题、社会普遍关注的热点难点问题，进行深入的学习研究，把加强学习与增强党性、提升能力、陶冶情操紧密结合起来，坚持学用相长、学用合一，在学习中工作，在工作中学习，促进学习成果和工作成果的相互转化。近年来，自治区党委中心组积极探索用课题牵引学习，以学习深化调研的路子组织学习。凡有重要学习任务，首先把学习的课堂搬到解决问题的现场，从实践中汲取营养，从群众中汲取智慧，回过头来再组织集体学习、共同研讨、相互启迪、集思广益，形成改进工作的思路和举措，为推动广西科学发展、加快发展提供了有力的理论支撑和智力支持。

3. 必须着眼于打造覆盖全员随处可学的学习网络。遵循学习途径多元化、学习资源全球化、学习行为个性化、学习环境虚拟化的趋势，不断创新学习方法途径。大力提倡研讨式学习，搭建学习交流、碰撞融合的平台，促进党员、干部在互动交流中共同进步、共同提高；大力提倡网络式学习，建立各种专题性学习网站、网络书库、网上讲堂、网络学习园地、网上研究论坛等，提高广大党员干部学习教育的信息化水平；大力提倡开放式学习，用好各种社会资源开展学习，不断更新知识和观念。在这一过程中，既充分发挥党校、行政学院、干部学院等学习主阵地的作用，又运用好党委中心组、宣讲团、培训班等学习载体的功能，不断拓展个性化学习空间，推动形成生动活泼的学习局面。开展学习型党组织建设工作以来，我们注重构建多层次、多功能、多渠道的学习教育网络体系，在阵地建设上，实施了“农家书屋”、“社区书屋”工程；在平台建设上，开设领导干部时代前沿知识系列讲座，采用计算机网络、数字电视、广播、光盘等立体现代教育技术手段，建设“广西学习”网站，着力推出《领导月读》理论学习刊物；在载体建设上，组织开展领导干部“强素质、增能力、作表率”主题读书活动和“共建书香八桂”党员读书“十走进”（走进机关、企业、农村、校园、社区、家庭、青年、农民工、网络、列车）活动，推动形成了人人是学习之人、处处是学习之所、时时是学习之机的生动局面。

三、不断探索学习型党组织建设常态化的有效途径

1. 以科学管理推进常态化。科学有力的指导和管理，是推进学习型党组织建设常态化的基础和前提。各级党委要从提高党的执政能力、巩固党的执政地位的高度，从推进中国特色社会主义事业长远发展的高度，充分认识学习型党组织建设常态化的重大意义，把这项工作纳入党的建设总体规划，纳入党委重要议事日程，纳入目标管理考评体系。紧紧围绕党和政府的工作大局和工作重点，紧密结合本地区本部门的实际，精心制定学习计划，明确学习内容和重点，保障学习时间和条件，确保学习的连续性和持久性。把原则要求与具体措施结合起来，把长远规划与阶段性任务结合起来，把经常性工作与重点项目结合起来，分步实施、稳步推进，持续用力、长期坚持。牢牢把握学习型党组织建设的主要原则、工作内容和方法途径，在制度机制安排、形式方法选择、手段载体运用、建设效果评估等各个方面，更加体现时代性、把握规律性、富于创造性。建设学习型党组织，不是个体能力的简单叠加，而是团队功能的整体跃升，重在覆盖全员，贵在以上带下，产生集合效应、互补效应、竞争效应。要把握整体性特征、谋求整体性成效，建立健全党委统一领导、宣传部门牵头协调，各有关部门齐抓共管、密切配合，一级抓一级、一级带一级的常态化工作格局，加强指导服务和督促检查，形成学习型党组织建设常态化的强大合力。

2. 以机制创新促进常态化。制度先行，实践跟进。扎实推进学习型党组织建设常态化，要在建立制度、完善制度、创新制度、执行制度上下工夫，以科学的制度机制加强学习管理，规范学习运行，提高学习型党组织建设制度化水平。要认真总结借鉴党内外学习经验，继续加大制度建设和创新力度，及时将学习型党组织建设的有效做法转化为制度成果，建立和完善符合规律、切合实际、具有可操作性的学习制度，不

断完善抓学习促学习的制度体系。增强制度的功能性和关联性，严格落实“规定动作”，对指导协调、学习培训、动态管理、考核评价、激励约束、成果转化等方面作出明确规定，使各项学习活动有章可循，使各项学习制度与工作制度匹配协调、有机衔接，形成规范高效、整体联动的运转方式。强化制度的约束力和执行力，维护制度的严肃性、权威性和强制性，加大制度落实的过程管理和责任追究力度，真正用制度管学习、促学习。这两年，我们从建立述学、考学、评学制度入手，对全区学习型组织建设进行规范化管理，普遍推行了工作计划、汇报通报、档案管理等制度，把学习的“软任务”变成“硬约束”，推进了学习型党组织建设的深入开展。

3. 以大培训带动常态化。培训既是学习型党组织建设的重要方式，也是推进常态化的重要手段。我们党历来高度重视干部教育培训工作，有比较成熟的培训体系运作手段。要认真总结培训经验，充实培训内容，健全培训载体，拓展培训平台，创新培训方法，充分发挥好培训在学习型党组织建设常态化中的作用。根据党员的知识结构、学历水平、工作经历和职责要求，有针对性制定短期与中长期培训目标，全员覆盖，分步实施。优化整合党员教育培训阵地资源和师资资源，构建富有活力的党员教育培训新格局，加大对学习场所和硬件设施建设的投入力度，完善各类学习载体的功能，创造全员学习、终身学习的良好条件。充分运用现代科技手段，利用现代传媒优势，发挥好党建网站和党员远程教育中心的作用，广泛开展多种形式的在线学习、在线培训，努力提高党员教育培训的现代化水平。把党员干部学习考察、一线挂职、跟班学习、现场教学、基层蹲点、交流任职、参与重大课题调研、参加急难险重任务作为提升能力的重要途径，统筹推进教育培训工作，以大培训带动创新学习载体、拓展学习平台、完善学习内容、丰富学习途径和渠道，发挥好培训在学习型党组织建设常态化中的示范引领作用，推动把建设学习型党组织的各项任务落到实处。

用创新精神强力推进海南学习型党组织建设

海南省委宣传部

推进学习型党组织建设是增强党的执政能力的基础性工程，是新形势下提高党的建设科学化水平，全面推进海南国际旅游岛建设的重大举措和战略任务。海南省委认真落实中央要求，始终把强力推进学习型党组织建设摆在突出位置，大胆探索，勇于创新，取得了明显成效。

一、坚持理念创新

理念是行动的先导，是形成创新思维的行动方式。没有科学理念的创新，就不会有思想上的真正解放、行动上的与时俱进，就难以促使一个地区实现科学发展。

1. 牢固树立学习是第一需要的理念。学习问题本质上是党性问题，既关系到党员干部自身的发展进步，又事关海南全面小康社会建设的成败。在推进国际旅游岛建设过程中，海南省委把强力推进学习型党组织建设作为深化理论武装的思想建设之源，以坚守理想信念为己任，不断提高党员领导干部学习的自觉性和主动性，真正把学习看作是海南发展进步的决定性因素。针对海南开放不够、人才不足、发展滞后的客观省情，海南省委大做“求智”、“汇智”、“借智”文章，有计划地组织党政代表团带着问题赴国内发达地区学习考察，做到在考察中开阔眼界，在加强学习中寻找优势，进一步深化国际旅游岛建设的发展理念和发展思路，引导带动各级领导干部真正把学习作为一种价值导向、政治责任和生活方式。

2. **牢固树立一天也不耽误的理念。**国际旅游岛建设上升为国家战略对海南提出了全新的要求和严峻的挑战。海南省委主动适应新要求新挑战，特别强调，省委中心组成员一定要少应酬，切实加强学习，在学习中认清自己在学识、眼界、能力、素质等方面的不足。全省各级党组织和广大党员干部积极响应省委号召，进一步明确学习要求，自觉增强“等不起”的紧迫感、“慢不得”的危机感、“坐不住”的使命感，正确处理“虚”与“实”的关系，认真解决“工”与“学”的矛盾。坚持做到学好中央文件，吃透上情，明确海南科学发展的方向；认真贯彻落实中央领导视察海南时的重要讲话精神，吃透省情，找准落实政策措施的契合点；自觉面向基层一线学习请教，吃透下情，精心开发民生工程。正是坚持靠大力弘扬这种一天也不耽误的理念和进取精神，才使自主学习、深度学习、经常学习成为琼州大地广大党员干部的不懈追求。

3. **牢固树立缺什么补什么、干什么学什么的理念。**为加快解决领导干部专业知识储备相对不足、综合素质不适应国际旅游岛建设要求等问题，本着缺什么补什么、干什么学什么的理念，海南省委省政府加大统筹力度，组织各级领导干部多次对离岸金融、境外游艇停靠、水域开放、离岛免税等专项政策进行集中学习。围绕科学规划年、项目建设年“双年”建设，不断创新专题培训方式。连续举办 12 期“旅游城市规划建设与经营管理”专题培训班，大大提高了各级领导干部“以规划推动发展，以项目抓政策落实”的能力和水平。积极推进开放式和链接式培训，把“派出去”与“沉下去”结合起来，先后安排多批干部参加清华大学、中瑞合作管理培训项目等国内外知名大学和机构学习培训，有力夯实了学习型党组织建设的人才基础。党的十七届六中全会召开不久，海南立即开展全会精神专题培训，省委分管领导到会作专题辅导报告，明确要求全体学员做到“正确理解文件精神不含糊，准确把握政策措施不走偏”。这些举措不仅优化了广大党员干部的知识结构，也有效地增强了学习能力和执行能力。

4. 牢固树立全员学习、终身学习的理念。人的素质是第一位的，科学发展关键靠人。建设国际旅游岛不仅需要加强硬件建设，更需要加强以提高人的综合素质为核心的软件建设，增强加快科学发展的软实力。海南省委充分认识到全员学习、终身学习的极端重要性，自觉把推进学习型党组织建设看作是建设国际旅游岛的取胜之道和务实之举。明确要求，各级党组织要抓住党委、党组、党支部、党小组学习等四个环节，以深入推进“五型机关”建设和举办“海南书香节”为契机，广泛开展“全民阅读”、“读一本好书，做一个好人”和“新农村理论之星读书活动”等，找准着力点，有效激发全体党员干部的学习热情，把“要我学”变为“我要学”、“我会学”，真正打牢全省广大党员干部奋发学习的思想基础。

二、坚持体制创新

不断推进体制创新，是新时期提高学习型党组织建设科学化水平的重要内容和有力保障，也是带动工作机制创新和配套制度落实的根本动力。

1. 强化领导体制高度统一。加强学习型党组织建设，重点是要抓住领导班子这个核心，关键在于建立健全统一的领导体制，以便于总揽全局、协调各方，进一步优化全省学习型党组织建设的工作布局，并使之不断创新思路，着力造就发展优势。海南省委从注重打造省直管县体制特色实际出发，按照统一领导、综合协调、科学管理、分级负责的原则，做到上至省委，下至市县、省直机关和重点企事业单位，基本都由主要领导亲任学习型党组织工作领导小组组长，并列为党委“一把手工程”。这一举措的出台不仅有利于健全权威的领导机构，明晰职责权限，更为重要的是有利于保证各级领导干部能够亲自策划组织，及时指导协调，科学整合资源，加快形成一级抓一级、层层抓落实的工作格局。

2. 推动工作机制科学贯通。坚持用体制创新推动工作机制的科学贯通，是实现学习型党组织建设与开展创先争优等各项党建工作相互促进的重要保证，是使党建工作沿着科学化、制度化轨道顺利推进的先决条件。海南省委在推进工作机制的科学贯通方面，进一步加大协调力度，不断出台新办法，创新出了一套行之有效的工作模式。具体来说，就是在党委（党组）领导下，由组织部门有关负责人担任建设学习型党组织工作领导小组及其所属办公室领导工作，由宣传部门有关负责人担任创先争优活动等领导小组及其所属办公室领导工作，由此构建起了组织部门与宣传部门协同配合、有关部门积极参与、全社会大力支持的良好工作机制。通过落实这一工作机制，既理顺了工作关系，促进了部门之间的协调联动，又有效降低了管理成本。

3. 促进配套制度实际落实。把学习型党组织建设引向深入，离不开用体制创新促进配套制度的落实。对照这一要求，海南省委科学确定学习目标体系，通过健全和落实集中学习、经验交流、辅导报告、考核督查等一系列配套制度，正确引导广大党员干部努力把刻苦学习内化为党组织和个人的自觉行动。省委强调，领导干部尤其是省级领导干部要模范遵守制度，带头落实制度，创造性地执行制度，做到用制度促进考核评比等各项工作的深化。一方面抓紧落实评学述学制度，不仅考核“规定动作”，也考核“自选动作”，有效地把学习的“软任务”变成了“硬约束”。另一方面严格请假、补课等考勤制度，严肃学习纪律。党委宣传、组织等部门定期对下级党组织学习情况进行督促检查，检查结果包括理论素养、学习态度、学习纪律和学习效果等都被列为选拔任用领导干部的重要依据，保证了正确的用人导向。

三、坚持方法创新

尊重群众首创精神，坚持方法创新，丰富活动载体，是确保学习型党组织建设体现时代特色的基本要求，同时也是不断完善学习型党组织建设实现形式的重要支撑。

1. 突出因地制宜。各地情况千差万别，党员知识水平参差不齐，学习方式方法也各不相同，必须因地制宜，不能搞“一锅煮”。海南从实际出发，在全面总结前一阶段工作的基础上，大胆探索出了“以整体规划为基础、以优化资源为支撑、以共建共享为手段、以科学考评为保障、以推动发展为目的”的学习型党组织创新基地创建模式，有效推动了学习型党组织建设向基层延伸，向普通党员干部延伸。目前，全省已发起建立了近20个创新基地，覆盖70%以上的市县，涉及省直机关、企事业单位、乡镇党委、社区/村党支部和驻琼军警等领域。从目前看，这些创新基地都能抓住重点，突出特色，不断开展丰富多彩的学习活动，彰显了创新基地共建共享的聚合效应和阵地效应，为海南推进学习型党组织建设向宽领域、多层面拓展积累了可资借鉴的经验。

2. 实行统分结合。推进学习型党组织建设，既要加强统筹，实行分类指导，又要善于在促进与其他工作结合上作文章。海南省委大力发挥省委中心组统筹协调和龙头示范作用，注意分层次、分类别、分阶段指导各地各部门的深度学习，激发了全省学习型党组织建设的活力。一方面，明确省直机关、市县党委、高等院校、企事业单位、村镇基层以及社区街道党员各自的学习重点，全面覆盖，打造品牌。另一方面，加强了与其他工作的结合。一是突出抓好与理论宣讲的结合。海南积极探索理论宣讲与学习型党组织建设的内在联系，建立了以中央宣讲团为示范，以省宣讲团为主导，以行业专题宣讲团为支撑，以市县宣讲团为基础，以娘子军宣讲团等为补充的大宣讲格局，形成了上接中央下连基层，横向到边、纵向到底的网格化宣讲体系，有力提升了学习型党组织的覆盖面。二是突出抓好与学风建设的结合。为有效克服部分领导干部满足现状、学风不浓、素质不高、能力不强等现象，海南省委不断丰富工作作风建设内容，注重用学风推动"庸懒散"的治理，努力做到以治庸提能力、以治懒增效率、以治散正风气，赢得了人民群众的赞誉。

3. 强化搭台链接。综合利用多种载体，搭建链接式学习平台，是学习富有吸引力、形成传播力和具有创造力的重要方法。海南省委准确把握"三网融合"向"三屏合一"交叉融合的新趋势，要求各级党委在充分用好省委年度理论研讨会、党委（党组）中心组学习会和各类论坛、讲坛、讲堂、学堂、知识竞赛等特色学习品牌的同时，学会运用以互联网为代表的先进技术手段，搭建立体化学习平台。全省各级党组织贯彻落实省委的要求，纷纷借助互联网大力拓展"三会一课"等各类学习阵地，组织发起"我为海南做什么"等竞争式学习，链接平面媒体与新兴媒体，深入推进交互式学习。尤其是科学把握党员流动性分散性不断增强的新情况，探索构建"手机党校"、"网络党支部"，推动学习型党组织建设由封闭单一向开放互动转变。灵活多样的学习方式不仅给力于学习型党组织实现形式的完善与丰富，而且调动广大党员干部乐学、善学的积极性创造性，实实在在地增强了学习型党组织的吸引力和感召力。

4. 运用典型示范。旗帜指引方向，榜样凝聚力量。在推进学习型党组织创建实践中，选树典型的过程必然是一个用个别带动一般的不断深化认识、凝聚共识、推动创造的过程。海南省委在推进学习型党组织建设中注重发现、培养、树立典型，通过举办现场交流会、推进会等，宣传典型，用典型引路，进一步明确了学什么、怎么学、学出什么成效等关键问题，不断把学习型党组织建设推上新的台阶。同时，高度重视舆论引导，依靠舆论的力量引导全省党员干部向先进学习，争创学习型党组织、争当学习型党员。活动开展以来，先后涌现出海洋渔业厅、省农林科技学校、琼海市潭门边防派出所、昌江县职教中心等一批先进典型，新华社、人民日报、求是、光明日报等中央主流媒体和省内主要媒体多角度、全方位、深层次给予关注报道，为全省营造出了更加浓厚的学习氛围。

四、坚持实践创新

坚持实践创新，善于在学习中破解发展难题，是推进学习型党组织建设的出发点和落脚点。能不能贴近实际，拿出实招，不断增强实际效果，是检验学习型党组织建设成效的试金石。

1. **增强凝聚力**。社会主义核心价值体系是当代中华民族凝聚力不断增强的根本源泉，是国际旅游岛建设之魂。海南省委从贯彻落实社会主义核心价值体系的要求出发，在推进学习型党组织建设中全力做到“三个融入”，进一步增强了国际旅游岛建设的向心力和影响力。一是把深入开展海南文明大行动融入到推进学习型党组织建设之中，努力形成“以文明大行动推进学习型党组织建设，以加强学习型党组织建设深化和巩固文明大行动成果”的良好氛围。二是把深入开展学雷锋活动融入到推进学习型党组织建设之中。核心任务是准确挖掘雷锋精神的当代价值，建设实践基地，完善联动机制，使学雷锋活动多样化、具体化、生活化。三是把深入开展海南精神征集提炼活动融入到推进学习型党组织建设之中。通过大力宣传，广泛动员，努力把广大干部群众参与征集的过程变成凝聚人心、提升素质的过程，充分发挥出了用海南精神砥砺勇气、汇聚力量、推动发展的重要作用。

2. **形成转化力**。学以致用、加快转化，是推进学习型党组织建设的重要目的。海南重点通过实施三大工程，推动学习成果加快转化为科学决策、重要政策和重大发展战略。一是实施省委省政府高端调研转化工程，努力把省委中心组打造成为研讨问题、凝聚共识、形成决策的平台。这方面，省委主要领导做出示范，不仅扑下身子深入基层深度调研，而且亲自撰写高端调研报告，对全省经济社会发展起到了重要的指导作用。二是实施顾问智库工程。凝聚社会各界智慧，成立省咨询顾问委员会和科技顾问委员会，为全省制定中长期发展规划、发展战略、产业导向和其他重要政策方面提供了重要决策参考。三是实施哲学社会科学提升工程。坚持“不求所有，但求所用”原则，以“选题竞争，成果评判”为目标，建立部门科研院所联动与合作机制，形成特色鲜明、各有侧重的理论研究布局，推动一批关乎国际旅游岛建设的优秀学习研究成果进入决策程序，确保产生明显的经济效益和社会效益。

3. 提升发展力。把学习转化为“强岛富民”和改善民生的实际成果，不断满足人民群众的新期待，是对推进学习型党组织建设取得实际成效的最好检验。海南省委坚持把三大提升作为促学习、作决策、谋发展的重要措施，赢得了海南人民群众的衷心拥护。一是提升了政策落地的水平。目前，离岛免税政策得到进一步落实，邮轮、游艇产业发展势头良好，森林旅游稳步推进，国际旅游岛先行试验区蓄势待发，海南旅游吸引力、第三产业的国民经济贡献显著增强。二是提升了经济发展的质量。省委省政府紧紧瞄准国际旅游岛建设发展目标，调结构、转方式，全力推进绿色崛起，多项发展指标增速位居全国第一。三是提升了改善民生的水平。海南省委省政府坚持把改善民生和加强社会管理摆在国际旅游岛建设的重要位置狠抓不放，明确提出不仅要建成国际一流的旅游目的地，还要建成海南人民的幸福家园。2011 年，海南省公共财政支出七成以上用于惠民生和促发展。全省民生支出增长 33.5%，占公共财政支出的 70.2%，办成了一批又一批关系群众切身利益的大事实事，全省各级党组织的凝聚力和战斗力进一步增强，和谐海南的创建水平不断提升。

注重特性　把握特征　突出特色
深入推进学习型党组织建设

重庆市委宣传部

党的十七届四中全会从全面推进中国特色社会主义伟大事业和党的建设新的伟大工程全局出发，提出建设马克思主义学习型政党、建设学习型党组织的重大战略任务。建设学习型党组织是建设学习型政党的基础工程，是我们党适应世情国情党情深刻变化，着眼保持党的先进性、更好地推动党和国家事业发展作出的重大决策，意义十分重大。

一、注重三个特性，深化学习型党组织建设的规律性认识

从纵向看，建设学习型党组织，是我们党重视学习、善于学习优良传统的继承发扬，体现出我们党在政党建设上最鲜明的特性。把党的思想建设放在首位，是毛泽东建党思想最核心的内容，也是我们党的建设最突出的特点。我们党成立之初，理论准备并不是很充分，加之长期的战争环境和大批文化程度较低的农民加入到党的队伍中来，使加强学习、提高思想理论水平和革命本领变得尤为重要和紧迫。也正因如此，加强学习，把中国共产党建设成为科学理论武装起来的，能够确保各项任务顺利推进的马克思主义政党贯穿了党 90 余年的发展历程，贯穿了

党的建设的各个方面，学习成为了我们党最鲜明的政党特性。在领导革命、建设和改革的历史实践中，我们党总是能够根据时代形势发展提出的新任务新要求，针对性地开展全党性的学习教育活动，通过学习解放思想、统一认识，推动党的事业不断地向前迈进。历史的经验表明，学习已经成为我们党增强自身活力、不断适应时代需求的重要法宝。我们党的领导人都高度重视学习，毛泽东同志提出，“要把全党变成一个大学校。”邓小平同志强调，“全党同志一定要善于学习，善于重新学习。”江泽民同志号召全党要讲学习、讲政治、讲正气。党的十六大以来，以胡锦涛同志为总书记的党中央把集体学习作为一项制度长期坚持下来，以学治党、以学理政已成为我们党的鲜明特色。纵观 90 多年的历史，我们党之所以始终具有旺盛的生命力，党领导的事业之所以能够不断取得新成就，从根本上说就是因为有对马克思主义的学习、创新，丰富和发展，就是因为有对人类一切先进文化的学习、借鉴，不断提高革命本领和执政能力。

从横向看，建设学习型党组织，是我们党面对新形势新任务作出的战略决策，体现了我们党对时代发展脉搏和党的建设新要求的高度自觉和清醒把握。我们党是在激烈的国际竞争和复杂的国内环境下领导和推进中国的社会主义现代化进程的，如何始终站在时代前列、引领时代潮流、永葆党的先进性，是亟待解决的重要命题。我们党把学习作为贯彻路线方针政策、统一全党思想、提高执政能力、保持和发扬先进性的重要手段和政治任务，通过有组织有目的的不断学习，创造和保持党的持久竞争优势。当今时代是一个知识创新、更新速度不断加快的大发展大变革的时代，学习对于每一个党员干部而言，已经成为生存的必备本领，不学习或者不善于学习，故步自封，就会落后于时代。对于执政党而言，不善于学习借鉴，不学会与时俱进，社会主义现代化建设就无法在激烈的国际竞争中赢得主动，应对考验。当前，我国正处在发展的关键期、改革的攻坚期和矛盾的凸显期，面对前所未有的新情况、新问题、新挑战，大力倡导学习风气，建设学习型党组织比以往任何时候都更为紧迫，学习已经成为我们党推动科学发展、促进社会和谐、推动事业继续发展的迫切任务。从根本上讲，我们党提出建设马克思主义学习型政党、学习型党组织，把学习与党的性质宗旨、党的生存发展和先进性紧密联系起来，是党的建设的一个重大理论和实践创新。

从方向看，建设学习型党组织，是我们党实现自己根本宗旨的必然选择，体现出我们党在政权建设上最突出的特性。政党执政的价值合法性在于人民群众的拥戴。这就要求政党及其成员必须通过与时俱进的学习使党的政策把握规律性、体现时代性、富于创新性，以优异的政绩取信于民。学习型党组织建设，注重坚持理论联系实际的马克思主义学风，强调学习的实践性，把向书本学习、向实践学习和向群众学习结合起来，学以致用，用以促学。通过引导党员干部把学到的科学理论转化为科学的世界观和方法论、牢固的宗旨意识、坚定的共产主义信仰，从而使学习成为推动科学发展、促进社会和谐、做好各项工作的智慧和能力，使党组织和党员始终保持与时俱进的精神状态，推动本地区本部门本单位的改革发展。基于此，学习不能仅仅满足于时间多少、培训多少，更要看学习的效果和运用。要紧紧围绕党和政府的中心工作开展学习，使学习更有针对性。要根据时代发展对工作任务提出的新要求开展学习，使学习更加突出重点。要从最薄弱最需要加强的地方学起，“缺什么学什么”、“差什么补什么”，要充分运用团队式学习这一强大优势，发挥组织的系统修复补短功能，拉长短板，克服弱项。

纵横交错之间，体现出这样的社会必然性和历史规律性：过去先进不等于现在先进，现在先进不等于永远先进；过去拥有不等于现在拥有，现在拥有不等于永远拥有。这就必然要求把学习放在党的建设的基础性和战略性地位，贯穿于党的思想建设、组织建设、作风建设、制度建设和反腐倡廉建设的全过程；必然要求党组织在动员、组织党员干部和群众学习中发挥主导、引导作用，全体党员干部把学习作为政治责任、精神追求和生活方式；必然要求以党内学习带动党外学习，以学习型党组织建设推动学习型社会建设，从而实现党勤于学习、善于学习优良传统的与时俱进。

二、把握三个特征，提高学习型党组织建设的科学化水平

建设学习型党组织，要准确把握学习型党组织的基本特征和主要环节，这是推进学习型党组织建设的前提和基础。在推进学习型党组织建设过程中，要把握学习内容的价值性、学习方式的纪律性和学习过程的实效性。

把握学习内容的价值特征。用马克思主义的世界观和方法论武装广大党员的头脑，确保正确的政治方向，强调学习的社会主义价值取向，是学习型党组织在学习内容上的显著特征。社会主义核心价值体系是兴国之魂，建设学习型党组织必须在学习内容上体现和贯穿这一灵魂，牢牢坚持社会主义的政治方向和价值取向。要高举中国特色社会主义伟大旗帜，结合改革开放和现代化建设的生动实践，深入学习马克思列宁主义、毛泽东思想、邓小平理论和“三个代表”重要思想，深入学习实践科学发展观，牢固掌握马克思主义的立场、观点和方法，不断坚定理想信念和宗旨意识，引导党员干部学习践行社会主义核心价值体系，不断提高马克思主义理论素养和思想政治水平，形成推进中国特色社会主义伟大事业的强大动力。

把握学习方式的纪律特征。发挥各级党组织在学习中的组织、主导、引导作用，强调学习的纪律要求，是学习型党组织在学习组织方式上的鲜明特征。要坚持以各级党组织集中学习和系统培训为龙头，带动广大党员干部自觉学习，把党员的个人学习融入党组织的学习中来，在提高个体智力的同时形成组织智慧。各级党组织应当成为学习的责任主

体，把领导好、组织好、开展好各种学习活动作为抓好自身建设的重要工作，作为推动理论武装工作和思想建设的重要任务，以严格的纪律和坚强的领导切实抓好抓落实。通过组织纪律的约束和要求，把学习由“软任务”转变成“硬工夫”，使广大党员干部树立自觉学习、终身学习的理念，从被动学习到主动学习，从强制学习到自发学习，使党组织成为党员干部学习新知识、增长新本领的大学校。

把握学习过程的实效特征。把学习贯穿于党的建设的全领域、全过程，通过健全的体制机制保障学习，强调学习的持续性和实效性，是学习型党组织在学习制度上的鲜明特征。建设学习型党组织是一项伴随执政全过程的长期任务，要坚持以科学的学习制度和机制来对学习过程进行管理，予以保障，推动学习持久持续，取得实效。要围绕学以致用、用以促学，建立完善学习成果转化运用机制，把学理论与搞调研、谋发展结合起来，推动各级党员干部尤其是党员领导干部带着问题学习，开展实地调研，着力解决群众关心关注的重点难点问题。要建立一套行之有效的学习型党组织建设考核评价体系，完善注重学习的党员干部选人用人机制，健全述学、评学、考学、督学制度。要围绕学以增智，灵活运用和丰富发展试点示范、集体学习、主题实践等学习模式和载体，把学习任务落到实处。

三、突出三大特色，推动学习型党组织建设的整体式发展

中央提出建设学习型党组织“科学理论武装、具有世界眼光、善于把握规律、富有创新精神”的总要求，这要求我们认真考量和审视学习型党组织建设各个方面的主要关系，尤其要把握和处理好“学”、“习”、“型”三位一体的内在关系，摸清学习型党组织建设的逻辑脉络。“学”是学理论、长知识，是建设学习型党组织的基础；“习”是

做实事、干事业，是建设学习型党组织的目的；“型”是建规章、立制度，是建设学习型党组织的保障。要坚持理论与实践相结合，学习工作化与工作制度化相结合，推动学习型党组织建设整体式发展。

强化“学”的基础地位，突出理论特色。要牢固树立终身学习的理念，不满足于过去的知识经验，坚持学习，不断掌握新知识、积累新经验、增长新本领，把工作作为深化学习的最好平台，学以致用。要选好学习内容，首要深入学习马列主义、毛泽东思想，深入学习邓小平理论、“三个代表”重要思想以及科学发展观，全面系统、完整准确地掌握中国特色社会主义理论体系；其次要学习掌握自身具体工作所需的经济、科技、文化、社会等各方面知识；还要学习总结实践中的成功经验，结合自身实际运用到工作中去。要善于运用科学的学习方法，向书本学、向实践学、向群众学，做到学习与思考统一，带着目标学、带着问题学。

强化“习”的目的取向，突出实践特色。要坚持理论联系实际，把学习成果转化运用于实际工作，把学习同本地区本部门改革发展的实际情况紧密联系起来，通过学习开阔视野、打开思路、找到办法，实现好、维护好、发展好人民群众根本利益。要在实践中检验修正学到的知识，用实际的工作成效和群众的反映来检验学到的知识，不断修正、丰富和完善自身的知识体系，以更好地指导今后的实践，做到学用相长。

强化“型”的保障作用，突出制度特色。“学”与“习”的持续和成果需要“型”来保障和落实。要建立起科学的考核评价制度体系，探索建立行之有效的学习组织方法，形成多形式、多层次、开放性、立体化的终身学习体系；要以多样的形式和载体丰富完善工作抓手，结合重大政策出台、重大活动开展和重大节庆日纪念日等契机组织学习，通过群众喜闻乐见的方式等组织学习，充分运用新闻媒体和互联网、手机等新兴媒体，拓展和建立学习阵地，充分调动党员干部学习的主动性和积极性。重庆积极探索建立推动学习的长效制度和机制；建立完善中心组集体学习、党员干部自学和调查研究制度，建立完善专家咨询和分片督查制度，分层次分类别出台建设学习型党组织的试行办法和规划；强化试点示范，坚持典型引路，组织新闻宣传，营造出浓厚的学习氛围。

论党员干部自我超越与学习型党组织建设

四川省中国特色社会主义理论体系研究中心

党的十七届四中全会从全面推进中国特色社会主义伟大事业和党的建设新的伟大工程出发，着眼于提高党的执政能力、保持党的先进性，提出建设马克思主义学习型政党的重大战略任务。经过两年多的不懈努力，学习型党组织建设取得显著成效，在广大党员干部中营造形成了热爱学习、崇尚学习的浓厚氛围。但同时，我们也要清醒地看到，仍有少数同志没有养成良好学风，正如习近平同志所指出，主要存在“不愿学、不勤学、不真学、不深学、不善学”的问题。深入探究“五不”产生的根源，就是少数党员干部缺乏自我超越的精神，满足现状，不思进取，学习动力严重不足。这就需要各级党组织，积极引导党员干部努力实现学习上的自我超越，变“要我学”的被动性心理为“我要学”的主动性意愿，变“功利型”的终结式学习态度为“非功利”的终身式学习信念，从而推动学习型党组织建设走上一条常态化、可持续的发展之路。

一、推进学习型党组织建设要引导党员干部实现“自我认识”超越

毛泽东同志在《矛盾论》中指出：“外因是变化的条件，内因是变

化的根据，外因通过内因而起作用”。这一精辟论断，对推进学习型党组织建设具有重要的指导意义。然而，在现实生活中，个别党组织在抓党员干部学习时，往往只重视了外因功能，却忽视了内因作用，特别是对两个“为什么”，即为什么有的同志愿意学而有的不愿学、为什么有的同志学得好而有的学不好，没有进行认真深入地思考。这固然受到外部环境因素的一些影响，但归根到底取决于党员个体内部因素的作用，核心就在于是否形成正确的“自我认识”，并在实践中是否实现新的超越。在学习型党组织建设中，如果不能有效解决党员个体的“自我认识”问题，必然无法形成党组织对待学习正确统一的“集体认识”，就不可能把个体学习目的与组织学习目标有机地结合起来。

“自我认识”又称自我意识，是人所特有的意识形式之一，是个人对自己存在的反思和期望，是一个人的认知系统中最困难、最持久却最能获取生命动能的认知工程。自我意识表现为认知、情感和意志三种形式，也就是自我认知、自我体验和自我调节。其中，自我调节包括自我监督、自我控制、自我教育。自我教育在自我意识中具有重要作用。所谓自我教育，就是“个体对自己进行教育。即主体自我按社会要求对客体自我自觉实施的教育。它是自我调节的最高级的形式。”但自我教育不是一个自发的过程，既需要外在教育的引导和启发，更需要内在自觉的挖掘与发挥。从本质上讲，这种内在自觉就是“现实自我”与“理想自我”的矛盾运动。“现实自我”，是指个体从自身出发，对现实中自我的实际情况和实际行为加以认识；“理想自我”是指个体从自身出发，对未来的想象中的自我的认识。实践充分证明，“现实自我”与“理想自我”总是存在差异和矛盾，但正是这种差异和矛盾深刻地影响着自我意识的发展和变化，决定着个体的自我发展、自我实现。

绝大多数党员干部都有一个正确而清晰的自我认识，但也有个别党员干部并不真正了解自我，也不知道如何去认识自我。他们或许整天忙碌着、终日奔波着，但留给自己反思的空间却太少了，特别是对三个

"是什么"，即自我的角色定位是什么、人生的价值追求是什么、未来的努力方向是什么，产生了迷惑、迷茫甚至是迷失。搞不清楚三个"是什么"，就不会明白学习"为什么"。这就需要各级党组织准确把握"自我认识"的深刻内涵和发展机理，积极引导广大党员干部从角色定位、价值追求、努力方向等三个方面，全面而清晰地认识自我，不断提高自我认识力与认识度，知不足而学，学后知不足，以自我认识促自我学习，以自我学习促自我认识，实现良性互动。只有这样，才能充分激发广大党员干部的学习自觉性和主动性，为推进学习型党组织建设积聚强大的内生动力。

二、推进学习型党组织建设要帮助党员干部实现"自我效能"超越

自我效能感，是现代心理学研究的一项重大成果，指的是一个人能够作用于环境的信念。现代心理学理论认为，一个人能否顺利而成功地从事某项活动，主要受其自我效能感影响，个体对其效能的感受制约着其活动的动机水平、行为方式及各种心理水平。根据自我效能感理论采取的相应干预研究发现，通过对学习氛围的有效营造、学习目标的有效调控、学习成果的有效考核，能够显著提高人的学习自我效能感。只有在提高学习自我效能感的条件下，学习投入才能达到最佳状态。这就需要各级党组织在推动党员干部学习过程中，必须准确把握党员干部的心理特点，有针对性地制定实施一系列有力措施，帮助党员干部不断提升学习自我效能感，使他们通过学习收获成功、享受快乐。

要积极营造良好环境，使党员干部"学有氛围"。提升党员干部学习的自我效能感，需要一个良好的组织氛围。自我认知是一个人真诚面对自己，深刻剖析自己的过程，一方面要分析现实自我的优势和不足，明晰正确愿望；另一方面要激发潜能、扬长避短，生成新的自我，从而

实现自我超越。在这个过程中，如果没有一个真诚、上进的氛围环境，个人的自我认知是难以有效完成的。作为个人的共产党员需要在伟大的中国共产党的优良组织文化中得到帮助和升华。党组织的集体学习生活能够激发党员干部强烈的归属感，进而激发其进行自我教育。只有在优良的集体学习氛围中，党员才能持续强化党组织有益于自我成长这一观点，同时党员的积极回应也使得党组织能够提供更多对自我超越有帮助的培训，形成良性循环。

要帮助开展自我分析，使党员干部“学有目标”。党组织对党员干部的影响应是一种启发式和潜移默化式的。党组织必须精心组织党员干部进行自我分析，并多采取一些诸如领导谈心、同志帮助、专家咨询等具体方法，真正使党员干部能够全面客观认清自己的优势和不足，增强学习主动性。一方面，组织每个党员干部对自我进行书面分析，切实认清自己的优势和不足，党组织对党员干部的自我分析报告进行保密；另一方面，由咨询专家针对每个党员干部的自我分析报告进行个别咨询，帮助党员干部制定切合自身思想工作实际的学习目标和学习计划，进一步增强学习的针对性和实效性。

要准确把握兴趣爱好，使党员干部“学有激情”。众所周知，兴趣是学习的最好老师。当党组织了解每个党员干部的真实需求后，就有了激发每个党员干部学习兴趣的动力源泉。由于每个党员需求不尽相同，学习兴奋点难以一致，党组织必须对他们的需求进行整合，确定相应学习目标，分层级、有阶段地聘请专家，利用光盘、电视、网络等多种学习渠道进行帮助支持。

要着力完善考评机制，使党员干部“学有竞争”。为培养良好学习习惯，有必要对党员干部的学习成果进行定时检查和定期竞赛。具体措施包括：一是定期展示日常学习笔记、学习心得；二是定期召开理论研讨会、心得交流会、演讲报告会等，交流学习心得和体会；三是定期组织理论或专业技术知识笔试或竞赛活动，激发学习动力。同时，建立学习激励和处罚机制，对在学习型党组织建设中表现突出、成绩优秀、学以致用的党员及时给予奖励和表彰，对学习中存在各种不足的党员给予鞭策和指导，营造浓厚学习氛围。

三、推进学习型党组织建设要激励党员干部实现“自我价值”超越

在建设学习型党组织过程中，仅仅依靠个人实现自我超越是不够的。每个人的需求千差万别，具体目标不尽相同。如果每个人都只为自己的目标奋斗，那么整个组织就如同一座沙垒，一触即溃。建设学习型党组织，就是把每个人从自我束缚中解放出来，用一个共同的目标把大家团结起来。通过学习将组织发展的共同目标，转化为能够推动党员干部自我超越的动力，使组织目标和个人愿望相统一。当每个党员干部能够正确认识到党组织的历史使命和奋斗目标与自己的命运息息相关时，党员干部的自我超越就变成了一种内在动力，我们的学习型党组织建设也就走上一条可持续发展的不断超越之路。

引导党员干部自我超越，要符合个人自我需要的发展规律。人的自我需要多种多样，当个体的某种需要没有得到满足时，就会促使人去从事满足需要的行为活动，从而产生相应动机。动机是激发、维持、调节人们从事某项活动，并引导活动朝着某一目标进行的内部心理过程或内在动力。个人的一切活动都是由自我需求产生的一定动机所引起的，并指向一定的目标。一般来说，人是物质需要、社会需要和精神需要相互统一、不断更替的生命体。人的这三个需要是分层次的，物质需要处于心理动力结构的底层，社会需要处于心理动力结构的中间层，精神需要处于心理动力结构的最高层。低层次需要的满足是高层次需要满足的基础，在一般条件下只有低层次需要得到满足后，才会向更高一级需要发展。人的自我超越过程也就是人的自我需求层次不断升华的过程。人总

是在不断进行自我需要层次升华中提高自己的人生境界，赋予自己的生活以新的意义。从这一角度来说，引导党员干部自我超越，一方面，要关注党员干部的物质需求，关心他们急需解决的困难，把组织的温暖渗透到党员干部心里；另一方面，应避免党员干部在物质化、功利化需求层面停滞不前，要求党员干部不能仅满足于一劳永逸的“终结式”学习，而应把学习当做一种信仰，在终身学习过程中不断超越自我。

引导党员干部自我超越，其目标既分层次又相互贯通。党的十七届四中全会明确指出：“党员、干部模范学习践行社会主义核心价值体系，是建设马克思主义学习型政党的重要任务。把理想信念教育作为全党学习践行社会主义核心价值体系的重中之重，教育引导党员着力增强贯彻党的基本理论、基本路线、基本纲领、基本经验的自觉性和坚定性，增强走中国特色社会主义道路、为党和人民事业不懈奋斗的自觉性和坚定性，做共产主义远大理想和中国特色社会主义共同理想的坚定信仰者。”马克思明确指出：“共产主义是用实际手段来追求实际目的的最实际的运动”。共产主义是一个运动，是一个追求实际目的的运动。从历史唯物主义立场来看，共产主义作为人类社会的发展目标，其出发点和前提是一切现实的个人，针对的是一切现实社会中不合理的现象，高举“富强、公正、民主、和谐”的价值理念，以满足最广大人民群众的整体利益同时又不忽视每个人的切实利益为原则，最终目标就是实现人的自由全面发展。因此，共产主义并不遥远，与每个党员干部十分贴近，贯通渗透在党员干部各个层级的目标中。每个党员干部应该把共产主义融入到建设中国特色社会主义的伟大事业中，努力工作，开拓创新，通过学习实现自我超越，为实现党的历史使命和奋斗目标贡献力量。

（执笔：李刚　周治滨）

立足实际　着眼创新
深入推进学习型党组织建设

贵州省中国特色社会主义理论体系研究中心

建设学习型党组织是建设马克思主义学习型政党的基础工程，是党领导人民夺取全面建设小康社会新胜利的必然要求，是提高执政能力、保持和发扬党的纯洁性先进性的紧迫任务。新时期深入推进学习型党组织建设，就要把准时代脉搏、围绕中心工作、紧贴学习需要，着力创新学习理念、学习内容、学习方法和学习制度，推进学习型党组织建设取得新成效，为推动经济社会又好又快发展提供精神动力和理论支持。

一、创新学习理念，使学习行动更加自觉主动

理论是行动的先导。深入推进学习型党组织建设，首先要解决好学习理念问题。要注重引导党员干部树立先进的学习理念，并将其贯穿到学习型党组织建设的全过程。

1. 树立全员学习理念。“学习”是一种获得知识或技能的行为，“学习型”是一种存在的形式和状态。“建设学习型党组织”，就是要将学习变成党的重要属性之一，使党的能力在社会发展实践中不断提升，它是全体党员共同参与的集体行为，学习的主体是党员。因此，必须在全体党员干部中确立全员学习的理念，共同推进学习型党组织建设。近

年来，贵州省各级党组织主动担负建设学习型党组织的主体职责，坚持和树立全员学习理念，坚持以县处级以上领导干部为重点，引导广大党员积极参与学习，营造了全员学习的良好氛围。

2. **树立综合学习理念**。随着时代的不断进步和发展，社会对人的素质要求越来越高，人不再是固定岗位上单一功能的“螺丝钉”，而必须具备一专多能的才干和本领，综合学习的理念越来越成为社会共识。深入推进学习型党组织建设，要紧密结合这一形势变化和时代特点，以科学理论和先进知识为重点组织开展综合学习。一方面要组织广大党员干部深入学习马克思列宁主义、毛泽东思想、中国特色社会主义理论体系等，坚定共同的理想信念，树立科学的世界观、人生观和价值观；另一方面，要引导党员干部广泛学习现代化建设所需要的经济、政治、文化、科技等方面的知识，在不断优化知识结构、开阔思路、把握规律中提高综合能力。

3. **树立终身学习理念**。当今时代，科技日新月异，信息飞速发展，人们对知识的渴求愈加强烈，不抓紧学习就会落伍，每个人都面临着知识不断更新的问题。深入推进学习型党组织建设，要引导党员干部充分认识学习是智慧之源、谋事之基、生存之需、领导之责、发展之要，不断增强党员干部主动学习、自觉学习的主体意识。大力倡导终身学习理念，使学习成为党员干部的一种政治责任、精神追求和生活方式，努力形成坚持学习、长期学习的良好风气。

4. **树立学用结合理念**。学习的目的在于应用。毛泽东同志指出：“读书是学习，使用也是学习，而且是更重要的学习。”在学习中提高素质、认识规律、开阔视野、推动发展，是建设学习型党组织的关键所在。要坚持理论联系实际的学风，坚持向书本学习、向实践学习、向群众学习、向先进学习，把学习理论、转变作风与推进工作有机结合，在加快实现经济社会又好又快发展中不断创新学习实践、取得新的学习成效。

二、创新学习内容，使学习活动更加广泛深入

建设学习型党组织是一项长期的宏大系统工程，创新学习内容、突出学习重点至关重要。各级党组织和党员干部要从做好组织领导工作、履行岗位职责、发挥先锋模范作用的需要出发，在实践中不断创新学习内容，努力拓展学习的广度和深度。

1. 突出学习党的创新理论。加强对党的创新理论的学习，是提高党员干部思想理论水平的关键所在。党员干部首先要学习马克思主义基本理论和党的创新理论成果，坚定理想信念，坚持正确的立场、观点和方法，树立正确的是非观、政绩观、利益观。近年来，贵州省各级党组织以“学习马列经典、坚定理想信念、推动跨越发展”等主题活动为载体，引导党员干部学习马列主义经典著作，学习马克思主义的基本理论、基本路线、基本纲领和基本经验。以学习中央重要会议精神和重大决策部署为重点，组织开展大规模学习宣传教育活动，推动全省上下深入学习党的创新理论。连续多年在党员干部中组织开展关系经济社会发展重大问题的理论研讨和征文活动，推动党员干部认真学习理论、深入思考问题，努力探寻推进地方经济社会又好又快发展的思路和措施。

2. 突出学习中央政策。准确把握党的路线方针政策，是提高决策科学性的重要前提。只有深入学习中央政策，领会科学内涵，吃透精神实质，把握基本要求，才能将中央和省委的精神贯彻好、落实好。只有将学习中央政策与研究解决本地改革发展中的矛盾和问题结合起来，才能使学习有的放矢、纵深推进。近年来全省各级党组织开展了党的十七大和十七届三中、四中、五中、六中全会，省第十次党代会及十届九次、十次、十一次、十二次全会精神的学习，深刻认识做好新形势下群众工作、加强和创新社会管理、大力推动多民族文化大发展大繁荣的重大意义，起到了统一思想、凝聚力量的作用，有力地推进了全省经济社

会又好又快发展。

3. 突出学习专业技能。扎实的专业知识和过硬的专业本领，是做好本职工作的必要条件。深入推进学习型党组织建设，要注意结合不同行业、组织和岗位的特点，在抓好政治理论学习基础上，在学习对象、学习内容和学习重点上有所区分和侧重，有针对性地组织开展学习实践活动。在机关，重点学习经济、政治、文化、舆论引导和新兴媒体运用等方面知识，不断提高应对新情况解决新问题的能力；在农村，重点学习各种农业实用技术、文化和法律等知识，提高劳动生产本领；在社区，重点学习公共服务、社会管理等方面知识，不断适应文明和谐社区建设的需要；在企业，重点学习先进生产技术和技能、市场经济、金融贸易等知识，不断适应经济转型升级和企业发展的需要。

4. 突出学习前沿知识。社会发展和科技进步，为经济社会发展带来了难得的机遇，同时也提出了严峻挑战，我们必须把握当代发展大势、学习前沿知识，努力提高战略思维、创新思维、辩证思维能力和解决实际问题的能力。在推进学习型党组织建设中，我省各级党组织将学习内容从政治理论向基本理论知识、基本法律知识和基本业务知识、现代科学文化知识等“三基本一现代”拓展，积极主动学习前沿知识，顺应时代发展要求，从而努力提高工作的针对性、前瞻性和有效性。

三、创新学习模式，使学习成效更加扎实明显

创新学习方式、途径和平台，对于提高学习成效具有重要作用。深入推进学习型党组织建设，要认真贯彻落实中央精神，不断强化党委统一领导、宣传部门牵头、有关单位积极配合的组织形式，在示范引领、品牌带动、分层推进、分类落实上下工夫，推动形成切合实际、富有成效的工作格局。

1. 着力示范带动、引领提升。典型引领、示范带动是推进工作行

之有效的好方法好经验。深入推进学习型党组织建设，要搞好示范点建设，注重发挥典型引领和示范带动作用，重点抓好领导班子和领导干部的学习，使工作推进学有榜样、赶有目标。实际工作中，我省十分注重发挥省委中心组学习和省领导学习的带头作用，多次组织开展全省“项目建设年”现场观摩会，赴北京、上海、重庆、广东、香港等地学习别人的好做法好经验，借鉴运用外智外力，用先进的理念和思路，推动贵州加快发展。全省各级领导干部带头宣讲理论、深入调研，以实际行动带动本地区本单位党员干部学习，起到良好的示范引领作用。

2. **着力品牌带动、立学为先**。品牌是影响力、竞争力和感召力。着力打造品牌，扩大品牌效应，是提升学习型党组织建设成效的有效方式。深入推进学习党组织建设，要从建设高素质干部队伍、增强能力本领出发，根据学习需要打造形式多样、特点鲜明的工作品牌，提升学习的吸引力和有效性。在实际工作中，我省有关部门总结实践经验、研究学习规律，整合优势资源，连续七年推出“余心声”政论文章30篇，阐释中央和省委重大决策部署，解读干部群众关心的热点难点问题。精心打造“甲秀视线”、“观风论坛”、“生态文明大讲坛”等，邀请中央有关部委领导和知名专家作专题报告。创建“党委中心组网络学习平台”，实施“百万公众网络学习工程”等，拓展学习载体和途径。这些工作对推进我省学习党组织建设起到了重要作用。

3. **着力上下联动、分层推进**。上下联动、分层推进，才能确保学习活动有组织分步骤地开展。深入推进学习型党组织建设，要按照中央和省委统一部署，根据实际状况和党员干部特点，依据不同层级的不同要求，明确任务，上下联动，分层推进。工作中省学习型党组织建设工作协调小组注重加强对协调小组成员单位及各地各部门的指导，强化领导、强化制度、强化落实，把学习作为“硬任务”摆在重要位置。各部门各单位高度重视学习型党组织建设工作，正确处理学习与工作的关系，创新方法，拓展渠道，巩固阵地，健全制度，确保实效。加强对市县学习型党组织建设的指导，制定切实可行的实施办法，认真贯彻落实学习型党组织建设的任务要求，深入推进学习型党组织建设的各项工作。

4. 着力统筹兼顾、分类落实。统筹兼顾、分类落实，是提高学习针对性有效性的必要前提。深入推进学习型党组织建设，要紧密结合实际，针对不同类别采取不同方法，加强协调、统筹兼顾、分类落实，形成各具特色的学习活动。在机关，深入拓展“创先争优”、“四帮四促”、“处长下基层”等活动，促进作风转变，深入基层为群众解难题、办好事、出思路、促发展；在学校，广泛开展创建学习型党组织评选、哲学社会科学教学科研骨干研修、骨干教师培训工程等活动，提高广大教师研究能力和教学水平；在企业，围绕促进企业生产发展，认真制定发展规划，培育核心竞争力，大幅提高经济效益；在社区，围绕“服务便民”重点，开展各种学习教育活动，提高市民思想道德、科学文化素质和身心健康；在农村，以建设“诚信农民”为平台，提升农民素质、丰富农民精神文化生活，推进农村经济社会全面发展。

四、创新学习机制，使学习管理更加科学规范

制度建设带有根本性和长远性，是扎实推进学习型党组织建设的有力保障。要按照加强领导、有力组织、长效激励、常态管理的要求，坚持指导与督查相结合，激励与约束相统一，建立完善规范化、科学化和常态化的学习制度。

1. 强化组织领导机制。认真贯彻中央推进学习型党组织建设的工作部署，充分发挥学习型党组织建设工作协调小组的指导协调作用，制定出台相关文件和配套方案，强化对学习型党组织建设工作的指导。各级党组织发挥好协调领导机构作用，认真履行职责，加强分类指导和督查，推进各项制度的贯彻落实。通过召开经验交流会、工作协调会、制

定工作要点、编发工作简报等方式，加强学习型党组织的政策引导和体制机制建设，促进学习型党组织建设规范有序地推进。

2. 规范有效管理机制。通过制定深入推进学习型党组织建设相关文件，明确学习型党组织建设的组织领导、学习内容、方法途径、制度保证、考核督查等内容，加强对各级学习型党组织建设工作的宏观指导和有效管理。各部门各单位制定切实可行的考核检查制度，建立学习档案，创新学习手段，定期检查开展创建活动的情况。根据形势的发展，修订完善中心组学习、干部培训、个人自学、学习考评、成果转化、经费投入等制度，不断提升学习型党组织建设的制度规范化水平。

3. 完善激励约束机制。结合实际建立健全符合党员干部特点、操作性强的学习型党组织建设工作测评体系，发挥激励先进、鞭策后进的导向作用。采取考核、评比、表彰等措施，把学习型党组织建设的考核结果与目标绩效考核、评选先进、提拔使用相结合，充分发挥好激励作用，努力营造自觉学习的氛围。对好的经验做法要及时总结推广，对做得不够的地方要及时查找原因、督促改进。

建立学习型党组织建设工作测评体系初探

云南省学习型党组织建设工作测评体系课题组

党的十七届四中全会提出建设马克思主义学习型政党的重大战略任务以来，云南省委高度重视，在认真学习、深刻领会的基础上，按照“科学理论武装、具有世界眼光、善于把握规律、富有创新精神”的总体要求，把建设学习型党组织作为建设马克思主义学习型政党的基础工程，采取一系列强有力的措施，扎实有效加以推进，取得了阶段性成果。特别是结合云南实际，探索建立了学习型党组织建设工作测评体系，使学习型党组织建设由“抓活动”向“促常态”转变，由“软任务”向“硬约束”转变，学习型党组织建设的科学化水平得到了显著提高。

一、建立学习型党组织建设工作测评体系的重要性和必要性

怎样有效破解学习被虚化、表面化、形式化的困境，是学习型党组织建设工作开展以来，云南反复思考并认为必须着力加以解决的带有根本性的问题。经过广泛深入的调研，我们发现，建立科学规范有效的工作测评体系，是解决这一难题的“钥匙”，也是学习型党组织建设取得

成效的关键。

1. 建立测评体系是提高学习型党组织建设科学化水平的必然选择。 提高党的建设科学化水平，是党的十七届四中全会提出的一个重大命题。马克思曾经说过：一切科学只有在成功地运用数学时，才算达到了真正完善的地步。当前，提高学习型党组织建设的科学化水平，根本的就是要根据世情国情党情的深刻变化，认真研究、不断把握和自觉运用学习型党组织建设的规律。这是一项长期的任务，也是一个永恒的课题。我们必须始终坚持解放思想、实事求是、与时俱进的思想路线，及时研究新情况、解决新问题、总结新经验，努力以科学的理论为指导、以科学的制度为保障、以科学的方法来推进，学习型党组织建设才能真正见到实效。构建起规范严谨的测评体系，运用社会科学中的指标分解法、项目筛选法、权重分配法、统计分析法等科学方法，采用百分制、数量化的方式对各项学习活动及其效果进行评价和衡量，学习型党组织建设工作的科学化水平就能得到极大提高。

2. 建立测评体系是使学习型党组织建设由虚变实、由软变硬的重要举措。 学习型党组织建设工作开展以来，全党上下对学习更加重视、更加自觉，很多党员干部自觉把学习作为一种政治责任、精神追求和生活方式。但是，也有部分同志对学习重视不够，把理论学习视为“虚功”，把学习任务看成是“软任务”，“说起来重要、做起来次要、忙起来不要”。究其原因，是一些地方和单位对学习只提出一般性号召，原则性要求多而刚性措施少，定性考核多而定量考核少，特别是普遍缺乏能够量化、可以比较、令人信服的测评标准。有了标准并严格执行，学习这种自主性、随意性、间歇性较强的活动，就能够得到很好的督促、评判和考量。基于以上认识，有必要针对不同单位不同对象，制定一整套科学有效的测评体系，通过定性与定量、自查与考查相结合的办法，进行定期或不定期的检查、督促和考核，从而使学习由“虚”变“实”，由“软任务”变成“硬约束”，使党和政府对学习的要求，能够按照标准和规范，一项一项贯彻落实到学习型党组织建设的各项工作中。

3. 建立测评体系是推进学习型党组织建设制度化、常态化的有效途径。学习型党组织建设是党的建设的重要组成部分，是一项长期的战略任务。它不仅仅是党在某一阶段的重要工作，而且要贯穿于党的建设全过程。当前，一些地方和部门应景式、突击式、运动式的学习，严重影响了学习的质量和效果。建立起科学完备的测评体系，并作为一项刚性制度在实践中长期坚持，就能较好地反映出各地各部门学习型党组织建设的基本情况。作为督促、检查、评价工作中的依据、标准和规范，它只要与相应的学习制度、学习方法、激励约束机制等结合起来，就能有效地推进学习型党组织建设的制度化、规范化和常态化，使学习型党组织建设实现由“抓活动”向“促常态”转变。

4. 建立测评体系是增强学习型党组织建设工作实效的有力抓手。学习型党组织建设测评体系，通常是在大量调查研究的基础上，经过反复论证制定而成。它的突出特点是联系实际紧密，有较强的针对性，对不同类型、不同层级的党组织和党员干部提出不同的学习要求。它特别强调学用结合、学以致用，解决实际问题、取得学习实效。各地各部门在建设学习型党组织工作中，若能对照测评体系，经常进行自省自查自纠，就能及时发现自身存在的问题和不足，采取有力措施，认真加以解决，不仅学习能够搞好，而且各项工作也会大大推进。

二、建立学习型党组织建设工作测评体系必须遵循的基本原则

建设学习型党组织是一项复杂、庞大的系统工程。建立相关工作测评体系，需要从许多的角度和方面来考量，涉及的项目自然不少。但是，测评体系的项目并不是越多越好、越全越好。这需要从实际出发，

根据时代发展的要求和科学合理的原则，进行必要的比较、遴选、归类、分层，科学分配权重，从而使所建立的体系及其项目，既全面系统、又重点突出；既符合实际、又简便易行。云南省在实际工作中，始终坚持以下四项原则。

1. **坚持政治性与科学性相统一的原则。**政治性是马克思主义政党最根本的属性，也是学习型党组织最本质的特点。科学性是我们认识一切事物内在本质和规律必须遵循的根本原则，是人类一切活动取得成功的根本原因。建立学习型党组织建设测评体系，必须在每个环节、每个方面都体现政治性和科学性的要求，实现政治性与科学性的有机统一、完美融合，确保测评工作不偏向、不走样，并按照事物的本来面目作出客观公正的评价，努力使构建的测评体系体现时代性、把握规律性、富有创造性。

2. **坚持共性要求与个性要求相统一的原则。**中央对建设学习型党组织，提出了把理论武装工作作为首要任务、大力弘扬理论联系实际的优良作风、紧紧抓住领导干部这个重点、以改革创新精神开展工作等共性要求，测评体系必须予以体现。同时，还要根据不同地区、不同层级、不同对象党组织的具体情况，提出一些特殊的、有区别的个性要求。比如，党政机关和事业单位、城市街道和农村乡镇、国有企业和非公有制经济组织等，他们的工作性质、党员干部的思想状况、学习目的各不相同，建设学习型党组织的要求也应有所差别。只有把共性要求和个性要求结合起来，才能体现出测评体系联系实际的全面性和合理性。

3. **坚持定性考核和定量考核相统一的原则。**过去对学习的测评和考核，通常以定性考核的“好、中、差”或“优秀、良好、一般、较差”为主。由于建设学习型党组织涉及面广，需要考核的方面很多，很难笼统地归结为定性的三级或四级评价，而且那样做也不准确。通过定性和定量相结合的方法，把满分百分按权重分配给每个大类，再分解到每一小项，最后以各个小项的分值累计形成最终评价。这样，就会出现好中有差、差中有好的局面，既肯定成绩、又暴露不足；既注重创建效果评价、又注重对量化指标的考核，实现质量与数量统一、当前与长远兼顾，确保测评的科学性与针对性。

4. 坚持学习与运用相统一的原则。理论联系实际是党的优良传统和作风，学以致用是一切学习必须坚持的根本原则。建设学习型党组织，目的是为了提高广大党员干部的思想政治素质和科学文化素质，增强各级党组织的创造力、凝聚力和战斗力，提高党的领导水平和执政能力，推动党和国家各项事业的发展。学习型党组织建设测评体系，不仅要反映学了些什么、学得怎样，更要体现干了些什么、干得如何。因为只有懂得干并且干得好，才意味着真正的学懂弄通。同时，不能为了测评而测评，测评的目的是运用。各项测评结果必须与各级党组织年度绩效考核挂钩，作为领导班子和党员干部选拔任用、评比表彰和创先争优的重要依据，切实发挥测评体系的激励和约束作用，增强各级党组织和党员干部学习的自觉性和主动性。

三、云南实施学习型党组织建设测评体系的探索和实践

学习型党组织建设涉及各条战线、各个领域、各个层次，单位性质不尽相同，具体情况千差万别，这就要求构建的测评体系具有针对性、实效性和可操作性。按照横向分类、纵向分层的要求，针对不同地区、不同类型、不同群体党组织和党员特点，必须提出相应目标、明确有关内容、把握工作重点、设计活动载体，使各种类型和层次的党组织和广大党员都能得到切实考核。结合云南实践，建好用好学习型党组织建设测评体系，需要着力做好以下工作：

1. 合理划分测评对象，明确各自创建目标。作为党的机体细胞的每个党组织和每个共产党员，都应责无旁贷地参与学习型党组织建设工

作。为此，云南省将所有党组织和广大党员，划分为八个大类，作为测评对象，分别是机关党组织、事业单位党组织、企业党组织、社区党组织（含街道，以下同）、农村党组织（含乡、镇，以下同）、非公有制经济和新社会组织党组织、领导班子和学习标兵。同时，根据不同类型，提出不同的创建目标。如机关党组织要以干部政治理论素质和业务能力提高为重点，通过学习不断改进作风、优化服务、提高效率；企业党组织要以技术革新、管理创新、转型升级为重点，引导员工主动学习、持续学习、积极创造，不断提高员工能力素质和企业核心竞争力；社区党组织要以市民综合素质和社会文明程度提高、满足居民精神文化生活需求为重点，倡导科学、健康、文明的生活方式，提升市民生活品质；农村党组织要以新型农民塑造和新农村建设为重点，积极开展实用技术培训，提高农民的就业创业能力，推进社会主义新农村建设。

2. **科学构建测评体系，方便易行容易操作。**测评体系作为一种面向各级党组织和全体共产党员的工作标准，必须具有内在的科学性、合理性和一定的灵活性，做到便于理解，容易操作。结合云南实际，在广泛调研的基础上，我们精心设计和构建了包括3个层级、若干量化指标构成的测评体系。第一层级包括学习条件、学习过程、学习成效和学习创新四个方面；第二层级是第一层级的深化，比如学习创新就具体化为学习内容创新、学习方式创新、学习载体创新、学习机制创新等四项指标；第三层级进一步为第二层级的细化和具体化，而这项工作往往交由各州市或下级单位根据实际情况去完成，以便充分调动基层积极性。不同的测评对象可以根据第一层级、第二层级的指标，设计相应的第三层级的指标，并特别要求第三层级指标不可一刀切，要因地制宜、因人制宜。在一级指标中，学习条件是学习型党组织建设工作有序开展的重要保证，在指标体系中所占权重为10%；学习过程是学习型党组织建设工作实施的具体体现，在指标体系中所占权重为30%；学习成效是评价和检验学习型党组织建设工作达标与否的重要标准，在指标体系中所占权重为50%；学习创新是学习型党组织建设工作不断适应新形势新任务新要求的体现，在指标体系中所占权重为10%。

3. 精心组织测评实施，确保各项任务落实。发挥测评体系的作用，关键在于组织实施。云南在构建测评体系时，就充分考虑了如何有效实施的问题。在测评主体方面：在省委学习型党组织建设工作领导小组领导下，由领导小组办公室具体组织实施。省委省直机关工委负责对省直部门的测评考核，省委高校工委负责对省属高校的测评考核，省国资委负责对省属企业的测评考核，省工商联负责对非公有制经济和新社会组织的测评考核。各州市委参照省上的做法，负责本辖区内的测评考核。在测评方式方面：为体现工作的严肃性，该指标体系出来后，首先在省和州市两级的400个学习型党组织建设示范点施行，先行先试，待取得经验、不断修订完善后，再在全省大范围推行。在具体操作中，实行全面考核与抽样考核相结合的方式进行，其中机关党组织、事业单位党组织、企业党组织、社区党组织和农村党组织、领导班子一般实行全面考核，非公有制经济和新社会组织、学习标兵一般实行抽样考核。在测评程序方面：每次完整的测评，一般分为自评检查、考评检查、结果评定三个阶段，分别由本单位、主管地区或部门、省级测评单位来完成。各级测评领导机构可通过查阅痕迹资料、听取情况汇报、召开座谈会、问卷调查、随机抽样、实地查看、适当公示等方式来获取情况，确保测评结果真实可靠。在测评时间方面：实行“半年一自评抽查、一年一考核总结、两年一表彰命名”。每年11月份，各级测评领导小组进行集中测评，12月份逐级上报测评结果，同时上级部门对下级部门进行检查验收，每两年由省委确定一定数量的名额，针对不同类型的考核对象进行表彰命名。整个表彰命名实行动态管理。

4. 有效使用测评结果，真正发挥应有作用。测评结果采用百分制，以便能够进行精确评价和比较。最终测评得分在60—80分（不含80分），为合格单位或个人；80—90分（不含90分）之间者，为良好单位或个人；90 分以上者，为优秀单位或个人，每两年的表彰命名则根据名额由高分到低分在优秀档次中确定。测评结果出来后，省委学习型党组织建设工作领导小组办公室将根据测评情况，形成综合报告和提出表彰建议名单报省委，经同意后予以表彰奖励，并将表彰名单在各级主流媒体上进行公开发布。对测评结果不合格的单位和个人，则要求限期整改。同时，我们还根据隶属关系和干部管理权限，要求建立每个单位及个人学习档案，考评结果及时进入档案，作为民主评议党员、综合考核评价领导班子和领导干部及提拔使用干部的重要依据，真正形成注重学习的用人导向，发挥好制度应有的激励和约束功能。

经过近一年来的试点试行，云南的测评体系总体上是比较好的，得到了试行单位的充分认可。目前正组织力量修改完善，以便在更大的范围内推广施行。

坚持改革创新精神
深入推进学习型党组织建设

西藏自治区党委宣传部

我们党是把保持与发展先进性作为价值追求的马克思主义政党，重视学习、善于学习，是党的优良传统和政治优势。建设学习型党组织是党的建设的一个重大创新，以改革创新精神推进学习型党组织建设，是提高党的建设科学化水平的重要途径。

一、改革创新是建设学习型党组织的必然要求

改革创新是当今时代精神的核心，是提高党的执政能力、保持和发展党的先进性的根本要求。一个善于学习的政党，需要坚持继承和创新相统一，保持改革创新、开拓进取的精神状态，鼓励大胆探索，勇于迈出创新步伐。建设学习型党组织是一个新课题，是一项系统工程，只有把改革创新贯穿到学习型党组织建设的全过程，在创新中学习，在学习中创新，才能推进学习型党组织建设深入开展、取得实效。

我们党历来重视学习，特别是在每一个重大历史转折时期总是号召全党同志加强学习，而每次这样的学习热潮都会推动我们的事业实现大进步大发展。面对世情国情党情的深刻变化，我们党准确把握时代进步潮流和世界发展大势，不断深化对党的建设的规律性认识，不断以新的

认识、新的举措和新的经验推进党的建设，不断提高党的建设的科学化水平。党的十七大明确提出要以改革创新精神全面推进党的建设新的伟大工程。党的十七届四中全会又专门作出关于加强和改进新形势下党的建设若干重大问题的决定，对加强党的建设作出全面部署，创造性地提出推进学习型党组织建设，建设马克思主义学习型政党的要求。从这样的视野和背景来审视改革创新与党的建设的关系，可以得出这样的结论：改革创新是贯穿党的建设始终的内在要求，是增强党的创造力、凝聚力和战斗力的必然要求，也是推进学习型党组织建设深入开展、取得实效的必由之路。

党的十七届四中全会以来，学习型党组织建设工作进展顺利、态势良好，取得了重要阶段性成果，抓学习已经成为推进党的建设新的伟大工程、提高党的执政能力的重要内容，成为推动科学发展、促进社会和谐稳定的重要途径，成为转变作风、改进党风的重要保障。但同时也要看到，建设学习型党组织工作开展还不平衡，还存在着不少薄弱环节和需要解决的问题。一些党组织局限于一些陈旧的学习方式，不注重改进创新，不善于吸收借鉴实践中的好做法、好经验，内容单调、方法单一、不够活泼，不能很好地满足党员干部的学习需求。一些党员干部由于没有树立良好的学风，缺少科学的学习方法，食而不化、学用脱节，不善学，有的甚至是为了装点门面、走走形式，不真学。这些问题的存在，影响了学习型党组织建设的质量，必须用改革创新的办法，有针对性地加以解决。

二、改革创新是建设学习型党组织的根本动力

以改革创新精神推进学习型党组织建设，就是要焕发广大党员干部的创造激情，激发创造活力，不断增强各级党组织的创新能力，使改革创新成为各级党组织的精神品格和活动方式，成为推进学习型党组织建

设的根本动力。

1. 以改革创新精神推进学习型党组织建设，必须树立科学的学习理念。建设学习型党组织的着眼点是“学习”，掌握先进的学习理念，是学习型党组织体现时代性、富于创造性的内在要求。建设学习型党组织，必须牢固树立学习是政治责任的理念。胡锦涛总书记指出，不学习、不坚持学习、不刻苦学习，势必会落伍，势必难以胜任我们所肩负的重大职责。这就要求我们把学习内化为一种党性观念、一种党内生活方式、一种党内先进文化，使之成为各级党组织的政治责任和广大党员的精神追求。建设学习型党组织，必须牢固树立终身学习的理念。古人说，少而好学，如日出之阳；壮而好学，如日中之光；老而好学，如炳烛之明。把学习作为安身立命之本，自觉做到学以立德、学以增智、学以创业。建设学习型党组织，必须牢固树立全员学习的理念，把学习作为党的组织生活的有机组成部分，每一个党组织、每一个党员都要积极参与、共同推进，在学习中实现整体提升、共同进步。建设学习型党组织，必须牢固树立在干中学、在学中干的学习理念，把学习贯穿于工作的全过程，实现工作学习化、学习工作化，努力做到学习和工作两不误、两促进。

2. 以改革创新精神推进学习型党组织建设，必须突出学习重点。建设学习型党组织，解决好学什么的问题非常关键。胡锦涛总书记指出，我们必须按照建设马克思主义学习型政党的要求，抓紧学习人类社会创造的一切科学的新思想新知识。着眼于提高思想理论素养，深入学习马克思主义理论特别是马克思主义中国化的最新理论成果，全面系统准确地掌握中国特色社会主义理论体系特别是科学发展观，切实加深对党的理论创新成果的学习理解，掌握运用贯穿其中的马克思主义基本方法，用唯物辩证、实事求是、群众路线的思想方法和工作方法指导实践，切实提高战略思维、创新思维、辩证思维能力，不断提高实际工作水平。着眼于做好本职工作，学习党的历史，学习党的路线方针政策和国家法律法规，广泛学习现代化建设所需要的政治、经济、文化、科技、社会和党建等多方面知识以及履行岗位职责所需要的各项工作技能和专门知识，更好地把握时代脉搏，提高工作能力。着眼于优化知识结构，广泛学习哲学、历史和优秀传统文化，学习现代市场经济、现代国际关系、现代管理等方面知识，开拓视野、提升素养。在西藏，还要着眼于推进经济社会跨越式发展和长治久安，深入学习以毛泽东、邓小平、江泽民同志为核心的党的三代中央领导集体和以胡锦涛同志为总书记的党中央关于西藏工作的重要论述，深入学习马克思主义祖国观、民族观、宗教观、文化观和唯物论、无神论以及党的民族理论和民族政策，提高治藏稳藏兴藏的能力和水平。

3. 以改革创新精神推进学习型党组织建设，必须创新方式方法。方法是人类认识客观世界和改造客观世界应遵循的某种方式、途径和程序的总和。方法不对，劳而无获；方法对头，事半功倍。科学的学习方法对于增强学习吸引力、提高学习效果、促进学习成果转化至关重要。坚持传统与创新的有机结合，继续运用好党委（党组）中心组学习、学习大讲堂、网上课堂、专题报告会等行之有效的学习载体和形式，推动广大党员干部学习。广泛开展重大主题学习教育活动，利用重要时间节点，深入开展主题宣讲，组织形式多样、丰富多彩的主题活动，充分调动广大党员的学习积极性主动性，增强学习效果。积极探索互动式学习、反思式学习、研究式学习、体验式学习等学习形式，编写符合本地实际、具有本地特点的，便于基层党员干部学习领会的系列学习教材，满足基层党员干部的学习需求。充分发挥各级党校（行政学院）在党员干部学习培训中的主渠道和主阵地作用，利用好基层党员干部现代远程教育网络、图书馆、文化馆（站）、农家书屋等多种资源，为党员干部学习提供便利。充分发挥互联网、手机等新兴媒体的作用，积极搭建学习型党组织建设的新平台。

4. 以改革创新精神推进学习型党组织建设，必须树立良好学风。

江泽民同志指出，学风问题也是党风问题，是关系党的兴衰和事业成败的一个重大政治问题。学风正还是不正，直接影响到学习成效。坚持和发扬党的优良传统，大兴学习之风，在全党形成崇尚学习、坚持学习的良好风气，以优良学风保证和推进学习型党组织建设。坚持和弘扬理论联系实际的马克思主义学风，运用马克思主义的立场、观点、方法来分析问题、解决问题。大力弘扬求真务实精神，坚持向书本学习、向实践学习、向群众学习，把学习型党组织建设与推动本地区本部门本单位的工作结合起来，找准切入点、抓住着力点，在研究解决影响改革发展稳定的突出问题上求实效，在研究解决党的建设存在的突出问题上求实效，在研究解决人民群众最关心最直接最现实的利益问题上求实效。

5. 以改革创新精神推进学习型党组织建设，必须建立健全制度。制度管根本管长远，学习靠自觉，也要靠制度。健全的制度体系，是提高学习力、推进学习型党组织建设的根本保障。进一步加强和改进党委（党组）中心组学习制度，确保领导班子和领导干部学习经常化，切实发挥领导干部的示范带动作用。建立健全培训制度，加大对广大党员干部的培训力度，不断完善党员干部的知识结构。建立健全调查研究制度，大兴调查研究之风，引导党员深入基层深入群众，察民情、解民忧。建立健全个人自学制度，充分利用8小时以外的时间，认真开展自学，把学习作为自觉行为。建立健全学习考核制度，把学习情况作为民主评议党员、综合考核评价领导班子和领导干部的重要内容，把理论素养、学习态度和学习能力作为选拔任用领导干部的重要依据。建立健全学习成果转化制度，通过学理论、议大事、转观念、出思路等多种形式，促进学习成果转化，推进事业发展。

三、改革创新是推动学习成果转化的必由之路

学习的目的全在于运用，以改革创新精神推进学习型党组织建设，

必须立足实际、学以致用、学用相长，把学习成果转化为运用科学理论分析和解决实际问题的能力。

1. 把学习成果转化为解放思想的实际行动。邓小平同志指出，解放思想就是使思想和实际相符合、主观和客观相符合，就是实事求是。解放思想是党的思想路线的一项重要内容。通过学习，进一步更新思想观念、提高思想认识，把握客观规律，推动经济社会又好又快发展，是建设学习型党组织的一个重要目标。当前，我国正处于改革攻坚期、发展关键期、矛盾凸显期，更加迫切需要解放思想，把解放思想作为适应新形势、应对新挑战、形成新思路、推动新工作的重要举措，在学习中提高认识，在解放思想中明确思路，着力转变不适应不符合科学发展要求的思想观念。

2. 把学习成果转化为解决实际问题的能力。建设学习型党组织，重在学习、贵在实践，关键在于不断提高解决实际问题的能力。以改革创新精神推进学习型党组织建设，坚持把加强理论武装和推动实际工作有机结合起来，从丰富生动的实践中汲取营养、提升智慧，在学习基础上深化认识，在深化认识中推进实践。善于带着问题学、结合实际工作学，把发现问题、分析问题和解决问题有机结合起来，提高工作的系统性、预见性、创造性，真正把学习作为增强本领、推动工作的根本途径，切实把学习成果转化为推动科学发展、促进社会和谐的能力。

3. 把学习成果转化为优良的工作作风。工作作风关系到党员干部的形象和工作效能。建设学习型党组织，必须推动各级党组织和广大党员大兴密切联系群众之风、求真务实之风、艰苦奋斗之风、批评与自我批评之风。以改革创新精神推进学习型党组织建设，要求切实转变党组织和广大党员的工作作风，牢固树立全心全意为人民服务的宗旨意识，心系群众、联系群众、服务群众，切实为群众办实事、解难事、做好事，进一步增强立党为公、执政为民的本领。坚决反对形式主义、享乐主义和奢靡之风，遏制文山会海、讲排场、比阔气、铺张浪费，继续保持谦虚谨慎、不骄不躁的作风，继续保持艰苦奋斗的作风，克服“好人主义”，坚持党的民主集中制原则，健全党内民主生活制度。

一切进步都始于改革创新，一切改革创新都源于内生动力，学习是改革创新的不竭源泉。以改革创新精神推进学习型党组织建设，必须丰富学习型党组织建设的内容，创新学习型党组织建设的方法，完善学习型党组织建设的途径，才能更好地推进学习型党组织建设向广度和深度发展。

科学理论引领 延安精神筑魂 努力推动学习型党组织建设创新发展

陕西省委宣传部

党的十七届四中全会明确提出建设马克思主义学习型政党，这是我们党在深刻认识党的建设历史经验和新鲜经验、科学分析新形势新任务基础上作出的战略决策，体现了对时代发展脉搏和新形势下党的建设新要求的高度自觉和清醒把握。陕西是延安精神发祥地，延安精神是我们党宝贵的精神财富，延安时期的学习运动开创了通过普遍的马克思主义学习活动提高党员干部思想理论水平的新形式。在加快改革开放推动科学发展新的历史时期，我们按照中央关于推进学习型党组织建设的部署和要求，始终坚持弘扬延安精神，认真总结和汲取延安学习运动的宝贵经验，解放思想，与时俱进，在学理论、抓重点、创形式、建机制、转作风、促发展上下工夫，推动陕西经济社会发展站在了新的历史起点上。

一、把深化理论武装作为首要任务，不断筑牢共同奋斗的思想基础

理论上的成熟是政治上坚定的基础，理论上的与时俱进是行动上锐意进取的前提，思想上的统一是全党步调一致的重要保证。早在延安时

期，中国共产党人从长期的革命斗争实践中深刻认识到，没有革命理论，就不可能指导一场伟大的革命运动并取得胜利。在六届六中全会报告中，毛泽东要求："一切有相当研究能力的共产党员，都要研究马克思、恩格斯、列宁、斯大林的理论"。在抗日战争的艰苦环境中，在物质极度匮乏的条件下，全党投入极大精力，开展了一场深入持久的马列主义学习教育运动和思想解放运动，推动马克思主义基本原理同中国革命具体实际相结合，实现了马克思主义中国化的第一次历史性飞跃，为推动和加快抗日战争胜利的进程，为我们党进一步发展壮大、夺取全国政权奠定了坚实的思想和政治基础。在世情、国情、党情发生深刻变化的新形势下，党的建设面临前所未有的"四大考验"、"四大危险"。我们党要团结带领人民继续前进，实现中华民族伟大复兴，必须从新的实际出发，大力推进马克思主义中国化时代化大众化，提高全党思想政治水平，不断巩固全社会团结奋斗的思想基础。

1. 坚持用中国特色社会主义理论体系武装头脑。中国特色社会主义理论体系，是指导党和人民沿着中国特色社会主义道路实现中华民族伟大复兴的正确理论，是对毛泽东思想的继承和发展。推进学习型党组织建设，最根本的就是要用马克思列宁主义、毛泽东思想、中国特色社会主义理论体系武装党员干部头脑，不断提高各级党组织和广大党员干部的思想理论素养，增强坚持中国特色社会主义旗帜、道路、理论体系的自觉性和坚定性，以理论上的清醒和坚定保持政治上的清醒和坚定，最大限度地凝聚全国各族人民的智慧和力量，推动中国社会发展进步。

2. 开展特色鲜明的主题教育实践活动，强化为民服务的宗旨意识。以人为本、执政为民是我们党的性质和宗旨的集中体现，是指引、评价、检验我们党一切执政活动的最高标准。我们紧紧依托延安灿烂深厚的红色革命文化，在广大党员干部中深入开展群众观点和群众立场主题教育，把以"问政于民、问需于民、问计于民，解民忧、解民怨、解民困"为主要内容的"三问三解"作为深化学习、推动发展的主要载体，引导党员干部深入基层、深入群众，切实改进工作作风，多办顺民意、解民忧、增民利的实事好事，进一步密切党同人民群众的血肉联系。

3. **加强党性锤炼，保持党的纯洁性**。保持党的纯洁性是马克思主义政党的本质要求，伟大的延安精神是党性纯洁的高度体现。我们深入开展党员意识、党性观念和理想信念教育，引导广大党员干部树立正确的世界观、人生观、价值观，学习践行社会主义核心价值体系，不断增强党的意识、政治意识、危机意识、责任意识，在利益面前抵得住各种诱惑，在复杂环境和艰苦条件下经得住各种考验，始终保持思想纯洁、作风纯洁，始终保持延安时期的忘我精神、昂扬斗志、科学精神。

二、以领导干部和领导班子学习为重点，充分发挥引领带动作用

建设学习型党组织，关键是建设学习型领导班子。延安时期，毛泽东等老一辈革命家率先垂范，研读马列著作，总结中国革命经验，撰写了许多重要论著，成为指引中国革命胜利的不朽明灯。在以毛泽东同志为代表的中央领导同志示范带动下，各级党组织都利用一切可能利用的时间投入到学习中，形成了战时背景下党员干部挤时间刻苦学习的热烈场面，有效地解决了“本领恐慌”问题。在推动科学发展的新时期，面对风云变幻的国际形势，面对艰巨繁重的国内改革发展稳定任务，领导干部只有坚持发扬优良传统，重视学习、善于学习，不断提高执政能力，才能胜任领导工作，带领人民创造美好幸福生活。

1. **突出执政能力建设主题，强化党委中心组学习**。各级党委担负着领导和推动科学发展的重任，我们始终把提高领导干部和领导班子的思想政治水平和执政能力作为重点，在更高的层次和品位上学习文明成果、借鉴成功经验、汲取群众智慧、反思总结提高。着眼于把握马克思主义的立场、观点、方法，认真学习马克思主义经典著作，完整准确地

理解中国特色社会主义理论体系，提高战略思维、创新思维、辩证思维能力，拓展理论视野。加强历史文化知识的学习，不断深化对共产党执政规律、社会主义建设规律和人类社会发展规律的认识，不断提高认识能力和领导工作水平，努力培育延安精神那样一种海纳百川的情怀、力挽狂澜的气概、卓越非凡的智慧。

2. 深入研究思考经济社会发展中的重大问题。重视调查研究，是我们党在革命、建设、改革各个历史时期做好领导工作的有效方法。加强领导干部学习，必须立足当今时代潮流和世界发展大势，立足我国社会主义初级阶段基本国情，坚持理论联系实际，大兴调查研究之风，努力研究回答对我国经济社会发展带有全局性、战略性的重大问题。就陕西而言，省委中心组规定中心组成员每年下基层不少于2个月，撰写调研文章不少于2篇。省委领导在学习调研基础上深入思考，撰写并发表了《在转方式中增强核心竞争力》、《关于陕西“十二五”发展需重视的几个问题》、《让延安精神放射出新的时代光芒》等理论文章，对全省经济社会发展发挥了重要指导作用。

3. 促进形成浓厚学习氛围。领导干部的学习具有导向和引领作用。陕西省委中心组坚持发挥学习表率作用，省委主要领导认真履行第一责任人职责，亲自审定学习计划，提出学习要求，主持集中学习。近年来，先后就深入学习实践科学发展观、加快经济结构调整、创新社会管理、加强文化建设等主题组织集体学习40多次。2012年还将就西部大开发“十二五”规划、促进就业与完善社会保障等主题组织集体学习。在省委中心组的示范带动下，各级党委（党组）中心组学习的主动性自觉性大大提高，2011年全省11个市区党委、107个县区委集体学习达1600多次。各级中心组成员带头进机关、高校、企业，讲党课、作形势政策报告。各地各部门坚持学习、自觉学习蔚然成风，全省涌现出“三秦大讲堂”、“长安讲坛”、“书香三秦”等学习活动品牌。

三、大力倡导理论联系实际的马克思主义学风，推动科学发展、富民强省

学习的目的全在于应用。延安时期，在民族危亡的紧要历史关头，我们党坚持实事求是的思想路线，紧紧围绕战略任务和战争需要开展学习活动。毛泽东在《改造我们的学习》的报告中，提出“应确立以研究中国革命实际问题为中心，以马克思列宁主义基本原则为指导的方针，废除静止地孤立地研究马克思列宁主义的方法”，为学习运动指明了正确方向。全党积极学业务、学政治、学文化、学理论及时事政策，努力学会灵活地把马克思列宁主义及国际经验应用到中国革命实际斗争中来，形成了理论联系实际的优良学风，成为我们党克敌制胜的重要法宝。当前，我们既面临难得的“重要战略机遇期”，又处在“矛盾凸显期”，统一思想、凝聚力量、深化改革、加快发展、保障和改善民生、维护社会和谐稳定的任务异常繁重，推进学习型党组织建设，必须紧扣时代主题，掌握理论武器，增强工作本领，提升发展水平。

1. 把学习与理清发展思路、提升发展层次结合起来。学习运用科学理论，关键在于深入分析世情国情省情的新变化，准确把握经济社会发展的新要求、新趋势，把科学理论转化为加快发展的坚定信念，谋划发展的正确思路，促进发展的政策措施，实现发展的实际本领。近年来，陕西省委抓住西部大开发历史机遇，科学审视陕西区位条件、资源禀赋和产业优势，将“科学发展、富民强省”确定为“十二五”发展主题，提出了建设以经济强、科教强、文化强为主要内容的西部强省奋斗目标，确立了“关中创新发展、陕北持续发展、陕南循环发展”的区域发展战略，以重点突出、特色鲜明的发展思路抢占发展先机。

2. 把学习与破解发展难题、推动科学发展结合起来。学习实践科学发展观，更加自觉地走科学发展道路，关系改革开放和社会主义现代

化建设全局。陕西各级党组织坚持把抓学习与稳增长、控物价、调结构、惠民生、抓改革、促和谐有机结合起来，努力实现经济社会发展稳中求进、好中求快。2010年，陕西生产总值突破万亿元大关，2011年，全省实现生产总值12391.3亿元，城镇居民人均可支配收入达到18200元，农民人均纯收入达到5000元，三秦大地呈现出生机勃勃的发展局面。

3. 把学习与推动文化大发展大繁荣、加快文化强省建设结合起来。 文化是民族的血脉，是人民的精神家园。发展社会主义先进文化是学习型党组织建设的重要任务。陕西是中华民族文化的重要发源地，有着悠久丰厚的历史文化、光辉灿烂的革命文化、特色鲜明的民俗文化、壮美雄奇的山水自然文化、颇具实力的现代文化以及深受海内外关注的宗教文化，多种文化资源聚集一域，具有得天独厚的优势。党的十七届六中全会召开后，陕西迅速出台了贯彻落实六中全会《决定》的《实施意见》，提出了文化强省“八大工程”，着力把文化育民、富民、惠民、安民贯穿文化改革发展过程中，培育高度的文化自觉和文化自信，增强陕西文化实力和竞争力，强力推进文化强省建设。

四、把握规律，改革创新，不断提高学习型党组织建设的科学化水平

掌握学习规律、运用科学方法、完善学习制度、健全激励机制，是推动学习的根本保障和不竭动力。在延安学习运动中，学习组织体系健全，教学计划和配套课程设置科学，激励、考评机制较为完善，学习方法灵活多样，保证了学习内容的落实。今天，尽管党员队伍的文化素质已大幅提高，学习条件和手段也今非昔比，但延安时期在学习理念、学习机制和学习形式等方面所积累的经验、所彰显的创造性和科学性，对加强学习型党组织建设依然具有重要的指导意义。我们要顺应党员状况

新变化、新特点，积极探索创新学习的有效途径和方法，打造便捷多样的学习平台，创造丰富多彩的学习载体，满足不同层次的学习需求，体现学习的科学性、时代性和实践性，增强学习的亲和力、吸引力和感染力。

1. 深化认识，创新理念。认识程度关系学习型党组织建设成效，学习理念决定学习态度和学习的深度、广度。要深化对学习型党组织建设的认识，不断增强学习的责任感和紧迫感，引导党员干部牢固树立全员学习、终身学习、创新学习和团队学习的理念，让学习成为广大党员的政治责任，成为一种自觉的精神追求和生活方式。要引导党员干部在深化学习过程中充分认识知识差距，感受“能力不足”，真正变“要我学”为“我要学”，不断增强学习型党组织建设的主动性自觉性。

2. 把握规律，创新方法。学习型党组织不同于一般的学习型组织，有着独特的政治取向和价值追求。要把握特点，遵循规律，既继承和发展延安学习运动中积累的成功方法，又积极探索运用现代科学技术和手段，把学习的普遍性要求与现实需要相结合，分层次、分类别提出学习要求，扩大学习覆盖面。综合运用专题学习研讨、脱产或在职培训、形势政策报告会、知识竞赛、参观考察等手段，丰富学习抓手，拓宽学习内容，激发学习热情，不断提高学习型党组织建设的针对性实效性。

3. 加强领导，创新机制。衡量一个党组织是不是学习型党组织，一条重要的标准就是看有没有科学完备、行之有效的学习制度。要建立健全党委统一领导、宣传部门牵头协调、有关部门分工负责、各级党组织与广大党员积极参与的领导体制和工作机制。加强和改进党委（党组）中心组学习，建立健全个人自学、集体学习、学习交流、专题研讨等制度。建立省市县三级中心组联络机制，推行中心组学习巡查旁听制度。设置量化指标，列入对领导班子、领导干部的年度目标责任考核，努力为学习型党组织建设提供有效的制度支撑。

党在延安时期推进全党学习的实践，带给我们以深刻的启示：中国共产党要长期执政，就必须不断推进马克思主义学习型政党建设，始终坚持与时俱进，勇立潮头，永葆党的先进性，从而获得人民群众的充分信任和支持。我们要以科学理论引领，延安精神筑魂，以高度的政治自觉和改革创新的精神，加强学习、思考和实践，努力开创学习型党组织建设新局面。

加强和改进马克思主义学习型政党建设　不断提高党的建设科学化水平

甘肃省委宣传部

党的十七届四中全会明确提出了建设马克思主义学习型政党的战略任务，这是中国共产党为加强自身建设、提高执政水平和执政能力、保持党的先进性，以应对时代挑战的必然要求。学习型政党建设是党的建设理论的创新和发展，是中国共产党人实现自我超越、加强团体学习、反思心智模式并进行系统思考的结果，是中国共产党人及时有效学习借鉴世界一切优秀文明成果的体现。因此，要紧紧围绕马克思主义学习型政党建设这一战略任务，以学习型政党建设推动党的建设，不断提高党的建设科学化水平。

一、建设马克思主义学习型政党是在借鉴人类政治文明和总结历史经验的过程中形成的，对于推进中国特色社会主义事业具有重大战略意义

建设马克思主义学习型政党，对于推进中国特色社会主义事业具有

重要战略意义。从甘肃省近年来开展学习型党组织建设的工作实践来看，对于促进地方经济科学发展、社会和谐稳定、民族团结进步等方面发挥了十分重要的作用。

1. 建设马克思主义学习型政党是对中国共产党重视学习、善于学习优良传统的继承和发展。从马克思主义政党的本质来看，始终与学习密切相关，“马克思、恩格斯创建无产阶级政党的过程，就是学习的过程。”中国共产党历来高度重视学习问题，并始终将学习与党的事业的兴旺发达紧密联系在一起。通过学习来推进党的事业是党长期坚持的优良传统，党的几代中央领导集体都非常重视学习，都把学习作为推动革命、建设和改革的基本动力。他们以身作则，率先垂范，极大促进和带动了全党和全社会的学习。新中国成立前，毛泽东同志发表了一系列关于学习的文章，并指出：我们必须向一切内行的人们（不管什么人）学经济工作。拜他们做老师，恭恭敬敬地学，老老实实地学。不懂就是不懂，不要装懂。邓小平同志在全党工作重点转移到经济建设上来的关键时刻，明确要求：全党同志一定要善于学习，善于重新学习。学习好，才可能领导好高速度、高水平的社会主义现代化建设。江泽民同志号召全党学习、学习、再学习。进入新的历史时期，以胡锦涛同志为总书记的党中央对学习问题更加重视，将全党的学习摆在了更高、更突出的位置，中央政治局带头坚持集体学习制度，坚持在学习中研究问题，在学习中形成科学决策，在学习中统一思想，为全党和全国人民的学习作出了表率。这是以几代中央领导集体为代表的中国共产党人重视学习、善于学习优良传统的集中体现。党的十七届四中全会明确提出了努力建设学习型政党的战略任务，并进一步阐明，努力掌握和运用一切科学的新思想、新知识、新经验，是党始终走在时代前列，引领中国发展进步的决定性因素，因此，必须把建设马克思主义学习型政党作为重大而紧迫的战略任务抓紧抓好。

2. 建设马克思主义学习型政党是迎接知识经济和信息时代挑战的

需要。当今时代，信息传播不断加速，世界知识总量爆炸式增长。特别是人类进入20世纪中期以后，在强大的经济实力和先进的技术手段帮助下，认识自然的能力以前所未有的速度迅速增长。知识经济是人类知识，尤其是科学技术发展到一定阶段的产物，是人类知识生产率提高到相当高程度的产物，也是新的信息革命导致知识共享、以高效率产生新知识的时代产物。知识信息的爆炸式创生是信息时代的突出特征，也是信息时代到来的重要前提。知识信息社会的经济、技术发展速度超过以往任何时期，社会的方方面面都发生急剧变革，事物瞬息万变。在这样的时代，每个人都不得不尽全力地为提高自己的工作质量而“不断充电”，学习已成为人生最重要的活动之一，终身学习成为知识经济时代的必然。谁善于学习，谁就拥有未来。要想跟上时代，只凭经验已远远不够，必须积极主动学习，才能迎接知识信息时代的严峻挑战。我们党要更好地肩负起历史和时代赋予的崇高使命，就必须更加重视学习、善于学习，顺应时代发展，实现知识不断更新。只有这样，才能把握时代前进脉搏，科学判断发展趋势，永远站在时代前列。

3. 建设马克思主义学习型政党是撷取人类文明优秀成果精华的总结。江泽民同志曾经指出，“我们必须树立一个明确认识，不管是哪种社会制度下创造的文明成果，只要是进步的优秀的东西，都应积极学习和运用。”当今时代，各国执政党在受到政治多极化、经济一体化、信息网络化严峻挑战的同时，都面临着一些需要尽快解决的共同难题，要解决这些难题，一方面需要执政党深刻把握人类历史发展规律，借鉴人类文明的优秀成果，撷取精华，为己所用；另一方面要善于借鉴各国的执政经验，加强合作与交流，加强对话和学习，做到知己知彼。只有这样，才能在竞争中赢得主动，才会有长久的生命力；否则，就可能被动失手，丧失执政地位。许多资本主义国家的执政党在走出困境方面从马克思主义政党身上领悟和借鉴了不少经验。比如，完善选举制度、扩大政治参与、提高法治化程度、有效制约权力、健全社会管理等。这些做法有效缓和了社会矛盾，巩固了执政地位。马克思主义政党在建设中，要不断发展、自我完善，同样需要不断学习，掌握政党运行和发展的一般规律，吸收人类政治文明的优秀成果，才能在推进中国特色社会主义伟大事业中永远立于不败之地。

4. 建设马克思主义学习型政党是保持党的先进性、提高党的执政能力和领导水平的迫切需要。保持和发展党的先进性，是党自身建设的一个永恒课题。它主要决定于四个方面：一是党的指导思想先进，以当今世界最科学的理论马克思主义为行动指南；二是党的政治纲领先进，以通过建设社会主义最终实现共产主义为奋斗目标；三是党的阶级基础先进，以中国最大公无私和最能代表社会先进生产力的工人阶级为阶级基础；四是党的根本宗旨先进，以全心全意为人民服务为唯一指针。党的执政能力建设直接关系党的执政地位的巩固。“无产阶级政党夺取政权不容易，执掌好政权尤其是长期执掌好政权更不容易。党的执政地位不是与生俱来的，也不是一劳永逸的。”我们党对于自己的执政地位已经或可能遇到的挑战和风险必须要有清醒而强烈的忧患意识。保持和发展党的先进性与提高党的执政能力的共同基础，就是善于学习，不断学习。党的先进性首先表现在思想理论上的先进性，始终紧握马克思主义科学理论的武器；党的执政能力首先表现在善于用发展着的马克思主义指导新的实践，正确解决改革开放和现代化建设中的各项重大任务和妥善处理各种错综复杂的矛盾关系。所以，提高全党的马克思主义水平，是全部问题的实质和关键所在。从当前实际情况看，保持和发展党的先进性、提高党的执政能力，面临发展市场经济、民主政治、意识形态、改善民生、国际局势等诸多方面的挑战，要科学地解决这些问题，就需要进行深入地哲理思考、提高科学思维能力、集中全党同志的政治智慧、发挥各级党组织领导能力，妥善处理和应对各种复杂问题。而要做到这些，只能来自学习，来自于全党马克思主义理论水平的不断提高。

二、建设学习型党组织是推进马克思主义学习型政党建设的基础工程，要通过不断丰富和完善学习内容、创新学习方法和载体，使学习更具吸引力、感染力和实效性

党的十七届四中全会《决定》指出："必须按照科学理论武装、具有世界眼光、善于把握规律、富有创新精神的要求，把建设马克思主义学习型政党作为重大而紧迫的战略任务抓紧抓好。"建设学习型党组织是推进马克思主义学习型政党建设的基础工程，要把学习型党组织建设摆在突出位置，坚持立足实际、学以致用，不断丰富内容、改进方法、创新载体，以高度的政治自觉推进学习型党组织建设。

1. 创新学习内容，努力拓展学习的广度和深度。建设马克思主义学习型政党，需要用科学的理念加以引领。广大党员干部要适应信息时代和知识经济时代的新要求，牢固树立终身学习、全面学习和深度学习的理念，不断提升学习层次，实现学习工作化、工作学习化。应把创新学习内容作为建设学习型党组织的重要问题来对待，按照干什么学什么、缺什么补什么的原则，从做好领导工作、履行岗位职责的实际需要出发，创新学习内容，拓展学习的广度和深度。一是要突出政治理论性。要把马克思主义基本原理和马克思主义中国化最新成果作为学习的基本内容，突出对科学发展观的学习领会，努力提高用马克思主义的立场、观点、方法分析问题、解决问题的能力，使党员干部的政治素质、理论素养、思想水平不断提高，推动科学发展的自觉性、坚定性进一步增强。二是要突出政策指导性。要把中央各项方针、政策作为学习的重要内容，并结合实际进行认真研究和思考，推动经济社会发展。近几年我省基础设施建设、生态环境治理和保护、产业结构调整、改善民生等方面之所以能够取得重大突破，正是得益于我们在学习的基础上对中央

政策的深刻理解和准确把握，提出了一系列切实可行的思路和举措。三是突出现实针对性。在学习目的上，从注重掌握知识向注重解决问题转变，真正把学习融入各项工作之中。比如，我省在充分发挥风能、太阳能资源优势建设河西新能源基地的问题上，开始提出“建设河西风电走廊、打造西部陆上‘三峡’”的战略构想时，认识并不一致，省委中心组几次邀请国内知名专家作专题报告，使大家对河西地区新能源发展的问题有了全新认识，很快统一了思想，并在实践中取得了显著成效。四是突出知识前瞻性。在学习态度上，从被动学习、应急学习向主动学习、超前学习转变，真正把学习作为一种政治责任、精神追求和生活方式；在学习内容上，从零碎式学习向系统化转变，真正掌握科学理论体系；要着眼本职工作，广泛学习现代化建设所需要的政治、经济、文化、科技、社会和国际等各方面知识，把工作本身变成持续的学习过程，使学习和工作相互交融、相互促进。

2. 改进方式方法，不断增强学习的吸引力和实效性。改进学习的方式方法，是推进学习型党组织建设的内在要求。在学习过程中，要把认真读书同研究现实问题相结合。无论是指定书目的阅读还是拓展阅读，都要带着问题去读，真正把学习和实践结合起来。要把个人自学同集中学习相结合。鼓励大家在干中学、学中干，充分利用业余时间充实提高自己。要通过民主生活会、专题学习会和研讨班等形式进行集中交流讨论，达到互相启发、互相促进、共同提高的目的。要把向书本学习同向实践学习相结合。要注重学经典、学原著，广泛涉猎书本知识，同时要深入基层、深入群众、深入一线，认真倾听群众的意见和呼声，及时了解掌握经济社会发展趋势和动态，实地研究解决热点难点问题，使党员干部在实践中增长知识、增强本领。通过这“三个结合”，不断改进学习方式方法，体会学习的乐趣，认识学习的价值。

要大力营造和形成重视学习、崇尚学习、坚持学习的浓厚氛围，牢固确立党组织全员学习、党员终身学习的理念，不断提升党员的学习能力和知识素养，充分发挥党员先锋模范作用，不断增强党组织的创造力、凝聚力、战斗力。要从党的各级组织特别是基层组织抓起，切实开展学习型党组织创建活动，把搞好党员学习作为完善党的组织生活的有机组成部分，使党组织成为党员增强党性修养、提高思想觉悟的大集体，成为党员学习新知识、增长新本领的大学校。要坚持运用好已有的组织学习的各种有效做法，如兴趣小组、红歌演唱会、到红色革命教育基地缅怀革命先烈、重温入党誓词、参观调研、请教老红军老干部、聘请顾问、演讲、竞赛、专题研讨等学习方法，积极探索富有时代特点的新方法。

3. 着眼解决实际问题，真正做到学以致用、用以促学、学用相长。 学习型政党建设的出发点和落脚点是科学发展、促进社会和谐，要把学习的着力点放在研究解决改革发展稳定的重大现实问题上，努力把学习成果转化为领导科学发展的实际能力、谋划科学发展的正确思路、推动科学发展的实际举措。要坚定理想信念，坚持以思想理论建设为根本，理论联系实际，认真学习中国特色社会主义理论体系，坚持不懈地用党的理论创新成果武装头脑，不断提高领导班子的理论素养和思想水平，切实增强政治敏锐性和政治鉴别力。要把改革发展的主战场、维护稳定的第一线、服务群众的最前沿作为砥砺品质、增长才干、提高本领、开拓创业的最好课堂和广阔舞台，在实践中掌握新知识，积累新经验。要带着感情、带着责任深入群众当中，倾听群众呼声，体察群众疾苦，虚心向群众请教，真正做到问政于民、问需于民、问计于民。比如，我省在抓好学习型党组织建设方面，注重以学习促工作，以学习促发展，在深刻分析全省的优势和潜力、准确把握省情和国内外发展趋势的基础上，提出了“科学发展、转型跨越、民族团结、富民兴陇”的发展目标和“更加注重转型转移、更加注重开发开放、更加注重创新创业、更加注重民族民生、更加注重安全安定”的发展思路，确定了“中心带动、两翼齐飞、组团发展、整体推进”的区域发展战略。通过举办省市主要领导干部“学习研究政策经验，谋划推动转型跨越”研讨班，集中深入学习，熟悉掌握政策，借鉴先进经验，提高了领导干部思维决策能力、谋划发展能力和执行落实能力，推动了全省经济转型跨越发展、社会和谐稳定发展、民族共同繁荣发展。通过深入开展“联村联户、为民富民”行动，在全省范围内开展省、市、县、乡单位联系贫困村、干部联系特困户工作，全省40多万干部帮助40多万贫困户，使特困群众加快脱贫步伐，让老百姓尽快富起来。这一系列的发展思路和重大举措都是在通过深入地学习和总结的基础上得来的，全省上下形成了你追我赶、竞相发展的良好态势，全社会形成了重视学习、勤于学习、善于学习的浓厚氛围，这也是学习型政党建设的现实体现和有效探索。

三、学习制度建设是加强马克思主义学习型政党建设的重要保障，要通过健全和完善学习制度，促进良好学习机制的形成

制度具有根本性、全局性、稳定性。建设马克思主义学习型政党，必须构建激励党员主动地、创造性地学习的良好体制和机制，通过一系列体制和机制促进马克思主义学习型政党建设水平的不断提高。学习型组织理论认为，建立正确的目标体系，实行目标分级管理，能够有效地形成一种内在的动力和约束力，使组织全体成员具有强烈的责任感和为实现目标而努力奋斗的持续动力，围绕目标构建顺畅、灵活、高效的体制机制，优化学习环境，提高组织的整体学习力和创新能力。在好的体制机制中，使党员的学习兴趣得到全面激发，团队的学习力和学习效率不断提高。

要进一步建立健全促进学习、保障学习的竞争机制、激励机制、创新机制和考核机制。加强对学习情况的考核和考核结果的运用。要立足党员干部工作岗位的实际，采用科学的考核方法，全面客观地了解干部

学习培训情况，并把考核结果作为考核领导班子和选拔任用领导干部的重要依据，注重选拔那些理论素养高、学习能力强、学用结合好、善于解决实际问题的干部，形成注重学习的用人导向，引导广大干部把兴趣、心思、精力放在学习上、放在干事创业上，真正做到学习和使用有机结合。把理论素养、学习态度和学习能力作为年终考核的重要依据，不断增强党员抓学习的积极性。把学习型党组织建设成效落实到履行职能、推进工作、创先争优、争创佳绩、改进作风、服务发展上。

要在建立规章制度上下工夫，推动干部学习常态化、经常化、制度化，把学习从“软任务”变为“硬约束”。要健全完善中心组集体学习、领导带头讲学和抓学习、学习成果交流、基层专题调研、交流轮岗、研讨务虚、读书品评、挂职学习、高层次理论政策报告会、撰写读书心得体会、党课、专题讲座和专题活动、表彰奖励、形势政策教育、问政于民、干部脱产培训轮训等制度，建立定期督查、考核、宣讲等制度，以考核促学习、以督查促学习、以宣讲促学习。形成有利于促进学习的政策导向、舆论导向、用人导向和体制机制。在制度的建立和完善中，需要形成有利于发扬好的学风的相关制度，防止脱离实际的理论空谈等现象，保证学习活动健康有序地进行。要加大硬件投入，加强各类学习阵地建设，充分利用现代信息技术和各种新兴媒体，特别要高度重视、充分利用以互联网为核心的网络阵地，整合各类资源，实现资源共享，为推动学习型党组织建设创造有利硬件支撑条件。

青海藏区推进学习型党组织建设的思考

青海省委宣传部

青海藏区是除西藏以外全国最大的藏族聚居区，全国10个藏族自治州中6个藏族自治州在青海，下辖30个县（市）和3个行委，面积69.6万平方公里，占全省面积的96.6%；加上其他藏族散居面积，藏区面积占全省面积的98%，占全国藏族自治州面积的58%。青海藏区人口202.12万人，约占全省总人口的35.92%；全省藏族人口137.51万人，约占全省总人口的24.44%。可见，做好青海藏区的工作，意义重大而深远。

党的基层组织是党的全部战斗力的基础，加强学习型党组织建设，是推进党的伟大事业、推进现代化建设的需要，对于巩固党的执政地位和执政基础，提高科学发展的能力，具有重要的现实意义。党的十七届四中全会以来，青海藏区按照中央要求，同全国各级党组织一样，开展学习型党组织建设，积极探索建设学习型党组织的途径和方法，已取得了初步成效。但与其他地区相比，尚存在不少差距。

一、青海藏区创建学习型党组织面临的特殊条件

自然地理方面。青海藏区地处青藏高原腹地，深居内陆，平均海拔

3000米以上，地广人稀，高寒缺氧，年平均气温－5.6℃—8.6℃，降水量15毫米—750毫米。太阳辐射强度大，光照时间长，年总辐射量每平方厘米可达690.8—753.6千焦耳，直接辐射量占辐射量的60%以上，干旱缺水，生长期短，生态环境脆弱。艰苦的自然条件下，由于面积广袤，居住分散，交通不便，信息闭塞，造成党员集中难、开展活动难、发挥作用难。客观地制约着学习型党组织建设的深入开展。

人文环境方面。青海是少数民族人口比例最高的省份，共有53个少数民族，其中藏、回、土、撒拉、蒙5个民族为世居少数民族，截至2010年年底少数民族人口264.32万人，占全省总人口的47%。同时，青海又是一个多宗教并存的地区，省内佛教、伊斯兰教、道教、天主教、基督教俱全，其中，藏传佛教和伊斯兰教影响甚广，几个世居民族基本上全民信教。独特的人文环境下，使民族宗教工作与学习型党组织建设相互交织。

经济社会方面。青海藏区属西部欠发达地区，自我发展能力不足，这是多种原因造成的。多年来，藏区的各族人民为民族团结、社会稳定做出了巨大贡献，即使在生产生活十分艰难的情况下，也不为分裂主义分子的挑拨、离间所动，始终同党和政府一条心，保持社会政治稳定。这是非常难能可贵的。但是，就青海来说，目前尚有91.5万贫困农牧民集中在藏区，而且贫困程度深、科学文化落后。经济社会发展不平衡、不协调，经济增长方式粗放、资源综合开发利用水平不高，生态环境脆弱，工业化不足，农牧区集体经济薄弱，学习型党组织工作经费投入严重不足，基层党组织“无钱办事”问题突出。再加上党员队伍老化现象比较严重，党支部班子后继乏人，基层党组织职能弱化。学习型党组织建设缺乏有效的平台和载体。

战略区位方面。藏区地处青海西北腹地，毗邻西藏、新疆，区域位置十分重要。随着对外开放的扩大，近些年成为境内外分裂分子渗透分化的重点地区。各级党组织肩负着反对分裂、维护稳定、强化政权建设的任务艰巨。境内外敌对势力以捐资修建寺院、赠送宗教用品、救灾等方式收买人心；以“拉出去、送进来”等办法，策划、引诱一部分青年知识分子和国家干部非法出境，在宗教寺院中安插亲信；利用部分信教群众的不满情绪，煽动和制造突发事件，同党和政府争夺藏区的领导权。学习型党组织肩负着巩固阵地的重大使命。

二、青海藏区建设学习型党组织存在的突出问题

藏区在学习型党组织建设过程中，充分发挥各级党委中心组的引领示范作用，把“学理论”与“谋发展”结合起来，立足本地实际，探索藏区发展的有效途径。然而，由于藏区的特殊条件，客观地影响着学习型党组织建设的开展，制约着学习型党组织建设的成效，使藏区的创建工作滞后于全国全省其他地区。随着藏区学习型党组织建设的不断推进，也反映出一些问题。

1. 对建设学习型党组织思想认识不足。一部分党员干部在思想上缺乏学习的动力和热情，片面认为，在青海藏区这样一个欠发达地区，抓经济、保民生是中心任务，只要把工作做好，有了实绩，理论和知识水平自然而然就会提高，学习可要可不要，存在以工作代替学习的倾向。对学习型党组织建设工作存在“模糊论”、“偏差论”、“无用论”等错误认识，这些问题反映出部分党员干部在思想认识上与建设学习型党组织的要求不相适应。

2. 学风需要进一步加强和改进。一部分党员干部学风不够端正，忙于事务、甚至忙于应酬，学风不实，学习满足于一时之需，急用急学，断章取义，各取所需，走形式走过场，摆花架子。一部分干部深入基层、深入实际了解情况少，调查研究少，不同程度存在脱离实际、脱离群众的倾向，对增强工作的针对性、实效性研究不够，指导实践的效果不明显，为藏区各族群众服务的意识和工作创新能力有待进一步提高。

3. 学习内容、方法不适应学习型党组织建设的需要。主要表现为：一方面，内容上不适应。藏区部分党员干部学习的领域不宽，仅仅局限于党的基本知识、形势任务，学文件、读报纸，偏重于政治理论的学习与教育，对中央和省委要求的内容学习偏少；另一方面，方法上不适应。一些党组织和党员把学习理解为“读书、看报、听讲座”，把学习型党组织理解为“活动+学习=学习型党组织”。大部分党组织多沿用传统方式方法组织开展党内学习生活，以“念”为主，集中学习往往是读文件、读报纸，照本宣科，感染力和渗透力不强，使学习的生命力没有得到充分体现。

4. 学习制度有待进一步建立健全并落到实处。藏区在学习型党组织建设上存在一般性号召多、考核评价不够的问题，学习制度和机制不完善、不规范、不健全，对开展党内学习生活，软性制度规定的比较多，刚性保障制度规定的少，缺少应有的约束力，往往是上级有要求才组织学习，学习效果不明显，存在日常计划管理和指导督促不到位，激励和约束机制不健全，考核、评估、奖惩制度不规范，执行力度不大等问题，按制度推动和规范学习的氛围还没有形成。

三、青海藏区推进学习型党组织建设的基本思路

建设学习型党组织有利于促进藏区民族团结、实现社会稳定、保持繁荣发展。要按照科学理论武装、具有世界眼光、善于把握规律、富有创新精神的要求，继续把藏区各级党组织建设成为推动发展、服务社会、凝聚人心、促进和谐的学习型党组织。

1. 不断解放思想，凝聚共识。发展是当今中国的第一主题，是党执政兴国的第一要务，是民族工作的第一要求。藏区最大的不足是发展的不足，最大的落后是观念的落后。在藏区开展、推进学习型党组织建设，面临种种考验：首先，引领发展的任务比非藏区艰巨。藏区与其他

地区的发展差距还在拉大，而各族群众要求发展的愿望更加迫切；其次，维护团结稳定的任务比非藏区艰巨，有民族就有差别存在，就有民族问题存在。处理民族问题，政治性、政策性很强，对藏区党的组织和干部有着更高的要求；其三，藏区基层党组织和农牧民党员面临宗教问题的严峻考验，等等。这些情况决定了藏区党员干部的学习任务更加繁重而艰巨。这就要求我们对藏区学习型党组织建设，只能重视，不能忽视或轻视；只能加强，不能削弱；学习任务只会加重，不会减轻。要不断破除思想障碍，克服“等、靠、要”思想；大力倡导学中干、干中学的新风尚；要充分调动藏区干部的学习积极性和主动性，使其在思想上真正重视起来，不断提高理论素养，用科学理论去思考和解决实践中遇到的难题，从而主动承担起主人翁的责任和使命。领导班子和领导干部要带头树立全员学习、终身学习的理念，大兴学习之风，让先进的学习理念成为党员干部队伍的思想主流。

自青海省第十一次党代会以来，通过不断解放思想，树立起“自信、开放、创新”的青海意识，已成为包括藏区在内全省人民抢抓机遇、应对挑战、加快发展的精神动力，为藏区的发展提供了有力支撑。新时期新阶段，藏区推进学习型党组织建设，要大力弘扬“五个特别”的青藏高原精神和“人一之、我十之”的实干精神，以及“大爱同心、坚韧不拔、挑战极限、感恩奋进”的玉树抗震救灾精神共同构成的“新青海精神”。从而把藏区党员干部的思想统一到中央、省委关于推进学习型党组织建设的精神上来，着力创新形式，增强感染力、吸引力，推动藏区学习型党组织建设扎实而有效地深入开展，为党的十八大胜利召开营造良好的思想理论氛围。

2. 加强学风建设，学以致用。加强学风建设，是建设学习型党组织的基本前提。推进藏区学习型党组织建设，关键在于养成良好的学风。要教育和引导藏区党员自觉在工作实践中重视学习、认真学习、主动学习，切实掌握好、运用好党的理论创新成果，切实把中央的方针政策同藏区的具体实际紧密结合起来，统筹处理好经济发展、社会稳定、改善民生、保持生态的关系，不断创新发展理念、理清发展思路、破解发展难题、转变发展方式，大力推进科学发展，不断开创青海藏区建设的新局面。要坚持理论联系实际的马克思主义学风，切实推动实际问题的解决。大力弘扬求真务实精神，做到学习与思考相结合、学习与运用相结合、学习与创新相结合，切实把学习成果转化为运用科学理论、科学知识分析和解决实际问题的能力，转化为建设青海藏区的实际行动。

创建学习型党组织，根本目的在于提高藏区党员干部解决实际问题、推动科学发展和促进社会和谐的能力。一要向书本学习，不断深化对马克思主义立场、观点、方法的理解，努力掌握科学的思维方式、正确的思想方法，从而提高认识客观世界的能力。二要向实践学习，深入学习基本国情、省情和藏区的发展现状，明确下一步发展的目标要求，不断深化对中央和省委提出的一系列战略思想和政策措施的认识，研究新情况新问题，总结新经验新做法，提出新思路新对策，开创新局面新气象，形成学以致用、用以促学、学用相长的良性循环。三要不断总结成功经验，藏区地处偏远、信息闭塞，人们认知系统较为封闭。要鼓励党员干部解放思想、更新观念，增强思想的开放性，学习借鉴他人的好经验和好做法，不断提高学习效率，并从中找到规律，指导新的实践。

3. 拓展学习内容，改进方法。当前和今后一个时期，除中央规定的学习内容外，还要根据藏区的实际需要，加强以下几个方面的学习内容。一是深入学习马克思主义民族观宗教观、党的民族宗教理论和民族政策。通过开展党的民族宗教政策的宣传教育，继续开展“增强祖国意识、增强法治意识、增强团结意识”等主题教育活动，营造学习贯彻马克思主义民族观宗教观的良好氛围，形成进一步巩固和发展民族团结进步事业的宣传教育机制；引导藏区党员干部牢固树立“三个离不开”的思想，更加自觉地维护民族团结和祖国统一，形成各民族“共同团结奋斗、共同繁荣发展”的新局面。二是深入学习青海革命史建设史。认真学习青海社会主义革命史、改革开放史的重大历史意义，及其对维护民族团结的重大历史作用，通过学习，获取历史启示、历史经验和建设动力，进一步明确发展方向，把握好执政规律和青海藏区的经济社会发展规律。三是深入学习党的藏区工作方略。六个藏族自治州工作的干部，要深入学习、牢牢把握以胡锦涛同志为总书记的党中央关于藏区工作的重要论述，把学习贯彻中央关于推动青海等省藏区发展的一系列精神作为重要政治任务，深刻领会做好藏区工作的重要性和紧迫性，全面掌握做好藏区工作的基本经验、藏区经济社会发展的阶段性特征、藏区的社会主要矛盾和特殊矛盾，准确把握藏区工作的指导思想、基本思路、战略地位、主要目标任务和政策措施。要进一步认清达赖集团的性质，准确把握中央对达赖集团斗争的基本方针，准确把握维护社会稳定、实现长治久安的任务要求。

4．加强制度建设，重在落实。在藏区建设学习型党组织，必须建立健全科学完备、符合实际、行之有效的学习制度，用制度营造学习风气、规范学习行为、养成良好的学习习惯。一是建立健全培训制度。充分发挥各级党校（行政学院）的主渠道和主阵地作用，注重发挥普通高校的知识、技能培训优势，确保藏区县处级以上党员领导干部参加脱产培训每年不少于110学时。二是加强基层党员干部的培训工作。坚持每年培训一定数量的农牧民、社区和企业以及“两新”组织党员干部，不断提高基层党员干部的政策理论水平。三是建立健全学习评价制度。完善领导干部学习责任制度、检查制度、监督制度和奖惩制度，将学习情况纳入领导干部综合评价体系和领导班子建设目标管理体系，建立完善科学合理的指标评价体系，列入绩效考核范畴。四是建立学习纪律考勤制度。严肃学习纪律，把提高学习自觉性和严肃学习纪律统一起来，定期通报学习纪律遵守情况，对严重违反学习纪律的党员干部要进行批评教育。五是建立健全学习成果转化制度。通过集体交流、媒体宣传、信息反映等多种形式，促进学习教育成果转化，及时运用于藏区各级党委和政府决策。六是建立经费保障制度。各级党组织要积极为党员特别是基层党员创造学习条件，保证必要的经费支持，建立健全经常性学习经费保障机制。

5. **培养少数民族干部，后继有人。**少数民族干部和人才是少数民族中的优秀分子，是党和政府联系群众的重要桥梁和纽带。在青海藏区建设学习型党组织，必须紧紧抓住少数民族干部这个关键环节，以此来辐射和带动藏区干部群众参与到学习中来。应采取有效措施，积极构建相关制度，为藏区的科学发展提供强大的人才保障。一是建立科学的选人用人机制。要完善少数民族干部评价体系，体现差异化的选人标准。应研究制定体现科学发展观和正确政绩观要求的少数民族干部综合考核评价体系，为促进更多少数民族干部的健康成长创造条件。在评价内容上，应根据藏区领导班子的责任制和领导干部职责范围，研究探索以业绩为核心，以德才为重要标准的考核指标的选人模式；在评价方法上，应进一步完善民主推荐、民主测评、民主评议制度，把群众的意见作为考核评价少数民族干部的重要尺度。二是建立少数民族干部的学习培训机制。藏区要紧紧围绕提高少数民族干部的科学判断形势能力、驾驭市场经济能力、应对复杂局面能力、依法行政能力、总览全局能力等，设计培训内容和方式。学习培训要根据藏区经济社会发展的实际需要，制订完整的培训计划，科学设立培训内容，保证高水平的培训师资，同时坚持理论培训与专业培训相结合、短期培训与中长期培训相结合、脱产培训与在职学习相结合、国内培训与国外培训相结合，切实提高培训的综合效果，逐渐形成一整套专门为少数民族干部提供常态化、制度化、规范化的学习培训机制和制度。三是建立健全少数民族干部交流、异地挂职等机制。干部交流、异地挂职是开阔视野、增长才干、增进智慧和经验最有效的措施之一。藏区应该制定一个专门针对少数民族干部交流的规定和实施办法，对在藏区工作的少数民族干部，建立完善的交流机制，扩大交流范围和数量，使少数民族干部能够在不同的环境中开阔眼界、增长知识、提高能力。

创新方法　丰富途径　不断提高学习型党组织建设科学化水平

宁夏回族自治区党委宣传部

提高党的建设科学化水平是党的十七届四中全会提出的一项重大命题和任务。这一命题和任务，体现了我们党对世情、国情、党情深刻变化的清醒认识，反映了我们党对巩固执政地位、提升执政能力的深刻自觉。它既是对党的建设的理论和实践的重大创新，也是对学习型党组织建设工作提出的新目标新要求，对于我们在实际工作中创新方法、丰富途径，不断提高学习型党组织建设科学化水平具有重要指导意义。

一、深刻认识学习型党组织建设的理论意义和时代特性

建设马克思主义学习型政党、建设学习型党组织，是我们党在深刻总结历史经验的基础上，科学分析形势，着眼于提高党的执政能力、保持和发展党的先进性、从全面推进中国特色社会主义伟大事业和党的建设新的伟大工程的全局出发，提出的一项重大战略任务。当今时代，政治多极化更加明显，经济全球化深入发展，科技进步日新月异，综合国力竞争日趋激烈，国际金融危机影响深远，局部地区不稳定因素增多，敌对势力对我实施西化、分化的战略图谋没有改变，错综复杂的国际局

势既给我国带来新的机遇，也形成了新的压力和考验。在国内，社会经济成分、组织形式、就业方式、利益关系和分配方式日益多样化，经济社会发展中出现一些新情况、新问题，协调各方面利益关系、化解社会矛盾的难度进一步加大。这些都对党的执政能力和先进性建设提出了新的更高要求。面对执政考验、改革开放考验、市场经济考验和外部环境考验，胡锦涛总书记指出："各级党组织一定要把加强学习作为一项重大而又紧迫的任务来抓，切实抓出成效。只要全党坚持加强学习、加强实践，我们的领导水平和执政水平就能不断提高起来。"在这里，时代化的要求和特征十分凸显。

学习型党组织不同于一般的学习型组织，它具有更加坚定的政治目标和更加严密的组织体系，同时它有更加明确的学习理念和学习任务：一是推进马克思主义中国化、时代化、大众化。立足我国实际，通过学习型党组织的建设，使我党的指导思想更加符合时代发展的要求和中国的实际，进一步丰富和发展中国特色社会主义理论体系，并增强科学理论教育引导群众的作用。二是用中国特色社会主义理论体系武装全党。通过系统学习，使广大党员干部熟悉掌握中国特色社会主义理论体系，形成有利于学习研究和贯彻落实科学发展观的政策导向、舆论导向和体制机制，推动学习实践向深度和广度发展，提高广大党员干部的战略思维、创新思维和辩证思维能力。三是开展社会主义核心价值体系学习教育。把学习与广大党员干部的理想信念教育结合起来，增强走中国特色社会主义道路、为党和人民事业不懈奋斗的自觉性和坚定性。

二、提高学习型党组织建设科学化水平应把握的原则

扎实、有效、顺利地推进学习型党组织建设，努力形成全面推进、纵深发展的良好格局，不断提高学习型党组织建设的科学化水平，要遵

循以下原则。

1. 提高学习型党组织建设科学化水平，必须把理论武装工作放在首位。党的发展史告诉我们，没有马克思主义理论的武装，我们党就不会成为坚强的马克思主义政党；党的领导干部不掌握马克思主义理论，就会迷失正确的执政方向和前进目标。胡锦涛总书记指出：“加强思想理论建设，用马克思主义武装全党，是我们党永葆先进性的根本保证。”我们党作为马克思主义执政党，要始终成为中国工人阶级先锋队、同时成为中国人民和中华民族的先锋队，必须以对党、对人民和对历史高度负责的态度，更加自觉勤奋地学习，切实提高思想理论水平，不断深化对经济社会发展规律的认识，不断增强推动发展、促进和谐的能力，确保在理论上和实践上永葆先进性。要按照科学理论武装、具有世界眼光、善于把握规律、富有创新精神的要求，深入学习马克思列宁主义、毛泽东思想，坚持用中国特色社会主义理论体系武装头脑，深入学习实践科学发展观，践行社会主义核心价值体系，掌握现代化建设所必需的各方面知识，总结实践中的成功经验，不断在武装头脑、指导实践、推动工作上取得新成效。

2. 提高学习型党组织建设科学化水平，必须具有明确的奋斗目标。马克思主义学习型政党是更高层次上的一种学习型组织，有着明确的共同目标，这个共同目标既符合组织的利益，也考虑了社会发展趋势，是个人理想、组织目标和社会发展目标的有机统一。在提高学习型党组织建设科学化水平过程中，各级党组织必须明确四方面目标：一是我们党的奋斗目标。包括全面建设小康社会，加快推进社会主义现代化的奋斗目标和实现共产主义最终奋斗目标，要以这些目标坚定广大党员干部的理想信念。二是部门或单位发展的目标。单位目标既要有共同愿景，又要有近期计划，既鼓舞人心，又切实可行，以此来凝心聚力，共同奋斗。三是学习型党组织建设的自身目标。要通过创建活动，使党组织的学习能力、创新能力、把握和执行政策的能力、应对复杂局面的能力明显增强。四是党员干部个人的奋斗目标。通过学习，使党员干部学习力、创新力明显提高，运用科学理论研究分析解决实际问题的能力明显提高，理想信念、宗旨意识、执政意识、大局意识、责任意识和发展意识明显增强。

3. 提高学习型党组织建设科学化水平，必须立足于干部素质的提高。党的各级领导干部素质高低、能力强弱，直接决定和影响着党的整体执政能力和水平。胡锦涛总书记强调："如果我们的领导干部不抓紧学习、不抓好学习，不在学习和工作中不断提高自己，就难以完成肩负的历史责任，甚至难以在这个时代立足"。面对当今世界经济科技创新和知识更新迅猛发展的新形势，面对深化改革发展的新任务，各级党员领导干部所面对的工作领域更加广阔、工作内容更加丰富、工作方式更加多样，对广大党员干部的知识结构、工作方法、应变能力等提出了新的要求。建设学习型党组织，必须树立和强化以提高思想政治素养为根本、以增强从事现代化建设的素质能力为中心、以解决改革发展中的实际问题为导向的学习理念，培养和造就一支高素质党员干部队伍，让学习真正成为促进党员干部不断进步、促进中国特色社会主义事业不断发展的强大武器。

4. 提高学习型党组织建设科学化水平，必须将学习成果融入实践当中。学习理论是为了更好地指导实践。提高学习型党组织建设科学化水平的关键就在于通过学习，不断提高实践能力和创新能力，使党组织的学习力真正释放出它内在的动力和科学指导实践的巨大能量。十七届四中全会指出，向书本学习，向实践学习，向群众学习，优化知识结构，提高综合素质，增强创新能力，使各级党组织成为学习型党组织、各级领导班子成为学习型领导班子。在这个实践性的过程中，各级党组织和广大党员干部必须以改革发展稳定中的实际问题为中心，着眼于马克思主义理论的运用，着眼于对实际问题的理论思考，着眼于新的实践和新的发展，切实解决"真学、真懂、真信、真用"的问题，真正把学习成果转化为推动科学发展的正确思路、促进落实科学发展的政策措施。

三、当前提高学习型党组织建设科学化水平存在的现实问题

就当前的时代条件变化和党员队伍的现实情况来看，提高学习型党组织建设科学化水平还面临一些亟待解决的问题：

1. **思想认识不深**。当前一些党员干部对学习认识还存在误区。少数党员干部终身学习意识淡薄，没有充分认识到学习、工作、生活三位一体的辩证关系，平时总是强调工作忙，没时间学习，错误地把学习与工作割裂开来。一些党员干部认为学习尤其是理论学习是“空对空”，与本职工作关系不大，缺乏学习的紧迫感，个别党员干部甚至借故不参加学习。一些同志参加工作的时间较长，习惯于凭以往的老经验解决新问题，存在不愿学不会学的现象。

2. **制度落实乏力**。在学习中还存在“以会代学”、走过场的现象。少数领导干部对分管的行政工作比较重视，但对理论学习抓得不够，情况不明，思考肤浅，调研不深。一些基层党组织学习制度不健全，阶段性学习计划、专题学习方案不完善，学习不能实现经常化、制度化。

3. **学习方法单一**。一些党组织在组织学习时大多照本宣科、读书念报，千篇一律，缺乏吸引力；组织集体学习时盲目赶时间、赶进度，存在“表面学，学表面”现象，缺乏相互交流沟通；一些党组织学习针对性不强，系统性不够，与实践结合不多，缺乏系统的马克思主义理论教育和党的基本知识教育，不能针对解决群众关心的实际问题进行学习，致使少数党员干部对学习没有兴趣。

4. **激励机制缺失**。由于缺乏相应的学习激励机制，一些基层组织学习动力不足，学与不学一个样，学多学少一个样。个别单位把学习视

为“软指标”，存在浅尝辄止、以干代学等问题；一些单位学习评价体系不健全，造成学习、工作“两张皮”，在学习中工作、工作中学习的氛围难以形成。部分非公有制经济组织和新社会组织因党组织不健全而无法开展工作，有些虽建有党组织，但因认识不深、投入不足等影响，组织学习难度较大、效果不好。

5. **农村阵地薄弱。**目前推进学习型党组织建设的难点在农村。以宁夏为例，全区共有17000多个党支部，其中农村支部占大半，农村支部中山区村支部占了70%多，其中还有不少集体经济空壳村。农村党员教育阵地建设薄弱，缺乏必要的设施和经费保证，老党员、文盲党员比重大，学习能力差。随着劳务经济的发展，农村进城务工的党员不断增多，一些党员长期与组织脱离联系，形成了团队学习的盲点。

四、提高学习型党组织建设科学化水平的路径选择

1. **提高认识，形成自觉学习的思想意识。**我们党历来是一个重视学习、善于学习的政党，在革命、建设和改革发展的各个历史阶段，都把学习摆在突出位置。重视学习、善于学习，是中国共产党始终正确领导中国发展进步的决定性因素。广大党员和各级领导干部要从维护党的先进性和完成党的历史使命的高度，以高度的政治自觉投入到学习当中。一是各级领导干部要带头学习。各级领导干部要在系统掌握马克思主义理论特别是中国特色社会主义理论体系上走在前面，在学习掌握所需要的各方面知识上走在前面，在弘扬理论联系实际的马克思主义学风上走在前面，努力成为建设学习型党组织的精心组织者、积极促进者、自觉实践者。二是广大党员干部要自觉学习。要把学习作为提高素质、增长本领、做好工作的根本途径，大力弘扬理论联系实际的学风，把学习同提高党性修养结合起来，同推动工作结合起来，带着问题学习，围绕工作钻研，自觉做到学以立德、学以增智、学以创业。

2. 与时俱进，树立科学的学习理念。一是树立终身学习的理念。教育和引导广大党员干部不断强化学习“没有毕业、只有毕生”的意识，把学习从单纯的求知变为一种政治觉悟、一种工作理念、一种历史责任，营造时时学习、处处学习、事事学习的良好氛围。要把建设学习型党组织与培养个人成长进步紧密结合起来，教育引导广大党员、干部结合岗位需要制定长远学习目标和近期学习计划，不断加强修养、增长才干。二是树立团队学习的理念。“学习力”是最核心的竞争力。要突出学习的团队要求，围绕解决工作中的难点问题，教育和引导广大党员干部通过增进交流，凝聚团队学习的力量。要在团队学习中体现良好的民主作风，在相互交流碰撞中得出正确的结论，达到互相启迪心智、共享学习成果、提升思维层次的目的。三是树立工作学习一体化理念。要善于把学习成果转化为思想方法、领导方法，转化为决策力、执行力，不断提高领导发展、服务群众的本领。近年来，宁夏各级党组织通过学习型党组织建设的各类平台，紧紧围绕与全国同步进入全面小康社会的发展目标，在全区上下开展新一轮西部大开发大学习大讨论活动，把理论学习与解决本地区本部门改革发展稳定的突出问题结合起来，与解决群众生产生活中的现实问题结合起来，与解决党的建设中存在的突出问题结合起来，有效地推动了各项事业的发展，促进了宁夏的后发赶超。

3. 创新方法，建立开放互动的学习渠道。一是创新学习形式。根据党员干部的岗位特点和职责要求，选取切合实际的学习方式，倡导自主选学、菜单式选学、“学习超市”等方式，使学习更个性化、人性化。通过举办报告会、座谈会、演讲比赛、实地考察、课题调研、教学互动等丰富多彩的学习模式，进行学习成果交流，实现成果共享。二是丰富学习平台。发挥各级各类教育体系的作用，对党员干部进行脱产与不脱产、长期和短期、学历和非学历、集中与分散的教育培训，逐步形成多层次培训体系。在充分利用传统载体的同时，探索和搭建网络教育培训平台，对农村党员干部运用在线学习、网络互动交流、远程教育等多种方式和党员活动室、社区活动中心、乡镇文化站等多种阵地，打造便捷多样的学习平台和渠道，适应他们的学习需求。三是构建完善的学习体系。把建设学习型党组织工作纳入党建工作的重要内容，与创先争优、创建“五好”党支部等活动有机结合起来，把各级党组织建设成为党员学习教育的课堂、锤炼思想的熔炉和团结奋进的堡垒。四是着力打造学习品牌。学习的品牌代表了学习的层次和水平。近年来宁夏充分运用“周末讲坛”、“经济名家塞上行”、“理论武装大讲堂”、“党员讲党课”、“书香宁夏”、“朔方人文科学大讲堂”等学习品牌，吸引广大党员干部群众主动参与、热情参与、普遍参与学习。

4. 健全制度，设计科学有效的评价体系。一是建立和完善考评机制。按照宁夏回族自治区党政机关、非公有制经济组织等各类组织建设学习型党组织考核评价办法的要求，查学、述学、评学、考学、讲学，按优秀、良好、合格、不合格标准进行评定，对学习型党组织建设情况进行考查考评。把考评情况作为综合考核评价领导班子和领导干部的重要内容，把基本理论测试作为干部任职的必备条件，把理论素养、学习态度和学习能力作为竞争上岗、职务晋升、评先评优等的重要依据。二是完善保障机制。把学习型党组织建设作为硬指标纳入各级党组织和主要领导的岗位目标责任制考核内容，通过建立领导机制、工作机制、队伍机制，等等，形成一级抓一级、一级带一级的工作格局。加大经费投入，重视培训阵地、文化设施、学习场所的硬件建设，为党员干部提供便利的条件，提供有效的服务。三是建立督查激励机制。采取调研、座谈、互检、抽查等方式，不定期对市县、机关、企业、学校等各级党组织进行调研督查，确保学习型党组织建设各项任务落到实处。

关于推进新疆南疆地区农村学习型党组织建设的思考

新疆维吾尔自治区党委宣传部

中央《关于推进学习型党组织建设的意见》指出，建设学习型党组织是建设马克思主义学习型政党的基础工程，是党始终走在时代前列、引领中国发展进步的重要基础，是党领导人民夺取全面建设小康社会新胜利、开创中国特色社会主义事业新局面的必然要求，是提高党的执政能力、保持和发展党的先进性的紧迫任务。新疆南疆地区农村地处偏远，经济社会发展水平低，受周边地缘政治的影响较大，只有扎实推进农村学习型党组织建设，才能使南疆地区各级党组织站在新疆实现跨越式发展和长治久安的新起点，切实肩负稳疆兴疆、富民固边的历史使命。

一、南疆地区农村学习型党组织建设的特殊重要性

以天山山脉为界的新疆南疆地区主要包括巴音郭楞蒙古自治州、阿克苏地区、克孜勒苏柯尔克孜自治州、喀什地区和和田地区，共有5个地州、42个县（市）、463个乡镇，国土面积103.22万平方千米。截至2009年年底，南疆地区人口995.71万人，占新疆总人口的46.13%；其中农村人口515.94万人，占当地人口比重的51.82%；少数民族人口

835.38万人，占当地人口比重的83.90%。新疆南疆地区由北向南依次与哈萨克斯坦、吉尔吉斯斯坦、塔吉克斯坦、阿富汗和巴基斯坦接壤，国内与甘肃省、青海省和西藏自治区毗邻。

1. 南疆地区农村建设学习型党组织，为贯彻落实党的民族理论政策提供了组织保障。党的民族理论政策是党和国家处理民族问题的依据。我们党在领导中国革命、建设、改革的历史进程中，坚持把马克思主义基本原理同中国具体实际相结合，开创了具有中国特色的解决民族问题的正确道路，形成了关于正确处理民族问题、做好民族工作的基本理论和基本政策。在南疆地区尤其在农村，多数党员干部都是少数民族，他们是农村党组织的骨干力量，是党的民族政策的主要贯彻执行者。但由于农村少数民族党员干部受教育程度普遍不高，对于党的民族理论政策理解不到位，导致在开展民族工作中时常出现偏差。因此，必须通过建设学习型党组织，引导民族地区党员干部加深对党的民族理论和政策的理解、认识，真正使党的民族理论政策落到实处。

2. 南疆地区农村建设学习型党组织是更好发挥基层党组织战斗堡垒作用的客观要求。多年来，南疆地区的周边国家局势动荡不安，尤其是民族分裂和宗教极端势力侵袭，对南疆地区，尤其是对南疆地区的农村社会产生了较大的负面影响，使得当地基层党组织建设面临着严峻挑战。党的十七届四中全会提出，民族地区基层党组织要在团结各族群众推动发展、促进和谐、反对分裂、维护稳定中发挥战斗堡垒作用。这为创新南疆地区农村党建工作提出了新的更高的要求，也为科学定位南疆地区党建工作提供了有力的理论支撑。南疆地区农村多年的发展实践也证明，农村基层党组织要在推动当地经济发展和维护社会安定团结上发挥战斗堡垒作用，必须观念常新、与时俱进，这就需要通过不断学习，使之真正成为学习型党组织。

3. 南疆地区农村建设学习型党组织，对保障国家生态安全和民族文化安全具有特殊的重要作用。南疆地区农村人口稀少，是我国矿产资源富集区，尤其是石油、天然气、煤炭等能源储量巨大，战略地位突出，但由于气候条件恶劣，加上人为破坏等因素，生态环境脆弱。同时，近年来一些地方经济发展过程中忽视了对优秀民族传统文化的保护，一些优秀的民族特色文化濒危。按照我国的功能区划，南疆地区既是国家大力扶持发展的区域，又是自然生态和民族文化多样性保护的重点地区。该地区农村基层党组织不仅承担着发展经济的任务，还肩负着保护生态环境和民族文化方面的责任。自治区党委提出，坚持以现代文化为引领，以科技、教育为支撑，加速农牧业现代化进程，这为建设农村学习型党组织提出了具体的要求。必须通过建设学习型党组织，牢固树立资源开发可持续、生态环境可持续的发展理念，提升和丰富各民族优秀传统文化。

二、南疆地区农村学习型党组织建设存在的问题

建设学习型党组织是新时期加强和改进农村基层党的建设的重要工程。近年来，南疆地区按照中央和自治区党委的要求，结合本地实际，采取有力措施，通过加强基层阵地建设开展党组织工作，学习型党组织建设也得到稳步推进。但是，受周边政治环境、区内人才、语言等多种因素影响，南疆地区农村学习型党组织建设有待进一步提升。

1. 对建设学习型党组织的重大意义缺乏深刻认识。随着南疆地区发展进程加快，基层党组织把大部分精力放在脱贫致富上，部分基层党组织认为建设学习型党组织是在农闲时开展的工作，没有真正把学习作为富民固边的重要途径和方法。由于“三股势力”的渗透，有的农村党员干部认为学习理论是空对空，一些党员干部客观上夹杂着一些消极负面的思想意识；加之南疆地区农村党员对学习型党组织建设的重大意义认识不够深刻，对如何开展学习型党组织建设心中无数，很难找到建设学习型党组织和加快农牧业现代化进程的结合点，很难深刻理解建设

学习型党组织的精髓，一些工作流于形式，浮在表面。

2. 学习内容比较务虚，语言障碍突出。南疆地区农村党组织学习内容侧重于党的路线方针政策和形势任务的学习教育，对涉及农业、农村和农民问题的相关业务知识或技能学习较少，学习资源明显不足。农村党员干部大都是少数民族同志，汉语水平较低，双语学习资料远远不能满足学习需要，在学习的过程中经常遇到难理解或理解有所偏颇等语言障碍，严重影响组织学习效果和党员干部相互交流沟通，制约了党员选学空间。

3. 学习型党组织建设缺少人才支持。目前，南疆地区农村党员干部的文化水平总体较低，在党组织内部缺乏带领广大党员干部和群众学习现代文化、市场经济、科学技能等知识的带头人，县、乡党政部门派到农村的党政、科技人才，因生活、工作环境、人文环境等因素，客观上存在着不到位、流失率较高等问题，使建设农村学习型党组织缺乏人才支持。随着各族党员干部思想观念的转变和城乡劳动力市场化进程的加快，大量有文化、懂技术的农村党员干部和青年进城务工，原有的农村党员队伍缺乏稳定性。

4. 学习成效不明显，动力不足。建设学习型党组织不是为了学习而学习，而是通过学习提高党员干部服务人民群众的水平、提升解决经济社会发展中的各类矛盾和问题的能力。南疆地区农村党组织学习成效不够突出，学习成果缺乏转化为实际工作思路、举措的途径和方法，导致一些基层党组织和党员干部服务农牧民的水平较低，解决农村经济社会中各类矛盾、问题的能力较弱，特别是推进民生工程建设的能力较弱，应对突发事件无从下手。

此外，南疆地区农村党组织阵地建设历史欠账多、投入不足、经费短缺等，也严重制约了学习型党组织建设工作的深入、健康发展。

三、南疆地区农村建设学习型党组织的对策建议

抓实抓好南疆地区农村学习型党组织建设工作，必须从南疆地区农村经济社会发展的实际出发，从农村党组织建设的实际出发，从学习型党组织建设过程中存在的问题入手，以科学发展观为统领，以解放思想、更新观念、提升执政能力为主要目标，对此提出以下五点建议。

1. 通过深化理论学习，促进思想观念改变。在建设学习型党组织工作中，南疆地区农村党员干部深入学习理论，尤其是科学发展观，切实抓好农村党员的思想政治工作。通过深入调研、全面掌握农村党员的思想政治动态和农村社会的舆情动态，以学习型党组织建设为载体，深入开展马克思主义“五观”、“四个认同”和“三个离不开”教育活动，认真组织学习新疆“三史”即新疆历史、新疆民族发展史、新疆宗教演变史，筑牢新疆自古以来是祖国不可分割的一部分的思想，提振发展信心，引导广大党员干部群众变化变革创新，大力弘扬“爱国爱疆、团结奉献、勤劳互助、开放进取”的新疆精神，自觉践行社会主义核心价值体系。

2. 加强农村学习型党组织人才队伍建设。不断加大农村学习型党组织建设的人才支持力度，把善于做基层工作并具有较强学习能力的工作人员派驻到农村，注重解决农村党员干部的实际困难和思想问题，坚持以事业留人、以感情留人、以适当待遇留人，让农村党员干部创业有机会、干事有舞台、发展有空间，着力解决学习型党组织建设的人才支撑问题。利用多种渠道如基层党校、广播电视、远程网络教育，加强对农村基层党员干部尤其是村支部书记的教育培训，提高他们的思想政治素养，使他们成为领导农村党员干部开展学习活动的中坚力量。将有文化、懂技术的返乡农民工纳入到农村基层党组织的重点培养对象中，积极吸收他们加入党组织，提升农村党员队伍的整体素质。充分保障南疆

地区大学生村官的待遇，尊重大学生的创新意识和创造才能，利用好大学生这一宝贵人才资源。

3. 围绕加强和改善民生实际，学以致用，务求实效。南疆地区农村建设学习型党组织要以推进民生工程建设为着眼点，坚持立足实际、学以致用。在学习内容上，着重加强解决民生问题等方面的学习。针对南疆地区农村经济社会发展落后、居民生活水平较低、生态环境脆弱等实际情况，农村党员干部要在学习中牢固树立“民生优先、群众第一、基层重要”的思想，深入基层调查研究，研讨、梳理农村经济社会发展中存在的问题，把学习成果转化为实施就业、安居富民、定居兴牧等民生工程的科学思路和具体措施，解决一批群众最直接、最现实、最迫切的民生问题。针对南疆地区农村缺乏农、林、牧技能知识的现状，把农业实用技术和现代经营管理知识作为建设学习型党组织的重要学习内容，把学习成果转化为带领各族群众共同团结奋斗、共建美好家园的能力。针对民族间的语言障碍，编发应用型双语学习材料，推动少数民族党员干部学习汉语、汉族党员干部学习少数民族语言，形成双向互动，不仅扩大了各族党员干部的信息量和知识面，促进了各族党员干部沟通、交流，也增强了基层党组织的凝聚力和影响力。

4. 建立长效学习机制，强化学习型党组织建设的制度保障。持续推进建设学习型党组织工作，关键是靠建立一套科学、完备、行之有效的学习制度。结合南疆农村实际，要不断总结建设学习型党组织的经验和做法，及时转化为行之有效的学习机制。建立县、乡和村党组织三级学习联动机制，打破各自为政，形成开门学习的良好局面。建立示范点引领机制，按照“有领导主抓、有制度规范、有培训计划、有特色载体、有经费保障”的标准，选定学习型党组织建设示范点，创新方法、积累经验，发挥示范作用。建立联系点建设机制，县、乡（镇）党委（党组）中心组成员分别联系一个学习型党组织建设单位，跟踪指导服务，既有效解决基层学习型党组织建设工作中的实际问题，也使上级党组织和领导干部增强群众观念，主动了解下情，及时掌握工作进展，提高各项工作的针对性和时效性。完善考核机制，把提升服务基层水平、提高解决农村经济社会发展和稳定问题的能力，作为基层学习型党组织建设的重要考核指标，真正达到“党员干部受教育，农民群众得实惠”的效果。

5. 加大投入力度，确保学习型党组织建设工作正常开展。根据南疆地区农村社会发展水平较低的现状，实施政策倾斜，优先保证投入。要把学习型党组织建设经费列入财政预算，每年拨付专款用于学习阵地的硬件建设，主要包括文化站、图书室、农家书屋、多媒体设备、远程教育系统等学习设备的投入。结合村村通工程，重点扶持信息化网络平台建设，拓宽学习渠道，为组织学习和党员个人学习创造条件，以解决南疆农村学习资源不足问题。深入挖掘和提升民族优秀传统文化，加大基层文化建设投入，组建民间艺术团体，将学习型党组织建设寓于民间文化活动中，将民间文化的熏陶作为民族团结教育和提高人文素养的一种重要载体，使各族党员干部群众在潜移默化中感受和感知中华传统文化，增强对中华民族、中华文化的认同。

（执笔：阿不都热依木·哈力克）

论陈云同志的学习观

王瀚林

我们党历来是一个重视学习、善于学习的党。陈云同志作为党的第一代领导集体重要成员，对学习问题有许多重要论述。今天，我们研究陈云的学习观，对于建设学习型政党、学习型组织、学习型社会，对于提高党的执政能力、保持和发展党的先进性和纯洁性，使我们党始终走在时代前列引领中国发展进步，对于提高全党素质、促进人的全面进步，无疑具有重大的现实意义。

陈云的学习观主要体现在六个方面。

一、鲜明提出“学习是共产党员的责任”的观点

我们党一贯强调学习对党的事业的极端重要性，陈云则把学习提到党员的责任的高度。陈云指出，“在实际上，我们过去还不曾把学习理论作为党员对党应尽的责任。即使在六中全会以后，虽然大家知道了学习是党员的一种任务，可是许多同志了解得还不深刻。”为此，他特别强调指示“要把学习作为指导工作的不可缺少的一部分，作为我们的一项重要任务。这要成为一个章程。领导干部不解决这个问题，就没有尽到领导责任。”

把学习作为共产党员的责任，是因为学习是做好工作必不可少的条件。针对一些同志认为只要一天到晚不停地工作，就算尽了我们对党的

全部责任的思想，陈云指出这种想法是很不全面的，他说："一天到晚工作而不读书，不把工作和学习联系起来，工作的意义就不完整，工作也不能得到不断改进。因为学习是做好工作的一个条件，而且是一个必不可少的条件。"

陈云指出，不学习，不掌握新的知识和本领，就不能正确指导革命运动。他强调指出，"共产党员有了革命的理论，才能从复杂万分的事情中弄出一个头绪，从不断变化的运动中找出一个方向来，才能把革命的工作做好。不然，就会在复杂的、不断变化的革命环境中，迷失道路，找不到方向，不能独立工作，也不能正确地实现党的任务和决定"。20世纪中叶以后，随着现代科学技术突飞猛进，以经济和科技实力为基础的综合国力竞争日趋激烈，陈云敏锐地看到面临的挑战，强调："现在我们国家的经济建设规模比过去要大得多、复杂得多，过去行之有效的一些做法，在当前改革开放的新形势下很多已经不再适用。这就需要我们努力学习新的东西，不断探索和解决新的问题。"

二、从实际出发提出了干部学习应以自修为主的观点

陈云的学习观是在中国革命和建设的特殊环境中形成的，无论是在战争年代还是在和平建设时期，陈云都一贯强调学习的重要性，而且提出学习主要靠自修。

他认为学习是长期的任务，不可能在短期内完成，他说"学习不是一朝一夕，要长期下苦工夫。主要不是进学校，而是靠自修。""因为进学校学习的时间并不长，最多不过是两年。如果我们下决心要学文化，是不是住两年学校就可以解决问题呢？我看不可能。学习是一个长时间的问题，要做长期的打算。"当时的环境不允许人人都进学校学习，他说"大家都进学校是不可能的，因为工作离不开。""一个共产党员是难得机会长时期在课堂上学习的，因此，必须善于在繁忙的实际工作中，自己

争取时间去学习，这一点必须有坚持的精神才能做到。”针对一些同志以为学习便要进党校、马列学院的观点，他指出：“能够进党校和马列学院学习当然很好，但不能大家都去。因为学校没有那样大，不可能住很多人；同时工作还要有人去做。问题怎样解决呢？就是毛主席说的进‘长期大学’，就是要坚持自学。”他认为现在二十几岁的青年人，活到六十几岁还有四十年，学成之后是头号的“博士”。只要工夫深，铁杵磨成针。他介绍了具体的自修办法，“只要身上揣着几本书，摆在干粮袋里，闲的时候就看一看。以后有了钱，不要做新衣服，而是买几本书，买一本字典，买一部《辞源》，有不认识的字就翻开字典、《辞源》查一查，养成这个习惯，一个字翻上三五次就认识了。”陈云也以自己的模范行为树立了自觉学习的典范，不仅平时手不释卷坚持学习，即便在“文化大革命”期间下放到江西，他许多日常生活用品没有带，却带了《马克思恩格斯选集》、《资本论》、《列宁全集》、《斯大林文选》、《毛泽东选集》和《鲁迅全集》。在近三年的时间内，他除了去工厂蹲点和外出搞社会调研之外，其他时间都是在居所看书。

三、倡导理论联系实际的学风，着眼于解决中国革命和建设中的实际问题

在党的历史上，脱离实际的学习，教条主义、主观主义、形式主义的学风，给中国革命和建设带来了巨大的危害。针对这种情况，陈云认为学习只有一个目的，就是运用马克思主义的立场、观点和方法，研究实际问题，说明实际问题，解决实际问题。他指出：“学习理论一定要联系实际。老干部要认真总结自己的经验，把它提到理论的高度，来指导以后的工作。”“借口学习理论而不愿参加实际工作，或仅仅埋头实际工作而不在工作中抽暇学习理论的倾向，都必须纠正。”“能独立工作的条件是学习，理论联系实际。一个干部没有理论不行，只凭经验不够。”在

延安担任中组部部长期间，陈云在中央组织部组织了一个学习小组，潜心学习哲学，一直坚持了几年，认真学习毛泽东的主要著作，研究他处理中国革命问题的立场、观点和方法。陈云同志一再说，这件事比什么都重要，使他受益很大。毛泽东就讲过，有人通读了《资本论》，却讲不清楚边币与法币的关系，陈云同志的这些话，听起来很平常，但却说明他通过学习和实践，已经掌握了马列主义的精髓，即实事求是。

陈云认为，联系实际要以学懂基本原理、学好书本知识为前提。他指出："如果书还没有读懂，就不要急于去'联系实际'，弄得牛头不对马嘴，还不如先把书上的东西读懂。读懂就是消化。掌握了马列主义的原理和思想方法，就会自然地同自己的实践经验结合起来，把具体经验提高到一般理论，再拿这种一般理论去指导实际工作。"

关于理论怎样与实践结合，他指出："有经验者，从理论上去反省经验；无经验者，理论与实践相配合。教员的教育方法，是从实际经验归结到基本理论上。要打破轻视实际的观点，同时，也要反对不安心学习理论，急着要去工作的思想。"陈云列举延安训练新干部有过的好坏不同的两种方法。一种是抗战初期的抗大、陕公的训练方法，学生在学校只学习几个月，之后就去参加工作。他们在学校中不只是学习马克思列宁主义的理论，而是培养生气勃勃的革命作风。他肯定这是正确的训练方法。另外一种训练新干部的方法，就是把没有工作经验的新干部长期放在学校里"学习理论"，教的是一大堆马克思列宁主义的抽象原则，学的是教条，许多学生一接触到实际问题，就目瞪口呆，手足无措。陈云认为这是错误的方法。陈云强调："今后应该确定一条章程，没有或很少工作经验的干部，不是光在学校里长期学习，应该先到工作中去学习。没有工作经验的新干部只在学校中学习，要掌握理论是不可能的。真正的理论，只有在实际工作中才能逐渐深刻地领会，因为理论是实际的反映，归根到底是来自实际，而不是来自书本。"但陈云也"不是一味地反对干部进学校学习"，他说："对于那些必须进学校学习的干部，我赞成他们进学校。但是对于缺少工作经验的干部，我赞成他们到工作中学习，根据中央关于在职干部教育的决定去学习。”陈云延安时期组织的学习活动多次受到党中央和毛泽东的高度评价。毛泽东曾充分肯定中央组织部采取一本一本学原著、做笔记，结合当时情况来进行讨论的方法，认为这个方法对头，要求在职干部的理论学习，要按中央组织部的办法来办。

四、着眼于提高干部的素质，强调重点是学习正确思想方法的观点

陈云认为，现在需要学习的东西很多，共产党员要广泛学习各方面的知识，但重点要着眼于掌握正确的世界观和方法论。他指出，“我们的学习是学习马克思列宁主义的精神，学习他们观察问题的立场、观点和方法，而不是背诵教条。”陈云提醒，在这个问题上，处在领导地位的同志，特别是军事系统的负责同志，不要因为怕犯教条主义错误而不敢读书。“我们反对教条主义，不是不读书。现在我们的毛病，是马列主义不够。要反对教条主义和经验主义，都需要认真学习马列主义。”“理论上、思想方法上搞好了，对党对革命是有很大好处的。”“现在我们在新的形势下，全党仍然面临着学会运用马列主义、毛泽东思想的立场、观点、方法分析和解决问题这项最迫切的任务。”

陈云尤其强调对马克思主义哲学的学习。他明确讲，“学习理论，最要紧的，是把思想方法搞对头。因此，首先要学哲学，学习正确观察问题的思想方法。如果对辩证唯物主义一窍不通，就总是要犯错误。”

此外，陈云还指出，“现在无论你怎样忙，为了把握伟大而又变化多端的中国革命运动，必须增加一点革命的理论，增加一点历史的知识。”对每一个领导干部来说，学习的内容应该是全面的、系统的。“当然一般知识也需要。要读懂马列主义，而没有一般的知识，那马列

主义也不容易消化、掌握和接受。正因为我们的一般知识和理论知识少，文化程度不够，所以有些同志就上了人家的当，成了教条主义的俘虏。读书要有信心。读得进的关键，是痛感知识少，下决心读。”“每个同志必须精通自己的工作部门的各方面，学习一般的社会知识。”他还要求“共产党员要领导群众，就必须首先向群众学习。”“尤其重要的是，每个共产党员要随时随地的在实际工作中学习，向群众学习。一切实际工作中的和群众斗争中的经验教训，是我们最好的学习的课本。”“一切在经济和技术部门中服务的党员，必须向非党的和党内的专门家学习。他们的责任是诚心诚意地学习，并熟练自己的业务和技术，使各部门建设工作获得发展，并使自己获得在社会上独立生活所必需的技能。”他还要求“共产党员必须学习社会的人情世故，在革命工作的方针之下，善于与社会的各方面融洽。必须打破内战时期鄙视和割断社会联系或者害怕利用社会关系的心理。”关于对经济知识和技术知识的学习问题，陈云特别指出，我们要“向全党解释，各种经济工作和技术工作是革命工作中不可缺少的部分，是具体的革命工作”，因此，“应纠正某些党的组织和党员对革命工作抽象的狭隘的了解，以至轻视经济工作和技术工作，认为这些工作没有严重政治意义的错误观点。”1983 年 2 月 25 日，陈云在写给当时任中央党校校长的王震的一封信中再次强调：“党校学员既要学习马列主义、毛泽东思想的基本理论和党的方针、政策，以此作为主课，又要学习一些现代科学文化知识和必要的专业知识，以提高领导水平和实际工作能力。”

五、强调学以致用的良好学风和行之有效的学习方法

有句名言：“最有价值的知识是关于方法的知识。”我们在学校里学到的知识是“黄金”，若同时学会了学习的方法，那就掌握了“点金术”。为理顺工作、生产和学习之间的关系，陈云摸索出一整套行之有

效的学习方法。

陈云强调，“各人的程度不同，环境不同，读书应该采取不同的办法。”他谦虚地说，“像我们这样没有什么底子，各种知识都很缺乏的人，要老老实实做小学生。要将现有的主要教科书一本一本地读，既不是弛怠，也不用着急，一步一步来。可以每个星期读三四十页，每字每句都要读懂，不懂的就要认真请教。一本一本书读懂的办法很重要”。他批评有些干部“书拿到手上，这句不懂那节不晓，而又不曾想法一句一句地弄通。这样，没有益处，而且不能坚持，必然半途而废。”他要求“现在要改变这种状况，要读就读懂，不要一知半解。这种力求把书上的意思都读懂的办法，是达到融会贯通的必经步骤。对于初学的人，不要企图每门功课读很多参考书，那样读完一本书要延长几倍的时间，倒不如一本书多读几次，逐渐增加参考书，逐渐加深理解，得益更多些。”

针对有人认为拿起书本就是学习的思想，他强调“读书要做笔记。这有两个好处，一是让你多读几次，一是逼着你聚精会神，认真思索，使你了解深刻些，而不像随便看过去那样模模糊糊。”他倡导“读书最好有个小组，几个人在一起讨论一下，可以互相启发，程度低的还可以得到程度高的同志的帮助。”针对有些干部学习计划性不强的问题，他提出学习要有计划，“要订出一个切实的读书计划，照着去办，坚持不懈”。他要求“我们的特委、县委、区委的领导同志，要有计划地看书，要好好地学，长期地有恒心地去学，像党中央的干部一样。这件事，对领导干部是重要的。”

陈云强调，“要从成功的经验中学习，特别要从失败的经验中学习。这是使我们减少错误的好办法。一个人做事不可能不犯错误。有一种人，犯了错误只是觉得不好意思；另一种人，却把失败当做成功之母，从失败中吸取经验教训。后一种态度，显然是正确的。”他提倡要“向左右、上下学习，也就是向同行学习，向上级和下级学习，特别是向下级学习。”他倡导“我们应该形成一种开会讨论、随时商量的风气。提出方案，不怕别人指责，因为只有互相讨论，才能使方案更加合理，使工作前进一步。”他批评当时“这种互相讨论的空气是很稀薄的，而向下级学习的空气更稀薄。这种现象应该有所改变。”

他还提倡向国外的经验学习，他指出，“有人说，我们自己也有很高的文化，在历史上有占显著地位的科学发明。这当然不能否认。但是这些成就，如同锁在仓库里的东西一样，不会因为向外国学习就丢掉的。现在我们应该首先学习我们所没有的东西。要学习，就要丢掉包袱。我们要面向现实，采取老老实实的态度。”

六、倡导干部特别是高级干部要带头学习的观点

干部素质始终关系我们事业的兴衰成败，各级领导干部要以身作则，学出成绩，真正形成辐射作用，以进一步推动全党形成浓厚的学习风气。陈云指出，“学习理论既然是每个党员的责任，那么，党内的老干部、高级干部首先要努力学习，成为学习的模范。”他要求“高级干部要思索一下，看看下列两种情形，哪一种对党更有利？一种是，一天到晚地埋头工作，不去找时间读书；另外一种，就是一天抽两小时来读书。”他认为后一种对党更有利，老干部和高级干部“有斗争经验，学习理论更容易把书本上的东西消化成为自己的，这样，领导工作的水平就可以大大提高。同时，党要培养大批理论联系实际的干部，也首先寄托在老干部和高级干部的身上，老干部要担负起这个责任”。陈云指出“负责的人要带头学，你这样做了，别人也会照样去做。”

我们今天与陈云同志所处的时代以及那个时代所面临的形势和任务都发生了根本变化，但是，陈云所倡导的关于学习的基本观点没有过时，对我们今天建设学习型党组织仍然具有重要启发意义。

（作者单位：新疆生产建设兵团党委宣传部）

以改革创新精神深入推进学习型党组织建设

中央党校中国特色社会主义理论体系研究中心

党的十七届四中全会从全面推进中国特色社会主义伟大事业和党的建设新的伟大工程的全局出发，提出了建设马克思主义学习型政党的重大战略任务。把这一重大战略任务落到实处的重要基础工程就是建设学习型党组织。自中央下发《关于推进学习型党组织建设的意见》以来，各地学习型党组织建设如火如荼，取得了很好的效果。全党学习的自觉性进一步提高，学习在党内蔚然成风，原来是“被动学”，现在是“主动学”；党员干部的素质得到提升，领导能力和执政能力也得到进一步提高。随着形势和任务的发展，在学习型党组织建设过程中也出现了一些新情况、新问题，因此，我们应该以改革创新精神探索加强和改进学习型党组织建设的新途径、新方法，努力把基层党组织建设成为坚强的战斗堡垒。

一、学习型党组织建设中存在的主要问题及原因分析

1. 学习型党组织建设中存在的主要问题。一是重形式、轻内容和效果。一些地方在进行学习型党组织建设时，忽视学习的内容和效果。

个别地方和单位特别重视参观考察，热衷于到发达地区去组团参观，忽视正常的理论学习。二是重场面、轻机制。一些地方重视热热闹闹的学习运动场面，忽视学习的长效机制建设，党员干部学习的内驱力并未建立起来。三是重学习、轻运用或轻考核。一些地方的学习活动搞得红红火火，但是不注重学习成果的运用，或者是只学习不考核，使得学习流于形式。四是重组织学习、轻载体和阵地建设。把学习型党组织建设扎实推进，不但要组织好学习，还要抓好载体和阵地建设。比如，基层党校是一个重要的学习阵地，但是有些地方党校建设投入很少，出现了“党校不如寺庙”的现象。没有巩固的学习载体和阵地，学习型党组织建设就不会持续深入进行。

2. 学习型党组织建设存在问题的主要原因。一是对学习型党组织建设的重要性、紧迫性认识不足。有的党员干部认为，自己本身经过了多年的学习，掌握的知识在工作中已经够用了，增长知识的途径有很多种，不一定单独拿出更多的时间和精力去专门学习。二是学习的方法和形式单一、呆板，不能吸引党员干部参加学习活动。传统的念文件、讨论、听报告、看录像等方式，吸引力、感染力、渗透力较差，学习效果欠佳。三是学习的内容和工作实践结合力度不够。有些单位组织的学习活动，没能把业务学习和政治学习有效结合起来，导致学习与工作两张皮。使得有些党员干部认为学习不能改进工作，不如不学。四是学习的制度性约束机制不健全，没有可以量化的考核标准，学习的结果不能和干部选拔任用相结合，出现学与不学一个样、学好学坏一个样的现象。

面对这些存在的问题，需要从多方面着力。全党应该充分认识到加强学习型党组织建设对于马克思主义学习型政党建设的重大意义，正确认识和处理当前学习型党组织建设中存在的问题，以改革创新精神深入推进学习型党组织建设。

二、进一步提高对加强学习型党组织建设重要性的认识

1. 要深刻认识建设学习型党组织是党始终走在时代前列、科学应对国际局势变化的重要基础。90多年来，我们党总是根据形势和任务的变化向全党提出学习的任务，特别是在每一个重大历史转折时期，都把加强学习作为战胜艰难曲折、夺取新的胜利的重要法宝，极大地推动了党的事业的蓬勃发展。当今世界正处在大发展大变革大调整时期。世界多极化、经济全球化深入发展，国际竞争日趋激烈，特别是现代科学技术进步日新月异，知识创造、知识更新速度大大加快，创新能力越来越成为综合国力和国际竞争力的核心因素。面对这样的新情况、新问题，我们党要更好地肩负起历史和时代赋予的崇高使命，就必须更加重视学习、善于学习，努力掌握和运用一切科学的新思想、新知识、新经验。只有这样，才能敏锐把握时代前进脉搏，科学判断世界发展大势，更好地带领人民在时代的风云变幻和激烈的国际竞争中抢占先机、掌握主动，始终立于不败之地。

2. 要深刻认识建设学习型党组织是党领导人民夺取全面建设小康社会新胜利、开创中国特色社会主义事业新局面的必然要求。当前，我国已进入新的发展阶段，经济社会发展呈现出一系列阶段性特征，我国既处于黄金发展期，又处于矛盾凸显期。在这个阶段，党在推进改革开放和社会主义现代化建设中肩负任务的艰巨性、复杂性、繁重性世所罕见。在这个阶段，我们不熟悉、不了解、不懂得的东西还很多。人民群众也对我们充满新的期待。所以在新的起点上开拓中国特色社会主义更为广阔的发展前景，要求各级党组织和广大党员干部必须在新的实践中重新学习、继续学习、勤奋学习，切实掌握和运用好党的理论创新成果，不断深化对中国特色社会主义理论体系的认识，不断完善适合我国

国情的发展道路。

3. 要深刻认识建设学习型党组织是提高党的执政能力、保持和发展党的先进性的紧迫任务。近些年来，国外政党兴衰沉浮的诸多经验表明，一个政党如果不能经受住执政的考验、不能有效解决自身存在的突出问题，垮台是迟早的事。必须清醒地看到，党的先进性和党的执政地位不是一劳永逸、一成不变的，过去先进不等于现在先进，现在先进不等于永远先进；过去拥有不等于现在拥有，现在拥有不等于永远拥有。面对各方面考验，我们比以往任何时候都更加需要学习。全党同志必须居安思危，更加自觉、认真、勤奋地学习，更好地保持和发展党的先进性、巩固党的执政地位、实现党的执政使命。

三、以改革创新精神深入推进学习型党组织建设

解决学习型党组织建设中存在的问题关键要进一步解放思想，实事求是，要以改革创新精神深入推进学习型党组织建设。要大力营造和形成重视学习、崇尚学习、坚持学习的浓厚氛围，牢固确立党组织全员学习、党员终身学习的理念，建立健全管用有效的学习考核制度，使党员的学习能力不断提升、知识素养不断提高、先锋模范作用充分发挥，使党组织的创造力、凝聚力、战斗力不断增强。

1. 以改革创新精神深入推进学习型党组织建设，必须不断丰富学习内容。世界在变化，形势在发展，我们要学习的知识很多，因此在学习型党组织建设中根据形势和任务的发展变化不断丰富学习的内容，不仅要注重理论知识的学习，也要注重业务和技能的学习。

要特别注重学习中国特色社会主义理论体系。中国特色社会主义理论体系，是在和平与发展成为时代主题的历史条件下，在我国改革开放和社会主义现代化建设的伟大实践中，总结我国社会主义建设正反两方面历史经验和改革开放以来新鲜经验，并借鉴其他社会主义国家兴衰成

败经验教训的基础上逐步形成和发展起来的。这个理论体系在建设中国特色社会主义的思想路线、发展道路、发展阶段、发展战略、根本任务、发展动力、依靠力量、国际战略、领导力量和根本目的等问题上，形成了一系列独创性的重大理论观点，系统回答了在中国这样一个十几亿人口的发展中大国如何摆脱贫困、加快实现社会主义现代化、巩固和发展中国特色社会主义的一系列重大问题。中国特色社会主义理论体系是不断发展的开放的理论体系，理论空间十分广阔，具有很强的时代性和开放性，将随着时代、实践和科学的发展而不断丰富和发展。这就要求我们不能故步自封，要时刻关注中国特色社会主义理论体系的最新发展成果，深入学习和实践，善于不断总结新鲜经验，以新的重大理论观点和重大战略思想不断充实、丰富和发展中国特色社会主义理论体系。

各级党组织还要积极推动党员干部学习人类社会创造的一切文明成果，学习现代化建设所需要的经济、政治、文化、科技、社会和国际等各方面知识，学习反映当代世界发展趋势的现代市场经济、现代国际关系、现代社会管理和现代信息技术等方面的新知识、新经验。党员领导干部要自觉学习科学知识，不断优化知识结构、开阔思路、把握规律，进一步提高战略思维、创新思维能力，成为本领域本行业的行家里手。

2. 以改革创新精神深入推进学习型党组织建设，必须不断创新学习方式方法。推进学习型党组织建设，要有一套科学的方式方法做保证。学习方式不能千篇一律，不能搞一刀切，要采取生动灵活的学习方式，不断提升学习的效果。具体说来在学习中要做到以下几点：一是集中学习与个人自学并重。“三会一课”是一种日常的、为实践所证明的行之有效的学习制度。这种学习方式的特点是集中学习。在坚持“三会一课”的常规学习制度之外，也要鼓励党员干部利用自己的业余时间坚持个人自学。可以采用定期进行学习交流的方式来检验党员干部个人自学的效果。二是现场听课与事后补课相结合。党组织举办的各种讲座、论坛是一种现场学习，对于有特殊原因不能到现场学习的党员干部来讲要及时“补课”。三是走出去与请进来相结合。组织党员干部到一些改革开放取得良好成效的单位考察学习，也可以组织党员干部到一些博物馆、纪念馆参观。除此之外，也可采用请相关单位和部门进行现场指导。四是理论学习与主题实践活动相结合。除了安排理论学习外，还可以把主题实践活动与理论学习相结合。比如举办演讲比赛、文艺晚会等等，寓教于乐，使学习的内容鲜活起来。

3. 以改革创新精神深入推进学习型党组织建设，必须不断加强学习载体和阵地建设。学习载体和阵地是党组织开展学习活动的重要平台和根据地，是推进学习型党组织建设的基础性工作。深入推进学习型党组织建设就要高度重视学习载体和阵地建设，以载体和阵地建设打好基础，营造氛围，积极推动成果转化，使学习型党组织建设的各项任务切实落到实处。

要丰富学习型党组织建设的载体，充分发挥好主流载体的作用。除了传统的纸质载体外，要学会运用互联网等新兴载体，大力拓展学习的平台。要积极引导各级各类新闻载体和互联网、手机等新兴载体在学习型党组织建设中发挥自己的作用。要积极运用信息网络技术手段，加强农村党员干部远程教育等学习教育网络建设，加强数字图书馆、数字出版物等网络学习教育平台建设，加强文化信息资源共享工程建设，不断提高党员干部学习教育的信息化水平。

党校、行政学院、干部学院等院校既是马克思主义理论教育的重要阵地，又是党性锻炼的大熔炉；既是培训高素质执政骨干的主渠道，又是推进学习型党组织建设的主阵地，也是加强马克思主义执政理论建设、推动党的理论创新的生力军。在学习型党组织建设中必须始终坚持党校、行政学院、干部学院等院校干部教育培训的主体地位不动摇，采取多种措施着力营造外部环境，努力加强内部建设，特别是要加强基层干部教育培训机构的基础设施建设和人才建设，进一步优化资源配置，使这些主阵地在学习型党组织建设中切实发挥应有作用。

4. 以改革创新精神深入推进学习型党组织建设，必须不断加强对学习情况的考核。建立健全党员干部学习考试考核制度，加强考试考核工作，是规范党员干部学习，增强党员干部学习自觉性的必要措施，也是提高党员干部理论学习质量，检验理论学习效果的有效手段。

党员干部集中在院校学习，是提高他们自身素质和能力的一种方式。党员干部特别是领导干部平时在工作中公务繁忙，无暇学习，集中在院校过上集体生活，是一种难得的思考和学习的机会，可以认真总结工作的经验，研究党的理论、党和政府制定的大政方针政策。在院校集中学习应该用考试、考核的方式检验学习的效果，同时也是加强对在校学习的党员干部管理的一种有效手段。因此，要对脱产进修学习的党员干部，进行书面考试和书面鉴定；学习结束时，要把鉴定和考试成绩记入党员学习登记表并进入个人的档案。

对党员干部理论学习的考核可结合对他们的平时考核、年度考核、任前考核或届中、届末考核来进行。个人、群众、组织都要参与到考核中来。党员干部在述学时要对自己参加各种形式的学习、学习的内容、方式和指导实际工作的成效、今后打算等方面进行回顾和总结，同时也要进行自我评价。群众要对干部学习的有关情况进行民主评议和测评。党支部、组织宣传部门、纪检部门等机构要对党员干部的学习态度、理论素养、学习效果特别是运用理论改造主客观世界的情况进行全面考察、核实。

（执笔：洪向华）

倍加珍惜党开展学习活动的历史经验

教育部中国特色社会主义理论体系研究中心

党的十七届四中全会明确提出，必须把建设马克思主义学习型政党作为重大而紧迫的战略任务抓紧抓好。十七届六中全会进一步要求，大力推进马克思主义学习型政党、学习型党组织建设。这是我们党在深刻总结历史经验、科学分析新形势新任务基础上作出的重大决策。我们党历来重视学习、善于学习，建党 90 年来，在领导革命、建设和改革的长期实践中，我们党一以贯之地把加强学习作为关系党和国家事业兴旺发达的战略任务来对待、倡导和坚持，并根据形势和任务的发展变化，不断向全党提出新的学习任务，始终保持了党在思想理论上的先进性，领导人民取得了一个又一个的辉煌成就，其历史经验弥足珍贵，必须倍加珍惜。

一、重视并善于学习是中国共产党的优良传统和政治优势

我们党始终高度重视通过开展广泛而深入的学习，深化对中国革命、建设和改革具体实际的认识，创造性地开展工作，有力推进了事业发展。

1. 中国共产党在学习中走向成熟，领导全国人民夺取革命胜利，最终确立社会主义制度。与任何新生事物一样，中国共产党也经历了由不成熟到成熟，由学习模仿到自觉创新的成长过程。毛泽东同志在领导中国革命的过程中深切感受到，没有革命理论，没有历史知识，没有对于实际运动的深刻了解，中国革命要取得成功是不可能的。抗日战争爆发后，党面临的形势和肩负的任务比过去更加艰巨复杂，更加迫切地需要学习，需要科学理论的指导。在六届六中全会上，毛泽东号召“来一个全党的学习竞赛”。1939 年 5 月，毛泽东进一步提出，要“把全党变成一个大学校”。从六届六中全会开始，经过延安整风学习，大大提高了全党的马克思主义理论水平，对实现全党思想上、政治上的高度统一产生了积极推动作用。新民主主义革命即将在全国取得胜利时，党的七届二中全会号召全党用极大的努力学会管理和建设城市。从新中国成立到基本完成社会主义改造、全面确立社会主义制度，伴随着各项任务的提出，党中央始终强调不断加强学习，全党上下迅速掀起了一个学文化、学知识、学业务的热潮，较快地适应了形势发展需要，从而使我们党在执政初期很快实现了社会稳定，恢复了国民经济。

2. 中国共产党在学习中解放思想，推进改革开放，建设中国特色社会主义。“文化大革命”结束后，在中国向何处去的历史关头，邓小平同志提出要用完整准确的毛泽东思想来指导全党全军全国人民，并旗帜鲜明地支持真理标准问题大讨论。这场讨论既是一场全国性的思想解放运动，也是一次深刻的马克思主义学习教育。1978 年邓小平同志在中央工作会议上郑重提出，“全党同志一定要善于学习、善于重新学习”。他一方面强调学习马克思主义的重要性；另一方面强调在实践中发展马克思主义。正是在这一思想指引下，党成功开辟了建设中国特色社会主义的正确道路，取得了改革开放和现代化建设的巨大成就，并创立了邓小平理论这一当代中国的马克思主义。

3. 中国共产党在学习中与时俱进，推动理论创新，引领各项事业

科学发展。改革开放进入关键时期后，面对新情况新问题，江泽民同志发出“学习，学习，再学习”的号召。党的十五大又郑重把邓小平理论确立为党的指导思想并写入党章，在全党兴起了学习高潮。在继承、发展并成功把改革开放伟大事业推向21世纪的过程中，以江泽民同志为核心的党的第三代中央领导集体集中全党智慧，创立了“三个代表”重要思想。党的十六大把这一科学理论作为党的指导思想写入了党章，并在全党兴起了学习贯彻的新高潮。党的十六大以来，在以胡锦涛同志为总书记的党中央领导下，我们党坚持理论创新和实践创新，着力推动科学发展、促进社会和谐，坚定不移地把改革开放伟大事业继续推向前进，在此过程中形成的科学发展观成为中国特色社会主义理论体系的组成部分。十七大召开后，全党开展了深入学习实践科学发展观活动，有力推动了各项事业的科学发展。

二、重视并善于学习是中国共产党不断走向胜利的重要法宝

实践证明，重视并善于学习，是中国共产党从小到大、从弱到强，不断从胜利走向新的胜利的重要法宝。在这一过程中，党形成了一套颇具特色并行之有效的做法和经验。

1. 在解放思想、推动理论创新的基础上统一全党思想是学习的根本出发点。在中国革命和建设过程中，我们党通过整风学习，冲破了教条主义的束缚，实现了全党在马克思主义基础上的统一。“文化大革命”结束后，经过真理标准问题大讨论，广大干部群众从个人崇拜和“两个凡是”的思想禁锢中解放出来，并在改革开放和社会主义现代化建设新的实践中，重新审视长期形成的传统观念，把思想从那些被实践证明不合乎中国实际、不合乎时代进步、不合乎经济和社会发展客观规律的条条框框中解放出来，使中国走上了繁荣发展之路。在把中国特色

社会主义事业成功推向新世纪的过程中，我们党不断深化对事物发展客观规律的认识，自觉把思想认识从那些不合时宜的观念、做法和体制的束缚中解放出来，从对马克思主义的错误的和教条式的理解中解放出来，从主观主义和形而上学的桎梏中解放出来，以实践基础上的理论创新回答一系列重大理论和实际问题，为实践探索提供了体现时代性、把握规律性、富于创造性的科学理论指导。

2. 理论联系实际，掌握和运用马克思主义的立场观点方法是学习的原则要求。早在延安整风期间，毛泽东同志就将学风问题作为“第一个重要的问题”来解决，号召全党大兴理论联系实际的学风，有的放矢地解决中国具体问题。邓小平同志在改革开放初期也指出，我们“主要的是要用马克思主义的立场、观点、方法来分析问题，解决问题”。江泽民同志强调，“学习理论，关键要学会运用马克思主义的立场、观点、方法来观察和解决问题，提高辩证思维的能力，防止形而上学和片面性”。胡锦涛总书记进一步指出，学习马克思主义“最重要的是始终坚持贯穿这个科学思想体系的活的灵魂，始终坚持马克思主义立场、观点和方法”。我们党正是坚持把马克思主义基本原理同中国具体实际和时代特征相结合，自觉运用马克思主义立场观点方法研究和解决中国革命、建设、改革的实际问题，不断推进马克思主义中国化，才先后形成了毛泽东思想和中国特色社会主义理论体系，指引中国革命、建设和改革取得了一个又一个的伟大胜利。

3. 马克思主义理论与科学文化知识相结合是学习的基本内容。中国革命、建设和改革事业是宏伟的、波澜壮阔的，党的学习也应该是全面的、系统的，不仅要下工夫学习马克思主义理论，以此作为统领全局、贯穿各项工作的灵魂，同时还要努力用人类所创造的一切科学文化知识来丰富和提高自己，使自己的思想水平和知识水平适应时代前进的需要。在领导全党学习马克思主义理论的过程中，毛泽东同志始终非常重视党员干部科学文化知识的学习。邓小平同志也针对改革开放后出现的新形势，要求全党特别是领导干部，在抓紧马克思主义基本理论学习的同时，还要抓紧经济和业务知识的学习。江泽民、胡锦涛同志更是反复强调，领导干部的学习是多方面的，除了要把马克思主义理论和党的理论创新成果的学习作为第一位任务外，还要学习经济、政治、文化、法律、科技、管理、历史、军事等方面的知识，并把这方面的学习同加深领会和灵活运用马克思主义理论紧密结合起来。

4. 学习理论与总结历史经验相结合是历次学习活动的基本特点。延安整风的一个重要特点，就是把学习理论同研究党的历史、总结历史经验结合起来，统一了全党思想。十一届三中全会前后进行的真理标准问题大讨论和起草《关于建国以来党的若干历史问题的决议》，也是学习理论与总结历史经验相结合的成功典范。党的十七届四中全会认真总结了党执政60年来加强自身建设的基本经验，提出了建设马克思主义学习型政党的重大战略任务。十七届六中全会进一步强调："坚持以领导班子和领导干部为重点，以提高思想政治素养为根本，以建设学习型党组织为抓手，大力推进马克思主义学习型政党建设"，从而为推进马克思主义学习型政党建设指明了方向。

5. 领导干部率先学习与全党普遍学习相结合是开展学习活动的基本方式。在延安整风中，首先是组织领导干部学习研究马克思主义理论和党的历史经验，统一认识后才转入广大党员干部的普遍学习。面对新形势新任务，进入新世纪以来，党中央在县处级以上领导干部中进行了以"讲学习、讲政治、讲正气"为主要内容的党性党风教育活动，在全党范围先后开展了以实践"三个代表"重要思想为主要内容的保持共产党员先进性教育活动，以及深入学习实践科学发展观活动，在党的基层组织和党员中深入开展了创建先进基层党组织、争当优秀共产党员活动。这些主题教育活动，是党在新的历史条件下用发展着的马克思主义武装全党的重大举措，使广大党员干部受到了深刻的马克思主义教育，从而进一步坚定了理想信念，提高了素质能力。

开展集中教育与建立长效机制相结合是增强学习效果的基本途径。在开展集中学习教育活动的同时，我们党越来越重视建立健全符合实际、行之有效的学习制度，促进党员干部学习科学化、规范化、制度化。特别是新世纪新阶段，我们党不断完善学习的长效机制，中央政治局带头坚持集体学习制度，各级党委建立健全了党委（党组）中心组学习制度、党员干部学习培训制度以及考勤、档案、通报、督查等各项制度，切实增强了学习效果。

三、中国共产党重视并善于学习的历史经验对当前建设马克思主义学习型政党的启示

回顾90多年来我们党在学习中不断成熟壮大的光辉历程，从中可以获得许多宝贵的启示。

1. 党的事业处于重大历史关头和关键时期一定要特别重视加强学习。我们党是一个很有学习能力的政党。在每一个重大历史转折关头，我党都善于学习，总结经验教训，从而走向胜利。当今世界正处于一个大发展大变革大调整的时期，我国改革开放和现代化建设也进入一个新的发展阶段，改革发展稳定的任务艰巨繁重，党所面对的执政考验、改革开放考验、市场经济考验、外部环境考验是长期、复杂和严峻的，而精神懈怠、能力不足、脱离群众、消极腐败这四大危险，则更加尖锐地摆在全党面前。在这一改革发展的关键时期，加强学习越来越成为我们党始终走在时代前列、引领中国发展进步的决定性因素，越来越成为提高党组织创造力凝聚力战斗力的重要基础。我们必须比以往更加重视学习、善于学习，不断深化对中国特色社会主义建设规律的认识，更好地保持和发展党的先进性、巩固党的执政地位、实现党的执政使命。

2. 马克思主义基本理论及其中国化成果一定要摆在学习的核心位置。理论上的成熟是政治上成熟的基础。要确立正确的政治方向，坚定

正确的政治立场，保持敏锐的政治眼光，树立昂扬的革命精神，离开科学理论的武装都是不可设想的。这就要求各级领导干部的知识结构一定要以马克思主义理论为核心进行构建，重点学好马克思列宁主义、毛泽东思想和中国特色社会主义理论体系，掌握实质和精髓，充分发挥其指导改革开放和社会主义现代化建设的理论功能。

3. 在学习中一定要掌握和运用马克思主义立场观点方法，研究解决实际问题。历史经验及教训告诉我们，只有学会运用马克思主义的立场观点方法来观察和解决实际问题，才能克服和避免工作中的摇摆性、片面性、盲目性，增强原则性、系统性、预见性、创造性。这就要求我们必须掌握辩证唯物主义和历史唯物主义的思想武器改造客观世界和主观世界，坚持党的思想路线和依靠群众的工作方法，不断提高工作水平。

4. 读书学习一定要紧密围绕党的中心工作，明确根本目标。我们党一贯提倡的读书学习，是马克思主义学习型政党的自觉行为。胡锦涛总书记指出："中央要求领导干部加强学习，根本目的是要提高我们党执政兴国的本领，提高为人民服务的本领，提高不断开创中国特色社会主义事业新局面的本领。"党的十七届四中全会也强调，建设学习型政党要以提高全党思想政治水平为基本目标，努力掌握和运用一切科学的新思想、新知识、新经验，在提升理论水平、加强党性修养、增强工作本领上取得新成效。因此，党员干部的读书学习一定要紧密围绕党的中心工作，最终落脚点是提高领导水平和执政水平，增强立党为公、执政为民的实际工作能力。

5. 领导干部一定要在学习中率先垂范，起到带头作用。政治路线确定以后，干部就是决定因素。这就要求党的领导干部尤其是高级领导干部一定要努力成为勤于学习、善于学习的典范。在这方面，党的三代领导人为全党树立了光辉榜样：毛泽东同志广泛阅读并深入研究马列主义经典著作和中国传统文化典籍，留下大量读书批注；邓小平同志在逆境中仍坚持读书学习，从未中断；江泽民同志亦是手不释卷，博览群书。榜样的力量是无穷的。党内要真正形成良好的学习风气，高中级干部的带头示范作用至关重要。党的十六大以来，以胡锦涛同志为总书记的中央领导集体身体力行、率先垂范，已连续10年在中央政治局范围先后进行了70多次集体学习，并作为一项制度长期坚持下来，对建设学习型政党和学习型社会起到了重要推动和示范作用。

6. 在学习中一定要坚持与时俱进，不断推动理论创新。学习是一种创造性的活动，尤其是学习马克思主义理论，必须紧密伴随实践的发展，坚持在制度创新的基础上不断推进理论创新。马克思主义具有与时俱进的理论品质。一部马克思主义发展史，就是与时俱进的理论创新史，它昭示我们：社会实践是随着时代进步而不断发展的，实践主体的认识水平也必须随之不断提高，并根据实践提出的新要求进行新的理论创新。毛泽东思想和中国特色社会主义理论体系作为马克思主义中国化的两大成果，坚持了与时俱进的理论品质，体现了理论创新的巨大勇气。学习永无止境，实践也永无止境，创新更要永无止境。我们一定要在学习过程中，结合新的实践，不断开辟马克思主义在当代中国发展的新境界。

（执笔：刘景泉　秦立海　张　健）

不断提高学习型党组织建设科学化水平

中国社科院中国特色社会主义理论体系研究中心

建设学习型党组织是建设马克思主义学习型政党的基础工程和组织保证，是保持党的纯洁性和先进性、开创中国特色社会主义事业新局面的重大战略举措。当前，各地各部门蓬勃开展学习型党组织建设，取得了巨大成果，但从党组织的学习状况来看，还存在一些问题，亟须从理论指导、方法创新、制度保障等方面切实加以改进，不断提高学习型党组织建设科学化水平。

一、以科学的理论指导学习型党组织建设

1. 建设学习型党组织，关键是要坚持科学理论的指导，贯彻科学理论武装的要求。党只有以科学理论为指导，才能引领时代发展潮流；党组织只有用科学理论武装自己，才能发挥领导核心作用。与企业、学校等学习型组织相比，我们所要建设的学习型党组织既要具备学习型组织的一般属性，又应符合马克思主义政党的本质要求，体现科学理论指导的本质属性。列宁曾经说过，“没有理论，革命派别就会失去生存的权利，而且不可避免地迟早注定要在政治上遭到破产”。江泽民同志强调：“全党政治思想上的统一、政治信念上的坚定，是全党组织上、行

动上的统一和具有强大凝聚力、战斗力的前提和基础。而这种政治思想上的统一、政治信念上的坚定，只能建立在全党同志自觉用马克思主义理论武装思想的基础之上。”建设学习型党组织，必须以思想政治建设为根本，以提高党员干部的思想政治水平为目标，组织党员干部深入学习马克思主义理论，学习党的路线方针政策和国家法律法规，学习党的历史，学习现代化建设所需要的各方面知识，不断在武装头脑、指导实践、推动工作上取得新成效。

2. 建设学习型党组织必须抓住重点，坚持不懈地开展党的理论创新成果的学习教育，坚持用中国特色社会主义理论体系武装全党。胡锦涛总书记在会见全军党的建设座谈会代表时明确指出：要以党的创新理论武装为根本加强学习型党组织建设。作为马克思主义中国化、时代化、大众化的最新成果，中国特色社会主义理论体系是同马克思列宁主义、毛泽东思想既一脉相承又与时俱进的科学体系，是党最可宝贵的政治和精神财富。要组织党员干部深入学习马克思列宁主义、毛泽东思想、邓小平理论、“三个代表”重要思想和科学发展观，全面准确地掌握中国特色社会主义理论体系的时代背景、实践基础、科学内涵、历史地位和指导意义，深刻领会贯穿其中的马克思主义立场、观点和方法，不断提高运用科学理论分析和解决实际问题的能力。要深入研究推动科学发展、促进社会和谐对党组织建设提出的新要求，把学习中国特色社会主义理论体系同研读马列著作、毛泽东著作结合起来，同认真总结党的历史经验特别是改革开放的新鲜经验结合起来，从理论和实践、历史和逻辑的统一上加深理解，不断增强学习贯彻中国特色社会主义理论体系的自觉性和坚定性。

3. 建设学习型党组织必须把握灵魂，坚持理论联系实际的马克思主义学风。早在延安时期，毛泽东同志就提出：学风问题反映领导机关、全体党员的思想方法和工作态度，是“第一个重要的问题”；要克服教条主义、经验主义两种主观主义的“不正派的学风”，树立“理论和实际相联系”的马克思主义学风。在改革开放新时期，邓小平同志告诫全党：“要坚持马克思主义，坚持走社会主义道路。但是，马克思主义必须是同中国实际相结合的马克思主义，社会主义必须是切合中国实际的有中国特色的社会主义”。在建设学习型党组织过程中，要引导党员干部发扬求真务实精神，积极向书本学习、向实践学习、向群众学习，坚持学以致用、用以促学、学用相长，做到学习理论与指导实践相结合、改造客观世界与改造主观世界相统一，真正把学习成果转化为运用科学理论分析和解决实际问题的能力，增强工作的原则性、系统性、预见性和创造性。

二、以科学的方法推动学习型党组织建设

科学方法的运用对于提高学习型党组织建设科学化水平至关重要。毛泽东同志曾经把运用方法与完成任务之间的关系，形象地比喻为用“桥”或“船”来“过河”的关系，说明科学的方法对于完成任务的重要性。同样，采取科学的方法决定学习型党组织建设各项目标任务的落实。面对复杂多变的国际形势、艰巨繁重的改革任务、迅猛发展的信息网络等新情况新问题，学习型党组织建设要坚持在长期实践中积累的有效举措，借鉴国外政党的有益做法，运用现代管理学、组织学、心理学等科学知识，并且结合新的实际探索富有时代特点、为广大党员所喜爱的方式方法。要适应新形势下党员干部在知识和技能方面的新需求，改进专题讲座、报告会、专题电视片、主题教育等学习方式，改进领导干部进修班、专题研究班等培训方式，支持参加各种成人教育、函授教育、网络教育等教育类型，探索互动式学习、研究式学习、共享式学习等学习形式，增强学习型党组织建设的吸引力和凝聚力。

1. 拓宽学习型党组织建设的途径。组织各种形式的主题学习教育活动，运用学习讲坛、读书会、知识竞赛、技能比赛、参观考察、专题

调研等手段，结合党和国家重大政策出台、重大活动开展和重大节庆纪念等契机，丰富完善活动载体和工作抓手，提高学习型党组织创建活动的覆盖面和参与度。特别是要围绕党的全国代表大会和中央全会的召开，组织党员干部学习贯彻党的理论创新成果和中央重大决策部署，把各级党组织和全体党员的思想和行动及时统一到中央精神上来。胡锦涛总书记明确指出：干部教育培训工作“必须紧紧围绕广大干部履行岗位职责的需要，有针对性地开展岗位必备知识和能力的培训、与本职工作密切相关的新理论新技能的培训，着力引导广大干部成为胜任本职工作的行家里手；必须根据完善知识结构、提高综合素质的要求，加强科学知识、科学精神、科学方法的培训，开展文学、艺术、历史等人文知识的学习，着力提高广大干部的科学素养和文化素养。”要注重开展丰富多彩、富有成效的学习型党组织创建活动，在激发学习动力、提高学习质量、增强学习实效上狠下工夫。

2. **扩展学习型党组织建设的阵地。**充分发挥党校、行政学院、干部学院在教育培训中的主阵地作用，发挥高等学校、社科研究机构以及各部门各行业培训机构的主渠道作用，改进培训方法，提高培训质量。充分运用各级各类广播、电视、报刊等新闻媒体和互联网、手机、博客等新兴媒体，发挥便捷优势，扩大培训范围。胡锦涛总书记强调：“现在信息网络化程度越来越高，对党的建设提出挑战，也带来机遇。”“各级干部要学习和熟悉信息网络，善于运用信息网络，提高运用信息网络进行引导和管理的能力。”要及时运用先进信息技术手段，加强党员干部远程教育、电化教育等学习教育网络建设，加强数字图书馆、数字出版物等学习教育平台建设，提高党员干部学习教育信息化水平，为推动学习型党组织建设创造有利条件。

三、以科学的制度保障学习型党组织建设

制度建设既是学习型党组织建设的重要组成部分，又是学习型党组织建设的重要保障。学习要靠自觉，更要靠制度。衡量一个党组织是不是学习型党组织，一个重要条件是看其是否有一套符合实际、行之有效的学习制度。胡锦涛总书记在主持中央政治局第一次集体学习时指出："为了适应党和国家事业发展的需要，为了更好地承担起党和人民所赋予的重任，我们必须进一步加强学习。除了自学以外，中央政治局还要进行集体学习。今天这次学习活动，是新一届中央政治局集体学习的第一次，开了个头。这要作为一项制度长期坚持。"建设学习型党组织必须遵循马克思主义执政党建设的规律，在建立和执行规章制度上下工夫，以加强对学习过程的管理和学习成果的考核，形成有利于提高学习自觉性、发挥学习主动性，保证学习不走过场、不搞形式主义，达到学有所得、学有所用的目的。

1. 完善各级党组织学习教育的管理、监督等制度，形成促学、督学的长效机制。要总结党员干部学习教育的实践经验，明确规定党组织开展学习教育的时间、内容、目标、责任以及相关的考勤、交流、通报等要求。健全党组织集体学习制度，领导班子要定期召开理论务虚会，保证集体学习每个季度不少于1次。健全调查研究制度，省部级领导干部到基层调研每年不少于30天，市、县级领导干部不少于60天，领导干部每年要撰写1—2篇调研报告。健全培训制度，科学安排岗前培训、业务培训、晋职培训、理论培训等，县处级以上党政领导干部参加脱产培训每年一般不少于110学时。健全基层党员轮训制度，落实《2009—2013年全国党员教育培训工作规划》。健全党员个人自学制度，制订学习计划和目标，强化党员干部的日常学习，激发个人自学的内在动力。增强学习型党组织制度建设的严密性和科学性，既要有实体性制度，又

要有程序性制度；既要规定应该如何学习，又要规定如果不学习该怎样处理，推进组织学习的规范化、程序化和常态化。

2. 完善各级党组织学习教育成果的考核、转化和使用制度，形成导学、助学的良好氛围。江泽民同志明确地说："是否认真学习，是否通过学习和通过工作实践真正提高了自己的马克思主义理论素养，是有没有党性的重要表现。这同时也应该成为考察、任用领导干部的一个基本标准"。要健全党组织学习教育考核制度，把学习情况作为民主评议党员、综合考核评价领导班子和领导干部的重要内容。胡锦涛总书记强调："各级党委要切实加强对学习的领导，作出周密部署，强化落实措施，坚持学习、宣传、研究相结合，确保学习活动深入扎实开展起来，确保学习活动收到实实在在的成效。"要健全学习教育成果转化制度，通过集体交流、媒体宣传、内参反映等形式，促进学习教育成果及时运用于党委和政府的决策中。要健全学习教育成果的使用制度，把理论素养、学习态度和学习能力作为选拔任用领导干部的重要依据，形成崇尚学习、善于学习的用人导向，整治用人上的不正之风。

中国共产党是一个由中央到地方再到基层的各级组织严密整合起来，拥有8000多万党员和380多万个基层组织，带领13亿多人前进在社会主义现代化建设道路上的特大型政党。各级党组织是贯彻党的理论和路线方针政策的组织者、推动者和实践者。只有把各级党组织建设成为学习型党组织，才能从整体上建成马克思主义学习型政党。每一个党组织都要认真履行组织党员学习的职责，认真落实抓学习、促学习的责任制，确保学习型党组织建设各项任务落到实处。各级党委要弘扬改革创新精神，推动学习型党组织建设全面深入开展，提高各级党组织的创造力、凝聚力和战斗力，开创马克思主义学习型政党建设的新局面。

（执笔：罗文东）

推进学习型党组织建设
大力保持党的纯洁性

国防大学中国特色社会主义理论体系研究中心

胡锦涛总书记在十七届中央纪委七次全会上把保持党的纯洁性作为重大战略任务提了出来，要求全党不断增强党的意识、政治意识、危机意识、责任意识，切实做好保持党的纯洁性各项工作，大力保持思想纯洁、队伍纯洁、作风纯洁和清正廉洁。保持党的纯洁性是党的建设的根本问题和重要目标，党的建设的各项工作都必须以保持党的纯洁性为目标导向，服从服务于保持党的纯洁性。推进学习型党组织建设，必须把保持党的纯洁性作为重要目标和根本遵循。

一、保持党的纯洁性是建设学习型党组织的根本要求

保持党的纯洁性，就是保持党作为马克思主义政党的政治本色，保持党的性质宗旨和优良传统作风，把我们党建设成为思想上组织上作风上完全纯洁的马克思主义政党。

1. 保持党的纯洁性是建设学习型党组织的重要目标。保持党的纯洁性，是无产阶级政党保持创造力凝聚力战斗力的重要保证，是提高党在群众中威信、赢得人民拥护和支持的重要基础。早在民主革命时期，毛泽东就指出，要夺取中国革命的胜利，“就要有一个有纪律的、思想

上纯洁的、组织上纯洁的党”。学习型党组织建设具有鲜明的政治性和方向性，就是要建设马克思主义性质的学习型党组织，保持马克思主义政党的本质属性。科学理论武装是学习型党组织建设的首要任务，提高党员干部思想政治水平是学习型党组织建设的任务目标。从根本上说，无论是科学理论武装，还是提高思想政治水平，与保持党的纯洁性都是一致的，都是要学习马克思列宁主义、毛泽东思想和中国特色社会主义理论体系，学习党的路线方针政策和国家法律法规，学习党的历史，发扬党的优良传统和作风，以提高全党理论素养、政治素养、道德素养，始终保持马克思主义政党的政治本色。

2. 保持党的纯洁性是建设学习型党组织的基本任务。纯洁性是马克思主义政党的发展命脉。在革命、建设和改革各个历史时期，我们党始终把保持党的纯洁性作为基本任务。当前，我们党的队伍总体来看是纯洁、团结、有战斗力的。但随着我国改革开放和社会主义市场经济深入发展，随着党的队伍不断发展壮大，保持党的纯洁性遇到了这样那样的问题。在党员干部中，有的理想信念动摇，是非观念模糊，在大是大非面前不能站稳立场；有的宗旨意识淡薄，脱离人民群众，对群众疾苦麻木不仁；有的作风不正，贪图安逸享受，贪污腐化，严重侵犯国家和人民利益，等等。这些问题严重损害党的纯洁性，严重损害党同人民群众的血肉联系，严重影响党的执政地位巩固和执政使命实现，必须作为重大而紧迫的任务加以解决。通过学习教育保持党的纯洁性，是中国共产党的宝贵经验。建设学习型党组织是推进我们党学习教育活动制度化常态化的重要举措，也是保持党的纯洁性的重要举措。加强学习型党组织建设，就是使广大党员干部和各级党组织不断学习，进一步在改造客观世界的同时改造主观世界，不断提高能力、素质和觉悟，始终保持党的先进性和纯洁性。

3. 保持党的纯洁性是衡量学习型党组织建设的重要标准。衡量标准体现的是工作导向，反映的是价值导向。党的纯洁性，包括党组织和党员干部在思想上、组织上、作风上等各方面的纯洁程度，直接体现了党的建设状况，体现了党的行为准则。学习型党组织建设是党的建设的重要创新，效果如何需要一定的衡量标准来测评。保持党的纯洁性是学习型党组织建设的重要目标和基本任务，也必然是学习型党组织建设的衡量标准。从保持党的纯洁性的角度衡量学习型党组织建设状况，就要看是否具有坚定的理想信念，在思想上政治上行动上同党中央保持高度一致；是否能够模范践行社会主义荣辱观，树立良好的道德风尚；是否能够实现好、维护好、发展好最广大人民根本利益，想问题、做决策、干工作从群众利益出发，解决本地区本部门本单位改革发展稳定的突出矛盾和问题；是否能够严格自律，保持清正廉洁，等等。

二、建设学习型党组织是保持党的纯洁性的重要途径

学习是人类进步的阶梯，是提高修养的渠道，也是保持党的纯洁性的重要途径。建设学习型党组织，就是要通过学习这个重要途径，不断增强自我净化、自我完善、自我革新、自我提高能力，始终坚持党的性质和宗旨，永葆共产党人政治本色。

1．建设学习型党组织是党进行自我净化的重要机制。党的纯洁性是一个永恒话题，追求纯洁是我们党的一个永恒目标。党的纯洁性归根到底要靠各级党组织特别是广大党员干部的纯洁来体现和保持。保持党的纯洁性，一方面要把好入口关和疏通出口，把是否具备党员条件作为保持组织纯洁的重要标准，另一方面还要通过学习型党组织这个净化机制，使党员干部不断得到自我净化。这是因为，党的纯洁性不是固定不变的，也不是一劳永逸的，过去纯洁不等于现在纯洁，现在纯洁也不等于永远纯洁。其内容和要求，都是随着时代的前进、随着党和人民事业的发展而发展的。对于广大党员干部身上的一些缺点，要通过学习教育

加以改造和纠正，使广大党员干部自觉克服缺点，防微杜渐，实现自我净化和提升。邓小平指出：“对大多数党员来说，是通过思想教育，增强党性。要使全党在思想上政治上和精神状态上有显著的进步，党员为人民服务而不谋私利的觉悟有显著的提高，党和群众的关系有显著的改善。”建设学习型党组织，就是通过加强思想政治教育，增强党性锻炼和党性修养，使各级党组织和广大党员干部变得更为纯洁。

2. 建设学习型党组织是党组织和党员干部抵御风险的有效方式。保持党的纯洁性，必须增强各级党组织和党员干部的学习力免疫力，切实经受住考验、防止蜕化变质。历史和现实一再表明，一个政党在掌握政权之前，往往能够自觉抵御风险，保持艰苦奋斗、廉洁爱民，一旦掌握政权，承平日久，进取心减退，就容易受到权力的腐蚀，受到各种不当利益和腐朽思想的诱惑。苏共在拥有 20 万党员时取得革命的胜利，在拥有 200 万党员时取得反法西斯的胜利，却在拥有 2000 万党员时失去了政权。这里的根本原因，就在于苏共的蜕化变质，失去了马克思主义政党本色，失去了党的纯洁性。“前车之鉴，后事之师。”我们党作为马克思主义执政党，长期掌握国家权力，受到的诱惑越来越多，遇到的危险和挑战也越来越多。随着世情国情党情的深刻变化，我们党面临的长期执政的考验、改革开放的考验、市场经济的考验、外部环境的考验越来越严峻复杂；精神懈怠的危险、能力不足的危险、脱离群众的危险、消极腐败的危险更加尖锐。这些考验和危险，对保持党的纯洁性提出越来越大的挑战。加强学习型党组织建设，是经受考验、抵御风险，保持党的纯洁性的重要途径。通过学习提高各级党组织和党员干部的党性修养和思想政治觉悟，增强党的机体免疫力，有效抵御腐朽思想文化和生活方式的侵蚀，真正做到“出淤泥而不染，濯清涟而不妖”，始终保持党的纯洁性。

3. 建设学习型党组织是保持党的先进性的重要举措。党的先进性是党的纯洁性的必然要求。从本质上讲，党的纯洁性同先进性也是一致的。纯洁性是先进性的前提和基础，先进性是纯洁性的体现和保证。保持党的纯洁性必须以保持党的先进性为条件，离开党的先进性，党组织就缺乏创造力凝聚力战斗力，再纯洁的党组织，也不能完成时代赋予的职能使命。“刀不磨要生锈，人不学要落后。”党的先进性首先表现为思想理论上的先进性，只有思想理论上先进才能保持和发展党的先进性。通过学习提高全党的思想理论素养，不断为党的先进性建设注入强大动力，是我们加强和改进党的建设的重要经验。当今时代科技进步日新月异，知识创造、知识更新速度大大加快，创新能力越来越成为综合国力和国际竞争力的核心因素的情况下，无论一个国家、一个民族还是一个政党，如果不加强学习，不提高学习能力，思想就会固定僵化、因循守旧、故步自封，势必落后于时代。建设学习型党组织，就是要促进各级党组织和党员干部重视学习、善于学习、加强学习，努力掌握和运用一切科学的新思想、新知识、新经验，顺应时代发展，实现知识的不断更新丰富，切实提高思想理论水平，不断深化对共产党执政规律、社会主义建设规律、人类社会发展规律的认识，切实提高推动科学发展、促进社会和谐的能力，使我们党在理论上实践上永葆先进性和纯洁性。

三、以保持党的纯洁性为动力推进学习型党组织建设

党中央提出建设马克思主义学习型政党和学习型党组织以来，学习型党组织建设不断向广度和深度推进，取得了丰硕成果。但也必须看到，一些党组织和党员干部仍然存在学习动力不足的问题，影响了学习型党组织建设的深入推进。大大增强和保持党的纯洁性，为深入推进学习型党组织建设提供了重要着力点、注入了强大动力。

1. 提高思想素养，始终保持坚定的理想信念。思想纯洁是马克思主义政党保持纯洁性的根本。思想政治素养是党员干部最根本的素养，是党的纯洁性的根源和基础。只有不断加强思想政治学习，始终保持坚

定的理想信念，从思想政治素养上打牢党的纯洁性的根基，才能始终坚守共产党人的精神家园。邓小平指出："不注意学习，忙于事务，思想就容易庸俗化。如果说要变质，那么思想的庸俗化就是一个危险的起点。"建设学习型党组织，必须加强思想建设，把提高思想政治素养作为首要任务。认真学习马克思列宁主义、毛泽东思想，努力掌握蕴涵其中的世界观方法论；要坚持不懈地用中国特色社会主义理论体系武装头脑，做到真学真懂真信真用，以理论上的清醒保证政治上的坚定，以思想上的高度统一保证行动上的步调一致；要认真学习党的奋斗史、创业史和改革开放史，在回顾党的光辉历史中充分认识中国人民坚持马克思主义指导、走社会主义道路的历史必然性，充分认识通过改革开放、在中国特色社会主义道路上实现中华民族伟大复兴的历史必然性，不断增强爱党、信党、跟党走的自觉性坚定性。

2. **加强党性修养，始终保持纯洁的政治本色**。共产党员的党性不是与生俱来的，也不是固定不变的。加强党性锻炼和党性修养，是学习型党组织建设的明确要求，是保持无产阶级政党纯洁性的重要途径。广大党员干部必须把发扬党的优良作风和加强党性修养与党性锻炼结合起来，提高党性，永葆纯洁的政治本色。党章是对党员加强党性修养的总要求、总标准、总准则。加强党性修养，就要以学习党章为根本，增强党的意识，对党忠诚，常怀忧党之心，恪尽兴党之责；要增强宗旨观念，自觉践行全心全意为人民服务的根本宗旨，坚持走群众路线，密切联系群众，与人民群众同呼吸、共命运、心连心；要增强大局意识，善于从党和国家全局观察问题、分析问题，坚决顾全大局，听从党的指挥，服从党的安排，使各级党组织和全体党员统一意志、统一行动；要增强道德修养，牢固树立正确的世界观、人生观、价值观和权力观、地位观、利益观，自觉践行社会主义荣辱观，培养高尚道德情操和健康生活情趣，坚决抵制拜金主义、享乐主义和极端个人主义，保持昂扬奋发的精神状态。

3. 加强纪律教育，始终保持严格的清正廉洁。纪律约束具有强制性，严明的纪律是维护党的纯洁性的有力保证。江泽民指出：“党要管党，从严治党，是保持党的先进性和纯洁性，巩固党的执政地位的重要保证。”党员干部自觉遵守廉洁自律规定的一个重要条件是牢固确立纪律观念。当前，一些领导干部由于受各种复杂因素的影响，纪律观念淡薄了，纪律松弛了，难以守住清正廉洁的底线。反腐倡廉建设，教育是基础，制度是保证。纪律教育，是保持党的清正廉洁的基础性途径。因此，建设学习型党组织，必须深入进行纪律学习教育，为保持党的清正廉洁发挥重要作用。加强纪律教育，就要认真学习有关廉洁从政的行为准则和道德规范，使广大党员干部自觉遵守党内规定，保持一身正气，有效抵御各种不正之风的侵蚀，在任何时候都稳得住心神、管得住行为、守得住清白；就要加强反面典型警示教育，通过加强案例剖析和案件通报工作，使党员干部常思贪欲之害，心存敬畏之意，时刻敲响警钟，始终做到干干净净办事，清清白白为官，坦坦荡荡做人。

（执笔：林培雄　孙存良）

中国共产党重视学习和善于学习的历史经验

北京市中国特色社会主义理论体系研究中心

重视学习、善于学习是中国共产党的优良传统。每当历史转折时期，每当遇到新的任务和新的挑战的时候，中国共产党更是特别强调学习，并组织了卓有成效的学习活动。“有几次全党范围的大学习活动，成效尤为明显”。我们党成立至今的光辉历史，既是领导革命、建设和改革取得辉煌成就的历史，也是一部创造性地组织学习的历史。党的学习活动积累了丰富的经验。认真总结这些经验，对于推进马克思主义学习型政党建设具有重要现实意义。

一、围绕中心任务及时组织学习，保障了党的与时俱进

考察党的历史可以发现，中国共产党是伴随着学习而诞生的。俄国十月社会主义革命的爆发，推动着中国的先进分子把学习的内容从资产阶级民主主义转向社会主义。学习十月革命的经验，进而学习马克思主义逐渐成为新思潮的主流。五四运动后，马克思主义在中国得到广泛传播。有着不同经历的先进知识分子，经过自己的认真学习和反复比较，成为马克思主义者。接受了马克思主义的中国先进分子纷纷准备建立工

人阶级的革命政党，中国共产党应运而生。党的诞生是马克思主义与中国工人运动相结合的产物，也是先进分子认真学习马克思主义的伟大成果。

把马克思主义与中国实际相结合的任务是长期而艰巨的，需要在实践中坚持学习、善于学习。面对中国革命的复杂形势，党的理论素养、政策水平和知识能力急需提升，特别是党在经受了大革命时期以及土地革命战争时期的严峻考验、尝受了抗战初期的深重磨砺后，以毛泽东为代表的党的主要领导者痛彻地感到，党的理论准备不足和教条主义的盛行是导致革命遭受严重挫伤的重要原因。为切实提高广大党员的能力和党的领导水平，党的六届六中全会提出要加强学习，把全党变成一个大学校。随后，中共中央决定开展一个学习运动，与解决物质匮乏而开展的大生产运动一样，通过学习活动解决精神食粮问题。根据形势发展和党员干部的需求，党中央安排的学习内容更为多样化，包括对马克思主义理论的学习、总结党的历史经验，同时学习政治、军事、经济、社会科学知识、自然科学知识以及文艺等多个方面。延安时期全党的学习活动取得显著成效，统一了全党的思想，促进了全党的团结，为党的七大胜利召开，为夺取新民主主义革命的胜利夯实了基础。

随着新民主主义革命在全国的胜利，党的工作重心由乡村转向城市，中国共产党即将成为执掌全国政权的执政党。在这历史转折关头，中国共产党又及时提出了学习的任务。毛泽东指出："严重的经济建设任务摆在我们面前。我们熟悉的东西有些快要闲起来了，我们不熟悉的东西正在强迫我们去做。这就是困难。""我们必须克服困难，我们必须学会自己不懂的东西。"党对学习的内容也提出了明确要求，必须用极大的努力去学会管理城市和建设城市，学会城市中的政治、经济、文化及外交的斗争。对于新中国成立前后的学习活动，邓小平曾给予高度评价："全国胜利前夕，毛泽东同志号召全党重新学习。那一次我们学得不坏，进城以后，很快恢复了经济，成功地完成了社会主义改造"。

改革开放的新时期，中国要奋起直追，建设社会主义现代化国家，面临的突出问题是人才匮乏，如何解决这一难题？最好的办法就是学习。邓小平在多种场合反复呼吁要重视学习，要勤于学习，要善于学习。他说："实现四个现代化是一场深刻的伟大的革命。在这场伟大的革命中，我们是在不断地解决新的矛盾中前进的。因此，全党同志一定要善于学习，善于重新学习。"全党的重新学习，提高了党员干部的思想素养和知识能力，对于恢复和贯彻党的实事求是的思想路线奠定了基础，也为改革开放和现代化建设提供了人才保障。全党的重新学习也带动了全社会的学习，学好知识才能有所作为，成为社会共识，尊重知识、尊重人才渐成社会风尚。

党的十四大确定了我国经济体制改革目标是建立社会主义市场经济体制。这是前无古人的伟大创举，没有先例可循，只有靠我们自己不断地学习。江泽民指出："在重大的历史转折关头，新矛盾、新问题、新情况、新知识、新经验层出不穷，我们更要注意学习。"他反复强调的一个口号就是：学习、学习、再学习，实践、实践、再实践。随后在全党范围开展的"三讲"教育活动，把讲学习作为首要任务来抓，通过学习提高了各级领导干部的理论素养、知识水平、业务本领和领导能力。

党的十六大以来，面对科学技术的迅猛发展和经济社会发展遇到的新机遇、新挑战，党中央坚持把学习放在更加突出的位置。胡锦涛强调指出："面对这样的新形势新任务，如果我们的领导干部不抓紧学习、不抓好学习，不在学习和工作中不断提高自己，就难以完成肩负的历史责任，甚至难以在这个时代立足"。在党中央的号召下，创建学习型城市、学习型企业、学习型社区、学习型乡村的活动纷纷开展起来。2004年9月，党的十六届四中全会通过的《中共中央关于加强党的执政能力建设的决定》提出，要"重点抓好领导干部的理论和业务学习，带动全党的学习，努力建设学习型政党"。党的十七届四中全会进一步提出了“建设马克思主义学习型政党，提高全党思想政治水平”的战略要求，将党的学习提升到新的更高境界。

历史经验证明，学习既需要细水长流式的渐进积累，更需要在适当时机进行突进式的大力推动，使渐进中有突进。在历史转折的重要时期，党中央及时组织全党开展的学习活动，推动党的事业实现大进步大发展。90多年来，我们党之所以始终具有旺盛的生命力，党领导的事业之所以能够不断取得新成就，从根本上说，就是因为有马克思主义先进理论的指导，就是因为重视学习、善于学习，不断用人类的先进文化知识充实和提高自己，从而做到了与时俱进，不断充满生机与活力。

二、理论武装始终摆在学习的首位，保障了改造客观世界的同时不断改造主观世界

把思想建设放在党的建设的首位，是中国共产党加强自身建设的特点和优点。加强党的思想理论建设，首要任务是理论武装和理论创新。把学习理论放在首位，不断提高全党的马克思主义水平，是中国共产党成长、壮大并不断领导革命、建设与改革事业取得胜利的一大法宝。

为使理论学习取得实效，党在开展理论学习的过程中着重处理好以下几方面的关系。一是理论学习与创造性工作的关系。理论学习不是纸上谈兵，而是把党的基本理论贯注和渗透到党的各项工作之中，进一步健全党内政治生活，增强党的工作的原则性、系统性、预见性和创造性。二是理论学习与党的建设的关系。把党的基本理论作为坚持和改善党的领导、加强和改进党的建设的根本指导思想，不断提高党的领导水平和执政水平、提高拒腐防变和抵御风险能力。三是理论学习与理论创新的关系。理论学习是理论创新的基础。党的历史上每一次大的学习活动，都对党的理论创新起到推动作用。延安时期全党的学习活动促进了毛泽东思想的形成和发展，改革开放以来的学习活动则推动了中国特色

社会主义理论体系的形成和发展。中国化马克思主义理论成果一旦被全党和广大人民群众所掌握，就会转化为推动社会发展的巨大物质力量。学习推动创新，创新呼吁学习，两者的良性互动成为党的学习史上的鲜明特色。四是学习理论与理想信念教育的关系。共产党人坚定的理想信念来自于对马克思主义科学理论的认知。党一贯强调要认真学习马克思主义基本原理，特别是学习马克思主义中国化的理论成果，对于广大党员、干部树立崇高理想奠定了坚实基础。坚持学习理论与党员自身世界观和人生观的改造结合起来，使党员干部的精神境界和道德修养不断得到提升。

三、坚持理论联系实际的优良学风，保障了学习的针对性和实效性

在坚持马克思主义这个重大的基本问题上，党的历史上曾出现过两种错误的态度：一种是教条主义的态度，即照抄照搬马克思主义的书本，照抄照搬别国模式；另一种是经验主义，即忽视理论学习和理论指导，往往陷入事务主义，迷失前进方向。党在付出沉重代价后获得的基本经验是，必须坚持理论联系实际的优良学风，学会运用科学理论去认识和分析实际，用理论去指导实践，并在实践中检验理论，发展理论，真正做到学以致用、用以促学、学用相长，不断推进马克思主义中国化、时代化和大众化。党在经历了土地革命战争时期的教条主义错误和“文化大革命”的磨难后所进行的学习活动，都切实感受到学好马克思主义哲学的极端重要性。通过学习，解放了思想，更新了观念，实现了马克思主义与中国实际的结合，形成了马克思主义中国化的理论成果。所以，学习理论要以解决党员干部的思想方法、提高理论思维能力和马克思主义哲学素养为重点，使党员干部特别是领导干部养成注重加强理论思维和战略思维的良好习惯。

理论的价值在于指导实践，学习的目的全在于应用。学习是为了解决问题，而不是装点门面。我们党反复强调，学习活动，无论是理论学习还是各方面知识的获取，都要有问题意识和忧患意识，要有现实针对性，要紧紧围绕党和国家事业的发展要求来进行，从正确认识和切实解决社会发展中出现的新问题入手，带着问题学，这样才能取得实效性。坚持理论联系实际的优良作风，必须善于运用马克思主义的立场观点方法分析解决实际问题。实际问题当然也是多种多样的，关键是要善于总结历史经验，善于向实践学习，善于向群众学习。我们党特别强调学习活动要紧密联系如何为最广大人民谋利益来进行。党的历次学习活动都有力推动了事业的发展，使人民群众的根本利益得到更好维护和实现，因而获得了人民群众的支持。如果脱离群众，离开群众的利益坐而论道，或空谈理论而不能推动事业发展，这样的学习是没有意义的。

四、建立制度、养成习惯，保障了学习活动的可持续性

对于政党建设来讲，学习不仅仅是个人行为，而且是一种组织行为。如果没有一定的制度规范来约束，不能养成习惯，学习这样一种带有长期性的任务就很难持久地坚持下去。中国共产党在组织学习的实践中逐步认识到制度建设的重要性，逐步将学习从有组织的安排向规范化、制度化发展，使学习活动有了制度保障。

早在延安时期，党就开始建立学习的领导体制和学习制度。1939年2月，中共中央专门成立了干部教育部，统一领导学习运动。1941年9月，中共中央又成立了中央学习研究组，同时决定成立各地高级学习组，并颁发了高级学习组的组织条例。据统计，仅1939年夏至1942年年初的三年时间，中共中央及中央各部门发出的关于学习和干部教育的指示和决定就达13个，对各级各类学习提出了明确要求，形成了较

为完整的学习制度。《陕甘宁边区施政纲领》还规定实施了公务人员的两小时学习制。此后，党的学习制度不断完善，在推进全党学习活动中发挥了重要作用。

在学习制度建设上，我们党特别强调了激励机制和保障机制建设。建立健全激励机制主要是把领导干部学习的情况与干部的考核、晋升联系起来。在党的七大上，毛泽东就提出，选举中央委员，就要选取有学习精神的人。新时期，我们党提出，要坚持把理论素养、学习能力作为选拔任用领导干部的重要依据，在干部的评优奖励中，既要考察德能勤绩廉，也要注重考察学习情况，同时让广大群众监督领导班子和领导干部的学习情况，把真学、真懂、真信、真用的干部选拔到领导岗位上来。这种注重学习的用人导向，能够激励党员干部的学习热情，有助于形成重视学习、崇尚学习的良好风尚。

建立学习保障制度，就是努力推进学习从“搞活动”逐步转向“抓常态”，形成长效机制。学习保障机制的内容是十分丰富的，主要包括培训制度，科学安排岗前培训、业务培训、晋职培训、理论培训等；形式多样的主题教育制度；领导干部的学习成果转化制度，即通过专题研讨、集体交流、调研报告等多种形式，促使学习教育的成果及时通过决策机构运用于实践之中；各类教育资源的整合运用机制，把高等院校、科研院所、社会培训机构等优质培训资源纳入干部教育培训体系，形成分工明确、布局合理、优势互补、相互促进的大教育、大培训的干部教育培训格局，等等。

衡量一个党组织是不是学习型党组织，重要的标准是看是否有一套符合实际、行之有效的学习制度。制度建设的理想目标是促使党员树立终身学习、自觉学习的理念，使广大党员既要适应性地学习，也要预见性地学习、发展性地学习，使学习成为一种生存状态，一种生活习惯，一种精神追求，一种人生态度。正是随着制度建设的加强，党内的学习氛围日益浓厚。

五、领导干部发挥表率作用，保障了学习活动的扎实推进

领导干部带动，是我们党开展工作的一条重要经验。推进学习型党组织建设，也需要从领导班子和领导干部做起，率先垂范，以身作则，始终作自觉学习、深入学习的表率。毛泽东等老一辈无产阶级革命家不仅是学习的倡导者和组织者，而且是实践者，他们勤于学习的行动和博学多识的风范是全党学习的榜样。党的十六届中央政治局在5年间进行了44次集体学习，平均40天左右就集体学习一次，持之以恒，从不间断。党的十七大以来，中央政治局的集体学习已有30多次。中央领导在工作繁忙的情况下能坚持集体学习，表现出一种高度的学习自觉性，为广大党员干部特别是各级领导干部树立了榜样。

新时期领导干部在建设学习型党组织的过程中正努力担负起三种角色，即精心组织者、积极促进者和自觉实践者。作为组织者，就是善于运用行政权力，切实发挥组织领导作用，把提高领导水平作为共同的愿景，提出明确的建设目标，采取切实可行的措施，使学习不断取得新成效。作为促进者，就是既能当好教练员，发挥指导作用，又能当好服务员，为领导班子的学习做好服务协调工作，合理调配党组织中的资源，创造良好的学习环境和机会，使学习成为组织内部的一种文化和风气。作为实践者，就是率先垂范，做学习的先行者，善于抓住和用好业余时间，善于从减少应酬中“挤”时间，从摆脱事务性工作中“腾”时间，从其他活动中“抠”时间，最大限度地用于学习。

建设马克思主义学习型政党是我们党在新的历史条件下继承和弘扬党的优良传统、发扬党的政治优势的理论创新，体现了我们党一脉相承而又与时俱进的马克思主义建党思想。认真总结和大力弘扬我们党重视学习、善于学习的成功经验，围绕中心任务组织学习，把理论学习放在

首位，坚持理论联系实际的优良学风，加强制度建设，发挥领导干部的带头作用，学习型党组织建设就一定能够不断走向深入，党的建设就一定能够不断加强。

（执笔：王炳林）

论学习型党组织建设对提高执政党执政能力的重大战略意义

上海市中国特色社会主义理论体系研究中心

中国建设与发展所处的国际环境的深刻变迁及其复杂化，向当代中国执政党建设提出了亟待解决的众多现实问题，对执政党的凝聚能力、组织能力、创新能力和创制能力提出了更高要求。深入推进学习型党组织建设，对提高执政党执政能力具有重大战略意义。

一、马克思主义要素与执政党的凝聚能力

马克思主义作为科学的世界观和方法论，为政党自身建设指明了方向与道路。就其完整性、结构性、科学性来讲，在当代中国，没有哪一种其他的主义能够提供中国社会对价值、信仰的基本需求，也没有哪一种其他的主义能够提供中国共产党生存与发展的理据与变革的方向。马克思主义是时学时新的知识体系，因而在当代中国面临着中国化、时代化、大众化的任务，中国共产党是这种任务的主要承担者、实践者和推进者，其自身建设也必将从这种实践与推进中受益。从这个意义上说，马克思主义是中国共产党的生命之源。因而对学习型政党及党组织建设的强调，必须坚持把对马克思主义的学习放在首要位置，坚持将学习马克思主义与时代主题相结合、与改革进程中的中国问题相结合。

马克思主义的“三化”问题，从根本上关系到执政党凝聚能力的提高，这种凝聚能力分为两个层面：一是党内凝聚力；二是执政党对社会的凝聚力。首先，马克思主义的与时俱进，直接关系到作为政党基本要素的党的宗旨与纲领、世界观与方法论的科学化与合理化。学习型党组织建设首先强调“科学理论武装”，其深层含义正在于此。只有在学习与实践的互动中实现马克思主义理论体系的中国化与时代化，才谈得上理论的科学化与合理化；只有在马克思主义理论为执政党的每一个组织和每一个成员所学习并掌握，才谈得上科学理论的“武装”。其次，中共作为一个拥有380多万个基层党组织和8000多万党员的大党，通过充分发挥学习型党组织建设对学习型社会建设的辐射作用，有助于推进马克思主义科学理论的大众化，使“科学理论”不仅武装全党，而且覆盖社会。

二、组织要素与执政党的组织能力

组织要素强调的是马克思主义学习型政党建设中政党的组织特性。正如有的学者所指出的，政党的产生有三大前提：国家权力的开放性、社会自主性和社会多元化，因而政党（组织）事实上兼具政治和社会双重属性。所谓政治属性，是指执政党本质上是掌握和运作国家权力的政治组织；所谓社会属性，是指政党（组织）本身属于社会的一个“部分”，根源于社会，从社会中来。为了兼顾政党组织的政治属性和社会属性，就必须提高执政党作为政治组织和社会“部分”的两种组织能力，因此从组织维度来说，学习型党组织建设有两大学习重点：一是在新形势下执政党及其党组织如何科学、依法、民主、高效地管理自身以及运用政治权力的知识与技能，这种学习旨在提高其作为现代政治组织的执政能力；二是执政党及其党组织如何在新形势下成长为社会有机组成“部分”的知识与技能，这种学习旨在增强其团结和领导（社会）能力。

面对当前中国社会多样化的现实，学习型党组织建设有助于增强执政党的上述两种组织能力。首先，在学习型党组织建设推进过程中，通过对党员组织管理的加强和管理方式的创新，从党员群体的自我意识和社会对党员群体的认同两方面塑造一个兼具区分性、开放性和导向性的高素质党员群体；进而通过对“学习”这一“信息传递系统”的强化，实现执政党目标控制系统、动力系统、制度系统的联动，有助于提高党组织系统的有效性、合理性，为政党执政做必要和充分的组织准备。其次，学习型党组织建设有利于增强执政党组织社会的能力。实践导向、问题导向、群众导向的开放式学习，有助于促进党的外围组织建设，创新、巩固和扩大党的社会联系，最终达到组织社会、联系阶层的作用。作为执政党，党组织社会的能力不仅具有社会意义，同时具有政治意义，因此通过学习型党组织建设的深入推进，增强党的各级组织特别是基层组织的社会组织能力，在当前形势下尤为关键。

三、学习要素与执政党的创新能力

学习要素强调把“学习”作为破除陈旧观念、克服改革阻力、凝聚集体共识、实现创新发展的动力。对于处于某一确定层级和分类的党组织来说，需要在实践中形成自己的（集体）目标、达成这一目标的可行的策略与技巧、促成与目标和策略相关的领导班子和团体成员能力与素质的提升、思维方式的转变等等，这些对于党组织的工作和自身建设来说极为重要。具体来说，当前中国正处于发展转型的关键时期，如何妥善处理伴随着经济发展和社会成长带来的一系列问题与挑战，促进科学发展和包容性增长，成为摆在各级、各类党组织面前最为重要的时代命题；而通过创新学习方式、机制与内容，保障各个党组织获得具体的、富有针对性的创新能力和突破能力，是实现定题、破题、解题的关键。对于中国共产党来说，严格的组织纪律以及对党性修养的高度重视更有益于对具有明确取向的创新人格的塑造。因此，学习型党组织建设的深入推进，有助于中国共产党将组织优势、学习动力和创新精神有机结合，从而有助于培养学习型党员、学习型领导，并最终有助于构建学习型班子、学习型政党；而学习型党员、学习型领导的培养和学习型班子、学习型政党的构建也成为执政党创新能力的有力依托。

四、“型式”要素与执政党的创制能力

“型式”要素指的是学习型党组织建设的创制能力，亦即将学习过程和建设过程中的创造固化下来、积淀下来、积累起来的能力，模式化和制度化是这种能力的集中体现。针对处于各个层级和类型的党组织及其自身任务的特点，学习型党组织建设的模式化应当兼顾差别化与普遍性，兼顾有效性与制度化要求；模式化是制度化的前提，制度化是模式化的延伸。模式化应当是丰富、生动的，其本身有制度化的潜力与价值；制度化作为模式化的提炼与升华，更应当实现学习型党组织建设效应的一般化和长效性，真正成为有生命力的制度形式。

对于执政党来说，凝聚能力主要是通过政治意识形态的重构来整合国家与社会的问题，因而凝聚能力是提升执政党执政能力的前提；组织能力主要针对新形势下党自身的建设问题，亦即坚持“党要管党”、“从严治党”以及如何保持政党的组织特性的问题，因而组织能力是提升执政党执政能力的基础；创新能力主要针对新形势下政党如何通过执政活动引领当前中国的科学发展以及政治建设的问题，因而是提升执政党执政能力的关键；创制能力主要针对如何构建一个科学、规范和制度化的执政空间的问题，因而是提升执政党执政能力的保证。

总之，将马克思主义学习型政党建设聚焦于执政党凝聚能力、组织能力、创新能力和创制能力的有效提升，亦即通过有效的学习来实现四

大能力的有效提升，构成当前学习型政党建设的战略问题，也是学习型党组织建设对于新形势下执政党执政能力之战略意义的集中体现。

（执笔：张树平）

以改革创新精神推进学习型党组织建设

广东省中国特色社会主义理论体系研究中心

建设学习型党组织，是党的十七届四中全会通过的《中共中央关于加强和改进新形势下党的建设若干重大问题的决定》提出的一项重大而紧迫的战略任务。2011 年 10 月，党的十七届六中全会进一步强调，要“坚持以领导班子和领导干部为重点，以提高思想政治素养为根本，以建设学习型党组织为抓手，大力推进马克思主义学习型政党建设。”这是我们党为适应时代发展要求，永葆党的先进性，不断提升党的执政能力而采取的一项重大战略举措，也是建设马克思主义学习型政党的基础工程。只有坚持将改革创新精神贯穿始终，站在思想解放的高度，充分认识增强学习型党组织建设的自觉性主动性；准确把握改革创新内在要求，凝心聚力提高学习型党组织建设的针对性实效性；健全共同推进学习型党组织建设的体制机制，促进学习型党组织建设的制度化规范化，才能正确地推进学习型党组织建设的深入开展，取得实实在在的效果。

一、站在思想解放的高度，充分认识增强学习型党组织建设的自觉性主动性

思想解放是行动的先导，思想解放具有改变现实的指向。思想解放

是推动学习型党组织不断走向胜利的思想武器，我们必须用思想解放来突破既有思维惯性的束缚，转变传统的思维方式，开启学习型党组织建设的闸门，将思想解放贯穿于学习型党组织建设的全过程。

1. 要树立和强化学习是政治责任和首要责任的理念。一段时间以来，部分党员干部头脑中存在一种学习是个人的事，与党的建设无关的错误认识；存在一种学习是“虚功”，不需要实做，学不学无所谓的错误思想。这些错误的思想认识在一定程度上阻碍了学习型党组织建设的推进。在建设学习型党组织活动中，我们一定要按照党中央的要求，正确认识学习在党的建设中的基础性地位，正确认识学习过程中“虚”与“实”的关系，将学习作为自己的政治责任、首要责任、第一需要，不断强化学习的责任感和紧迫感，让学习成为一种自觉的精神追求、一种生活方式。

2. 要树立和强化自主学习与终身学习的理念。集中式、动员式、灌输式学习曾经是我们开展集中教育、提高全党马克思主义理论水平的成功做法和宝贵经验。在新的历史条件下，仅有这种学习方式是远远不够的，学习型党组织建设的一个重要目标就是注重学习的自觉性、常态化和长效性。从党员干部的角度出发，要自觉认识学习在党的建设、中国特色社会主义事业和个人发展中的重要作用，树立和强化主动学习、全员学习、终身学习的理念，变“要我学”为“我要学”，将个人置身于不断学习之中。从党组织的角度考虑，要改变那种自上而下、单向灌输的教育方式，让党员干部成为自觉的、能动的学习主体，引导其养成主动学习、自主学习、民主讨论的良好习惯。

3. 要树立和强化以提高素质能力为目的的理念。以提高党员干部的综合素质、增强实践能力为中心，是我们党的优良传统。注重研读马列原著是中国共产党人宝贵的精神财富。邓小平曾经指出：“马克思主义是很朴实的东西，很朴实的道理。”“学马列要精，要管用的。”建设学习型党组织，同样要求重在学习、贵在实践，做到学以致用、用以促学、学用结合。但是，当前一些党员干部以功利的心态来对待学习，将学习视为给个人履历“镀金”、获取更快晋升的资本和捷径，使学习在一定程度上流于形式，甚至助长了社会上的一些歪风邪气。建设学习型党组织，必须努力防止和清除这种形式主义、功利主义的学习心态，树立和强化以素质能力建设为中心、以解决改革发展中的实际问题为导向的学习理念，从思想观念教育入手，逐步形成“四种”学习理念是极为关键的：一是树立终身学习的理念，二是突出以人为本的理念，三是确立人才资本的理念，四是强化以学习带培训的理念，不断培养和造就一支高素质党员干部队伍，让学习真正成为促进党员干部不断进步、促进中国特色社会主义事业不断发展的强大武器。广大党员干部要时刻对自己在学识、眼界、能力等方面的不适应保持警醒，通过学习不断优化知识结构，提高综合素质，进一步坚定理想信念，增强工作能力，实现自我超越。

二、准确把握改革创新的内在要求，凝心聚力提高学习型党组织建设的针对性实效性

推进学习型党组织建设，必须弄清楚学什么和怎么学的问题，即学习的内容和形式问题。只有紧紧抓住这两个根本性问题，准确把握改革创新的内在要求，凝心聚力提高针对性实效性，才能扎实推进学习型党组织建设。

1. 抓好理论武装，着力统一思想和凝聚共识。坚持用中国特色社会主义理论体系武装广大党员干部的头脑，是建设学习型党组织的基础工程。近年来，社会思想日益多元、多样，各种社会思潮对党员干部的影响有所增加，各种理论观点不可避免地会反映到党内来，使一些党员干部在思想上产生了困惑。如何科学有效地开展学习，抓好党员干部理论武装工作，就显得十分紧迫和重要。因此，在学习型党组织建设过程

中，要组织广大党员干部系统深入地学习马克思列宁主义、毛泽东思想、邓小平理论、“三个代表”重要思想和科学发展观，同时要注意改变单向灌输的学习模式，注重对各种社会思潮进行分析和比较，并做出权威解答，帮助广大党员干部从理论上、实践上划清界限，分清是非，让广大党员干部理解、接受科学理论，自觉抵制、拒斥各种错误的社会思潮和理论观点。

2. **注重理论联系实际，着力研究问题和促进工作。**当前，我国已进入新的发展阶段，经济社会发展呈现出一系列阶段性特征，新情况、新问题、新矛盾不断涌现，我们不熟悉、不了解、不懂得的东西还很多，“本领恐慌”的问题依然存在。在学习型党组织建设过程中，要防止出现理论和实际分离、为学习而学习的形式主义倾向，防止唯书唯上、照搬照抄的教条主义倾向。要以改革发展中面临的实际问题为导向，坚持学习理论与研究问题相结合，扎实开展调查研究，努力做到通过理论学习推动破解难题，通过破解难题深化理论学习，探索一条符合实际的科学发展道路。

3. **培育改革创新精神，着力把握规律和推动理论创新。**紧密结合我国国情和时代特征，及时总结党领导人民创造的新鲜经验，在学习中实现理论升华，不断推进马克思主义中国化、时代化、大众化，是学习型政党建设的重要目标。要实现这一目标，在学习型党组织建设过程中，必须防止和摒弃各种狭隘的经验主义做法，把理论创新放在重要位置，努力实现理论学习与实践发展的统一。要在深入学习中国特色社会主义理论体系的基础上，深刻把握变化中的世情国情党情，深入总结群众的实践经验，认真汲取中华文化蕴藏的智慧和养分，大力吸收新的时代内容，不断增强理论对现实的解释力、对社会未来的引导力。

4. **立足教育群众的实践，着力教育和引导群众。**学习型党组织建设绝不能抛开教育群众的实践，而自我封闭起来搞学习。善于向人民群众学习，不仅是建设学习型党组织的重要途径，也是坚持党的群众路线的必然要求。我们一定要始终坚持大众视野、群众观点，尊重群众的首创精神，认真向人民群众学习，从群众的实践中汲取学习的养料；一定要端正对群众的根本态度，真正做到心里装着群众，凡事想着群众，工作依靠群众，一切为了群众，始终关注人民群众的需要和诉求，用大众化的马克思主义理论解答他们的思想困惑，不断增强科学理论教育引导群众的作用，把科学理论转变为群众的自觉实践。

三、健全共同推进学习型党组织建设的体制机制、促进学习型党组织建设的制度化规范化

搞好学习型党组织建设，体制机制是重要保障。有没有一套符合实际、行之有效的体制机制，是衡量一个党组织是不是学习型党组织的重要标志。深入推进学习型党组织建设，必须建立健全一套科学、完善、有效的学习制度和工作机制，做到用制度管学习、促学习。为此，我们要高度关注、共同思考四个方面的内容：努力提高制度建设的科学性规律性，积极探索创新各项学习制度，完善学习动态管理工作和考评机制，健全共同推进学习型党组织建设工作机制。

1. 努力提高制度建设的科学性规律性。科学的制度是事业取得成功的基本保证。学习制度也是一样，要体现规律性，实现科学化，才能真正促进学习型党组织建设，提高党建工作科学化水平。学习制度科学化，一要体现学习的规律，将现代学习理论融汇其中；二要体现党建的规律，将我们党在自身建设中取得的最新成果融汇其中；三要实事求是，因地制宜，管用有效；四要尽量降低制度实施的成本，做到惠而不费。提高学习制度的科学性，还要鼓励各级党组织根据实际情况，大胆创新，探索体现规律、富于创造、各具特色、卓有成效的具体制度和机制。

2. 积极探索创新各项学习制度。要根据各地党组织的实际情况，

建立健全集体学习与个人学习，在职学习和脱产学习，个人自学、专家讲学与讨论式学习相结合的学习制度，推动学习的常态化、规范化。要在有效利用各种传统学习方式的同时，积极利用远程教育、网上课堂等现代学习方式，提高学习成效，降低学习成本。要进一步完善调查研究这种行之有效的学习方式，大兴调查研究之风，促进学习与研究、探讨问题与解决问题相结合。要将学习建立在支部上，切实加强和改善基层党组织的学习制度建设。

3. 加快建立完善学习动态管理工作和考评机制。规范的过程管理和效果考核，是学习型党组织建设科学化的集中体现，也是学习型党组织建设的重点和难点。要建立健全学习考勤、学习档案、学习通报等各项动态管理制度，形成督促党员干部学习的长效机制，鼓励先进，鞭策后进。在领导班子集体考核和个人考核相结合的基础上，更加注重对领导干部个人学习情况的考核，建立和完善科学、系统、量化的考核指标体系，构建有效的学习效果评价机制，全面客观地掌握和衡量每一位领导干部的学习情况和学习质量。推进学习型党组织建设，还必须跳出学习看学习，将学习效果评估纳入选人用人制度，把学习的考核结果纳入领导干部综合评价体系，作为考核选拔任用领导干部的重要依据，让认真学习、善于学习、学有所成的人得到认可，得到使用。

4. 健全共同推进学习型党组织建设工作机制。必须把握学习型党组织建设规律，改进工作方法，增强工作本领，保证各项工作有效落实。一定要从战略高度深刻认识学习型党组织建设的重要地位和作用，切实增强政治意识、大局意识、责任意识、紧迫意识。一定要认清学习型党组织建设形势，准确把握我国经济社会发展新要求，准确把握当今时代发展新趋势，准确把握全国各族人民的新期待，把思想和行动统一到中央决策部署上来。一定要正确对待现阶段改革发展中的困难，自觉主动承担重任，以改革的办法、创新的思维、有效的举措，着力破解制约学习型党组织建设的体制机制性障碍。一定要始终坚持改革创新理念，强化组织领导，切实把学习型党组织建设摆在更加突出位置，纳入党委和政府重要议事日程，搞好统筹协调，强化推进措施落实，不断提高学习型党组织建设工作本领和能力。一定要强化责任落实、服务保障、政策扶持，做到目标、任务、措施细化和具体化，确保每项工作分工明确、责任清晰、落到实处，提高工作效率，营造良好环境。

（执笔：温宪元　周建伟　张造群）

以党的创新理论武装为根本
加强学习型党组织建设的实践与思考

中国人民解放军总政治部宣传部

科学理论武装是马克思主义学习型政党的本质特征，也是素有大学校大熔炉之称的人民军队的优良传统。军委主席胡锦涛强调，要以党的创新理论武装为根本加强学习型党组织建设。这一重要论述，把学习与党的思想理论建设紧密联系起来，深刻阐明了军队学习型党组织建设的根本任务。近年来，全军认真贯彻落实胡主席重要指示要求，坚持把党的创新理论武装放在第一位，努力提高各级党组织和党员干部的思想政治水平和实践能力，为在纷繁复杂的环境中牢牢把握部队建设正确方向，有效履行使命任务提供理论支持和政治保证。实践中我们更加深刻地体会到，深入推进学习型党组织建设，必须始终把党的创新理论武装突出出来。抓住了这一条，学习型党组织建设就提起了“纲”。

一、以党的创新理论武装为根本抓学习，首要的是增强思想政治素养、确保高举旗帜听党指挥

思想政治素养是党员干部素质的灵魂和核心。学习型党组织建设不是一般的业务性建设，而是政治性建设，首要的是体现讲政治的要求。高举旗帜、听党指挥，是党和人民对军队的最高政治要求，是军队党员

干部思想政治素养最重要的体现。在军队建设内外环境发生深刻变化、意识形态领域斗争尖锐复杂的情况下，正是依靠扎实有效的理论武装，保证了官兵始终做到头脑清醒、立场坚定。2012 年，我们党将召开十八大，思想文化领域交流交融交锋加剧，社会上各种噪音杂音增多，敌对势力加紧对我渗透破坏。面对特殊之年的特殊政治要求，抓学习型党组织建设更要注重提高广大官兵特别是党员干部的思想政治素养，确保信念坚定、对党忠诚、政治上过得硬。

1. 增强高举旗帜的理论自觉。高举中国特色社会主义伟大旗帜，是团结凝聚力量的需要，是维护和实现人民根本利益的需要。要做到坚定自觉地高举旗帜，关键是真学真懂真信真用党的创新理论，深入贯彻落实科学发展观。这些年，我们着力学好经典著作，组织编印《军队高中级干部理论学习读本》、《国防和军队建设贯彻落实科学发展观重要论述选编》，引导官兵领会掌握贯穿其中的马克思主义立场观点方法；紧跟党的理论创新步伐，组织认真学习党的十七届三中、四中、五中、六中全会精神和胡锦涛总书记七一重要讲话，使官兵思想跟上时代脉搏；注重搞好解疑释惑，运用中宣部有关理论成果，组织编写《七个“为什么”》、《划清“五个重大界限”》、《军营理论热点怎么看》，引导官兵正确看待发展中的问题，澄清模糊认识。实践反复证明，党的创新理论武装，是坚定理想信念最基础也是最有效的途径，解决的是与党同心同德、思想上政治上保持一致的大问题。深入推进学习型党组织建设，就是要通过坚定对科学理论的信仰，把思想和意志凝聚在中国特色社会主义旗帜下。

2. 夯实听党指挥的理论根基。坚持党对军队绝对领导是个根本政治原则问题，关系人民军队的性质和宗旨，关系党执政地位的巩固和执政能力的提高，关系国家长治久安。军队党员干部增强思想政治素养的核心是增强听党指挥的坚定性自觉性。这些年，敌对势力借民主政治之名，利用西亚、北非政局动荡之机，极力鼓吹“军队非党化、非政治化”和“军队国家化”等错误观点，企图搞乱人们的思想，动摇党执政的基础。我们持续开展军魂教育，专门编发《毛泽东邓小平江泽民胡锦涛关于坚持党对军队绝对领导重要论述摘编》，撰写《始终不渝地坚持党对军队的绝对领导》等理论文章和教育材料，引导官兵认清党的先进性与坚持党对军队绝对领导的内在联系，认清中国特色军事制度与西方军事制度的根本区别，深扎党指挥枪的思想根子；利用纪念改革开放30周年、庆祝新中国成立60周年、纪念建党90周年和每年八一建军节等时机，加强党史军史学习和优良传统教育，不断增进官兵对党的政治认同、历史认同、情感认同；积极主动做好意识形态工作，及时开展形势政策宣传教育，批驳错误政治观点，揭露敌对势力险恶用心，引导官兵铸牢思想防线、保持政治警觉。我们体会，提高思想政治素养就要在大是大非问题上站稳立场，以党的创新理论武装为根本抓学习，必须增强从理论上明辨是非的能力，增强政治敏锐性和鉴别力，确保政治上清醒坚定，确保官兵坚定不移地听党的话、跟党走。

3. 把好党性修养的“总开关”。胡锦涛主席强调要学以立德。党员干部的“德”，主要体现在党性修养上。党员干部特别是领导干部手中都掌握一定权力，经常面对各种考验，要保持共产党人的宗旨、本色和作风，必须加强学习，提高修养，切实把好改造主观世界这个“总开关”。这些年，我们把学习型党组织建设与深入学习实践科学发展观结合起来，引导党员干部培养促进科学发展的人品官德，牢固树立正确的世界观、人生观、价值观和权力观、地位观、利益观；在开展“讲党性、重品行、作表率”，“加强党性修养、锤炼思想作风”，“讲政治、顾大局、守纪律”等学习教育活动中，坚持理论学习先行并贯穿始终，引导党员干部联系思想实际，分析查找问题，狠抓整改落实，切实做到讲政治、听招呼、守规矩。事实证明，不闻大论，则志不宏；不听至言，则心不固。学习理论、研读经典有助于克服思想庸俗化，不断提高精神境界。在社会上各种诱惑不断增多的情况下，只有以党的创新理论武装为根本抓好学习，才能帮助党员干部不断增强自我净化、自我完善、自我革新、自我提高能力，保持思想纯洁、队伍纯洁、作风纯洁、清正廉洁，保持共产党人良好的作风形象。

二、以党的创新理论武装为根本抓学习，关键是提高推动科学发展、有效履行使命的能力

实践能力是检验学习型党组织建设成效的重要标志。党的建设历来与完成党的中心任务紧密联系在一起，学习型党组织建设重要着力点是提高党的执政能力。新世纪新阶段，随着国家安全和发展利益的拓展，党和人民赋予我军新的历史使命，要求我军核心军事能力和执行非战争军事行动能力有一个大的提高，要求各级党组织领导部队建设科学发展的能力有一个大的提高。深入推进学习型党组织建设，必须紧紧围绕国防和军队建设主题主线，努力把学习成果转化为科学发展、履行使命的思路和举措，更好地为军事能力建设服务，为加快信息化建设、深化国防和军队改革、拓展和深化军事斗争准备提供坚强保证。

1. 着力增强战略思维、创新思维、辩证思维能力。没有科学思维，就没有正确的实践活动。党组织和领导干部能力上的差异，很大程度上是思维能力的差异。现在，军事斗争与政治、外交等联系日益紧密，建设信息化军队、打赢信息化战争提出一系列崭新课题，统筹推进军队各项建设和工作难度加大，这些都对各级党组织和领导干部的思想观念和思维方式提出新的更高要求。我们举办新世纪新阶段我军历史使命、国防和军队建设贯彻落实科学发展观高级干部研讨班，每年在国防大学开办军职干部战略研修班，分级抓好政治理论和战略问题集中轮训，组织研读马克思主义特别是中国特色社会主义理论体系基本著作，引导各级党委和领导干部着力增强政治意识、世界眼光、大局观念，提高从政治和全局上观察处理军事问题的能力，提高运用统筹兼顾这一根本方法分

析解决问题的能力，从而增强工作的原则性、系统性、预见性、创造性；在组织重点学习党的军事理论特别是胡锦涛关于新形势下国防和军队建设重要论述中，认真开展解放思想讨论，引导党员干部着力突破机械化战争、单纯守疆卫土、单一军种作战、封闭半封闭条件下建军治军、习惯于按陈旧模式和过时做法办事等思维定式，树立与时代发展同步伐、与履行使命相适应的思维方式。我们深刻体会到，理论要进入实践，很重要的是把提高思维能力作为“桥”和“船”。抓住了思维能力提高，就扭住了党组织能力建设的“牛鼻子”。

2. **着力提高理论素养和现代军事素养。**胡锦涛主席在强调提高学习和运用科学发展观水平时，明确要求不断提高理论素养和知识素养。从实践看，二者相辅相成，理论学通了，就能高屋建瓴，把握知识精髓、把握事物本质；有了丰厚知识，理论才能避免成为空谈，真正焕发出改造世界的力量。我们坚持学习科学理论和学习现代军事知识“两个武装”一起抓，组织大家学理论、学科技、学管理，颁发《2010—2012年军队高中级干部学习规划》，在国防科技大学组织高科技知识培训，在全军普及联合作战知识，举办“信息化战争讲堂”、“高端讲座”，进一步改善了党员干部的知识结构。当今世界正处在大发展大变革大调整之中，无论是国家之间还是军队之间，发展竞争日益表现为人的综合素质竞争。这要求我们在抓学习型党组织建设中，要善于组织学习一切科学的新思想、新知识、新经验，为深入贯彻落实科学发展观、推动党的事业发展，打牢坚实的素质基础。

3. **着力破解部队建设发展难题。**当前，党、国家和军队建设发展呈现一系列新的阶段性特征，面临许多制约科学发展的深层次矛盾问题，需要通过深化学习来破解难题、推动发展。这是加强学习型党组织建设的重要目的。我们紧紧围绕解决国防和军队建设“两个不相适应”的主要矛盾，大兴研究作战问题之风，总结推广专题化学习、课题式调研、对策性研讨的理论学习路子，坚持在团以上领导干部中开展“一人一题”课题研讨活动，党委中心组学习定期进行理论务虚，组织全军理论研究优秀成果评选，以课题攻关牵引理论学习，以学习成果指导部队建设。3年来，共评出530多项优秀成果，为解决发展难题进一步打开了思路，提供了对策参考。我们感到，问题是学习最好的向导。解决一个个难题，是把握部队建设特点规律、促进学习成果转化的重要途径，也是激发学习动力、推动学习型党组织建设步步深入的重要依托。

三、以党的创新理论武装为根本抓学习，重要的是探索形成以理论武装为本质特征的学习型党组织建设格局

建设学习型党组织是一项战略任务，也是一项系统工程。我们在工作中体会到，要使这项工作常抓常新、持续深入、扎实有效，必须科学把握理论武装与党的各项建设、部队其他政治工作的关系，统筹协调好抓学习这项工作内部各个要素、各个环节的关系，努力形成贯穿全程、覆盖全员、常态运行的工作格局。

1. 坚持理论武装与其他学习教育相融合。理论武装在各项学习教育中处于统领地位，必须贯穿渗透到各项学习教育活动之中。这些年，军委和总政制定《中国人民解放军思想政治教育大纲》、《深入持久培育当代革命军人核心价值观实施意见》、《关于大力发展先进军事文化的意见》等，都突出强调理论武装在坚定理想信念、端正价值追求、丰富精神生活中的基础和先导作用，坚持以理论学习推动当代革命军人核心价值观培育工作和先进军事文化育人工作；开展创先争优活动、党风党纪教育、党日活动等，都坚持把学理论作为重要内容部署，作为第一环节来抓，以思想水平的提高促进工作水平的提升。我们体会，以党的创新理论武装为根本抓学习，不能搞自我循环，必须与思想政治建设、党的建设的其他各项工作联动起来，形成相互融合、相得益彰的生

动局面。

2. **坚持建设学习型党委与建设学习型军营相结合。**领导干部带头是我们党开展工作的一条重要经验，领导干部带头学、带头抓，才能带动和促进部队的学习。基层是军队全部工作和战斗力的基础，建设学习型党组织必须延伸到每个基层党组织、覆盖每一名官兵。实践中，我们既注重抓好团以上党委和领导干部理论学习这个重点，又注重抓好基层理论武装这个大头。坚持从总部抓起，努力建设学习型领率机关，为军委当好战略参谋；着力抓好党委中心组学习、集中轮训和领导干部自学，普遍开展评选学习型党委、学习型领导干部活动，各级领导干部带头为部队讲课辅导、作形势政策报告；举办军队高层次理论人才研修班和政治理论教学科研骨干高级培训班，带动全军理论队伍建设，为学习型党组织建设提供人才支撑；坚持用党的创新理论学习成果建连育人，广泛开展学习成才活动，举办理论夜校、远程教育、文化网校，学理论、学知识、学技术在军营蔚成风气，涌现出坚持不懈学理论的“新一代模范士兵”向南林、“科学发展好九连”等一大批先进典型。我们感到，学习要成“型”，必须强调学习是各级党组织、全体党员以至每一名官兵的共同责任，必须使学习从党委机关向基层延伸、从领导干部向普通党员群众拓展。也只有这样，才能使人人生活在浓厚的学习氛围之中，促进“要我学”向“我要学”的转变。

3. **坚持完善制度机制与创新方法途径相促进。**健全制度机制才能形成硬约束，创新方法途径才能激发学习活力，二者共同推动学习型党组织建设制度化、规范化、常态化。我们认真按照中央关于健全建设学习型党组织制度机制的要求，结合军队实际，制定颁发《军队团以上领导干部在职理论学习规定》、《军队机关党员干部学习规定》、《军队基层官兵理论学习规定》和《军队政治理论课教学工作规定》，健全学习考评和激励制度，形成覆盖各个层次、科学严密系统的学习制度体系。各部队还结合实际创新方法载体，建好学习阵地，拓展学习平台，特别是推动全军政工网进班入排，将互联网引入军营，配发电纸书，使信息网络成为“永不疲倦的政治教员、永不关门的文化课堂”。我们感到，学习型党组织建设要广泛、深入、持久地开展下去，必须一靠制度二靠创新，这样才能形成使长劲、管长远的工作态势。

高校学习型党组织建设与创先争优

清华大学党委

学习型党组织建设和创先争优活动，都是深入贯彻落实党的十七大精神、加强和改进新形势下党的建设的重要举措。如何把二者紧密结合起来，相互促进、相得益彰，不断提高学校党的建设科学化水平，保持党组织和党员的先进性，是摆在高校党组织面前的一项重要任务。

一、建设学习型党组织是创先争优的基础工程

保持党的先进性是深入开展创先争优活动的本质特征。党的先进性不仅体现在理论和指导思想上，还体现在具体的实践过程中。理论上的先进性和实践上的先进性，是马克思主义政党区别于其他一切政党最鲜明的本质特征。建设学习型党组织是马克思主义政党保持理论和实践上先进性的重要途径，同时也是开展创先争优活动的基础工程。

保持和发展党在理论上的先进性，必须重视学习、善于学习。马克思主义是在批判吸收人类全部知识的基础上产生并发展起来的，是人类迄今为止最先进的思想理论体系。要准确掌握和自觉运用这一先进理论，就必须要通过认真学习，掌握贯穿其中的基本立场、观点和方法，在此基础上，才能用马克思主义分析问题、指导实践。

保持和发挥党在实践上的先进性，同样必须重视学习、善于学习。实践的观点是马克思主义首要的基本的理论观点，建立在实践性基础上

的科学性与革命性的统一是马克思主义最基本的理论特征。党在领导人民群众开展各种社会实践过程中会不断遇到各种新情况新问题，我们不能教条地期望马克思主义给出现成答案，只有通过向实践学习、向人民群众学习，及时总结经验、深刻揭示规律，才能科学预见未来，最终保持党在实践中的先进性。

正是因为建设学习型党组织是马克思主义政党保持理论和实践上先进性的根本途径，所以中国共产党历来重视学习、善于学习，党领导中国革命、建设和改革的历史就是一部创造性学习的历史。在延安时期，毛泽东同志就领导了伟大的延安整风运动；新中国成立后，毛泽东同志多次号召全党学习马列主义，并率先垂范，亲自和身边的工作人员组成读书小组，认真研读社会主义建设的理论书籍。改革开放以来，邓小平同志反复强调，实现四个现代化是一场深刻的伟大的革命，全党同志一定要善于学习。以江泽民同志为核心的党的第三代领导集体更是把讲学习作为“三讲”活动首要内容加以强调。进入新世纪新阶段，以胡锦涛同志为总书记的党中央，明确提出了建设马克思主义学习型政党的战略目标和任务，先后在全党开展了学习贯彻“三个代表”重要思想活动、保持共产党员先进性教育活动和深入学习实践科学发展观活动等学习实践活动。可见，重视学习、善于学习，通过学习来推动各项工作是中国共产党的优良传统。

高校党组织和共产党员的先进性主要体现在推动学校科学发展、全面提高高等教育质量上。新中国成立以来特别是改革开放30多年来，我国高等教育事业取得了举世瞩目的成就，但是我们也要看到，我国的高等教育在质量上还需要进一步提高，人才培养、科学研究、社会服务、文化传承创新的质量和水平还不能很好适应经济社会发展的要求，我们的高水平大学与世界顶尖大学相比还有一定的差距。胡锦涛总书记在清华百年校庆讲话中强调全面提高高等教育质量，并指出：“建设若干所世界一流大学和一批高水平大学，是我们建设人才强国和创新型国家的重大战略举措。”这是党和国家着眼于新世纪新阶段作出的重大战略部署，是我国高等学校奋勇前行的战斗号角。要实现这一战略目标，高校就必须通过深入开展创先争优活动，大力推进学习型党组织建设，以创领学，以学促创，在办学实践中将两者紧密结合起来，共同推动学校各项事业的科学发展。

二、把高校学习型党组织建设与创先争优活动紧密结合起来

高校开展创先争优活动不能脱离本职工作另搞一套，而应要求每个党支部、每个党员把承担的任务、从事的工作做得更好。高校党组织和党员所面临的任务要求我们把学习型党组织建设同创先争优活动紧密地结合起来，着眼于创先争优建设学习型党组织，以学习型党组织建设推动创先争优活动深入开展。

1. 以学习型党组织建设促进师生思想政治教育，在思想建设上创先争优。高校的任务是要培养社会主义的合格建设者和可靠接班人。因此，必须大力加强师生的思想政治教育，将社会主义核心价值体系建设贯穿学校改革发展的各项工作中，贯穿人才培养的全过程。坚持不懈用中国特色社会主义理论体系武装师生员工的思想，要组织党员学习历史，特别是中国近现代史和中共党史，坚定中国特色社会主义的理想信念，自觉把个人理想融入中国特色社会主义共同理想之中。要组织党员认真学习形势政策和党的路线、方针、政策，在政治上和中央保持一致，自觉维护大局，把力量集中到全面建设小康社会的伟大事业当中来，集中到建设世界一流大学的工作当中来。

2. 以学习型党组织建设提升教师素养，在教育教学中创先争优。立德树人、教书育人是高校教师的第一责任。教学不仅是知识的传授，也有其自身的规律。教师要提高教育教学质量，就必须学习教育教学理

论，加强师德修养，提升人文素养，提高教育教学技能，这应该成为建设学习型党组织的一项重要内容。在建设学习型党组织的工作中，要组织教师学习和研究教育教学理论，学习优秀教师的教学经验，通过学习不断提高教师的教学水平和技能，更好地服务于学生的成长。我校多年来坚持开展教育教学研究、青年教师教学大赛和教学督导，实践证明，这对于提高教师的教育教学水平起到了很大的作用。我们要在建设学习型党组织的工作中进一步强化这方面的工作，形成教师以人才培养为己任，努力钻研教育教学的良好教风。

3. 以学习型党组织建设推动学生全面发展，在成长成才中创先争优。青年是党和国家的未来和希望。在学生党员中推进学习型党组织建设，不但要帮助他们提高思想觉悟、坚定理想信念，而且要引导他们做到又红又专、全面发展。为此，高校要大力推进学生党建工作，把广大青年凝聚和团结在党的周围，把优秀青年吸收到党组织中来，不断加强学生党员的党性教育，充分发挥党员在思想、学习、社会实践等各方面的先锋模范作用和在班集体以及学生社团协会中的带动作用，引导全体学生自觉把文化知识学习和思想品德修养紧密结合起来、把创新思维和社会实践紧密结合起来、把全面发展和个性发展紧密结合起来。我校在创先争优活动中坚持从学生党员的实际出发精选载体，本科生实施“固本计划”、“深根计划”、“先锋工程”、“堡垒工程”，研究生开展“两创两争一深化”主题活动，使全校学生党员整体素质显著提升，在学习、就业等方面充分发挥了带头作用。2008 年以来特等奖学金获得者中党员占 73%，2011 届毕业生党员中有 87% 选择到国家重点单位就业。

4. 以学习型党组织建设强化学术氛围，在科学研究中创先争优。大学肩负着传播真理、创造新知的使命。高校教师一般都是本学科领域的专家，平时所从事的也是相关的教学和研究，表面上看，建设学习型党组织与科研工作关系不大。但是，当今科技的发展越来越表现出多学科交叉的特点，近年来很多科研领域的新进展都是在交叉领域中取得的。因此，高校教师不仅要深入钻研本学科领域的知识，还要对相关领域的知识有所了解和涉猎，特别是培养能够前瞻性地把握科技发展趋势的哲学头脑和战略思维，这样才能更好地发挥高校的优势，在科学研究中取得更多的创新成果。为此，高校建设学习型党组织要紧密结合学科建设和科研工作，组织党员开展跨学科学术交流，拓宽学术视野，改善知识结构，提高驾驭科学技术发展规律的能力，以此来推动学科建设和科学研究水平的提高。我校一些院系多年来一直坚持定期举办教师学术沙龙或学术论坛，受到普遍欢迎，促进了良好学术氛围的形成。

5. 以学习型党组织建设推动改革创新，在学校科学发展中创先争优。改革创新是高等学校实现科学发展的动力源泉，而改革又必须尊重高等教育的发展规律，学习和借鉴世界上高水平大学的成功经验。因此，高校在学习型党组织建设中，要紧密围绕高校建设、改革和发展的实际，组织党员群众，特别是党员干部深入学习和研究高等教育理论，学习和研究中国国情，学习和研究国内外高水平大学经验和做法，提高对高水平大学办学规律的认识，用以指导我们的实际工作，推动高等教育质量不断提高，完成党和国家赋予我们的建设世界一流大学的使命。以改革创新推动世界一流大学建设，以世界一流大学建设引领创先争优活动，这也是学习型党组织建设和创先争优活动的一项重要内容。

三、学习型党组织建设的有效途径

清华大学素有重视学习的优良传统。1952 年院系调整后，全校 108 名正副教授绝大多数不是党员。学校党委提出“两种人会师”的要求，即党团员教师要努力钻研业务，提高学术水平，成为业务骨干；同时要帮助非党教授、副教授提高政治思想觉悟，吸收其中符合条件的人入党，实现两部分教师在又红又专的方向上共同前进，逐渐建立起了一支德才兼备、又红又专的教师队伍。从1983年开始，为提高教职工的素质，并使政治和业务更好地结合，学校党委为教职工开设了以马克思主义为指导的社会科学选修课，为教师讲授“中国近代史”、“教育心理学”、“社会发展史”等课程，收到良好的效果。从1990年起，学校开始编印《学习参考资料》，2001年开通了党建网站——“藤影荷声网”，有力地深化了教师的理论学习。我们还大力推进马克思主义中国化最新理论成果进“进教材、进课堂、进头脑”工作，在课堂教学中，运用现代教学理念和教学手段，调动师生两方面的积极性，使教师乐教，学生乐学，在潜移默化中坚定大学生对马克思主义的信仰和对中国特色社会主义的信心。在课堂之外，坚持开展以“爱国、成才、奉献”为主线的主题教育活动，通过丰富多彩的党团活动，引导广大青年学生树立“科学发展，成才报国”的人生理想。

自全党深入学习实践科学发展观和开展创先争优活动以来，清华大学更是把学习型党组织建设贯穿到活动的整个过程，积极探索学习型党组织建设的多样化途径，在实践中取得了显著成效，具体体现在以下四个方面：

1. 创新学习内容，更好地贴近师生思想实际。我们要求广大师生重点学习四个方面的内容：一是学习党的教育路线方针政策，学习教育规律，并在教学工作实践中自觉加以贯彻落实。二是学习形势与政策，认清社会发展趋势，紧跟时代发展步伐。三是学习除本学科外的其他学科的基础知识，即人文社会科学领域的教师要学习一些自然科学知识，自然科学领域的教师要学习人文社会科学知识，不断拓宽学术视野，丰富学术涵养。四是向实践学习，开展工作经验交流。我校从20世纪50年代中期开始定期召开教育工作讨论会，至今已有23次，每次都围绕一个中心主题开展研讨，在实践中收到了良好的效果。

2. 创新学习组织，增强学习的实效性和针对性。我校在不断完善学校和院系两级中心组学习制度和中层干部学习班制度的基础上，积极探索按兴趣组织临时性跨学科、跨支部、甚至跨院系的专题学习小组以及各种读书会、研究会，有针对性地组织党员和干部开展学习。进一步加强大学生马克思主义学习研究会（TMS协会）和求是协会建设，以社团为载体组织青年学生开展理论学习；创办“求真讲坛”，打造校园中的马克思主义理论学术品牌；建立了离退休教师理论学习小组，紧密围绕国内外理论和现实热点问题开展学习讨论，吸引了越来越多的离退休教师参加。通过结合不同党员的需求，我们以多种方式把党员和干部组织起来，使学习的组织更加丰富多彩，更有针对性和实效性。

3. 创新学习载体，调动师生学习的积极性、主动性、创造性。一是创新党校工作模式，逐步形成了由本科生业余党校、研究生业余党校、教职工入党积极分子培训班、党支部书记培训班和中层干部培训班组成的党校培训体系。其中，本科生《党的知识概论》课被列入正式课程，每年近2000人次参加学习，是学校最大规模的选修课。研究生业余党校将研究生新生集中入学教育暨业余党校教育的改革进一步推向深化，逐渐建立了融世情、国情、党情、校情于一体的课程安排。二是以社会实践为载体，通过在全国各地建立教学科研实践基地，促进广大师生了解社会、了解国情，实现产学研三结合。三是以社团活动为载体，以全面提高党员综合素质为重点，以构建和谐校园为目标，通过广泛开展师生喜闻乐见、健康向上的文体活动，吸引党员参加，达到寓教于乐的效果。四是保证和提高党支部组织生活质量，从20世纪80年代开始开展教职工党支部期末组织生活，至今已坚持20多年；近年来又设立专项基金，鼓励教职工和学生党支部开展党建课题研究、举办特色活动，增强了党支部的活力，党支部组织生活的次数明显增加，质量明显改进。五是大力加强马克思主义理论队伍建设，一方面通过整合学科资源，建设一支高水平的马克思主义研究队伍；另一方面，通过发挥自身的学科优势，深入开展马克思主义理论研究，为全校乃至全社会建设学习型党组织提供理论指导和学术支持。

4. 创新学习监督机制，实现学习型党组织建设的长效化和制度化。按照学习的发展过程，我校建立了三个层面的学习监督考核体系：一是考核对学习的认识和态度。检查党员、干部是否形成了浓厚的学习风气，党组织负责人是否真正发挥了带头、组织、指导和督促作用。二是考核对学习的落实情况。重点检查个人学习是否有计划、有安排。采取书面测试进行考学、民主测评进行评学、查阅笔记进行督学等办法，对党员学习情况进行考核评估。三是考察理论联系实际的情况。把学习作为考察干部素质、评价干部实绩的重要条件，把学习与单位评选先进、干部进退、工作考核挂钩，并与评比表彰“优秀共产党员”、“先进基层党组织”等相结合，充分发挥先进典型的示范带动作用，全面推动党组织各项工作。

作为中国共产党保持先进性的本质要求，创先争优永无止境，是各级党组织和全体共产党人的永恒追求。同时，学习型党组织建设也是一项系统工程，难以一蹴而就。高校党组织和全体教育工作者只有将二者紧密结合，坚持不懈地探索，持之以恒地努力，才能在推动高等教育科学发展的历史进程中不断创造新的业绩。

深入开展学习型党组织建设活动
加快建设国际一流大型银行集团

中国银行党委

重视学习、勤于学习、善于学习，是中国银行连续经营百年、不断发展壮大的重要法宝。面对新的百年征程，中国银行党委坚持把建设学习型党组织作为推动全局工作的重要抓手，深入贯彻落实中央关于加强学习型党组织建设的部署要求，注重在深化学习中凝聚发展力量、提升能力素质、促进科学发展，努力为实现建设国际一流的大型跨国银行集团战略目标提供坚强的思想组织保证和人才智力支持。

一、明确学习目标任务，凝聚推进银行科学发展的思想共识

建设学习型党组织是加强和改进新形势下党的建设的重要途径。目标明确、任务清晰是学习型党组织建设活动深入开展的重要前提。建设学习型党组织必须以提高党员员工思想政治水平，提高贯彻落实科学发展观的能力为基本目标任务。我行党委围绕科学理论武装、具有世界眼光、善于把握规律、富有创新精神的要求，紧密结合行业特点和战略规划，教育引导广大党员充分认清学以立德、学以增智、学以创业的重要性和紧迫性。

1. 秉承优良传统。坚持把弘扬党的优良传统和继承中国银行百年优秀文化结合起来，深入开展“爱国爱行，再创辉煌”、“庆中行百年，创一流佳绩”、“百年跨越我先行”等主题教育活动，学习党的创新发展史，了解中国银行的艰苦创业史，明确重视学习是党的政治优势和一贯要求，善于学习是中国银行的文化传统和宝贵财富，不断激发广大党员的学习热情，增强学习的自觉性和坚定性。

2. 转变思想观念。坚持把解放思想、更新观念作为开展学习活动的重要着力点，认真组织学习实践科学发展观活动大讨论，深入查找问题，切实转变与实现科学发展不相适应、不相符合的思想观念，牢固树立全面协调可持续发展的理念，树立在强化学习中建党、在全员学习中兴行的理念，打牢推进中国银行又好又快发展的思想根基。

3. 提升战略思维。注重学习掌握党的创新理论蕴涵的立场、观点和方法，加大学习、交流和培训的力度，全方位培养广大党员系统思维、辩证思维、前瞻思维的能力，注重从世界经济金融发展大势中科学判断形势，善于从中国银行改革创新中破解发展难题，自觉从中国银行科学发展中实现成长成才，切实使全行各项工作把握规律性、体现时代性、富有创造性。

4. 拓展发展思路。坚持在学习中统一思想认识，理清发展思路，确立了“追求卓越，持续增长，建设国际一流的大型跨国银行集团”战略目标，明确了“以商业银行为核心、多元化服务、海内外一体化发展的大型跨国经营集团”的战略定位，提出“创新发展、转型发展、跨境发展”的工作总要求，制定了“全行数据大集中，信息科技引领业务发展”的IT蓝图规划，着力构建“以客户为中心、以市场为导向、以科技为引领”的全球服务体系，努力实现“由以贷款为主要驱动向以服务和产品为主要驱动发展模式的转变，由资本消耗型向资本节约型发展模式的转变，由相对单一业务向综合化多元化业务发展模式的转变，由分散粗放式经营向整合集约型经营发展模式的转变”。

二、健全学习制度机制，营造激励全员积极进取的良好氛围

“蓬生麻中，不扶自直”，好的环境、好的氛围可以极大地提高党员员工学习的主动性和自觉性。我们注重加强学习型党组织建设的制度机制建设，推动学习由“软任务”向“硬指标”转变、由“一阵风”向“经常性”转变，大力营造热爱学习、崇尚学习的氛围，不断推进广大党员员工学习的经常化、规范化、科学化。

1. 建立组织机制。加强对学习型党组织建设的组织领导，总行党委和各分行党委专门成立了领导小组，定期研究推动学习型党组织建设各项工作。制定了《中国银行加强学习型党组织建设的意见》，明确了加强学习型党组织建设重要意义、目标任务、学习内容和工作要求。下发了中国银行《2009—2012 年培训与开发规划》、《2009—2013 年党员教育培训工作规划》和《党校 2009—2012 年培训实施规划》，将北京和上海两所国际金融研修院打造成课程体系完整、师资力量雄厚、培训管理规范、教育技术先进、行政服务高效的专业化培训机构，将香港、伦敦、纽约、新加坡四个培训中心建设成为国际化、复合型人才的培养基地和区域性培训中心，构建功能齐全、布局合理的培训施教机构网络体系。

2. 落实带头机制。认真贯彻中央《关于进一步加强和改进党委中心组学习的指导意见》，严格落实党委中心组学习制度，充分发挥各级党委和领导干部在学习中的示范和引领作用。坚持“请进来”与“走出去”相结合，近年来，中国银行党委先后邀请国家部委领导、院校知名专家和国外著名经济学者，就党的创新理论和十七届六中全会精神、国内外经济形势、银行业发展现状等内容，开展专题辅导和互动式交流近百次，组织参观学习 20 余次。坚持集中学习与课题调研相结合，

总行领导班子成员每年至少安排30天，各分行领导班子成员和总行各部门管理层成员每年至少安排60天，结合各自选定的课题，深入基层开展调研，深化课题研究内容。据统计，仅2011年一年，全行各级党委中心组成员到基层调研达8000多人次。坚持领导自学与带头促学相结合，各级领导干部在先学一步、多学一些、学深一些的基础上，运用学习的收获体会，主动为广大党员讲党课、作辅导，解答理论学习中的思想困惑和关心关注的现实问题。

3. **形成研讨机制**。坚持在研讨交流中深化学习内容，在思想碰撞中达成思想共识。建立工作会议研讨制度，在每年海内外分行和各部门“一把手”参加的全行工作会议上，专门安排1天时间就一个重大问题开展研讨，吸收多方意见，形成广泛共识。建立战略发展研讨会制度，每年组织召开发展战略研讨会，分期分批安排总行本部主管以上人员，先后围绕实践科学发展观、贯彻落实“十二五”发展战略、综合经营发展、探索走有中行特色的平衡持续发展道路等，邀请领导专家进行学习辅导，组织党员干部开展学习交流，深化全行战略方向、业务策略、财务目标、资源配置、实施步骤和配套措施的理解把握。建立党校培训研讨制度，围绕推进全行发展战略和经营管理过程中的重点、难点问题，引导学员在培训过程中做到“三个一”，即“带来一个问题，确定一个主题，提出一个方案”，积极参与集体研讨，主动结对开展交流，增强学习的效果。

4. **完善考评机制**。推行平衡记分卡考核办法，把组织开展学习、促进员工成长作为对各分行、各部门绩效考核的重要内容之一，将培训计划完成率、任职资格培训完成率、核心人才培养与储备等纳入“一把手”绩效考核指标体系，督促各分行、各部门长期抓好党员和员工的培养学习。建立党员教育培训档案，以党支部为单位每年对党员参加学习教育情况进行考核评估，考评结果作为党员民主评议的重要参考，并与评选先进、年终个人绩效考核、选拔任用挂钩，形成重视学习、倡导学习的正确导向。

三、创新学习方式方法，增强学习活动深入开展的实际效果

抓好学习，方法是关键，方法正确，事半功倍。建设学习型党组织，必须创新学习方法。我们结合银行工作实际，注重在“三个结合”上下工夫、用气力，努力增强学习的针对性和实效性。

1. 坚持专题讲座与课题研究相结合。帮助党员和员工学习新理论、新知识，促进知识能力的转化。一方面，抓好规定动作的学习，建立“中行大讲堂”，定期举行公开课，平均每年开设30—35个专题讲座，邀请知名专家学者作专题辅导，或由行党委主要领导上党课。发挥总行本部各部门业务条线统领作用，结合业务发展，每年开设200多次面授培训课程，授课内容涵盖党建理论、经济金融前沿理论、金融产品知识、业务操作、人才培养等，授课对象包括各级领导和普通员工。另一方面，注重学用相长，鼓励支持党员业务骨干牵头，围绕实施巴塞尔新资本协议、实现全面风险管理，开发国际结算新产品、拓展国际结算业务，加强IT蓝图建设、提升银行服务科技水平，紧跟电子商务发展趋势、加强电子银行建设，优化网点设置、提升银行服务效率等日常工作，广泛开展课题研究，提出解决思路，拿出解决办法。

2. 坚持员工自学与集中研讨相结合。推动“干什么学什么”，帮助党员员工相互启发、共同提高。一方面，积极为党员员工自学创造条件，开展读书实践活动，及时荐书送书。组织开展“读好书、强素质、促发展”有奖读书征文活动，利用内部网络和电子刊物交流读书心得体会，促进读书的深度与广度。在内部网络建立“培训在线”电子培训系统，开设通用素质、任职资格、能力提升、战略重点等四类430多门课程，包括培训课程、业务论坛、经验集锦、教材资源、在线考试、

先进事迹等内容模块，形成“一站式”培训解决方案，系统全天候开放，全行员工可以自由登录自主选学。另一方面，积极推动党员和员工在实践中开展集中研讨，统一思想，形成共识。大力开展向社会学习、向基层学习、向实践学习活动，组织员工进企业参观学习、赴基层走访调研，开展交流座谈，鼓励员工撰写心得体会和调研报告。举办“行长热点论坛”、“主管谈热点”、“银行卡青年论坛”等活动，实行“头脑风暴”，抓好交流学习。

3. 抓好个性培养与系统培训结合。推动“缺什么学什么”，帮助党员员工提高综合素质，培养复合型人才。一方面，注重抓好党员员工个性培养，帮助他们补齐“短板”。开展学习型党组织建设专题调研，掌握各分行、各部门组织开展学习活动的方式方法和时间内容，帮助党员员工分析自身能力素质和理论知识优势及不足，有针对性地组织“充电”学习，有计划地安排轮岗交流。积极开展1名党员帮带2名普通员工的“一带二”活动，持续推行业务骨干导师制，多方面帮助新入行员工尽快适应工作要求。另一方面，注重抓好党员员工系统知识培训，建立系统化的核心经营管理人才培训课程。与哈佛商学院合作举办哈佛商学院领导力课程，与人民银行、德国储蓄银行协会联合举办商业银行经营实战模拟课程，模拟各种银行战略管理和业务经营决策，增强学员的战略眼光、风险意识和决策执行能力。充分发挥总行党校的主阵地作用，形成具有中行特色的“政治理论学习”、“发展战略研讨”、“管理能力与综合素质培训”相结合的党校课程体系。开展国际金融管理人才培养项目，培养具有国际视野、熟悉国际规则、精通国际金融市场运作的高素质管理人才；开展专业领军人才培养项目，培养造就一批专业造诣精深、敬业精神强、创新能力突出的资深级专业领军人才。定期组织高层经营管理人员研讨班、中层经营管理人员培训班、新提拔人员管理能力提升班，针对海内外500人高级管理团队举办“领军人物”培养项目，重点提高领导班子的开拓创新、战略执行、科学决策等能力，系统培养国际化管理和专业技术人才。

四、注重学习成果运用，推动全行战略发展规划的顺利实施

学习的最终目的在于应用，在于成果的转化，在于更好地指导和推动实际工作。我们坚持学以致用、用以促学、学用相长，注重把学习的成效体现在推动中国银行创新发展、转型发展、跨境发展的实际工作中。

1. 把学习的成果转化为科学发展的坚定信念。通过持续深入的学习，引导广大党员进一步增强政治敏锐性和政治鉴别力，进一步坚定正确的政治方向和政治立场，牢固树立对马克思主义的坚定信仰、对中国特色社会主义的坚定信念、对改革开放和社会主义现代化建设的坚定信心、对以胡锦涛同志为总书记的党中央的坚定信赖，深入贯彻落实科学发展观，模范践行社会主义核心价值体系，始终保持国有股份制商业银行党的领导优势和先进性优势。牢牢把握科学发展这个主题，紧紧围绕转变发展方式这条主线，进一步强化责任意识、发展意识、机遇意识和忧患意识，适应新形势、把握新机遇、应对新挑战、实现新发展。

2. 把学习的成果转化为创先争优的实际行动。坚持把学习型党组织建设融入创先争优活动中，自觉用创先争优活动的成果检验学习型党组织建设的成效。围绕“干什么创什么”，开展丰富多彩的主题实践活动，活动内容丰富，注重实际成效，党员群众普遍反映活动有意义、参与有兴趣、工作有干劲。围绕客户需求，改造提升银行“窗口”和渠道服务能力，网点转型工作不断深化，网点渠道综合效能进一步提高。采取员工喜闻乐见的方式，营造为民服务创先争优的良好氛围，努力增强活动的吸引力和凝聚力，形成了党群共建、全员参与的良好局面。各级领导带头示范，指导推动活动开展，坚持听看问相结合、评帮促相结

合、点线面相结合，深入基层、深入一线，带头调查研究，带头营销客户，带头解决问题，带头开展点评，认真落实“领导带头”责任。创新群众评议的方式方法，把员工自己评、客户帮助评、外部独立评、上级汇总评结合起来，主动接受群众监督，广泛听取服务对象意见，及时查找发现问题，促进基层党组织和党员认真践行公开承诺，不断改进窗口服务水平。创先争优活动的深入开展，有效激发调动了广大党员和员工的工作热情和干劲，有力促进了学习型党组织建设水平的稳步提升。

3. 把学习的成果转化为持续提升的经营业绩。在学习型党组织建设的推动下，全体员工勤奋敬业、争创佳绩，推动全行的业务发展。“IT蓝图”在2011年全面上线，实现数据逻辑集中和全行“一本账”，掀开了中行发展史上的崭新一页。IT蓝图核心银行系统项目荣获中国人民银行2011年度唯一的“银行科技发展奖”特等奖。截至2011年年末，已在32个国家和我国香港、澳门、台湾地区设立了586家分支机构，与180个国家和地区的1500多家银行建立了代理合作关系，建立起覆盖全球的人民币清算网络，成为我国“走出去”企业金融服务的首选银行。各项业务持续健康快速发展，资产质量持续提高，结构调整不断深化，海外业务优势进一步加强，核心竞争力明显提升，连续23年入选《财富》“世界500强”企业，进入全球银行前10位，成功入选全球系统性重要银行，是发展中国家和新兴市场国家中唯一入选的银行机构。

弘扬理论联系实际的学风
推动国家电网科学发展

国家电网公司党组

国家电网公司作为关系国家能源安全和国民经济命脉的国有重要骨干企业，公司党组大力弘扬理论联系实际的马克思主义学风，把学习型党组织建设与改革发展的中心任务结合起来、与开展创先争优活动结合起来、与加强基层党组织建设和提升党建工作科学化水平结合起来，以学习创新推进发展方式转变，推动国家电网科学发展。

一、坚持与时俱进，树立适应时代发展的学习理念

自觉学习的强烈意识是弘扬优良学风的一个重要前提。只有把学习作为一种责任，才会形成良好学习习惯，才能增强学习自觉性和主动性。建设学习型党组织，要倡导广大党员干部树立全员学习、自觉学习、终生学习的理念，始终把学习作为一种政治责任、精神追求和生活方式，营造重视学习、尊重学习、激励学习的良好氛围。

1. 始终把学习实践科学发展观作为学习型党组织建设的重要内容。科学发展观是对党的三代中央领导集体关于发展的重要思想的继承和发展，是发展中国特色社会主义必须坚持和贯彻的重大战略思想，对我们的各项工作有十分重大的指导意义。国家电网公司党组深入学习实践科

学发展观，在学习中进一步深化对国情、企情的认识，着力解决“建设一个什么样的国家电网”、“建设一个什么样的国家电网公司”这两个重大课题。针对公司发展面临的问题，公司党组广泛调研、深入思考，把握公司在国家能源战略中的定位，明确在服务党和国家工作大局以及经济社会发展全局中的作用，确立了建设“一强三优”（电网坚强、资产优良、服务优质、业绩优秀）现代公司的发展战略目标和“两个一流”（世界一流电网、国际一流企业）的公司愿景，明确了“两个转变”（公司发展方式转变、电网发展方式转变）的战略途径，形成了引领公司科学发展的战略体系。广大干部员工以战略统一行动，不断增强落实科学发展观的自觉性、主动性和坚定性，齐心协力推动科学发展，取得了显著成效。公司赢利能力、创新能力、发展能力不断增强，综合实力、核心竞争力和社会影响力全面提升。实践证明，“一强三优”现代公司战略目标、“两个一流”愿景和“两个转变”战略途径，符合科学发展观要求，符合公司和电网发展实际，是公司坚持加强政治理论学习、推动公司发展的重要成果。

2. 始终把建设学习型领导班子作为学习型党组织建设的重点。领导班子和领导干部是建设学习型党组织的组织者、促进者和实践者，具有重要的引领和导向作用，是建设学习型党组织的重点。国家电网公司党组把学习型党组织建设纳入“四好”领导班子创建中，以中心组学习为主要形式，深入学习科学发展观，准确把握企业发展方向，努力作乐学、勤学、善学的表率。广泛开展以“解放思想、科学发展”为主题的调研讨论活动，运用团队学习、系统思考等方法，不断增强班子的凝聚力和战斗力。通过学习，国家电网公司党组进一步提高了政治理论素养、创新能力和解决实际问题的能力，自觉把公司工作放到党和国家工作大局中把握，放到经济社会发展全局中思考，成为贯彻落实中央决策部署、推动科学发展的坚强领导集体；通过学习，进一步坚定了理想信念，发扬坚持、坚守、坚韧、坚强的优良品质，在困难面前不动摇、原则面前不让步、是非面前不含糊，以对党和国家事业高度负责的态度，团结带领广大干部员工创造一流业绩。

3. 始终把提高队伍素质作为学习型党组织建设的重要任务。广大党员和干部员工是建设学习型党组织的参与者，也是推动企业发展的主体。建设学习型党组织，要坚持以人为本，促进公司发展和员工发展有机统一。公司建立完善管理学院、技术学院、团校等学习培训阵地，广泛开展争创学习型班组、争当学习型员工和“电网先锋党支部”创建活动，激发员工学习热情，以学习型党组织带动学习型企业建设。建立总部专题报告、学习日等学习制度，健全学习管理、督查、考核机制，不断提高干部员工学习创新能力。2011 年，公司各单位深入开展“学习实践大家谈”和“电网先锋讲坛”2806 次。健全党员干部轮训、学习考核和成果转化等一系列制度，搭建网络化、信息化学习平台，形成全员、全过程、全方位学习的浓厚氛围。一是着力提高员工队伍政治素质，深入学习中国特色社会主义理论体系，增强贯彻落实科学发展观的自觉性和坚定性，坚定推动“两个转变”、建设“一强三优”现代公司的信心。二是着力提高员工队伍专业素质，深入实施人才强企战略，落实中央“千人计划”，积极引进海外高端人才，依托特高压等重大创新工程，培养造就一大批高层次人才。三是着力提高员工队伍文明素质，建设和弘扬统一的企业文化，实施企业文化“三大工程”（传播工程、落地工程、评价工程），弘扬“诚信、责任、创新、奉献”的核心价值观和“努力超越、追求卓越”的企业精神。在学习型党组织建设和公司改革发展各项工作中，涌现出四川电力共产党员服务队和“电力雄鹰”吕清森、“不倒的铁塔”江小金、“助学老人”解黎明、“爱心大使”韩克勤、“工人专家”夏晓宾等一大批忠诚企业、奉献社会的先进典型，引领着企业和社会文明风尚。

二、坚持学以致用，以学习推动实践创新

建设学习型党组织，弘扬优良学风，必须紧密结合改革发展实践，使学习成为创新发展的不竭动力。在党中央的正确领导下，国家电网公司党组以学习创新引领和推动实践创新，各项工作不断取得新的突破和进展，探索出了一条具有中国特色的电网企业创新发展道路。

1. 创新电网发展方式，建设“坚强智能电网”。坚持从国家电网的功能定位和在经济社会发展中的基础性作用出发，从保障经济社会发展对电力和能源的需求出发，从转变过度依赖输煤的能源发展方式和局部就地平衡的电力发展方式出发，深入推进电网发展方式转变，大力实施“一特四大”战略（加快建设以特高压电网为骨干网架，各级电网协调发展的“坚强智能电网”，促进大煤电、大水电、大核电、大型可再生能源基地集约化开发）。建成投运了世界上运行电压最高、技术水平最先进、具有自主知识产权的晋东南——荆门特高压交流试验示范工程和扩建工程，成为我国南北之间的重要能源输送通道，有效促进了节能减排和能源资源优化配置。自主建设的世界电压等级最高、输送容量最大、送电距离最远、技术水平最先进的向家坝——上海特高压直流示范工程，成为“西电东送”的重要通道。“电力天路”青藏联网工程提前一年建成，创造了世界高海拔地区输电工程建设的新纪录，从根本上解决了西藏缺电问题，全国电网除台湾以外实现全面互联。世界上第一个集风力发电、光伏发电、储能系统、智能输电于一体的国家风光储输示范工程竣工投运，对于推动我国新能源及战略新兴产业发展具有重要意义。

2. 大力推进管理创新，转变公司发展方式。按照集约化、扁平化、专业化方向，建设“三集五大”（人财物集约化管理，大规划、大建设、大运行、大检修、大营销）体系，优化业务流程、创新管理模式，

建立科学的管理体制和运营机制。加强集团管控、压缩管理层级，优化总部机构和职能，成立五个分部，初步形成总部分部一体化格局，优化了公司治理结构。强化企业核心资源的集约管控，“十一五”期间，网省公司资金集中归集率由83%提高到99%，总部累计实现资金集中运作效益233亿元；推行集中规模招标采购，累计节约资金670亿元。认真贯彻落实党中央、国务院“走出去”决策部署，着眼全球市场，发挥自身优势，加快实施国际化战略，在6个国家和中国香港设立办事处，与美国、俄罗斯、巴西、法国等相关电力企业签署战略合作协议。继成功收购菲律宾、巴西电网项目并保持稳健运营后，又于今年初中标葡萄牙国家能源网公司股权项目，标志着中国电网技术和管理走向世界。2011年，公司名列世界企业500强第7位，连续7年被国资委评为业绩考核A级企业。

3. **大力推进科技创新，提高自主创新能力。**创新是企业竞争力的核心，是公司发展的动力。推进科学发展，必须勇于创新变革，永不僵化、永不停滞，不断增强持续创新能力。公司积极服务创新型国家建设，发挥企业在技术创新中的主体地位，围绕加快转变经济发展方式、建设“坚强智能电网”、构建现代能源产业和综合运输体系，大力推进自主创新。深入实施“一流四大”（建设一流队伍，实施大科研、创造大成果、培育大产业、实现大推广）科技发展战略，破解电网发展和经营管理中的难题，引领和支撑公司科学发展。建成了世界上最高水平的特高压试验研究体系，掌握了特高压输电核心技术和全套设备制造能力，带动了民族电工装备制造业创新发展，在世界电网科技领域实现了“中国创造”和“中国引领”。取得了一大批具有自主知识产权、占据世界电网科技制高点的创新成果，授权专利数量在中央企业名列前茅。信息化整体水平进入国内领先、国际先进行列，公司成为全国首批“创新型企业”。

4. **创新社会责任工作，服务经济社会发展。**全面履行社会责任，落实“四个服务”（服务党和国家工作大局、服务电力客户、服务发电企业、服务经济社会发展）企业宗旨，加快电网建设，适应了经济社会发展对电力的需求。坚持“你用电，我用心”，深入开展为民服务创先争优，实施国家电网95598光明服务工程。及时修订并发布了员工服务“十个不准”、优质服务“十项承诺”和调度交易服务“十项措施”，提高服务标准，主动接受监督。深入开展“三亮三比三评”活动，设立党员责任区、党员示范岗、党员服务窗口，提升供电服务品质。实施“新农村、新电力、新服务”战略，投资158.6亿元，解决了边远落后地区134万无电户、509万人口的用电问题。积极支持新能源发展，公司经营区域并网风电装机超过4200万千瓦。持续开展电力扶贫、援疆、援藏，“十一五”期间爱心捐助超过15亿元，促进了和谐社会建设。先后发布我国首个企业社会责任报告、首个企业履行社会责任指南、首个企业绿色发展白皮书和《公司的价值》白皮书，发挥了示范表率作用。公司荣获“2011中国企业社会责任特别大奖”，蝉联“中国500最具价值品牌排行榜”第二名。

三、强化重点措施，不断提升学习型党组织建设水平

胡锦涛总书记强调，必须按照建设马克思主义学习型政党的要求，抓紧学习人类社会创造的一切科学的新思想新知识。国资委党委也多次就中央企业学习型党组织建设提出明确要求，为我们加快学习型党组织建设、推动科学发展进一步指明了方向。我们深深体会到，建设学习型党组织是一项系统工程，要从加强宣传、完善制度、树立典型等方面入手，弘扬优良学风，争取更大学习成效。

1. 强化宣传的影响力。良好的学习氛围、正确的舆论导向对弘扬优良学风具有重要影响。要充分利用各种媒体，大力宣传我们党关于马克思主义学风的优良传统，宣传中央对建设学习型党组织的部署要求，

宣传各级党组织创新推进学习型党组织建设的新做法，宣传弘扬理论联系实际学风推动企业发展取得的新成效，为推进学习型党组织建设营造浓厚氛围。

2. 强化制度的执行力。学习靠自觉，更靠制度。科学完备、行之有效的学习制度是衡量学习型党组织的重要标准。要进一步建立完善学习管理、督查、考核等方面的制度，把学习纳入加强基层党组织建设，纳入领导班子和党员干部考评，使“软任务”变成“硬约束”，推进学习型党组织建设规范化、制度化、常态化。

3. 强化典型的带动力。榜样的力量是无穷的。要继续大力发掘、选树和学习宣传乐学勤学善学的先进典型，充分发挥先进典型的示范引领作用。特别是党员领导干部要率先垂范，加强自身学习、领导班子学习，带动党员和员工学习，不断把优良学风发扬光大。

学习永无止境，创新永无止境，发展永无止境。国家电网公司将在党中央的正确领导下，全面贯彻落实科学发展观，把学习创新作为推动公司和电网科学发展的持久动力，坚持和弘扬优良学风，努力超越、追求卓越，创先争优、科学发展，加快建设世界一流电网、国际一流企业，为推动经济社会又好又快发展、全面建设小康社会不断作出新贡献，以优异成绩迎接党的十八大胜利召开。

提高国有企业学习型党组织建设科学化水平

中国航空工业集团公司党组

国有企业是国民经济的中流砥柱，是我国参与国际市场竞争的主力。提高国有企业学习型党组织建设科学化水平，是提高国有企业核心竞争力、促进国有企业又好又快发展的必然要求。

一、国有企业建设学习型党组织的重大意义

1. 建设学习型党组织是提高国有企业各级领导班子领导科学发展能力的客观要求。当前，国有企业正处于转型关键期，迫切需要提高创造力、竞争力。建设学习型党组织，有利于打造一支具有深厚理论基础、开阔世界眼光、科学战略思维、良好党性修养和较强驾驭能力的高素质领导班子。

2. 建设学习型党组织是激发党组织凝聚力创造力的有效途径。建设学习型党组织，在党员之间建立信息反馈、实践反思和知识共享机制，使全体党员对于实践中遇到的问题认识更加全面，理解更加深刻，思路更加清晰，使组织的决策程序更加科学，从而全面提高党组织的战斗力。

3. 建设学习型党组织是应对国有企业面临各种困难和挑战的重要手段。深刻变化的国际国内环境，使党的建设遇到许多新情况、新问

题。国有企业能否直面挑战，经受考验，在竞争中立于不败之地，很大程度上取决于企业的领导干部、广大党员和员工的素质和精神状态。推进学习型党组织建设，能够提高党组织和广大党员的学习力和执行力，是国有企业实现经济发展方式转变、突破发展“瓶颈”和实现创新发展的重要手段。

二、国有企业建设学习型党组织的现状分析

为深入研究国有企业建设学习型党组织现状，客观反映国有企业学习型党组织建设中存在的问题，我们开展了深入细致的专题调查研究。

1. 采用定量与定性结合的研究方法。深入中航工业导弹院、六一三所、新航集团等13家有代表性的基层单位进行现场调研，抽样调查了280名党员、干部、群众。调查分析总体设计的思路框架及调查对象的背景和数量如下图。

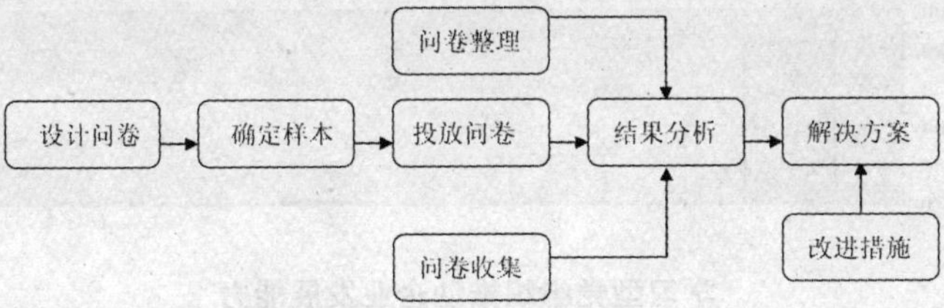

2. 调查问卷结果简要分析。在“您对十七届四中全会提出的学习型党组织、学习型领导班子、学习型政党这些概念的理解是”这个问题中，有26%的被调研对象选择了“我知道这些概念，有一定研究”（A）；有67%的被调研对象选择了“我知道这些概念，但理解不深，想进一步理解”（B）。在“您对开展建设学习型党组织和学习型领导班子对于推动企业发展方面的看法”中，有75%的被调研对象认为十分必要，对企业发展是有力推进，22%的被调研对象认为有一定作用。在“您认为国有企业开展建设学习型党组织，党员干部学理论应采用哪些

渠道”中，居前5位的分别是专题培训（B）、主题党课（A）、杂志报刊书籍（D）、互联网（G）和互帮互学（C），其余依次为电视（F）、广播（E）、其他（H）。综合上述宏观分析我们得出如下结论：一是对建设学习型党组织的重要性和内涵有一定程度的认识。二是领导干部带头学习，为建设学习型党组织注入了牵引力量。三是传统党组织学习模式仍发挥重要作用，为建设学习型党组织奠定了基础。

调查对象背景		调查对象数量	所在百分比
单位类型	企业	213	76.1%
	研究院、所	67	23.9%
从事的岗位	非党领导职务	3	1.1%
	党员领导职务	40	14.3%
	行政领导	34	12.2%
	党务领导	63	22.5%
	普通党员	125	44.6%
	群众	24	8.6%

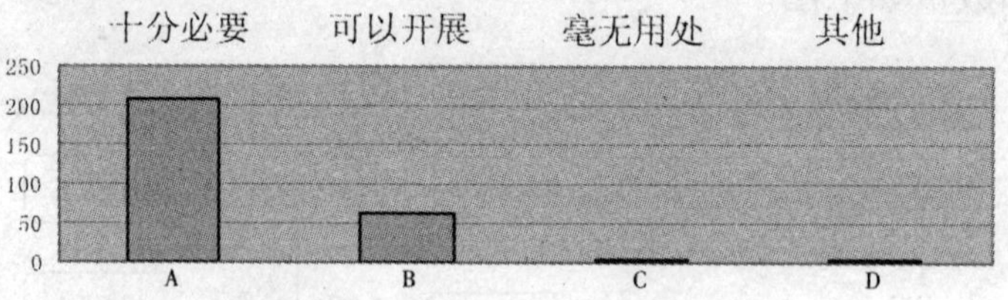

学习型党组织推动企业发展能力

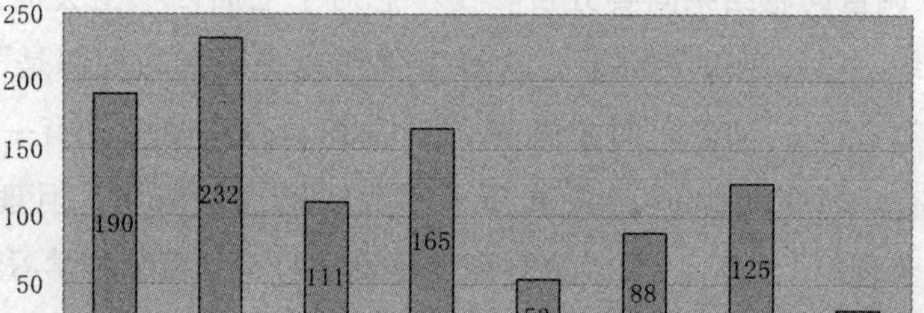

建设学习型党组织采取的渠道

3. 学习型党组织建设工作中存在的主要问题。一是政治理论学习的积极性不高。重视业务学习，轻视理论学习的现象还时有发生，一些党员认为学习政治理论无用，将心思都用在寻找事业成功的“捷径”上。二是主动学习的意识不强。党组织主动学习，党员自主学习的思路和方法不多，部分党员学习主动性不强。三是学习方法创新不够。有的党组织学习方法简单、形式单一，有的党组织在学习阵地建设、引导党员加强日常学习、激发学习内在动力上缺乏有效措施。四是学习制度落实不好。有的党组织学习制度落实情况不严格，“以会代学”现象仍然存在。五是学习保障不够有力。有的单位在学习时间、场地、经费“三保障”和学习人员、内容、方式、效果“四落实”等制度上执行力不够。究其原因，主要是“四个不到位”：一是对建设学习型党组织的重要性认识不到位。二是对学习型党组织的内涵认识不到位。三是对建设学习型党组织的推进策略不到位。四是对建设学习型党组织长效机制的保障不到位。

三、国有企业建设学习型党组织应采取的措施

1. 明确学习内容。一是坚持用中国特色社会主义理论体系武装头脑。中国特色社会主义理论体系，是我们党理论创新最新成果，集中体现了当今世界和当代中国的发展变化对党和国家工作的新要求，是党继往开来、与时俱进，团结带领全国各族人民沿着中国特色社会主义道路实现中华民族伟大复兴的行动指南。建设学习型党组织，必须深入学习马克思列宁主义、毛泽东思想，全面系统、完整准确地掌握中国特色社会主义理论体系特别是科学发展观的重大意义、时代背景、实践基础、科学内涵和历史地位，深刻领会贯穿其中的马克思主义基本立场观点方法。二是学习践行社会主义核心价值体系。开展社会主义核心价值体系学习教育是建设学习型党组织的重要任务。建设学习型党组织，要在认知、认同上下工夫，使社会主义核心价值体系转化为党员的精神信仰和基本价值取向。要在贯穿、

融入上下工夫，切实把社会主义核心价值体系体现到党员、干部教育管理的全过程。要在践行、示范上下工夫，通过党员、干部率先垂范推动社会主义核心价值体系建设。三是学习掌握现代科技知识。各级党组织要围绕科研生产经营，引导党员学习高科技知识，通过采取质量攻关、技术交流、技术比武、劳动竞赛、导师带徒等多种形式，有效提高党员的技能业务素质，为建设学习型企业、创新型企业作贡献。

2. 抓住“三个着力点”。一是抓领导班子和领导干部队伍。提高领导班子和领导干部的学习力，提高领导班子的科学决策力和创新力，建设学习型领导班子是建设学习型党组织的重点。国有企业党组织负责人首先要有率先学习的感悟，然后影响整个班子、整个企业。二是抓党支部。基层党支部处于企业改革发展和生产经营一线，承担着党章规定的“宣传、学习、管理、联系、发挥、培养、监督、教育”八项职能，是党组织发挥战斗堡垒作用的平台。建设学习型党组织要建设好学习型党支部。三是抓党员队伍。建设学习型党员队伍是学习型党组织建设工作的基础。要努力培养党员学习习惯，启发党员正确地学习，使学习成为工作生活的一部分，而不是一种负担，用先进学习理念培训党员，教会党员怎样学习。广大党员要重点学习党的理论知识，提高运用科学理论分析和解决实际问题的能力。

3. 树立“六个理念”。一是全员学习理念。每位党员都要加强学习，提升自身素质。党组织负责人要在学习中发挥好示范带头作用。二是团队学习的理念。建设学习型党组织要有一个人人学习、团结协作的领导集体，实现思想观念由“个体学习”向“团队学习”的转变，达到共同学习、共同提高、共同进步的目的。三是终身学习理念。当今世界，知识更新日新月异，学习已经成为现代人的终身追求，“终身学习”成为一个人、一个企业取得事业成功的必要条件。四是创新学习理念。在学习方式上，采用互动式学习、研究式学习、共享式学习等形式，只有不断探索适用有效的学习形式，才能持续点燃学习热情；在学习载体上，既用好传统学习载体，又善用信息技术新平台，只有积极拓展学习阵地，才能不断开发学习潜能。五是科学学习理念。只有真正按照科学的方式、程序、步骤、习惯、方式进行学习，才能提高“会”学习的能力。学习中应该具有“科学精神”，主要表现为实事求是、知行合一的精神，高瞻远瞩、超越前人的精神，以及顽强执著、锲而不舍的精神。六是实践学习理念。学习型党组织建设的出发点和落脚点是解决实际问题。通过向实践学习、在实践中学习，实现书本知识与实践知识的有机结合，实现知识向能力和素质的转换。

4. 突出“五重性”。一是突出思想性、政治性。只有思想理论上先进才能保持和发展党的先进性。突出思想性、政治性是建设学习型党组织的内在要求。通过学习进一步增强党的意识、宗旨意识、执政意识、大局意识、责任意识，使各级党组织和全体党员统一思想、统一意志、统一行动，形成推进国有企业建设的强大力量。二是突出主动性、创造性。学习型党组织的学习应该是对新思想、新知识、新科学的主动求索，建设学习型党组织应该是党组织对新思维、新理念、新能力的主动探求。改变“开开会议、念念报纸、读读文件、写写心得”这样简单、枯燥的学习模式，创造性地开展课题调研、知识竞赛、技能比武、实践体验等丰富多彩的学习形式，为学习注入新动力。三是突出针对性、实效性。坚持理论联系实际，做到学以致用，善于运用学到的知识推动工作创新，形成新思路，解决新问题。结合企业在建立现代企业制度、管理创新等方面的问题，有针对性地开展学习。四是突出自主性、多样性。积极探索运用现代管理学、组织学、心理学等现代科学方法来推进学习；充分发挥互联网等覆盖面广、传播快捷的特点和优势，构建多层次、全方位、立体化的学习网络平台；大力倡导互动式、研究式、共享式学习，使学习活动更加体现时代特点、贴近党员需求、富有实际成效。五是突出制度性、科学性。有了完善而管用的学习管理、督查、考核制度，才能把学习由“软任务”变成“硬约束”，由“搞活动”变成

"常态化"，由"单个学"变成"团队学"，从而为推进学习型党组织建设提供有力保障，不断提高学习型党组织建设的科学化水平。

5. **建立健全"五项机制"**。一是建立健全领导机制。由党组织牵头成立领导机构，整体规划和部署学习型党组织创建工作，研究解决重大问题，监督检查落实情况。党委（组）负责人亲自抓，分管领导具体抓，有关人员直接抓，党政工团齐抓共管，形成统一领导、分级负责、相互配合、协调一致的工作格局，推动创建工作顺利开展。二是建立健全组织机制。完善中心组学习、领导干部培训、个人自学、学习成果转化等制度，构建短期培训、岗前培训、业务培训、晋职培训等多样化的党员干部学习培训体系，克服抓学习"说起来重要、干起来次要、忙起来不要"的现象，推动党员干部学习教育科学化、制度化、规范化。三是建立健全管理机制。明确学习要求，建立学习考勤制度，以"考勤"促学习，健全述学、考学制度，以"考核"促学习，努力提升学习成效。四是建立健全考评机制。将党员干部学习情况与党员干部业绩考核、创先争优挂钩，作为干部选拔任用、职务晋升的重要依据。对在学习中表现突出的党支部、党小组和党员给予表彰和奖励，及时选树先进，带动整个企业学习型党组织建设。五是建立健全保障机制。在学习制度、学习阵地、学习经费上予以有力保证，为党员干部学习创造有利条件。明确党支部书记是本支部创建学习型党组织活动的第一责任人，建立党员个人学习档案。

6. **发挥"两个作用"**。一是发挥领导干部的示范表率作用。领导干部要带头重视学习，成为自学的表率；要积极参加集体学习，充分利用党委中心组学习平台，在研讨问题上作表率；要建立坚定正确的学习目标，以实事求是的学习态度、勤奋刻苦的学习精神推动本单位学习型党组织建设工作。二是发挥先进典型的示范引导作用。做好身边先进典型的选树工作，深入总结典型经验，扩大宣传推广范围，使全体党员干部学有标杆、赶有目标。

用“行动学习法”助推中央企业学习型党组织建设

中粮集团

把各级党组织建设成为学习型党组织，是建设马克思主义学习型政党的基础工程，是提高党的执政能力、保持和发展党的先进性的紧迫任务。国有企业是国民经济的重要支柱，中央企业是国有企业的排头兵，是国有经济发挥主导作用的主力军，多数处在关系国家安全和国民经济命脉的重要行业和关键领域，对发展先进生产力，提高我国综合国力，巩固党的执政地位至关重要。截至2010年年底，中央企业有党委17149个，占全国基层党委总数的9.17%；党总支14589个，占全国党总支总数的6.02%；党支部204598个，占全国党支部总数的5.91%；共产党员4635562人，占全国党员总数的5.77%。中央企业党的组织和党的建设成为全国党建的重要组成部分，进一步加强和改进中央企业党的建设特别是学习型党组织建设，对促进中央企业科学发展、更好地服务国家经济建设和社会发展具有重要意义。

近年来，中央企业认真贯彻中央决策部署和国资委党委要求，以高度的政治自觉、扎实有效的措施，积极推进学习型党组织建设工作。特别是2011年，中央企业紧紧围绕庆祝中国共产党成立90周年，结合创先争优活动，紧扣企业改革发展中心任务和“十二五”计划开局，推进学习型党组织建设向纵深发展，创造了不少好做法、好经验，但也存在一些不足，还有几个主要问题需要在实际工作中进行探索、加以解决：一是如何正确把握理论学习与实践应用、思想武装与提升能力的关系？二是如何正确把握组织化学习与个体化学习的关系？三是如何顺应时代和社会的新变化，适应党员领导干部、党员队伍的新特点，不断创新学习方法、提升学习效果？以中粮集团为代表的一些中央企业，在学习型党组织建设工作中借鉴并创造性地应用“行动学习法”的相关理念，为解决上述问题提供了新的思路和途径。

“行动学习法”是20世纪40年代由英国管理学家雷吉·雷文思（Reg Revans）教授提出的一种学习理论，后因20世纪末叶美国通用电气公司和美国西南航空公司等跨国公司的成功应用而推广开来，被广泛应用于企业管理人员培训和领导力开发。“行动学习法”的核心思想是“干中学”，学习者以团队合作的形式，在一个特定的环境中，以组织面临的实际问题、任务或项目为目标课题，在催化师的引导下，运用特定的研讨方法和工具，通过对问题、任务或项目的研究和处理，让学习者举一反三，提升解决实际问题的能力，最终达到开发人力资源和发展组织的目的。“行动学习法”是一个“提出问题——团队反思——团队研讨——制订计划——付诸行动——发现新问题——再反思”不断循环的过程，具有实践性（“行动性”）、团队性和系统性三大特征。

一、借助“行动学习法”的实践性，大力弘扬理论联系实际的马克思主义学风，不断提高中央企业各级党组织引领企业科学发展的实际能力

中央要求，建设学习型党组织要坚持以思想理论建设为根本，坚持不懈地用中国特色社会主义理论体系武装头脑，深入学习实践科学发展观，不断提高广大党员干部的思想理论素养，增强坚持中国特色社会主义旗帜、道路和理论体系的自觉性坚定性。中央企业的学习型党组织建

设，必须在党组织的统一部署和系统组织下，把加强以党员为主体的干部职工队伍的理论学习和思想武装作为首要任务，通过理想信念教育和形势任务教育，引导和带领广大干部职工自觉践行社会主义核心价值体系，不断强化中央企业的使命感和责任感，坚定国有企业发展的正确的政治方向，坚定搞好中央企业改革发展的信心和决心。

中央企业学习型党组织建设的最终目的和最大成效，要体现在各级党组织引领企业科学发展的实际能力不断提升上。面对全球化大背景和国家经济、社会发展的新形势，引导企业进一步及时发现和解决发展中的新情况新问题，探索国有企业改革发展的新规律新途径，促进中央企业又好又快发展，巩固和扩大中央企业的影响力、控制力。但在中央企业学习型党组织建设的实际工作中，一部分企业未能把握好理论学习与实践应用、思想武装和提升实际能力的关系，未能推动理论学习成果的有效转化，思想武装与指导实践、推动工作往往脱节。

“行动学习法”最突出的特征就是实践性（“行动性”），强调学习是一个实践和理论紧密结合、螺旋式上升的过程，注重在实践中解决企业管理中的实际问题，在解决某个具体问题的过程中，培养和提升学习者的实际工作能力。“尽管这一过程中有某些创新性的、不同寻常的方法，但是真正使行动学习与众不同的是，它把学习和行动完美地交织在一起”。

借助“行动学习法”的实践性，有助于中央企业更准确地把握理论之“学”与实践之“习”两者的辩证关系，更深刻地领悟“学习”二字的深刻本质和丰富内涵，更自觉地继承和发扬理论联系实际的马克思主义学风，在企业内部创造一个学习与工作相互转化、学习与工作两位一体的良好环境。既要“真学真懂真信”，又要“真用”，把学习理论同研究解决人民最关心最直接最现实的利益问题、本地区本部门改革发展稳定的重大问题、党的建设突出问题结合起来，切实把学习成效转化为解决问题的实际能力，切实把党的政治理想、政治路线、政治主张内化为增强党性修养、提高思想觉悟、陶冶道德情操的自觉行动。

如果说理论学习、思想武装是中央企业学习型党组织建设的首要任务，着力点和落脚点就是不断加强中央企业领导班子引领企业科学发展的能力，引导基层党组织和广大党员围绕企业中心任务立足岗位创先争优，把国有企业的政治优势、组织优势转化为与跨国公司同台竞争的竞争优势、发展优势。要用马克思主义的科学理论和现代管理知识创造性地解决中央企业面临的实际问题，并通过实际问题的研究和解决，来巩固和深化理论学习的丰富成果。

中粮集团在学习型党组织建设中，集团党组一方面通过强化中心组学习、书记讲党课、举办“福临门”高层论坛等多种形式，扎实推动各级党组织和广大党员干部、党员强化政治理论学习，不断提高实践科学发展观的自觉性；另一方面，通过组织系列的专题研讨会、培训班，引导党员干部和基层党组织带着战略和运营中遇到的实际问题和难题去进一步思考和学习，推动学习成果的有效转化。集团用半年时间，通过团队研讨对公司发展现状进行“自我诊断”，找出了制约公司发展的三大突出问题。针对三大突出问题，在全集团范围内组织了多种形式、多个层次的广泛研讨，先后有6000多人次参与，系统分析国内外粮油食品行业的大趋势，深入解读国际标杆企业的发展模式，集中大家智慧，最终形成了打造“全产业链粮油食品企业”的新战略。各级党组织和广大党员干部、职工也在研讨过程中得到了锻炼和成长，尝到了学以致用、学用相长的甜头。中粮集团在学习型党组织建设中，还明确提出了“岗位是最好的课堂”、“问题是最好的教材”、“同事是最好的老师”的新理念。

二、借助“行动学习法”的团队性，切实加强“组织化”学习，充分发挥中央企业各级党组织在学习型党组织建设中的主导作用

中央提出学习型党组织建设，是要推动以组织为主体的学习，引导各级党组织建立“全员学习”的理念，使学习成为党组织最鲜明的特征之一。在中央企业学习型党组织建设工作中，各级党组织必须发挥主导作用，是责无旁贷的设计者、组织者、推动者，要通过一系列制度建设和组织保障，实现“组织化”的学习。而有些企业在抓学习型党组织建设过程中，党组织未能充分履行职责、发挥作用，工作不够系统、体系不够完善、组织不够得力，未能实现从党员“个体化”学习到整个党组织“组织化”学习的提升和飞跃。

“行动学习法”本质上是一种“团队学习”，强调以团队为单位开展“组织化”学习。催化师（召集人）则是整个学习过程重要的发起者、组织者和引导者。“行动学习法”为此建立了一套研讨模式和相关工具，努力营造团队学习的氛围和环境，确保以团队智慧找到问题的最佳解决方案。

相比于“个体化”学习，“组织化”学习的优势主要是，一方面便于搭建团队成员之间进行经验分享、信息共有和知识互动的有效平台，产生一种“聚合、裂变”效应；另一方面团队成员互相带动、互相监督，可以在整个团队或组织中形成一种良性的比学、竞学氛围。“组织化”学习还有利于培养团队协作与分享的文化，增强成员对团队的归属感，保持和激发组织的生命力，推动企业组织的自我更新和自我再造。

借助“行动学习法”的团队性，中央企业在推动学习型党组织建设工作中，必须扮演好“催化师”角色，充分发挥主导作用。新兴际

华集团给我们提供了一个鲜活案例。他们研究制订了“试点启动——全面发动——树标带动——制度驱动——价值源动”的“五步五动”学习型党组织创建活动流程，构建了“基层支部先探索、三级企业作推广、二级公司订标准、集团公司出指引”的四级联建格局，出台了《学习型领导班子基本条件》、《学习型党支部评价标准》和《建设学习型党组织指标评价体系》等相关制度，为真正的“组织化”学习奠定了坚实的基础。

华润集团和中粮集团两家中央企业则运用“行动学习法”，建立了比较完整的经理人以及优秀员工培训体系，制定了中长期培训规划，开发了以“开发战略”、“强化管理”、“提升领导艺术”、“促进专业化发展”等为主要内容的培训课程，吸纳“平衡计分卡”和“标杆管理”等先进理念，把培训与工作决策、提升为发展组织整体能力，为企业学习型党组织建设做出了有益探索。

三、借助“行动学习法”的系统性，创新学习方法、改善学习效果，有效调动广大党员参与学习型党组织建设的积极性和主动性

按照“科学理论武装、具有世界眼光、善于把握规律、富有创新精神”的要求推进中央企业学习型党组织建设，除了各级党组织自身要履职尽责建立健全“组织化”学习机制、发挥好主导作用外，还要适应社会的变化、时代的进步和人群的特点，大胆创新学习模式、改进学习方法，不断提升学习效果，让广大党员干部和党员从“被动的参与者”转变为“主动的学习者”，成为学习型党组织建设的真正主体。而有些企业在推进学习型党组织建设工作中，在学习模式和学习方法上，沿袭得多、创新得少，单向灌输多、彼此互动少，零散活动多、系统规划少，学习的质量和效果都大打折扣。

“行动学习法”的另一个特征是系统性，不把学习看做单一的行动，而是看做解决问题、提升能力、改善管理、发展组织的集合性行动，强调学习是一个“发现问题——团队行动——分享经验——信息互动——团队决策”的系统工程，具有如下三个特点：

1. 所有学习环节的整体性。“行动学习法”有一套“分析——评估——计划——行动——再反馈——再评价”的程序化机制，从界定问题性质、分析查找原因、寻求最佳方案，到制订行动计划、组织实施计划、反馈与评估行动效果，对每一个环节都作了具体规范。同样，中央企业在推进学习型党组织建设工作时，也应该把学习的所有环节进行整体规划、系统整合，放大学习的整体效果，推动学习型党组织建设工作从“抓活动”向“促常态”转变。中粮集团基于“行动学习法”的整体性理念，制订了“结构化团队研讨模式”，把研讨和学习过程分成“导入理念和分析工具”、“团队研讨”、“引导催化”、“总结关闭”4个环节进行规范。

2. 团队成员充分的互动性。“行动学习法”强调团队成员人人平等、积极参与，强调信息的分享和思想的互动、碰撞。现在，中央企业党员队伍里青年党员的比重越来越大，过去看书读报等单向灌输式的学习方法对他们的效果越来越差。他们更喜欢充分互动的、实地体验的新的学习方法。中粮集团和华润集团都一直在企业内部大力推广“行动学习法”的团队研讨工具，包括“团队列名法”、“六顶思考帽”、“结构树”等，并在团队研讨时设立“催化师”、“纠偏员”、“计时员”等明确的角色，保证人人参与、充分互动，真正发挥整个团队的智慧。此外，随着信息社会和网络技术的进步，手机报、网络党校、远程教育、视频课程等新的学习形式也在企业学习型党组织建设中越来越受到欢迎。

3. 学习成果的开放性。“行动学习法”对一个具体问题，往往不是单一的解决方案，而是多种方案的组合，而且虽是以某一个具体问题为对象，但注重由此及彼、举一反三，更注重提高分析问题、解决问题的能力。这对于中央企业在推进学习型党组织建设工作过程中，如何加强学习成果的转化、提高党组织应对变化的实际能力等具有启示意义。中粮集团在培养后备干部的“晨光班”上较好地应用了这一理念。学员们带着“全产业链”建设中遇到的研发创新、品牌再造、渠道整合、供应链管理等重要课题，一边学习理论，一边深入市场一线实地调研，群策群力找答案。学员们提交的答案被公司有关部门审定后，立即在日常经营管理中付诸实施，把学习从课堂“无缝”延伸到工作岗位。

中央企业的学习型党组织建设是一个重要的党建课题。“行动学习法”为中央企业推进学习型党组织建设在具体方法和途径上提供了新的思路。但“行动学习法”不是万能的钥匙，从理论到实践都有它的局限。中央企业需要立足自身实际，依靠基层党组织和广大党员的创造性，积极实践，大胆探索，形成自身特色鲜明的建设学习型党组织的鲜活经验，提升企业党建科学化水平，为中央企业的科学发展提供更强的推动力。

关于建设学习型政党的几个问题

戴焰军

中国共产党十七届四中全会决定提出建设马克思主义学习型政党的任务以后，为响应中央号召，各级各地党组织都纷纷行动，发文件、提要求、制定措施、建立制度，并经过两年多的努力工作，有些地方在学习方面已经初见成效，这些都是令人鼓舞的。但从当前有些地方党组织推进学习型党组织建设的情况来看，一些问题似乎还是有进一步探讨的必要。所以，笔者不揣冒昧，谈一点自己的认识。

一、建设学习型政党与开展学习活动

这些年来，我们在推进党的建设和党的事业发展方面，开展了很多次活动，“三讲”活动、学习实践“三个代表”重要思想活动、保持共产党员先进性教育活动、学习实践科学发展观活动，以及当前正在开展的“创先争优”活动，等等。这些活动，一般都是按照中央统一部署，动员全党各级组织和广大党员，在规定时间内或统一、或分批完成一定的工作内容要求，以达到某一明确目标。应该说，开展这种活动，是我们的一个传统，也是我们的一个优势。

但是，根据十七届四中全会决定精神，建设马克思主义学习型政党，不是一次活动。不管从决定所作的明确表述来看，还是从决定中对建设马克思主义学习型政党的目标、任务、要求所作的规定来看，抑或从客观上建设一个马克思主义学习型政党所要完成的工作量和所需花费的工作时间来看，它都是党在新形势下自身建设的一项长期的战略任务。

对于建设马克思主义学习型政党不是一次活动，而是一项长期的战略任务这一点，我们需要始终保持清醒的认识。也就是说，实现这样一个目标，绝不是完成几个规定动作，开多少次会、做多少次交流就可以的。学习型政党的学习，是一个永无止境的过程，对党员来讲也是一种终生学习的要求。学习型政党所强调的“型”，是要从根本上确立一种适合于时代要求的新型学习理念和方法。显然，在全党范围内实现这样一种学习理念和方法的转变，本身就是一件非常不容易的事，没有相当长时间的持续努力，是根本不可能实现的。对此，需要有充分的思想准备。另外，我们建设马克思主义学习型政党，一项根本任务就是推进马克思主义中国化、时代化、大众化，这更是一项十分艰巨的任务。自然，在这方面，我们具有历史的经验和优势，但是，与历史上任何时候相比，我们今天在这方面所面临的情况都更为复杂。我们处在一个社会大变革的时代，马克思主义如何与今天中国社会主义建设和改革的新的实践相结合，如何用马克思主义的基本立场、基本理论和基本方法说明和指导今天的实践，是一个需要经过艰苦探索才能解决好的大问题；我们处在一个信息化的时代，各种国内国外的思想文化价值观念社会思潮借助于新的传播渠道和传播手段交融交锋、相互激荡，广大党员和群众的思想观念也在发生着前所未有的巨大变化，马克思主义的主流地位受到来自多方面的严峻挑战，如何用马克思主义主流意识形态和社会主义核心价值体系教育引导广大党员，帮助党员确立坚定的理想信念，是一个需要下大力气才能解决好的问题；我们处在一个中国社会组织形式发生巨大变革的时代，社会组织形式的变化必然带来党的基层组织在组织形式、活动方式、活动内容以及组织的影响力和号召力等方面的明显变化，这也就是说，我们建设学习型党组织的组织基础正在发生巨大变化，如何适应这种新变化，推进马克思主义在社会基层各个领域的传播，真正实现马克思主义的大众化，是一个需要花很长时间才能解决好的问题。所以仅就从推进马克思主义中国化、时代化、大众化这个角度来讲，建设马克思主义学习型政党也是一项非常艰巨的任务。

我们强调建设马克思主义学习型政党不是一次活动，不是说在建设学习型政党的整个过程中不能借助于活动的形式。现实中，为了使学习更能为大家所乐意参加，成为大家自觉自愿的行为，有时候需要开展一些有意义的活动，如有些地方党组织已经在开展的演讲、竞赛、知识问答、考核评比等各种活动，都在促进学习中发挥了很好的实效，调动了大家的学习积极性。在这里，活动成为一种很好的手段、载体、抓手，而不是目的。这样的活动，不仅需要，有时甚至是必须进行的，所以，对于那种一概否定任何活动形式，把开展各种活动和党的常规化工作完全对立起来的说法，我也很难苟同。

二、学习的组织和学习的内容

在中共十七届四中全会《决定》中，非常明确地把建设学习型党组织作为建设学习型政党的一项重要内容，那么，这样一项内容与建设学习型政党这样一个总体要求，与建设学习型政党的其他内容，如《决定》中谈到的推进马克思主义的中国化、时代化、大众化，用社会主义核心价值体系教育党员干部等，是一种什么关系呢？

很清楚，建设学习型政党，是从党的整体角度提出的一种要求，一种目标。但党作为一个政治组织，是由它遍布于各个领域、各个地方、各个层次的组织集合而成的一个整体。一个组织在整体上的要求，在其实施过程中是需要通过它的各级组织的具体工作来落实的，而且，中国共产党是一个有着8000多万党员和380多万基层党组织的大党，它的组织和党员分布在全国各个地方和领域，各地方和领域的情况千差万别，所以建设学习型政党的基本要求在各地区和领域的基层组织中具体体现出来的方法、形式、甚至内容，都必然会有很大的差异。各级党组织在实践中必须从自己的实际出发，提出切实可行的措施与方案，才能把这项工作真正落到实处。从这点上说，建设学习型政党的目标能否实现，取决于各级党组织能否把自身建成学习型党组织，建设学习型党组织是建设学习型政党的基础工程。

当然，我们说各级党组织从自己的实际出发来提出建设学习型党组织的措施和方案，本身就有一个前提，那就是说这些措施与方案必须体现党在整体上建设学习型政党的本质要求，不是说可以完全没有整体观念与整体目标，搞成一种与整体没有关系的模式。这种既体现党在整体上的本质要求，又从本地区本部门实际出发创造性开展工作的工作能力，是中国共产党对各级党的组织和领导干部的一贯要求，毫无疑问，它也是在建设学习型政党这项任务落实中的基本要求。

建设学习型政党，除了在工作的组织体系上需要处理好上述关系以外，在工作的内容上还需要处理好各方面学习的关系。我们所讲的学习，是一种全方位的学习，这里既包括马克思主义理论的学习、党的路线方针政策的学习、对我们所面临的形势与任务的深刻分析与透彻了解，同时也包括各种推进现代化进程中所必需的理论、知识、方法、理念的学习。之所以是这样，是与我们建设学习型政党的目的直接相关的。我们建设学习型政党，目的在于提高全党的马克思主义理论水平，坚定全体党员的理想信念，同时也在于增强党在整体上的执政能力，提高党的各级组织和领导干部在实际工作中的工作能力与水平，还在于提高全体党员的整体素质，使党员在各项工作中更好地发挥模范带头作用。达到这样一些目的，当然要求一种全方位的学习。在中国共产党的历史上，有过多次学习成功的经验，延安整风是一次在全党范围内开展学习的成功范例，它的主要目标是通过马克思主义理论学习，特别是中国化的马克思主义理论学习，克服党内的教条主义、宗派主义等各种不正之风，把全党的思想统一到合乎中国实际的马克思主义方向上来。新中国建立以后全党范围的学习，是又一次成功的学习范例，它是针对党在执政以后全党面临的本领恐慌所进行的学习，像毛泽东同志所要求的：我们必须克服困难，我们必须学会自己不懂得东西。我们必须向一切内行的人们（不管是什么人）学经济工作。拜他们做老师，恭恭敬敬地学，老老实实地学。正是这次全党范围的恭恭敬敬地、老老实实地学习，才保证了中国共产党在执政以后能够迅速恢复国民经济，提高人民生活水平，巩固新生的政权，并领导中国走上社会主义道路。如果说历史上的这些学习，因为当时特定的环境和任务要求，都有着明确的学习侧重点的话，那么今天我们党作为一个在改革开放和市场经济条件下长期执政，并肩负着领导中国推进现代化建设历史重任的党，这种学习的任务就更为艰巨，学习的要求就更为全面。

所以，我们在实际中就需要认真处理好各种学习内容之间的关系。这种关系，绝不只是一种时间安排上的技术性问题，它要求我们把各方面内容有机地融为一体，使各方面内容的学习能够相互促进，使党员、干部能够通过各方面学习提高自己的综合素质和整体能力。

三、学风和学习方法

关于学风问题，毛泽东曾作过深刻的阐述，他指出：“我们要的是马克思列宁主义的学风。所谓学风，不但是学校的学风，而且是全党的学风。学风问题是领导机关、全体干部、全体党员的思想方法问题，是我们对待马克思列宁主义的态度问题，是全党同志的工作态度问题。既然是这样，学风问题就是一个非常重要的问题，就是第一个重要的问题。”今天，距毛泽东发表这样一个关于学风问题的讲话，已经近七十年了，但岁月不仅没有磨蚀它的意义，反而更彰显了它对现实的指导作用。建设学习型政党，需要解决好的一个关键问题，正是学风问题。

谈到学习，人们肯定会想到学习方法，这是非常重要的。随着社会发展，我们的学习环境和条件已得到大大改善，特别是信息技术突飞猛进的发展，更是为我们改善学习条件提供了前所未有的机遇，与此相联系，学习的方法自然也越来越多样，越来越先进。如今天利用各种新媒体所开展的形象生动的学习，就在提高学习效果方面产生了很好的作用。然而，我们也要清醒地看到，这些主要发生在技术层面的学习方法上的进步，并不完全意味着体现为思想方法层面的学风上的进步，有些情况下，它甚至会带来学风上的退步，因为信息技术的发达，有些需要到实际中去了解的情况被办公室里电脑前的操作代替了，有些需要面对面沟通的问题被虚拟世界里文字的交流代替了，有些需要到现场去真切体验的东西被课堂上构建的实景教学代替了，如此，等等。这看起来是一种省时省工事半功倍的事，但有时却很难说是一件好事。很简单，领导对群众的感情培养、干部对实践的真实体验、人和人之间面对面的直接交流，这是一种无法代替的东西，虚拟世界里永远培养不成现实体验中的感情，没有吃过梨子，恐怕很难真正体验梨子的滋味。所以，学风问题，是一个不能被取代的问题。

之所以要强调学风问题，强调学风和学习方法的关系问题，是因为在目前的现实中，人们对学习中的方法讲得越来越多，越来越细，一切能够使用的新技术手段几乎都被用在了学习过程中，一切能够想到的有助于人们记忆、书写、谈学习体会、讲学习经验的载体、平台、办法也几乎都用到了最大限度。这是一个好事，是应该肯定并坚持的。但另一方面，关于学风问题，却并不受到人们如此青睐，如何联系实际来学习，如何把学到的东西真正运用到实践中去，如何深入到实际中通过切身体验，通过参加活生生的实践来学习，如何把学习所获得的东西再拿到实践中去拿到群众中去检验，在有些人那里，似乎已经不是那么被重视了。就像毛泽东所讲的，“许多同志的学习马克思列宁主义似乎并不是为了革命实践的需要，而是为了单纯的学习。”这种学习，是一种本末倒置的学习。任何理论、任何知识、任何技能，我们之所以要学习，根本目的都在于应用，那种为了学习而学习，为了装潢门面而学习，为了某些其他目的而学习的学习态度，都不仅无法达到真正的学习目的，而且会助长形式主义、花架子、假大空等不正之风。

所以，我们建设学习型政党，就要首先认真解决学风问题。要把体现在技术层面的好的学习方法与体现在态度方面的好的学风统一起来，让新条件下各种新的有利于促进人们学习的好方法来更好地为体现好的学风服务，从而推进实际中的学习。

四、建设学习型政党和党的其他建设

建设学习型政党是新形势下党的建设的重要内容，但不是党的建设的全部内容。在中共十七届四中全会《决定》中，关于建设学习型政党，主要是作为党的思想理论建设的内容来设置和定位的。这样，我们在推进学习型政党建设中，就有一个如何处理好它和党的其他各方面建设的关系问题。

作为党的思想理论建设的要求，建设学习型政党会对党的其他各方面建设发挥重要的促进作用。拿党的作风建设来讲，作风本身就是党性和党的世界观的外部表现，一个党的组织，一个党员干部，他的党性观念如何、世界观、人生观、价值观、权力观、利益观等方面状况如何，都会在各方面的具体行为中以作风形式表现出来。既然如此，在建设学习型政党中通过马克思主义理论学习，通过社会主义核心价值体系教育，通过对党的各种路线方针政策的深入理解，当然会有助于作风的加强与改进。再拿党的执政能力建设来讲，执政能力，本身就是一种综合要求。一个党组织，一个党员干部，其实际工作中的能力如何，与其各方面的情况都有关联，其工作态度、工作方法、工作技能、与工作相关的各种知识储备和经验积累，其对工作任务和工作环境的认识水平，把握工作中各方面情况和规律的能力等等，都会在总体能力中体现出来。既然如此，在建设学习型政党中所进行的各方面学习，当然会有助于增强党组织和党员干部在实际执政活动中的整体能力。同样，建设学习型政党对党的组织建设、制度建设、反腐倡廉建设、先进性建设等各方面都会产生积极的影响作用。

从另一个角度看，建设学习型政党的推进状况，也会直接受到党的其他各方面建设的影响。例如前面我们已经谈到的，建设学习型政党关键是要有一种好的学风，而学风正是党的作风中第一位重要的东西，学风建设本身就是党的作风建设的重要内容。再例如，建设学习型政党，一个决定性因素就是制度建设，从学习的具体要求到学习的检查、考核、评比，如果没有一整套合乎实际要求的科学的制度，学习是很难落到实处的。从目前各地推进学习型党组织建设的经验来看，促成和保证学习扎实有效进行的，有多方面因素，这多方面因素在不同地方和部门所起的作用也会有区别，但不管哪个地区和部门，制度建设都是一个至关重要的因素。而这种党内学习方面的制度建设，就是党的制度建设的重要内容。更不要说，对于促进党内学习来说，所需要的制度还不仅限于学习制度，其他方面的制度，像干部考核选拔任用方面的制度，就对党员特别是党员干部学习具有明显的导向作用。还例如，建设学习型政党，要从建设学习型党组织做起，而建设学习型党组织，本身又是一种党的组织建设的要求。它会涉及党的组织内部活动理念、活动方式、活动内容、活动结构等各方面的问题。而所有这些问题的解决，都有赖于党的组织建设方面的不断改进。更何况学习型组织建设，要真正使各领域、各种经济组织、社会组织中的党员都能够参与其中，没有党的组织建设方面的大量具体而细致的工作，实际上是根本不可能的。由此可见，建设学习型政党，必须和党的其他各方面建设有机地统一起来。

要做到建设学习型政党和党的其他各方面建设的有机统一，我们不但在思想上对此要有明确的认识，而且在实际工作中要正确处理一系列关系。首先，要把建设学习型政党放到党的建设新的伟大工程的全局中来部署、规划和设计。其次，要把建设学习型政党过程中各种具体活动的安排与党的建设中其他活动（如创先争优活动等）统一起来，把建设学习型政党过程中各种制度的设计构建和其他方面的制度建设统一起来。再次，要坚持使学习型政党建设这样一项任务的落实，始终为党的整体建设和党的中心工作服务，避免为了学习而学习的情况发生。

（作者单位：中央党校党建教研部）

充分发挥领导干部在学习型党组织建设中的带头作用

张荣臣

领导干部带头，历来是贯彻落实党的理论和路线方针政策的重要工作方法，是我们党开展工作的一条重要经验。推动学习型党组织建设，必须首先从领导干部的学习抓起，推动领导干部先学一步、学深一步，成为学习型党组织建设的积极倡导者、精心组织者、大力推动者，充分发挥好表率作用和示范效应。

一、建设学习型党组织，是党的十七届四中全会深刻总结历史经验，科学分析当前形势，着眼于提高党的执政能力、保持和发展党的先进性提出的一项重大战略任务

推进学习型党组织建设，就是要使各级党组织通过学习增强创造力凝聚力战斗力，成为保证改革开放和现代化建设各项工作顺利进行的坚强战斗堡垒。这迫切需要各级党组织、全体党员干部特别是领导干部高度重视、积极参与学习型党组织建设，切实增强学习的自觉性和紧迫感，努力掌握和运用一切科学的新思想、新知识、新经验。只有这样，才能在全面系统掌握马克思主义理论特别是中国特色社会主义理论体系

上走在前面、在学习掌握现代科学知识上走在前面、在弘扬理论联系实际的马克思主义学风上走在前面，敏锐把握时代前进脉搏，科学判断世界发展大势，提高思想政治水平，提高推动科学发展、促进社会和谐的能力。

1. 领导干部重视学习、勤于学习、善于学习，是继承和弘扬党的优良传统的具体体现。我们党历来高度重视学习，是一个勤于学习、善于学习的马克思主义政党，总是根据形势和任务的发展变化向全党提出学习的要求。面对国内外形势的新变化和改革发展稳定的繁重任务，领导干部只有更加重视学习、勤于学习、善于学习，才能领导全国人民不断进行理论创新和实践创新，开创更加辉煌的未来。

2. 领导干部重视学习、勤于学习、善于学习，是自身健康成长、提高素质、增强本领、不断进步的重要途径。在竞争日益激烈的当今世界，要想在激烈的竞争中居于主动地位，就必须积极主动地学习，不断提高自身的综合素质和竞争能力。作为党员领导干部，更应该自觉按照建设学习型党组织的要求，坚持不懈地向书本学习，向实践学习，向群众学习，学习各方面的知识、技术、经验，使自身的知识面更加宽广，视野更加开阔，业务更加熟悉，决策更加科学，能力更加提升，工作效率更高、效果更好。

3. 领导干部重视学习、勤于学习、善于学习，是党始终走在时代前列，提高党的执政能力，保持和发展党的先进性的紧迫任务。理论上的先进性和实践上的先进性，是马克思主义政党区别于其他一切政党最鲜明的本质特征，具体体现在党员领导干部对马克思列宁主义、毛泽东思想和中国特色社会主义理论体系的理解把握和运用水平上。这就迫切要求领导干部必须带头重视学习、善于学习党的理论创新成果，自觉做真学真信真懂真用的模范。

二、近年来，党中央特别强调党员领导干部要在读书学习方面下苦工夫、下真工夫，在自觉加强读书学习中走在前列

2002年，胡锦涛总书记在第十六届中央政治局第一次集体学习时强调："不学习、不坚持学习、不刻苦学习，势必会落伍，势必难以胜任我们所肩负的重大职责。"2004年，党的十六届四中全会又提出要"重点抓好领导干部的理论和业务学习，带动全党的学习"。广大共产党员，特别是各级领导干部一定要充分认识到，读书学习问题，关系到广大干部自身的进步，关系到国家、民族的兴衰和社会主义现代化事业的成败。要从执政兴国、提高为人民服务本领的高度，以强烈的求知欲和积极进取精神抓好学习，切实把学习作为一种政治责任、一种精神追求、一种生活方式，用自己的实际行动带动更多党员干部投身到学习中。

长期以来，领导干部结合实际工作坚持学习、勤于学习，养成了良好的读书学习习惯，为广大党员的学习做出了很好的示范。特别是中央提出建设学习型党组织的任务以来，领导干部在学习中发挥了很好的表率作用，各级领导干部带头学习、带头讲党课，带头到基层、高校作辅导报告，带头写学习体会，推动了学习的常态化、推动形成了浓厚的学习风气。但同时也存在一些不可忽视的问题，还存在不好读书学习、不勤读书学习、不善读书学习、不真读书学习、读书学习与实际运用脱节问题。因此，建设学习型党组织，必须继续抓好各级领导干部的学习，使他们更好地发挥学习的表率作用，不断把学习型党组织建设引向深入。

群众说得好，搞好搞不好，关键在领导。这朴实的语言道出了一个千真万确的道理。任何工作只要领导带头，就没有做不好的。当今世界

在深刻变化，国际形势在不断发展，社会实践在不断深入。我国正处于改革的攻坚期、发展的关键期、矛盾的凸显期，我国发展呈现一系列新的阶段性特征，党面临的执政考验、改革开放考验、市场经济考验、外部环境考验是长期的、复杂的、严峻的。面对世情国情党情的深刻变化，面对改革开放和社会主义现代化建设任务的艰巨性、复杂性、繁重性，广大党员干部必须深入学习马克思列宁主义、毛泽东思想、邓小平理论、“三个代表”重要思想以及科学发展观，牢固树立辩证唯物主义和历史唯物主义世界观和方法论，系统掌握中国特色社会主义理论体系，有针对性地学习掌握做好领导工作、履行岗位职责必备的各种知识，不断提高自身的思想理论水平、科学文化水平、领导决策水平，增强驾驭全局的能力、解决重大现实问题的能力，努力使自己真正成为行家里手，在工作中有所创造、有所作为、有所贡献。

三、党的十七届五中全会全面规划了“十二五”时期我国经济社会发展的宏伟蓝图，新的形势新的任务，对全党特别是党的各级领导干部提出了新的更高的学习要求

领导干部必须以高度的政治自觉带头抓好学习，推动学习型党组织建设深入开展。

1. 领导干部要带头读书学习。读书学习是领导干部胜任领导工作的必然要求。当今时代，伴随着广泛而深刻的社会变革和突飞猛进的科技进步，知识更新的周期大大缩短，各种新知识、新情况、新事物层出不穷。只有经常不断地抓紧学习、坚持不懈地终身学习，真正把读书学习当成一种生活态度、一种工作责任、一种精神追求，才能够使自己不落伍、不倒退。领导干部在党内和社会上处于重要位置，具有强大的行为导向和风气引领作用。领导干部带头读书、勤于读书，必然会激发干

部、党员和群众读书学习的积极性和主动性。因此，领导干部要坚持带头读书学习，通过“带学帮学促学”发挥好对广大党员学习的示范引领作用。要带头学习掌握和运用马克思列宁主义、毛泽东思想和中国特色社会主义理论体系，真正用科学理论武装头脑、指导实践、推动工作；带头学习掌握和运用做好领导工作必需的各种知识，包括经济、法律、科技、文化、管理、国际和信息网络等方面的知识，加强现代知识的扩充和更新，不断调整知识结构、完善知识体系；带头学习掌握和运用历史知识和历史经验，特别是以庆祝建党90周年为契机，深入学习党的理论、党的历史、党的知识，深入学习中国近现代史，深入学习世界近现代史和马克思主义发展史，不断深化对共产党执政规律、社会主义建设规律、人类社会发展规律的认识。

2. **领导干部要带头实践**。学习的目的全在于运用，学习的成效要靠实践来检验。只有联系实际，才能深化对理论的认识和理解，才能用理论指导实践，解决工作中的实际问题。所以，领导干部必须带头向实践学习，把向实践学习与向书本学习、向群众学习有机统一起来。必须大力弘扬理论联系实际的马克思主义学风，坚持学以致用、用以促学、学用相长，以学习创新工作思路、破解发展难题、推动科学发展，更好地履行工作职责、把握工作规律、提高工作水平、增加工作实效，在破解发展难题、推动本地区本部门科学发展上取得新成效，在解决人民群众最直接最现实最迫切的利益问题上取得新成效，在解决影响社会和谐稳定的突出问题上取得新成效。当前，领导干部要深刻把握科学发展这一主题，通过深入学习来认识科学发展的规律，遵循经济、社会、自然协调发展的客观规律，不断解决经济社会发展实际进程中那些与科学发展的迫切要求还不相适应的矛盾，解决各级党组织和党员推动科学发展的能力与科学发展目标还不完全适应的矛盾，解决当前社会民生状况与人民群众对提高生活水平和质量的新期待之间还不完全适应的矛盾，努力增强推动科学发展的创造力战斗力。

3. 领导干部要带头改造主观世界。学习是领导干部加强党性修养、坚定理想信念、提升精神境界的重要途径。建设学习型党组织的重大意义就在于使广大党员干部特别是领导干部，通过学习进一步在改造客观世界的同时改造主观世界，不断提高自我完善、自我超越的能力，始终保持党的先进性和纯洁性。因此，各级领导干部要通过加强读书学习，增强改造主观世界的意识，增强提高改造主观世界的能力，在推进事业发展的同时加强党性修养，提高思想道德素养。强化宗旨意识，坚持立党为公、执政为民，贯彻落实以人为本执政理念，始终保持同人民群众的血肉联系；牢固树立正确的世界观人生观价值观，坚定理想信念、锤炼道德操守，始终保持共产党人的浩然正气；自觉接受廉洁从政教育，提高廉洁自律意识，筑牢拒腐防变思想道德防线，增强抵御风险的能力，使提高思想觉悟、陶冶道德情操、培养健康生活情趣成为一种自觉行动。

（作者单位：中央党校党建教研部）

建设马克思主义学习型政党要认真研读经典著作

侯惠勤

党的十七届四中全会作出的党的建设六大新部署第一条就是"建设马克思主义学习型政党，提高全党思想政治水平"，强调"党员、干部模范学习践行社会主义核心价值体系，是建设马克思主义学习型政党的重要任务"。当下，建设马克思主义学习型政党不能不认真研读马克思主义的经典著作。

一

学习马克思主义经典著作，前提是重视理论学习、保持理论兴趣。是否具有理论兴趣、能否重视思想理论建设，是衡量一个阶级、一个政党是否具有活力和前途的重要标志。党的十七届四中全会总结建党88年、执政60年以来的历史经验，第一条经验就是"坚持把思想理论建设放在首位，提高全党马克思主义水平"；党内不适应新形势新任务要求、不符合党的性质和宗旨的问题，主要是"一些党员、干部忽视理论学习、学用脱节，理想信念动摇，对马克思主义信仰不坚定，对中国特色社会主义缺乏信心"。以胡锦涛同志为总书记的党中央对意识形态工作，对思想理论建设非常重视，多次强调全党在集中精力进行现代化建设的同时，一刻也不能放松意识形态工作。

从马克思主义的观点看，一个党、一个阶级是否具有理论兴趣，归根到底取决于其能否和历史规律相一致、能否具有追求真理的胆略及远大的前途。因此，高度重视党的思想理论建设，不仅是中国共产党保持其先进性的根本经验，而且是党的生命力、不可战胜的力量及伟大前程的集中体现。尤其重要的是，我们党不仅在革命时期，而且在改革开放新时期始终保持着对于理论的兴趣。恩格斯曾经指出，德国资产阶级在其革命时期，也有理论兴趣，并形成了德国古典哲学宝贵的理论财富。但是，随着其掌握权力，对于金钱和名利的追逐则完全取代了对于理论的兴趣。“在包括哲学在内的历史科学的领域，那种旧有的在理论上毫无顾忌的精神已随着古典哲学完全消失了；取而代之的是没有头脑的折中主义，是对职位和收入的担忧，直到极其卑劣的向上爬的思想。”而“德国人的理论兴趣，只是在工人阶级中还没有衰退，继续存在着。在这里，它是根除不了的。在这里，对职位、牟利，对上司的恩典，没有任何考虑。相反，科学越是毫无顾忌和大公无私，它就越符合工人的利益和愿望。在劳动发展史中找到了理解全部社会史锁钥的新派别，一开始就主要面向工人阶级，并且从工人阶级那里得到了同情，这种同情，它在官方科学那里是既没有寻找也没有期望过。德国的工人运动是德国古典哲学的继承者。”毫不夸大地说，丧失理论兴趣，埋头于功利性事务，蜕化堕落的苗头，是丧失无产阶级和共产党本色的开端。因此，认真研读经典著作，首先要反对急功近利和实用主义。

二

认真研读经典著作，关键是科学认识和正确对待马列主义和中国化的马克思主义的关系。我们党的一贯态度是不割裂、不取代，就是说，不要将两者割裂，不要用中国化的马克思主义取代马列主义。这种不取代，在党的经典表述中，就是不要将中国同志与马列“并列”。毛泽东指出，“为什么不应当将中国共产党人和马、恩、列、斯并列呢？我们要普遍宣传马克思主义，同时不反对也不应当反对宣传中国的东西。但我们比较缺乏的是马、恩、列、斯的理论，我们党的理论水平低，虽然也翻译了很多书，可是实际上没有对马、恩、列、斯著作做很好的宣传。所以现在应当在全中国全世界很好地宣传马、恩、列、斯关于唯物主义、关于党和国家的学说，宣传他们的政治经济学等等，而不要把毛与马、恩、列、斯并列起来。我们说，我们这一套是一个国家的经验，这样说法就很好，就比较好些。如果并列起来一提，就似乎我们自己有了一切，似乎主人就是我，而请马、恩、列、斯来做陪客。我们请他们来不是做陪客的，而是做先生的，我们做学生。”毛泽东在这里说得很深刻，从根本上说，马、恩、列是先生，我们是学生；马列主义是普遍原理，而中国化的马克思主义是一国经验。

邓小平早在1960年就指出：“不要把毛泽东思想同马克思列宁主义割裂开来，好像它是另外一个东西。我们在宣传毛泽东思想的时候，一定要按照中央的指示，把‘学习马克思列宁主义’和‘学习毛泽东同志的著作’并提。当然，也可以单独提毛泽东思想，但是一定不要忘记了马克思列宁主义，不要丢掉这个最根本的东西。”邓小平说得也很深刻，马列主义是最根本的东西，不要企图取代马列主义。

中国共产党人对待马列主义的这种科学态度，不只是一种谦虚，更是实事求是。这里的根本问题是，如何看待我们对于马列主义的发展。毫无疑问，马克思主义中国化的过程，是对马克思主义的继承和发展，在这一过程中，我们说了一些“老祖宗”没有说过的话，更做了一些“老祖宗”没有做过的事，我们确实有超出马列的地方，有创新、有发展，在这方面必须充分肯定，必须理直气壮。但问题在于，这种发展是从什么意义上说的？

实际上，目前存在着两种对于马列主义的“发展论”：其一，“阶段论”的发展，把马克思主义中国化的发展视为直线式的新阶段。这种发展论有两大含义：一是全面发展；二是全面超越。林彪提出的马克思主义“三个阶段、三个里程碑”就是这种“发展论”，其结果是用马克思主义中国化的成果取代马列主义。这种“发展论”不是我们党的基本立场和态度。其二，“结合论”的发展，发展的实质是把马克思主义的基本原理与中国实际相结合，是把马克思主义运用到中国的具体国情和新的时代中，是具体应用式发展、局部发展，而不是根本立场、观点、方法的创新，不是全面超越的发展。这是因为，马列主义是从资本主义较为成熟、发达的地区抽象出来的科学理论，它揭示了从资本主义向共产主义转变的整个历史时期的客观规律，其基本原理具有普遍适用性。而中国化的马克思主义则是马克思主义基本原理在较为特殊的历史条件下的运用，揭示了历史发展的曲折多样。因此，不能以学中国化马克思主义代替学马列。

邓小平曾指出：“有些同志提出，要以毛泽东思想为纲学习政治经济学。当然，毛泽东同志在政治经济学上是有发展的，但是，讲初期的发展时期的资本主义，总是马克思和恩格斯，总是《资本论》；讲帝国主义，总还是列宁的《帝国主义是资本主义的最高阶段》；讲社会主义，列宁和斯大林都有，毛泽东同志也有重要的发展。所以，不能只是讲以毛泽东思想为纲学习政治经济学，否则人家问你研究帝国主义以哪个著作为纲，你怎么答复？扯不清楚。当然，对于帝国主义的论述，毛泽东同志有发展，例如关于帝国主义是纸老虎的论断。但是，《资本论》和《帝国主义是资本主义的最高阶段》已经把关于资本主义和帝国主义的基本的理论问题解决了。对待毛泽东思想是一个很严肃的原则性的问题，不要庸俗化，庸俗化对我们不利，对国际共产主义运动也不利”。

所以，我们要准确地评价中国化马克思主义的历史地位。作为具体实践的指导思想，它同中国具体发展阶段的实际相统一，从中汲取发展的活力并实际地发挥着理论的功能。从这个意义上说，能否产生马克思主义中国化的伟大成果，确实是衡量中国无产阶级及其政党政治上是否成熟的主要标志。然而，由于它同更为具体的社会历史条件相联系，因而虽然也含有体现了某些普遍适用性的内容，但总的说来其直接适用的范围较之整个马克思主义的历史容量要小，因而不能把两者完全等同，或者以一方取代另一方。

为什么“结合式”的发展不可能全面发展马克思主义呢？尽管两者存在着继承关系，在本质上是一致的，但是并不能因此把两者全面等同。两者本质上一致表现在：一方面，通过中国化的马克思主义的创造性运用，马克思学说中的精髓不断得以实现而永葆青春；另一方面，运用马克思的立场、观点和方法去解决中国实践中的主要矛盾，并逐渐形成理论体系，这就是马克思主义的中国化过程。两者不能全面等同的原因在于：

第一，中国的具体国情形成了对于马克思学说的需要程度和关注重点的不同。因为要根据本国实践的需要进行取舍，正如列宁所说，把注意力主要放在某一方面，不取决于主观愿望，而取决于一切历史条件。这说明，中国化过程对于马克思学说的运用、继承和发展，不可能也不必要是“全面的”。仅此一点，就可以说明那种“里程碑”式的直线发展阶段论难以成立。

第二，马克思主义的中国化包含了从思维习惯到语言表达的形式“转换”问题。为了让马克思主义易于被不同文化背景的民族所接受，克服因此而形成的心理、语言以至思维习惯上的差异，必须对马克思学说进行民族语言的“再翻译”。这实质上也是理论上的再创造。然而无论这种创造如何出色，它与本原依然有差异，而且总会有某种“割爱”。因此，经过以上的双重“消化”（实践的和民族文化的），马列主义和它在中国实际运用所产生的伟大成果就总是存在着差别，我们既不能将两者割裂，也不能将两者等同。相反，既要从我们正在做的事情出发，着眼于马克思主义的实际运用和发展，也不能丢掉“老祖宗”，不学习“老祖宗”，而要善于把学习马列和学习中国化马克思主义有机统一起来，把马克思主义的立场、观点、方法不但运用于解决实践课题，而且运用于理论学习。

由此不难理解，为什么我们党在进行思想上的重大拨乱反正时(例如毛泽东在延安整风时期、邓小平在“十年内乱”结束后)，总是首先端正学风，总是把理论联系实际和“完整、系统、准确地”学习掌握马克思主义联系在一起；为什么毛泽东等一再反对片面地突出毛泽东思想，并针对林彪、“四人帮”等极“左”表演，一再提出要“学习马列”。无论如何，只有把马克思主义看作一脉相承和与时俱进、理想和科学、世界观和方法论、理论和实践等的辩证统一，才可能真正读懂马克思主义。

三

基于上述论述，我们必须全面准确地理解“用发展了的马克思主义指导发展了的当代中国实践”命题，不能将其作为排除马列主义、毛泽东思想指导（当然也就是不读经典著作）的借口，而必须将其视为真正坚持包含马列主义、毛泽东思想在内的马克思主义指导的科学命题。在我们党的思想语汇中，凡涉及马克思主义的创新一定以坚持为前提，讲发展一定以继承为基础。作为马克思主义中国化最新理论成果的中国特色社会主义理论体系，是“扎根于当代中国的科学社会主义”，是马克思主义基本原理和中国国情以及时代特征相结合的产物。换言之，不懂得马克思主义基本原理，和脱离中国国情以及时代特征一样，都不可能真正读懂中国特色社会主义理论体系。要真正弄懂马克思主义基本原理，认真研读经典著作必不可少。恩格斯曾告诫青年学者要“根据原著来研究这个理论，而不要根据第二手的材料来进行研究”。

因此，倡导看书学习，首先是学习马克思主义著作。现在一些党员甚至是领导干部不读书、不学习，主要是不学习马克思主义著作、尤其是不读马列。究其深层原因，在于他们总是认为时代变化了，马列不管用了。实际上，当代中国与世界发展的事实一再表明，不懂得马列主义的剩余价值理论和帝国主义理论，就不懂得今天的经济全球化；不懂得辩证唯物主义和历史唯物主义，就不可能成为共产主义远大理想和中国特色社会主义共同理想的坚定信仰者；不懂得马克思主义的立场、观点、方法，就不懂得中国特色社会主义理论体系的创新性和精神实质。看不到马列主义的当代价值，本身就折射出一些人思想上的庸俗化和功利化倾向。所以，营造党内的读书气氛，提高全党的理论素质，要从端正态度、提高认识入手。

（作者单位：中国社科院马克思主义研究院）

建设学习型党组织需强化三种意识

夏文斌

建设学习型党组织是推进马克思主义中国化、时代化、大众化的客观需要，是深入贯彻科学发展观的客观需要，也是加强党的先进性建设和执政能力建设的客观需要。如何扎实有效推进这项具有战略意义的伟大工程，有许多工作需要我们精心筹划，而首先需要我们做的是，要带着忧患意识、问题意识和创新意识来积极推进这一工作。

忧患意识：学习型党组织的动力所在

新世纪的第一个10年中，我们党带领全国各族人民化解各种风险、克服各种困难取得了辉煌的胜利。但是，我们不能不看到，在当下和未来一段时期我们党面临的形势和任务将更加复杂和艰巨。对此，党的十七届四中全会特别提出："全党必须居安思危，增强忧患意识，常怀忧党之心，恪尽兴党之责。"

从国际来看，国际金融危机后的复苏尚须待以时日。如何把握世界经济社会发展走势，如何在新一轮世界经济社会发展的潮流中不被边缘化，是我们党必须考虑的战略性课题。要在错综复杂的世界博弈中获得先机，需要我们党员领导干部在学习中增长智慧和才干，在学习中提升应对各种危机的能力。

从国内来看，尽管我们取得了令人鼓舞的巨大成就，但绝不意味着我们就可以高枕无忧。我们在前进和发展中遇到的许多矛盾和问题，特别是随着社会主义市场经济的发展，许多深层次的矛盾已经暴露。这些矛盾和问题如果不能很好地解决，我国的经济社会就谈不上全面协调可持续发展。我们取得巨大成就的同时，社会民生事业还处于相对滞后的状态，环境、人口、资源也处于高压之中，特别是我们的经济发展方式尚未得到根本性转变。对于这些严峻问题，都需要我们的各级党组织在学习上下工夫，在学习中找答案。

从党的自身建设看，我们党之所以能在革命、建设、改革中得到全国各族人民的认同和拥护，在于我们党具有马克思主义政党先进性的品格，在于我们党具有高超的领导和驾驭复杂形势的能力。但是，党的先进性是历史的发展的，过去先进不代表现在先进，现在先进不代表未来先进。随着我们党所面临的外部形势的变化，随着我们党自身结构的变化，一些不适应新形势新任务新要求、不符合党的性质和宗旨的问题会随之出现。这些问题如果得不到及时有效的解决，势必影响到我们党在人民群众中的威信，势必削弱党的创造力、凝聚力和战斗力。如何在新的历史格局中不断提升我们党的执政能力，如何在复杂的境地中始终站在时代潮头并带领全国各族人民前进，这不能不说是对我们党新的重大挑战。我们党要在这一挑战中立于不败之地，就需要学习、学习、再学习。

问题意识：学习型党组织的实效所在

学习是主体认识和把握客观存在及其规律能动的反映过程。无论是向书本学习，还是向实践学习，都是要通过学习过程达到改造世界的目的。如果仅仅是为学习而学习，或者把学习作为一个应景任务，那么，这样的学习是没有意义的，而且是对建设学习型党组织的误解。只有在学习过程中树立问题意识，带着问题学，才能在学习中取得成效，建设学习型党组织也才会有实效。

确立问题意识，意味着我们的学习必须以实际问题为中心。目前，我国的现代化正处于关键时期，我们面对着诸多影响下一步经济社会发展的复杂问题，如何破解这些难题，应当成为我们党加强学习的中心课题。同样，各级党组织在组织带领本地本部门进行现代化建设中会遇到诸多现实的具体问题，各级基层党组织在自身建设时也会碰到一些特殊问题。这些既是问题，更是考题，它要求我们全党必须围绕这些问题，深入学习马克思列宁主义、毛泽东思想，深入学习邓小平理论、“三个代表”重要思想以及科学发展观，要在总结贯彻落实科学发展观的基本经验基础上，在全面把握现代化建设所必需的各方面知识的基础上，深化对这些现实问题的认识，站在一个更高的理论视角和思想平台上，来分析这些问题产生的原因和解决的办法。

确立问题意识，意味着我们的学习必须在学以致用上下工夫。学习的目的在于应用，对于各级党组织而言，就是要善于将问题意识作为学用结合的联结点，引导广大党员干部针对现实问题，努力将学与用统一到中国特色社会主义伟大事业中。广大党员既要关注现实问题，也要带着问题去学。唯有如此，才能学深学透，才能将所学知识运用到解决实际问题中，也才能在解决实际问题过程中提升自己的理论和实践水平。

确立问题意识，意味着我们必须将问题的解决作为评估学习效果的尺度。学习过程是一个循环往复、不断深化的过程。检验建设学习型党组织成功与不足的标准是动态的，但最根本的是要检验在多大程度上解决了多少问题。作为基层党组织和党员干部，就是要看在破解本地区本部门本单位改革发展稳定的突出矛盾和问题上是否有建树；在解决民生问题上是否在实现、维护、发展人民群众根本利益上有新招数；在弘扬党的优良传统和作风以及加大反腐倡廉建设力度方面是否有新的成效，等等。

创新意识：学习型党组织的生命力所在

创新是中国共产党永葆生机活力的关键所在。我们党是以马克思主义为理论指导的无产阶级政党，我们党之所以能在中国革命、建设、改革的历史征程中取得一个个伟大胜利，最根本的就是我们党始终坚持解放思想、实事求是、与时俱进，在不同的历史时期，勇于创新，善于创新，在创新中求得新的发展。

在新的历史时期建设学习型党组织，必须强化创新意识，要把创新意识作为学习型党组织的生命来对待。不创新，因循守旧，故步自封，就必然失去对各种复杂问题的研判和应对能力，就必然失去人民群众的拥戴，也就必然会被时代所淘汰。

强化创新意识首先要弘扬创新精神。学习型党组织建设是围绕各种现实问题展开学习的。在这一过程中，需要每一位党员敢于直面问题，勇于创新。只有在学习型党组织建设中大力弘扬创新精神，才能进一步激发广大党员的主动性和创造性。因为，什么样的精神状态决定什么样的工作状态。当一个单位和部门的党员和普通群众都以创新精神对待工作，并敢挑重担和敢于承担风险，这个单位和部门必然焕然一新。反之，则不可能在当下激烈的竞争环境中有所作为。

强化创新意识要树立创新思维。建设学习型党组织的学习任务非常多，其中最重要是要学习马克思主义的世界观和方法论。运用客观变化的观点去认识和分析社会，是马克思主义认识论的思想基础。目前，我们遇到的矛盾和问题是错综复杂的，面对这些问题，需要我们通过学习进一步转换思维方式，用创新思维去开启解决问题的新思路。实践不断向前发展，在实践基础上的理论创新也永无止境。在学习型党组织建设中，要特别注重提高党员干部运用创新思维来解决问题的能力，要自觉地把思想认识从那些不合时宜的观念、做法和体制束缚中解放出来，从对马克思主义的错误的和教条式的理解中解放出来，从主观主义和形而上学的桎梏中解决出来，在研究新情况、解决新问题中，把我们的事业不断推向前进。

强化创新意识要完善创新机制。创新意识的产生及其产生实际效果，需要一定的机制保障，只有在创新的机制中才会形成创新的意识。封闭保守的机制必然会遏制创新意识的生成。要使建设学习型党组织充满活力，需要我们在学习机制上有新的创新。要运用新的学习载体和手段，多采用启发互动的方式，及时汲取学习组成员的新要求和新建议，并将其充实到工作机制中。同时，要善于延伸学习型党组织建设的工作平台，特别是要善于把学习的平台建到实践的最需要部位，以真正通过学习研究和实践工作的大联动，发挥学习型党组织在国家创新战略中的作用。

强化创新意识要努力营造创新氛围。建设学习型党组织，要特别注重在学习实践中努力营造鼓励创新的思想文化氛围。要鼓励党员干部和广大群众讲实话、讲真话，遇到矛盾和问题要敢于应对。在学习型党组织建设中要形成一种求新求变的思想文化环境，就必须强调一种思想导向，即允许人们在学习创新中有不足和缺陷，不能对创新的人和事求全责备。要善于把学习型党组织所形成的创新文化氛围辐射到社会中去，以使全社会形成生机勃勃的创新氛围。

（作者单位：北京大学）

延安时期党开展学习运动的深刻启示

郑水泉

延安时期是中国共产党历史上学习氛围空前浓厚、学习成果异常丰硕的一个时期。总结回顾延安时期我们党大兴学习之风的历史，对于建设马克思主义学习型政党的重大战略有着深刻启示。

一、延安时期学习运动有什么历史背景

抗日战争时期，我们党在以延安为中心的全党范围内，开展了一场深入的马克思主义学习教育运动，这场学习运动有着十分特殊的历史背景。

1. 破除马克思主义教条化、共产国际决议和苏联经验神圣化的必然要求。1935年1月召开的遵义会议结束了“左”倾教条主义在党中央的统治，使党的思想路线转到把马克思主义普遍真理同中国革命实际相结合的轨道上来。但由于客观条件的限制，把马克思主义教条化、把共产国际决议和苏联经验神圣化的错误倾向，仍然束缚着党内许多人的头脑，干扰着党的正确思想路线的执行。因此，通过开展学习运动来解决党内存在的思想矛盾，彻底消除教条主义错误的思想基础，是摆在全党面前的一项重大而紧迫的任务。

2. 完成党所肩负的抗日救国这一历史重任的现实需要。延安时期，我们党担负着领导抗日战争的历史重任，面临着极其复杂的形势和问题，迫切需要全党同志学会用马克思主义的立场、观点和方法去分析问题、解决问题。能否提高全党的马克思主义素养，特别是培养一大批用马克思主义武装起来的优秀干部，成为我们党能否领导抗日战争取得胜利的关键。如果该问题不能得到有效的解决，中国共产党便很难担当起领导抗日战争胜利发展的艰巨任务。

3. 实施党的建设伟大工程的重要举措。1937 年 7 月到 1940 年 7 月，由于革命形势的发展，党的队伍急剧扩大，但有许多人思想上并没有入党，而且他们中大部分缺乏基本的马克思主义素养。为了完成“建设一个全国范围内的、广大群众性的、思想上政治上组织上完全布尔什维克化的中国共产党”这一党的建设伟大工程任务，迫切需要开展一次学习运动来帮助新党员克服自身的各种非无产阶级思想，从整体上提高全党马克思主义理论水平。

二、延安时期学习运动有什么显著特点

延安时期，党内大兴学习之风，积极向书本学习、向实践学习、向群众学习，成为一种自觉的生活方式，构筑了“人人处于学习之中，时时体现学习之风”的浓厚学习氛围。这一时期的学习运动有以下几个方面的显著特点。

1. 理论联系实际的学风。毛泽东语重心长地告诫全党：“要有目的地研究马克思列宁主义的理论，要使马克思列宁主义的理论和中国革命的实际运动结合起来，是为着解决中国革命的理论问题和策略问题而去从它找立场，找观点，找方法的。”正是由于有了这样深刻的认识，延安时期的学习运动在党中央的直接领导下，能够始终联系中国革命的实际，逐渐确立了实事求是、理论联系实际的思想路线。

2. 勤奋刻苦的学习精神。 为鼓励广大党员干部克服学习方面存在的问题，毛泽东指出，办法就是两个，一个是对付忙的办法，这就是“挤”的精神；再一个是对付不懂的办法，就是“钻”的精神。“工作忙就要‘挤’，看不懂就要‘钻’，用这两个法子来对付它，学习是一定可以获胜的”。作为培养党的高级干部的学校，抗日军政大学就流行“认字就在背包上，写字就在大地上，课堂就在大路上，桌子就在膝盖上”的学习口号。

3. 严密完善的学习制度。 1939 年，中共中央设立干部教育部，负责领导全党的学习。毛泽东要求：“全国各级党部，边区各级政府，各个人民团体，各类学校，都须设立这样的机关，建立这样的制度。”中共中央还在 1940 年 7 月至 1941 年 2 月间发出了 7 个指示性文件，建立了一整套干部理论学习的制度和办法。如规定 5 月 5 日为学习节、全党在职干部每天必须保证有两小时的学习时间、学习小组每月开讨论会两次、组织必要的讲课等。

4. 民主活跃的学习氛围。 延安时期，全党同志在学习过程中，相互之间有不同观点尽可以发表，互相争论，形成了民主活跃的学习氛围。例如，由张闻天领导的学习小组，学习方式是由艾思奇撰写提纲，指定参考书，平日自学，星期六上午开一次讨论会。讨论会联系中国革命的实际问题，畅所欲言，最后由艾思奇作总结。这种民主活跃的学习风气对于“培养敢作敢为，敢独立思想的干部”意义重大。

5. 开放广阔的学习视野。 在学习运动中，党的领导同志认识到，“学习马列主义必须有很丰富的、具体的社会知识与科学知识做基础。没有这样的基础，要成为一个优秀的马列主义者，是不可能的”。毛泽东率先垂范，不仅学习马列主义经典著作，还广泛阅读中外学者的著作。他认为，“为了学好马克思主义，必须增加各种具体知识，要学习世界各国历史、地理及各种必要的社会常识与科学常识，特别是中国的历史、地理和社会的各种常识，甚至包括小说等读物”。

三、延安时期学习运动对今天有什么启示

延安时期开展的学习运动，实际上开了马克思主义学习型政党建设的先河。虽然延安时期与我们现在建设马克思主义学习型政党的社会背景、时代主题、中心任务、构建途径有所不同，但高度重视学习型政党的建设工作，是延安时期中国共产党取得抗战和解放战争胜利的一个重要原因。在世情、国情、党情发生了重大变化的今天，总结回顾延安时期的经验，为我们建设马克思主义学习型政党提供了有益的启示。

1. 必须坚持实事求是的思想路线，在建设学习型政党的实践中推进马克思主义理论创新。一切从实际出发，实事求是，理论联系实际，是马克思主义的基本原理，也是党的思想路线。延安时期学习运动的成功经验之一，就是坚持实事求是的方针，把马克思主义普遍真理与中国革命实际相结合，推进马克思主义中国化。延安时期学习运动的成功经验启示着我们：建设马克思主义学习型政党，应着眼于把握马克思主义的立场、观点、方法，提高战略思维、创新思维能力，拓展理论视野和历史眼界。学习马克思主义理论，既应重视研读经典著作，学习党的历史，掌握党的路线方针政策和国家法律法规，还应坚持以马克思主义为思想指导和行动指南，准确把握当今世情、国情和改革的实情，及时总结新鲜经验，不断作出新的理论概括，在建设学习型政党的实践中推进马克思主义理论创新。

2. 必须坚持理论联系实际的学风，将建设学习型政党与完成党的中心工作紧密结合。延安时期的学习运动不是盲目的抽象学习，也不是脱离实际的“闭门思过”式的修养，而是同转变作风和改进工作、同深刻地科学地分析中国革命实际问题与推进革命事业的不断发展紧密结合起来。为全面准确把握中国革命的实际，中央强调大兴调查研究之风。1941 年 8 月中央成立了调查研究局，毛泽东亲自兼任局长，发布

了《中央关于调查研究的决定》和《中央关于实施调查研究的决定》等有关加强调查研究和改进领导方法的有关文件。当时，全党理论联系实际蔚然成风，收到了巨大的成效，产生了深远的影响。

3. 建设马克思主义学习型政党，要注重研究和解决改革建设发展中存在的各种问题。不仅要从书本上学，还要在实践中学，向群众学习，善于把科学理论精神转化为加快发展的坚定信念、谋划发展的正确思路、促进发展的政策措施、实现发展的实际本领、武装干部群众的巨大精神力量。要着眼于当前的形势任务，着眼于工作实际和干部群众的思想实际，认真分析解决当前工作中存在的各种问题，认真解决涉及广大人民群众切身利益的现实问题。

4. 必须坚持树立世界眼光、强化开放意识，不断拓宽党的胸襟视野。延安时期，以毛泽东同志为核心的中国共产党人以非凡的战略眼光，把中国革命放在世界的大背景下认识和把握，以高超的政治智慧制定和实施了一系列以中国革命利益和中华民族利益为中心的战略措施，极大地促进了抗日民族解放战争和人民战争的胜利。当前，在世界多极化、经济全球化和科技进步日新月异的时代条件下，在复杂多变的国际环境中建设马克思主义学习型政党，必须树立世界眼光，引导党员干部始终站在国际大局与国内大局相互联系的高度，思考和制定中国的发展战略，全面分析判断世界多极化和经济全球化深入发展的外部环境，全面把握当今世界发展变化带来的机遇和挑战。同时，大胆吸收和借鉴人类社会创造的一切文明成果，学习借鉴国外执政党治国理政的经验。

5. 必须坚持民主作风，用科学方法解决思想矛盾，推进党内民主。延安时期，党中央和毛泽东同志创造性地运用开展学习运动来解决党内思想矛盾的途径。毛泽东认为对于党内的思想矛盾，必须运用民主讨论的方法、细致说理的方法、群众路线的方法。在学习运动中遵循了“知无不言、言无不尽、言者无罪、闻者足戒、有则改之、无则加勉”的原则，大力倡导不同意见之间的辩论，反对压制批评和打击报复。在批评与自我批评中遵循“惩前毖后，治病救人”的方针，真正达到了既弄清思想又团结同志一道前进的目的。建设马克思主义学习型政党也是一个推进党内民主建设的过程。要把开展学习活动与发扬党内民主实践结合，把学习过程变成党内民主的实践过程，鼓励和保护党员讲真话，使全体党员能够敞开心扉、充分交流、共享知识、共同进步；强化党员干部的责任感和使命感，发挥民主生活会开展思想交流、提高党性修养、增进班子团结的重要作用，协调集体领导和个人负责的关系，提高运用民主方法形成共识、开展工作的本领，提升党组织的学习力、战斗力。

（作者单位：中国人民大学公共管理学院）

在推进党的建设新的伟大工程中深化高校学习型党组织建设

巩英春

建设马克思主义学习型政党，是党的十七届四中全会从全面推进中国特色社会主义伟大事业和党的建设新的伟大工程的全局出发，提出的一项重大战略任务，而建设马克思主义学习型政党的基础就是要将各级党组织打造成学习型党组织。

作为各种思潮的聚集地和发源地，高校如何发挥科技、信息、思想和理论优势，在建设社会主义文化强国、推进党的建设新的伟大工程中深化学习型党组织建设，已经成为高校各级党组织和理论工作者深入思考和努力实践的现实问题。笔者认为，高校党组织应充分抓住贯彻落实教育纲要、推进教育改革发展这一重要契机，在完善传统理论学习方式、拓展全新学习内容的基础上，大力开展实践性学习，努力提高理论联系实际的水平。同时，全面量化理论学习的各项标准，增强学习的主动性、针对性和实效性，积极探索高校学习型党组织建设的全新模式。

一、推进高校学习型党组织建设的重要意义

高校学习型党组织是建设高水平研究型大学的根本保障。创建世界一流大学和一批国际知名高水平大学是党和国家的战略决策。高校学习型党

组织建设，正是实现上述目标的根本保障。只有把高校建设成为学习型党组织，才能巩固党组织的思想理论阵地，才能保证马克思主义中国化成果在高校应用的系统化、经常化和制度化，才能让理论学习与高校的人才培养、科学研究、社会服务和文化传承创新相辅相成，相互促进。因此，高校党组织必须承担起建设学习型党组织的重要任务，只有充分发挥战斗堡垒作用，内聚人心、外树形象，弘扬大学精神，传承大学文化，才能把广大师生员工的智慧和力量凝聚到建设高水平大学的奋斗目标上来。

高校学习型党组织是践行“办人民满意的教育”重要思想的必然要求。“办人民满意的教育”，就是通过充分利用、发展和完善国内现有的教育体系来培养合格的社会主义建设者和接班人。“要给学生一杯水，自己要先有一桶水。”要培养出能力强、素质高的人才，教育者自己则要有更高的水平和能力。这种水平和能力的提升源于不断的学习，对于广大教职工来说是如此，对于带领学校建设和发展的高校党组织来说更是如此。只有把高校党组织建设成为学习型党组织，让高校党员师生的人生愿景与学校的发展目标相一致，才能激励和引领广大师生员工自我学习、自我修养、自我实践、自我教育。只有加强高校学习型党组织建设，不断丰富大学精神内涵，主动用社会主义核心价值体系影响教育者和被教育者，才能使广大师生牢固树立共产主义理想，自觉接受科学理论的教育和先进思想文化观念的熏陶，自觉提高自身思想认识和道德水平。

二、新时期高校党组织理论学习的主要特点

1. 更加注重学习形式和方法的创新。伴随中国高等教育的迅速发展，各高校的党建工作也面临着全新的考验和挑战，建设学习型党组织重要任务的提出为高校党组织的自身建设和发展指明了方向。各高校党委积极采取有力措施，创新理论学习的形式和方法，有效地调动了各级党组织的创造性和能动性，激发了广大党员的学习热情。随着各类多媒

体设备的广泛普及和互联网的迅猛发展，高校的理论学习活动逐渐摆脱了时间上和地域上的限制，发达的信息传播渠道也使得各种跨高校、跨地区、跨行业的思想理论交流成为可能。在教育信息化的有效支持下，广大党员除了参加党组织开展的集中学习之外，还可以通过网络媒体第一时间学习聆听中央的精神，在开展理论研究中随时查阅不同时期的学习材料，大大提高了组织、个人学习的效率。

2. **更加注重理论成果的研讨和交流**。针对以往理论学习活动中少数党员干部兴趣不高，形式和内容比较枯燥的实际问题，高校各级党组织采取了多种解决途径。其中最有效的举措就是变说教为研讨、变聆听为交流，让广大党员干部在集中研讨和比较反思中达到提升自身理论水平、指导实际工作的目的。吉林大学党委理论学习中心组采取集中研讨和自主学习相结合的方式，根据学校的中心工作，校党委每年提前确定学习的主题和形式，并根据工作需要逐渐加大集体学习频率。围绕学习主题，校院两级理论学习中心组成员结合学校实际工作学理论，在解决问题中用理论，起到了学以致用的良好效果。

3. **更加注重思想理论学习与师生思想实际相结合**。以科学的理论武装师生是新时期高校理论学习和思想政治教育的一个基本理念。近年来，高校各级党组织充分利用学习实践科学发展观、创先争优等载体，采取更加多样、更具活力的形式，努力改变教育手段，努力使理论学习更加贴近师生的思想实际。通过增强理论学习方法的渗透性、趣味性和技巧性，提升学习的影响力；同时紧密联系高校师生党员的思想实际，加强了思想理论与当前时政、时局和产生深刻影响的各种社会现象的结合，开展了诸如以“增强凝聚力、提高贡献率”等为主题的理论学习和社会实践活动。通过加强和创新理论学习的针对性、实效性和主动性，高校各级党组织都在努力构建全新的理论学习体系。

4. **更加注重将理论学习与工作实践有机结合**。通过理论学习推动学校工作是各高校学习型党组织建设的努力方向，也是学习型党组织建设的必然要求。有的高校明确以“深入学习实践科学发展观、加快推进世界一流大学建设”为主题，将各种学习活动与学校的发展紧密结合在一起，形成良性互动。有的高校整合校内学习资源，师生参与，多院联动，以论坛、跨学科讲座和报告等形式共同开展主题党团日研讨会，这些活动有效地促进了新形势下基层党团组织工作的顺利开展和各院系间的合作，为学科间交流与融合创造了有利条件。这期间，很多高校都涌现出了一批优秀的基层组织和先进个人，总结出了许多成功做法和经验。实践证明，理论学习活动作为推进高校建设、促进学科交流融合的纽带，在高等教育的发展中发挥着不可替代的重要作用。

三、高校学习型党组织建设的方法创新和模式探索

1. 更新和丰富理论学习内容，构建科学的学习体系。瞄准国内外思想理论领域的前沿问题。美国学者福山在《历史的终结》中论证，自由民主制度就是“人类意识形态发展的终点”和“人类最后一种统治形式”，以美国为代表的资本主义世界，就是人类的最终状态。事实证明，福山的这些理论在今天很难站得住脚。2008 年由美国引发的世界金融危机与中国 30 年改革开放和现代化建设所取得的成就，客观上给予这一论述重重的一击。但如果我们对这类在国际社会上造成巨大影响的思潮缺乏系统的了解，则无法从根本上批判这些理论。国内外各种思潮的形成和发展是个复杂过程，这就要求高校各级党组织要具有高度的警惕性、自觉性，居安思危，沉着应对；高校领导干部则要解放思想，主动学习，冷静思考，努力提升思想理论水平，只有这样才能推进各项工作高效、健康、有序开展。

吸收传统文化中“学习”思想的精华。无论是孟子“性本善”论还是荀子“性本恶”论，都说明人的高尚品格并不是先天固有的，而是要通过后天的学习，通过抵抗外界的各种压力才能获得。由此可见，

学习的思想在中国传统文化的发展中有着极其重要的地位。所谓“君子有终身之忧，无一朝之患也。”要想在工作中真正做到“无一朝之患”，则必须在思想上树立起“终身之忧”。而这种对于自身进步和祖国未来的忧患意识即是来源于不断的学习。周恩来总理曾经号召广大党员干部要“活到老、学到老、改造到老”，中国共产党的历代领导人也都非常善于汲取中国传统文化中的精髓。马克思主义作为一种外来的思想理论，与中国的传统文化相交融，与国内的革命战争、社会主义建设和改革开放的实践相结合，才产生了毛泽东思想和中国特色社会主义理论体系等。同样的道理，高校党组织的理论学习只有充分吸收中国传统文化中“学习”思想的精华，才能产生出更加丰硕的思想理论成果。

与高校实际和人的精神追求相结合。美国著名心理学家亚伯拉罕·马斯洛将人的需求从低到高分为五个等级，分别为：“生理需求”、“安全需求”、“社交需求”、“尊重需求”和“自我实现”。社会分工的不同和知识结构的差异使得不同社会群体的精神需求也不尽相同。高校作为高知群体聚集的场所，在前四项需求得到一定程度满足的情况下，广大高知群体更加注重自身综合素质的提高和自我价值的实现，而高知者自身的文化底蕴则是实现其精神追求的基石和前提。党的十七届六中全会审议通过了《中共中央关于深化文化体制改革、推动社会主义文化大发展大繁荣若干重大问题的决定》，要求全党全社会将文化建设作为一项重大战略常抓不懈。此次会议不仅充分认识到了广大高知群体文化底蕴培养的重要性，而且使高校理论学习内容的充实与更新有了更加明确的方向，这就要求高校的理论学习活动要与广大党员干部的思想实际和现实需求相接轨，与广大高知群体的思想发展相适应，努力增强党员干部的文化底蕴、学术底蕴，真正达到学习的目的。

2. 大力开展实践性学习，推动学校事业科学发展。学习型党组织建设的一个重要任务就是要广大党员干部积极践行社会主义核心价值体系。培养以社会主义核心价值体系为基础的学习意识是建设学习型党组织的前提，是高校开展各种理论学习的首要环节。只有把学习意识内化为师生的文化自觉，把理论修养转化为推动实际工作的真正能力，学习型党组织建设方能体现出它的价值和意义，并正确地指导广大师生党员的行为，完成人才培养、科学研究、社会服务和文化传承创新的高校使命。

建设学习型党组织就本质来讲，是一项建构性的工作，贯穿于从实践到理论进而自觉运用正确理论继续指导实践的全过程。学习型党组织建设，要坚持从实际出发，坚持实事求是的思想路线，既要重视从改革开放的历史性实践中做好理论的总结工作，又要重视科学理论对实践的指导评价工作。“学而不思则罔，思而不学则殆”，无论方法如何变革，形式如何创新，真正意义上的学习永远是一个思考和领悟的过程。要想让各种形式的理论学习达到预期效果，并有效推动高校中心工作，就要树立在学习中实践，在实践中学习的先进理念，自觉运用社会主义核心价值体系指导实际工作，牢牢树立服务基层、学以致用的主导意识，准确定位高校的理论学习工作，认真思考理论学习能解决什么问题、解决问题要把握什么样的原则，自觉地将高校的理论学习与学校中心工作有机结合起来，逐步形成理论学习服务、推动高校中心工作的学习模式。

3. 增强学习的针对性和实效性，提高党组织的向心力。要健全学习型党组织的考核、监督制度。高校学习型党组织建设，要让社会主义核心价值体系进入高校师生党员的学习过程，进入高校党员干部的内心世界，同时也进入高校师生的日常生活。这是一个循序渐进且需要不断温故知新的过程。因此，高校党组织在把社会主义核心价值体系融入教学、科研、管理全过程的同时，也要加强对学习型党组织的考核，要把学习成效纳入党员领导干部考核的重要内容，要对各单位的学习情况定期、不定期进行检查、督促。同时，高校党组织要制定有关学习的考核监督体系，明确考核内容，健全考核机制，明确将考核的最终结果记入个人档案。总之，通过建立健全考核、监督机制，增强理论学习的针对性和实效性，使社会主义核心价值体系成为广大党员日常工作生活的自觉养成。

要建立学习型党组织的评估保障体系。首先要建立理论研究机制。高校党组织要注重理论学习与理论研究相结合，鼓励并组织教职工参与国家、省市开展的各级各类理论研究活动。同时，高校也要开展经常性的专题研讨和交流，编发专刊，出版文集。其次要建立评价、激励机制。要明确评价标准和体系，将评价的内容标准化、系统化，特别是要把学习成效与各种评奖、评优结合起来，激励学习的积极性。第三，要建立学习保障体系。各级党组织和领导干部要高度重视学习型党组织的制度建设，齐抓共管，加大投入，在机构设置、人员配备、经费使用等方面精心安排、重点支持。

要建立学习型党组织与高校党的建设互动体系。要想真正促进高校党建工作的全面开展，提高高校党组织的凝聚力和向心力，就要真正建立起学习型党组织与党建工作的互动机制。运用学习型党组织建设所形成的最新理论成果与实践经验指导高校党建工作深入开展，增加党建工作的理论内涵和群众影响力。运用党建工作的有效载体带动学习型党组织的体系化建设，使学习型党组织建设所取得的具有自身特色的重要理论和实践成果，能够通过高校党建这一舞台得以生动体现，以此共同推动党的建设新的伟大工程。

在推进党的建设新的伟大工程中深化高校学习型党组织建设，除了一般意义上的理论学习外，更重要的是要创新学习载体，以最新的理论成果为指导，在工作与实践中自我总结、自我领悟、自我提高，最终实现思想认识上的自我升华。时代在发展，思想在进步，高校学习型党组织建设也要与时俱进。高校要通过科学合理、行之有效的方式方法，进一步增强广大党员的思想凝聚力和民族向心力，引导高校师生党员树立和践行社会主义核心价值体系，提升高校党组织的凝聚力和战斗力，为实现中华民族的伟大复兴作出贡献。

（作者单位：吉林大学党委宣传部）

中国共产党学习型政党建设的历程及其特点

丁俊萍

“建设马克思主义学习型政党”是党的十七届四中全会在提出“提高党的建设科学化水平”这一重大命题和任务的同时，为加强和改进新形势下党的建设而提出的一项重大战略任务。与提出“建设马克思主义学习型政党”这一理论命题的时间不同，马克思主义学习型政党建设的实践历程是随着中国共产党成立开始的。从一定意义上说，党领导中国革命、建设和改革的历史就是一部创造性学习的历史，党的建设历程就是马克思主义学习型政党建设的历程。考察党成立以来马克思主义学习型政党建设的历史，总结其基本特点和历史经验并从中吸取有益借鉴，有助于我们提高新形势下建设马克思主义学习型政党、推进学习型党组织建设的自觉性。

一、民主革命时期的马克思主义学习型政党建设

早在1920年，各地共产党早期组织就通过各种形式，组织学习、研究和宣传马克思主义，为中国共产党的成立做了思想理论上的准备。1921年7月中国共产党成立时，就把宣传工作与组织工作并列为党的领导工作的重要方面。之后，党通过党团组织生活、出版刊物、创建出

版社、创办学校等形式，开展对马克思主义的学习、研究与宣传以及对中国革命实际问题的研究。

在国民大革命时期，党创办各种刊物，组织各种学习会、研究会，创办党校、团校、干校、工人运动讲习所、农民运动讲习所等各类学校，开设专题课程，帮助党员群众学习马克思主义理论和党的基本知识，努力运用马克思主义立场、观点和方法研究中国社会和中国革命的实际问题，使党员群众受到马克思主义的教育和党的纲领教育，进而推动大革命的发展。

在土地革命战争时期，以毛泽东为主要代表的中国共产党人在开辟中国民主革命新道路的过程中，面对长期农村游击战争环境下如何把党建设成无产阶级先锋队的问题，积极探索党的建设规律，坚持把思想建党放在首位，用无产阶级思想和党的正确路线教育党员；提出了"教育党员使党员的思想和党内生活都政治化、科学化"思想，揭示了党的思想建设和党内生活的主要任务及其规律，指出了党的建设的方向；强调"没有调查，没有发言权"、树立"从斗争中创造新局面的思想路线"、"中国革命斗争的胜利要靠中国同志了解中国情况"，提出了党的思想路线、群众路线和独立自主原则的基本思想。在极端艰苦的环境中，党重视在红军和农村革命根据地中开展对党员干部的思想政治教育，利用党内会议、创办刊物、开办党员干部训练班等，组织党员干部进行学习讨论，提高党员干部的思想觉悟和革命斗争水平。红军长征到达陕北后，党在实现政治路线向抗日民族统一战线转变的同时，也非常重视统一战线的思想和策略的宣传和教育，并从哲学高度总结中国革命经验教训，为即将到来的全民族抗日战争做了必要准备。

抗日战争时期是中国共产党逐步发展壮大而成为全国性、群众性大党的重要时期，也是在中国共产党学习型政党建设史上写下华彩篇章的重要时期。党在领导抗日民族统一战线、进行艰苦的持久抗战中，强调以马克思主义为指导，加强对当前形势和中国现实问题的研究，适应形势变化及时调整党的路线方针政策策略，并加强对党员干部的教育。在1938年党的六届六中全会上，毛泽东明确提出了“马克思主义的中国化”的重大命题和重大任务，并向全党发出“来一个全党的学习竞赛”的号召。随后，开展了全党的学习运动。毛泽东将党的学习运动称为“无期大学”，明确提出“要把全党变成一个大学校”，“大家都要学到底，都要进这个无期大学”。党中央加强了对学习的组织领导，建立健全学习组织、学习制度，采用灵活多样的学习方式，并开办了大批学校，使之成为推进干部教育和学习、培养优秀人才的重要渠道。毛泽东等中央领导率先垂范，极大地推动了全党学习活动的开展。1941年5月，毛泽东在延安高级干部会议上作了《改造我们的学习》的报告，明确提出在职干部教育和干部学习“应确立以研究中国革命实际问题为中心，以马克思列宁主义基本原则为指导的方针，废除静止孤立地研究马克思主义的方法”，从而将全党的学习运动与延安整风运动结合起来。在这场学习运动中，党坚持马克思主义中国化的方向，卓有成效地推进党的理论创新，系统阐述了新民主主义革命理论；创造了整风运动这一党内教育方式，在全党进行了普遍深刻的马克思主义学习教育，全面整顿了党的学风、作风和文风，极大地提高了全党的马克思主义理论水平。在1945年党的七大上，马克思主义与中国实际相统一的理论成果——毛泽东思想被写进党章，全党实现了在新的基础上的空前团结。

在人民解放战争时期，党在两个中国之命运的决战中，高度重视党内、军队内部和革命队伍的学习教育，先后进行的各类主题教育有：抗战胜利后的形势和任务的教育，全面内战爆发后的敢于斗争敢于胜利的教育，打败国民党反动派的方针政策教育，以“三查”、“三整”为主要内容的整党运动，新式整军运动中的阶级教育，解放全中国的纲领路线方针政策的教育，党的政策和策略教育，组织纪律教育，将革命进行到底的教育等。为迎接中国革命胜利和建设即将诞生的新中国，党还加强了干部的思想政治、业务能力及拒腐防变方面的教育，号召全党要善于学习，掌握建设本领，以便建设一个新世界。党还通过大量举办训练班和干部学校等形式，培养迎接新中国诞生所亟须的领导干部。

中国共产党在民主革命时期开展的以学习马克思主义理论为中心的学习教育活动，掌握了团结全党进行革命斗争的中心环节，成为民主革命时期中国共产党自身建设的一个鲜明特点。

二、社会主义革命和建设时期的马克思主义学习型政党建设

新中国成立之后，党的历史方位发生了根本变化，成为领导人民掌握全国政权并长期执政的执政党，党的历史任务由领导人民进行革命、夺取政权、建立新中国，转变为领导人民建设新中国。面对新形势新任务，党在领导国民经济恢复和各项社会改革以及社会主义改造的过程中，下大力气加强党员干部的学习教育，主要是学习马列主义和毛泽东思想、党在过渡时期总路线和方针政策、科学文化知识和管理经验等，进行党的优良传统作风和反腐倡廉教育，并对全体党员普遍进行了怎样做一个共产党员的教育。党还在全国范围内初步建立了从中央党校到地方党校的干部教育培训网，成立了有系统、有计划地专门从事马恩列斯著作编译的机构即中共中央马恩列斯编译局，建立起一个由报刊网、通讯社网和人民广播电台网构成的学习宣传网络。

在全面建设社会主义建设时期，党提出实现马克思主义同中国实际"第二次结合"的伟大任务，努力探寻适合中国实际的建设社会主义道路。在这一过程中，毛泽东明确提出"向外国学习"的方针，指出："我们的方针是，一切民族、一切国家的长处都要学，政治、经济、科学、技术、文学、艺术的一切真正好的东西都要学。但是，必须有分析有批判地学，不能盲目地学，不能一切照抄，机械搬用。他们的短处、缺点，当然不要学。"他认为，即使将来我们国家强大了，也还要向人

家学习，一万年都要学习。在遭受“大跃进”运动等重大挫折和国民经济严重困难面前，党加强了调查研究工作，大兴调查研究之风，强调向实际学习、向实践学习、向群众学习，加强党员干部马克思主义思想理论教育，加强共产主义道德精神的学习教育。

在“文化大革命”时期，党的指导思想和实际工作都出现了全局性的错误，包括学习宣传教育在内的党的建设受到严重破坏，留下了惨痛的教训。这一时期，党领导下的学习活动仍在开展，尤其是对马克思主义、毛泽东思想的学习始终没有中断，但这种学习不可避免地带有浓厚的“文化大革命”色彩。

党在社会主义革命和建设时期的学习型政党建设，既取得了许多成绩，也有不少失误，积累了成功的经验，也有许多必须深刻记取的教训。

三、改革开放和现代化建设新时期的马克思主义学习型政党建设

1978 年召开的党的十一届三中全会，实现了新中国成立以来党和国家历史上具有深远意义的伟大转折。在此前后，邓小平提出要善于学习、掌握和运用毛泽东思想的体系来指导我们各项工作。全党开展了真理标准问题大讨论，冲破了“两个凡是”的束缚，开始把人们从多年盛行的教条主义和个人崇拜的精神枷锁中解放出来，重新确立了实事求是的思想路线。邓小平多次号召全党解放思想、实事求是、团结一致向前看，要求全党在改革开放和现代化建设中一定要善于学习，善于重新学习。在这一时期，全党认真学习党的十一届三中全会以来的路线方针和政策，学习《关于建国以来党的若干历史问题的决议》，统一了全党的思想。为了适应改革开放和现代化建设的需要，党中央号召全党努力学习马克思主义，提高政治水平，同时也要努力学习科学知识，总结正

反两个方面的经验，并组织党员干部走出国门，开阔眼界，学习国外先进经验。与此同时，党通过加强制度建设，逐步建立起干部学习考核制度，形成稳定的学习制度体系和促进全党持续学习的长效机制，使干部教育工作开始走向正常化、正规化、制度化，使学习成为一种常态，成为党员干部提高政治、业务水平的有效举措、有力途径。

在改革开放和社会主义现代化建设全面推进时期，邓小平在1982年党的十二大开幕式上，明确提出了“建设有中国特色的社会主义”的科学命题，此后，中国特色社会主义就成为党的历次全国代表大会的主题词，成为凝聚各族人民进行改革开放和社会主义现代化建设的伟大旗帜。全面整党中进行的理论学习和思想教育，使被“文化大革命”搞乱了的党内思想混乱状况有所好转，对于进一步实现全党思想上政治上的一致起了重要作用。这一时期，党把建设社会主义精神文明的任务提到战略高度，强调党员和党的干部必须在精神文明建设中身体力行。邓小平还向广大新老干部提出了要学习马克思主义理论的要求，以加强工作的原则性、系统性、预见性和创造性。强调要“根据现在的情况，认识、继承和发展马克思列宁主义”，指出“不以新的思想、观点去继承、发展马克思主义，不是真正的马克思主义者”。这一时期，党要求各级干部认真学习建设有中国特色社会主义理论，进行了“一个中心、两个基本点”基本路线教育，开展了反对资产阶级自由化的斗争；大力加强干部的教育和训练工作，使所有在编的工作人员都分批分期接受轮训，干部的学习培训走向经常化、正规化、制度化。干部教育培训的内容由以往的主要以马克思主义理论和党的方针政策为主，发展为以马克思主义理论、党的方针政策和科学文化知识、业务知识为内容的综合培训。党在全国形成了由干部教育主管机构、各级党校、各类干部院校和行政学院构成的、更为完整的干部教育培训体系。这使我国干部队伍的思想理论水平、文化程度有了明显的提高。

在1989年的政治风波后，以江泽民为核心的党中央领导集体，总结借鉴世界上一些大党老党丧失执政地位的经验教训，紧密联系中国共产党建设的实际，按照邓小平关于聚精会神抓党建的要求，对党的建设采取了一系列重大措施。其中包括建立健全省部级在职领导干部学习制度，组织各级干部深入学习社会主义理论和党的历史，通过岗位培训、知识更新补缺培训和大、中专学历教育等方式，大力开展干部的科学文化知识教育和业务技能培训。

1992 年党的十四大确立我国经济体制改革的目标是建立社会主义市场经济体制之后，党的建设面临着新的形势和任务。党中央号召全党同志要努力学习，各级领导干部更要带头努力学习。“最根本的是要学好建设有中国特色社会主义的理论，同时要努力学习社会主义市场经济的基本知识和有关的方针、政策、法律、法规，学习现代科学技术的基本知识，还要学习中国历史和世界历史，特别是近代史和现代史。”在中央的推动下，一个学习邓小平建设有中国特色社会主义理论的热潮在全国兴起，同时还开展了学习党章的活动。党的十五大后，全党全国掀起学习和研究邓小平理论的新高潮。中央制定了《1996—2000 年全国干部教育培训规划》，重点对进一步深入学习邓小平建设有中国特色社会主义理论作了部署。中央连续举办了两期中央委员和候补中央委员学习邓小平理论和十五大精神研讨班，党的领导人带头学习。县以上各级党委采取党校培训、党委中心组学习、讲师团辅导、理论研讨班以及报刊、广播、电视等有效形式开展学习。有关方面还举办了不同层次、多种专题的邓小平理论研讨会。

党在这一时期，围绕着党的历史任务，不断探索和回答在新的历史条件下建设一个什么样的党、怎样建设党、把一个什么样的党带进 21 世纪等重大理论和实践问题，形成了“三个代表”重要思想。党在思想理论建设方面采取一系列重大举措，坚定不移地用邓小平理论武装全党，强调弘扬马克思主义学风；编辑出版党的领导人著作，为党的思想理论建设提供基本教材；以举办纪念活动、座谈会、研讨会，发行音像制品等形式，推进党的思想理论建设；在领导干部中开展“三讲”活动；在农村开展“三个代表”重要思想学习教育活动。中央领导集体坚持集体学习，连续开办法制讲座，带头学法，树立法治理念，推进依法治国，为全党作出了表率。

党的十一届三中全会以后的全党学习活动，成为党的建设新的伟大工程的重要组成部分，为全党全国顺利实现工作重心向社会主义现代化建设的转变奠定了思想基础，保证了党所领导的社会主义中国昂首跨入21世纪。

四、新世纪新阶段的马克思主义学习型政党建设

当历史车轮驶入新世纪时，我国进入了全面建设小康社会、加快推进社会主义现代化建设的新阶段。进一步提高党的领导水平和执政水平、提高拒腐防变和抵御风险的能力，成为中国共产党必须解决好的两大历史性课题。党的十六大以来，以胡锦涛同志为总书记的党中央提出了科学发展观等重大战略思想，并在2004年党的十六届四中全会通过的《中共中央关于加强党的执政能力建设的决定》中，第一次提出要“努力建设学习型政党”。2007年召开的党的十七大，再次强调“要按照建设学习型政党的要求”，提高运用科学理论分析和解决实际问题的能力。为此，我国先后出版了一批马克思主义理论著作、相关理论学习读本、关于理论和社会热点问题的通俗读物，启动了马克思主义理论研究和建设工程；坚持中央政治局集体学习制度，带头学习；举办省部级主要领导干部专题研讨班并形成机制；开展了县处级以上领导干部学习贯彻“三个代表”重要思想的集中轮训和县委书记、县长参加的建设社会主义新农村专题培训。党中央相继颁布《干部教育培训工作条例（试行）》、《2006—2010年全国干部教育培训规划》，干部教育培训工作科学化、制度化、规范化水平不断提高。党还先后建立了中国浦东干部学院、中国井冈山干部学

院、中国延安干部学院以及大连高级经理学院等，干部教育培训的基础建设和农村党员干部现代远程教育试点等均取得重大进展。这一期间，相继在全党开展的以实践“三个代表”重要思想为主要内容的保持共产党员先进性教育活动、深入学习实践科学发展观活动和创先争优活动，使广大党员干部受到马克思主义中国化最新成果的教育。一个以学习型政党建设带动学习型社会建设的高潮逐步兴起。

新世纪新阶段，世情、国情、党情发生的深刻变化，使党的执政面临着新的课题。党要经受住长期执政考验、改革开放考验、市场经济考验、外部环境考验，要成功应对各种风险和挑战，必须进一步加强和改进新形势下党的建设。2009 年召开的党的十七届四中全会明确提出“提高党的建设科学化水平”的重大命题和重大任务，对加强和改进新形势下党的建设作出战略部署。在新形势下提高党的建设科学化水平，说到底是要不断把握和自觉运用马克思主义执政党建设规律，关键是要坚持科学理论指导。因此，建设马克思主义学习型政党，提高全党思想政治水平，是加强和改进新形势下党的建设的一项重大而紧迫的战略任务。中央要求必须按照科学理论武装、具有世界眼光、善于把握规律、富有创新精神的要求，把建设马克思主义学习型政党作为重大而紧迫的战略任务抓紧抓好，并且提出了推进马克思主义中国化时代化大众化、用中国特色社会主义理论体系武装全党、开展社会主义核心价值体系学习教育、建设学习型党组织这四个重要着力点。

建设马克思主义学习型政党的重大命题和重大任务的提出，是中国共产党成立以来在学习型政党建设方面的一个重大进步。它赋予党的学习以更深的内涵，提出了更高的要求，更加强调把学习作为马克思主义学习型政党的重要特征，作为党组织活动的重要内容，作为党员干部的重要标志；更加强调把学习作为整体性要求，作为全党的共同责任，要求全党学习、全员学习；更加强调学习是一个长期过程，要把学习制度化、机制化、规范化。这反映了党在自身建设方面的与时俱进，反映了新形势下党的建设科学化水平的提高和党建工作的创新。

建设马克思主义学习型政党的重大战略任务提出之后，全党从中央到地方，迅速掀起了学习的热潮。中央有关部门向全党分批推荐学习书目，专家学者解读理论重点和社会热点问题，广大党员干部抓紧读书学习，各种读书学习活动如读书会（班）、主题讲坛、专题讲座、理论研讨、在线学习、晨会夜校等有声有色、如火如荼。十卷本《马克思恩格斯文集》和五卷本《列宁专题文集》、《中国共产党历史》（第二卷）等相继问世，一大批反映党的理论和实践以及众多学习研究和宣传马克思主义的理论著作出版，为全党提供了基本的学习资料。为了进一步加强和规范在高校培训干部工作，促进高校更好地为科学发展和干部成长服务，中组部和教育部联合下发了《关于建立和规范高校干部培训基地的意见》，确定北京大学等13所高校为首批全国干部培训高校基地，这使全党的学习培训教育有了更多的平台。一个新的学习热潮正在全党兴起，并由此推进了学习型社会建设。

五、中国共产党马克思主义学习型政党建设的历史特点

学习是一切进步的先导，是求新求变的起点。中国共产党靠学习立党、靠学习执政。纵观党成立90年来的实践，我们可以看出，一部党领导中国革命、建设和改革的历史，就是一部不断进行创造性学习、创新性实践的历史。中国共产党学习型政党建设90年的历史，呈现出诸多鲜明特点。

1. 学习目的非常明确，学习的目的全在于运用。中国共产党不是为了标榜学习而学习，学习的目的全在于运用。学习马克思主义理论的目的，在于把马克思主义基本原理和立场观点方法运用于中国实际，不断探索和回答中国革命、建设和改革的重大理论和实践问题，以引导党

所领导的事业不断前进。根据各个时期党所面临的形势和任务的需要，刻苦学习，不断进行新的创业，这是中国共产党的一条宝贵经验。党通过不断学习，保持和发展先进性，不断提升党的领导和执政能力；党组织和党员干部通过不断学习，增强党员意识和党性修养。围绕实现党的历史任务而开展的学习，对于保证党始终走在时代前列、成为全国人民的主心骨和中国特色社会主义事业的领导核心起了重要作用。

2. 学习内容非常丰富，主要是学习马克思主义理论，同时也学习一切有益的东西。学习马克思主义理论，是党的思想理论建设的一项主要任务和主要内容。什么是马克思主义，怎样对待马克思主义，是中国共产党成立以来中国共产党人不断探索和回答的首要的重大理论和实践问题。经过长期的学习、研究和实践，党逐步认识到：辩证唯物主义和历史唯物主义的世界观和方法论，是马克思主义最根本的理论特征；实现物质财富极大丰富、人民精神境界极大提高、每个人自由而全面发展的共产主义社会，是马克思主义最崇高的社会理想；马克思主义政党的一切理论和奋斗都应致力于实现最广大人民的根本利益，这是马克思主义最鲜明的政治立场；坚持一切从实际出发，理论联系实际，实事求是，在实践中检验真理和发展真理，是马克思主义最重要的理论品质。学习马克思主义，最重要的就是学习辩证唯物主义和历史唯物主义的世界观和方法论，学习马克思主义崇高的社会理想以及关于这一理想的基本原则，学习马克思主义致力于实现最广大人民根本利益的鲜明的政治立场，学习马克思主义关于一切从实际出发、理论联系实际、实事求是、在实践中检验真理和发展真理、不断与时俱进的理论品质。学习马克思主义，必须坚持理论联系实际，而这个实际，就包括不断发展变化的世情、国情和党情。因此，要了解时代特点、天下大势、国际环境和形势的变化，了解科学技术的发展进步，学习世界上的先进经验、方法、管理、科学、技术；要学习和研究党的历史、中国历史、世界历史及其经验教训；要正确认识和把握中国的现状；要学习人民群众在实践中创造的新鲜经验。

3. **学习的基本方法是理论联系实际，要做到有的放矢**。坚持和弘扬马克思主义的优良学风，这是学习的根本要求。学风问题，是改造我们的学习、正确对待马克思主义的第一个重要的问题。对待马克思列宁主义理论，从根本上说有两种对立的态度：一种是马克思列宁主义的科学的态度，就是实事求是的态度，其核心是强调理论要联系实际，一切从实际出发。强调学习不仅是为了改造客观世界和主观世界，而且是同党的思想路线，同党的理论联系实际、密切联系群众、批评和自我批评的三大作风的要求是一致的。另一种是脱离实际的主观主义的错误态度。毛泽东在延安整风时期提出要改造我们的学习，强调应确立以研究中国革命实际问题为中心，以马克思列宁主义基本原则为指导的方针，禁止孤立地研究马克思列宁主义的方法。20 世纪 70 年代以后，党在实践中进一步认识到，马克思主义必须是同中国实际相结合的马克思主义。马克思主义要求人们根据它的基本原则和基本方法，不断结合变化着的实际，探索解决新问题的答案，从而也发展马克思主义本身。马克思列宁主义、毛泽东思想一定不能丢，丢了就丧失根本。同时一定要以我国改革开放和现代化建设的实际问题、以我们正在做的事情为中心，着眼于马克思主义理论的运用，着眼于对实际问题的理论思考，着眼于新的实践和新的发展。任何时候都必须坚持马克思主义基本原理，但也要始终反对以教条主义的态度对待马克思主义。理论创新必须以坚持马克思主义基本原理为前提，否则就会迷失方向，就会走上歧途，而坚持马克思主义又要以根据实践的发展不断推进理论创新为条件，否则马克思主义就会丧失活力，就不能很好地坚持下去。

4. **学习的路径并非一条，而是多种多样**。学习，当然离不开书本等承载知识的介质。读书是人生成长进步的阶梯，也是一个政党气正风清、保持和发展先进性、不断提升领导和执政能力的重要途径。但是学习的途径绝不仅是读有字之书，而是包括研读各个方面的无字之书。归纳起来，主要的学习路径有四条：一是从书本中学习。由于书本上的知识是前人经验的总结，是系统的科学知识，因此，读书无疑是相对较短时间内获得较多知识的主要途径。二是从实践中学。要懂得中国革命、建设、改革和发展的规律，就必须深入实际，调查研究，或亲身体验，在改革中"摸着石头过河"、"杀出一条血路"，在实践中积累经验，从而揭示中国革命建设改革的客观规律，以增强工作的预见性、自觉性。三是从历史中学习。历史的经验值得注意，历史的发展反映出一些规律，把握这些规律，就能使党的工作尽可能做到科学化。四是从自己所犯的错误中学习。无论哪一种学习，都不如从自己所犯的错误中学习来得快，因为错误和挫折从反面教训了我们，使我们比较地聪明了起来，我们的错误就会少犯一些。前车之覆，后车之鉴。纠正错误，工作就会做得更好。我们不仅要在总结成功的经验中获得提高，而且要在汲取失败的教训中获得进步。

5. 学习的形式不拘一格，丰富多彩。中国共产党在学习实践活动中，创造了丰富多彩的学习形式。从个人主动学习，到各级党组织组织党员干部集体学习；从利用一段时间集中学习，到在日常生活、工作中经常性的学习；从创办各级党校、干部学院，到成立各种学会、研究会等；从举办学习论坛、研讨会、读书会、知识竞赛，到开展调查研究，进行参观考察、召开各类座谈会；从出版图书、发行期刊，到开办学习网站、进行在线学习；从不同时期的整党整风运动，到新时期的"三讲"活动、先进性教育活动、学习实践科学发展观活动和创先争优活动，党内不断开辟新的学习阵地，搭建新的学习平台，创造新的学习形式。党还通过建立学习组织、进行分层分类指导、实行领导带头学习等举措，使党内学习获得多方面的保证。鉴于人类已进入全球化、信息化时代，党内学习开始借助现代科技手段，不断拓展学习空间，提高学习效率。

（作者单位：武汉大学马克思主义学院）

建设学习型党组织必须注重实效

姚　桓

注重学习是中国共产党的优良传统。作为以改造社会、实现共产主义远大理想和人民幸福为己任的中国共产党，始终把学习作为提高自身能力、应对挑战的基本方式。十七届四中全会在继承党的重视学习的传统和经验的基础上，进一步提出建设马克思主义学习型政党的战略任务，这一战略任务包含着极其丰富的内容，蕴涵着极大的理论探索空间。

一、建设马克思主义学习型政党是重大而紧迫的战略任务

1. 重视学习是中国共产党宝贵的历史经验。中国共产党担负着前无古人的、极其艰巨的任务，要改造社会，使人类得到解放、人民得到幸福。如何完成这一任务？显然，需要科学认识社会发展规律，为此就需要学习。中国共产党并非天生高明，改造世界的本领是通过学习获得的，自觉主动地学习，是中国共产党人完成历史使命的基本条件。从一定意义上说，党领导革命、建设和改革的历史，就是党创造性地进行学习的历史。尤其是在历史转折时期和党的事业发展的重要关头，重视和改进学习都有力地推动了党的事业的发展。抗日战争时期，党在延安整风运动中，强调改进学风，努力实现马克思主义中国化，使毛泽东思想

形成并为全党所接受，为中国革命胜利奠定了思想基础。新中国成立前夕，毛泽东根据党的任务从破坏旧世界转变为建设新世界，号召全党必须“善于学习”，学会原来不懂的东西，保证了党顺利接管政权和进行社会主义革命。

2. 学习也是完成现实任务的需要。现阶段世情、国情的深刻变化使党面临着新的考验。人类历史的发展是个加速推进的过程。这里起决定作用的因素是科学技术进步，科技进步有力地促进生产力的发展，进而导致社会关系变革，这一过程在当代大大加快了。21 世纪是知识经济占主导地位的世纪，知识更新的速度加快，近 50 年新产生的知识是以往几千年知识量的总和。如何通过学习迅速掌握知识、应对变化，成为个人、组织、民族生存发展的大问题。对此，一般的重视学习还不够，还要有学习的紧迫感和高度自觉性，善于迅速掌握新知识。现代学习理论认为学习的速度快于变化的速度，组织和个人才能生存。

从国内的情况看，在全面建设小康社会的新的发展阶段，有一系列新情况需要研究、新矛盾需要解决。不学习、满足于原有的经验，就难以在改革开放中迈出新步伐。所以，党要想从世情国情的变化出发，把握机遇、迎接挑战，就必须高度重视学习。

3. 学习是保持党的先进性的现实要求。我们党是个伟大而坚强的马克思主义执政党，从总体上看，党领导建设和改革成绩巨大、举世瞩目；同时也要看到，在自身建设方面，党还存在着一些不适应新形势新任务要求、不符合党的性质和宗旨的问题，表现在领导制度、领导方法、组织形式以及党员干部思想作风等方面，在某些地方，脱离群众的现象还比较严重。严峻的问题是，党已经执政 60 多年，作为一个大党老党，能否始终如一地保持自己的先进性？过去人们曾经简单地认为，剥削阶级革命者取得政权后，会不可避免地走向腐化，最终会被推翻，而共产党是工人阶级先锋队，是中国人民和中华民族的先锋队，代表先进的生产力和生产关系，能够在执政后继续保持先进性，所以能够避免重蹈剥削阶级革命者掌权后因腐化而被推翻的覆辙。无情的现实表明，任何政党执政后，都要经受权力的考验，都有一个如何防止执政带来的创造力、生命力衰退，防止腐化变质的问题，共产党在这方面没有天生的免疫力。党的十七届四中全会高度重视这个问题，强调忧患意识，指出党的先进性和执政地位都不是一劳永逸、一成不变的。我们党只有把坚定信念与忧患意识相结合，采取切实有效的措施加强党的建设，才能永远立于不败之地。所以学习对保持党的先进性有着特别重要的意义。

4. 学习是实现党的建设科学化的题中应有之义。党的十七届四中全会提出了提高党的建设科学化水平的新要求。所谓科学化，是说党的建设要按照客观规律办事，防止主观主义和随意性。强调党的建设科学化，也是实践催生的新命题。近年，党的建设得到高度重视，开展了多次活动，总的看，党建工作是卓有成效的；但同时也要明确，党的建设还存在形式主义等问题，一些巨大的努力和投入没有取得应有的效果。事实表明，党的建设并非仅仅重视、加大投入力度就能得到加强，关键是要掌握和遵循党的建设特别是执政党建设的规律。执政党建设的规律是多方面的。从宏观上看，有一般政党执政的规律。世界上实行政党执政的国家，面临一些共同的问题，这些共性问题的后面，有执政的一般规律，比如都要处理好党政关系，领导而不是代替政府；都要处理好党群关系，巩固执政基础；都要处理好党内关系，防止权力腐败等。从中观上看，有中国共产党执政的特殊规律。中国共产党面对着政党执政的共性问题，但是国情、党情和社会制度不同，中国共产党执政有着与其他党不同的特殊规律。从微观上看，执政党建设的每个领域还有一些具体规律。这些规律，有些已经被认识，有些规律还需要总结经验，进一步探索。“理论是实践的眼睛”。搞党的建设，就事论事是不行的。只有加强学习，认识如何把握规律，才能提高党的建设的科学化水平，使党的建设效果与投入相符合。

综上所述，在新世纪新阶段，历史给当代中国共产党人提供了前所未有的机会，同时也带来了严峻的挑战和沉重的压力。加强学习，全面提高党员干部素质和党的执政能力，是把握机遇、迎接挑战的重大举措；提出建设马克思主义学习型政党，反映了我们党与时俱进的政治品格和科学态度，是一种战略思考和远见卓识。

二、如何建设学习型党组织

1. 一个新理念：学习型党组织。学习是个老概念，学习型党组织则是新名词。学习型党组织是继承发扬党的注重学习的优良传统，同时借鉴了外国学习型组织理论提出来的。学习型组织理论是一种企业管理理论。它是由两个因素催生的。一是知识经济的发展要求企业更加重视知识更新和科技创新。国外有学者提出，如果说农业文明时期是土地创造财富、工业文明时期是资本创造财富的话，那么，网络文明时期则是知识创造财富。二是人本管理的兴起对传统的机械式管理产生冲击。传统的管理把员工当做流水线上的部件，要求无条件地服从，这种机械式管理虽然可以保证生产有序化和一定的效率，却难以激发人的积极性和创造精神。人本管理则着眼于活生生的人，把员工看做企业最宝贵的资源，用一切手段调动人的积极性。就在这样的背景下，美国学者彼得·圣吉等提出了学习型组织理论。这种理论认为，面对激烈的竞争，企业不能只注意市场、资金、技术等要素，必须将企业建设成为学习型组织，通过有组织的团队学习建立共同愿景，学会系统思考，使企业具有凝聚力，使员工具有参与意识、协作意识和创新精神。只有这样，才能在知识经济大潮和激烈的市场竞争中立于不败之地。其代表作是《第五项修炼——学习型组织的实务与艺术》。这本书提出了新的学习观，产生了广泛的影响。中国共产党提出建设学习型党组织，借鉴了学习型组织的一些先进理念。但需要明白，中国共产党是政治性组织，是中国工人阶级先锋队，同时是中国人民和中华民族的先锋队，不是一般的企业组织，加之中外文化背景不同，外国的学习型组织理论是不能简单地照搬到中国共产党的建设上来的。我们对学习型组织理论是借鉴而非照搬，二者是有原则区别的。从根本上讲，建设学习型党组织是以总结党的自身经验为主，在此基础上放眼世界，学习外国一切有益的学习理念和经验，走创新之路。这恰恰反映了党的建设的开放性和与时俱进。

2. 科学理解学习型党组织的特征。目前在学习型党组织建设的实践中存在一些形式主义。这表现为，形式化的应景：以为搞几次集中学习活动就是建立了学习型党组织，热衷于大口号、大场面和炒作；运动化的推动：用行政命令的方法推进，搞一刀切和简单化的灌输；脸谱化的考核：把复杂的学习活动指标化，设立几个评价指标，一旦达标就宣布建成了学习型党组织。这些简单的急功近利的做法是与学习型党组织建设的要求背道而驰的。这种“一阵风”式的学习导致学习活动“潮起潮落”，不仅流于形式、耗费巨大，而且导致人们对学习反感，降低学习的积极性。究其原因，除市场经济造成人的浮躁心理和个别干部把学习型党组织建设当做个人的“政绩工程”外，基本原因是认识上存在误区。不能把建设学习型党组织理解为组织集体学习，它是长期艰巨的任务，要求在学习理念、学习方式和党的管理模式等方面进行改革和创新。主要有：学习组织的完善：强调组织学习目标与个人动机的提升和结合；学习时间的延续：从重视学历教育、阶段性培训转为强调持续学习、坚持学习、终身学习；学习氛围的形成：组织内崇尚学习，蔚然成风；学习制度的完善：有一整套保证学习的制度并切实得到执行；学习方式的改进：从重视个体学习转为强调学习交流和共享式学习；学习方法的多样化：采取一切有利于提高集体学习效果的方法；学习途径的丰富：强调除了向书本学习外，还要重视向实践学习、向人民群众学习；学习内容的扩展：学习内容除了基本理论和政策外，还包括与工作有关的专业技能以及一切有利于组织、个人发展的知识；学习效果的提升：学习要落实到提高改造客观世界和主观世界的能力上，特别是落实到增强党组织的凝聚力和党员干部的创新活力上。

总之，在成熟的学习型党组织内，学习成为组织存在、发展的基本方式，成为每个党员、干部自觉的主动的行为。不难看出，学习型党组织建设是个持续推进的过程，不会一蹴而就，只要客观世界在发展变化，只要党的历史使命没有完成，党组织和党员个人的学习就没有终结。在此意义上说，学习型党组织建设没有“完成时”，只有“进行时”。

三、加强和改进马克思主义理论学习

马克思主义基本理论是建设学习型党组织的首要学习内容。目前在一些党组织内，存在少数党员干部学习理论热情不高以及不愿学、不勤学、不真学、不会学的现象。对此，需要认真研究新形势下党内理论学习的特点，有针对性地加以改进。

1. 新形势下党内理论学习的特点。第一，现阶段党员、干部的理论学习，是解放思想和统一思想相互统一、相互促进的过程，或者说，是在不断解放思想的过程中统一思想。思想解放是永无止境的，新阶段的改革开放，呼唤新的思想解放。这样的思想解放不仅是改革开放的助推器，也是党员、干部与党中央保持一致、坚定理想信念的思想前提。现在的理论学习，既要进一步认识什么是社会主义、怎样建设社会主义，也要在此基础上深入认识需要什么样的发展、怎样实现科学发展；既要破除旧体制造成的旧观念和僵化思想，增强改革的决心和勇气，也要克服对改革的简单化认识和在改革的特定阶段形成的思维模式；既要克服对马克思主义的教条式理解，也要扫除对西方思想、西方模式的盲目崇拜。面对改革中出现的各种复杂问题和矛盾，人们的思想呈现既活跃又混乱的特征。从根本上说，还是道路的选择：既不能走旧体制的老路，也不能走照搬西方模式的邪路，唯一的出路是走新路，沿着党的十一届三中全会开辟的中国特色社会主义道路前进。通过深入的理论学习，不断解放思想，纠正各种错误的和模糊的认识，在中国特色社会主义和党的基本路线、方针、政策基础上统一思想，是极其艰巨的任务。

第二，党员、干部掌握先进理论、树立正确思想的关键，是达到“知”（知识）“信”（信念）“行”（行动）相统一。这个问题历来都存在，而今天更为突出。随着马克思主义理论的普及和文化水平的普遍提高，广大干部懂得马克思主义的一般道理并不难，但懂得了不意味着相信，加上现代社会人们的心理结构更趋复杂，一些人心理的内隐层与表象层不一致、知与信不统一、言与行相脱节的问题十分严重，个别人甚至形成“双重人格”。理论学习是把知识内化为信念、外化为行动的过程，要做到真学、真懂、真信、真用。首先，要做到真学。学习不是为装潢门面，而是为了改造主观世界和客观世界。由于理论思维本质上属于抽象思维，是人类高级的精神活动，所以理论思维是艰苦的精神劳动，真学就要下苦工夫。其次，要做到真懂。要从价值取向和精神实质上把握马克思主义包括中国特色社会主义理论。再次，要做到真信真用。这就要求理论在实际生活中得到验证，使党员干部真正相信，并升华为信念。毫无疑问，我国改革开放和现代化建设的成就证实了马克思主义及其中国化最新成果的真理性。妨碍人们相信理论的，是理论与现实在某些方面的差距，以及由此造成的人的消极体验。于是有人认为学理论不管用、不解渴。应该懂得，造成这种差距的主要原因是一些人的思想意识和利益驱动影响了理论原则的贯彻，或理论转化为现实的“中介”（政策、制度、法规等）不完备。理论转化为现实需要经过以下几个步骤：把高度抽象的原理变为比较具体的理论原则；理论原则被具体化为政策、制度、法规，再具体化为方案、办法、措施；落实方案办法措施，产生成果。其中任何一步出现问题，理论指导实践就会遇到障碍。

理论与现实的差距恰恰证明在理论指导下改造现实的必要性。现实的不一定是合理的，更不一定是永存的。有了这个认识，就可以把消极体验变为改造现实的积极态度。真信与真用相互联系、相互促进。一方面，把真诚相信的理论付诸实践；另一方面，又在实践中体会理论的正确性，进一步坚定信念。信念是知识与感情熔铸的“合金”。只有在实践中培养对党和人民及其事业的感情，产生把理论付诸实践的意志力量，才能坚定信念，产生更加自觉的行动。

第三，与战争年代和计划经济时代相比，现阶段的理论学习更具有长期性、反复性的特点。在战争年代入党的人，大都有坚定的革命理想，怀着牺牲个人、改造社会的强烈动机，尽管对革命的认识是模糊的，也会掺杂各种不正确思想，但是从基本价值取向看，容易接受党的教育，其朴素的理想和坚定的革命愿望，是革命理论生根发芽的土壤。一旦接受革命理论，会比较快地使自己的思想境界升华。在计划经济体制下，个人的一切由组织安排，加上教育，容易形成“我把一切献给党，党把我的一切包下来”的思维定式。在执政和改革开放条件下，许多人包括一些干部的入党动机有一定的功利色彩，有的仅仅把入党当干部作为谋生手段，作为一项职业而不是事业。显然，以这样的思想基础接受党的先进理论，是要经过艰苦的改造和提升过程的。市场经济造成个人利益问题非常突出，干部生活中的不确定因素增多，许多个人生活问题不能由组织包下来，需要通过个人努力去解决，干部的个人考虑比较多在所难免，很多人还感受到竞争的压力。所以，干部接受理论、树立正确的世界观、人生观、价值观呈现长期性、反复性的特点。过去“一本书影响人的一生”的现象很难再现。在理想、宗旨、纪律等党性原则问题上，模糊的不正确的思想认识往往重复出现。现在，理论学习不是万能的，却是不可缺少的，党内存在的许多问题，不是单纯靠理论学习就能够解决的，但是理论学习却是解决问题、保持党的先进性的基础环节。因此，我们对理论学习要有坚定的决心和信心，对其作用要有充分、恰当的估计。

2. 理论学习要注重完善学习理念和创新学习方式。目前的理论学习还不完全适应新形势和党员、干部的思想特点，表现为内容上缺乏针对性，满足于没有分析的简单化结论；方式上局限于单一的、生硬的灌输，缺乏交流互动，不善于解决个性化问题等。这就影响了学习效果，造成个别人产生接受疲劳和腻烦心理。新的学习理念和方式的核心是激发党员、干部学习的自觉性、主动性，并采取多种方法实现之。

第一，真正把党员、干部作为学习、思考、实践的主体，而不是单纯接受灌输的对象。组织学习既是党组织对党员、干部的教育，更是党员、干部在组织引导下进行自我教育。灌输是必要的，必须坚持，但灌输不等于被动地机械地接受教育，科学理论在人们头脑中生根，须和人们原有的思想观念发生碰撞，通过积极思考，比较分析，消化吸收。这个过程绝不像计算机录入那么简单。现在人们思想活跃、主体意识强烈，更需要党员、干部发挥思维的能动性、创造性，不仅知其然，而且知其所以然；还要投身于实践，坚定把理论付诸实践的决心和意志。党员、干部作为学习、思考、实践的主体，需要不断提升学习的动机。一般说，学习理论的动机有三个层次：一是被动地按照组织要求，消极应付式地学习。随着认识到学习的必要性，开始把理论学习与做好工作、克服“本领恐慌”、拒腐防变相联系，进到第二个层次。这是很大的进展，可是还不够，还要进一步认识到理论学习也是贯彻科学发展观、全面发展自我、提升综合素质的需要。只有达到第三个层次，党员、干部才能切实认识到，理论不是紧箍咒，而是指路灯和助推剂；理论学习不是束缚，而是解放和激励；理论学习不仅是在改革开放年代成就辉煌事业、经受住严峻考验的重要途径，也是全面发展自我、实现人生幸福不可缺少的功课，从而产生学习、思考、实践的自觉性、主动性。

第二，充分发扬党内民主，坚持党员、干部主体作用与党组织主导作用的统一。理论学习既是党员、干部学习、思考、实践的过程，也是党组织有计划、有组织地实施教育、引导、督促的过程；党员、干部的主体作用与党组织的主导作用是相互联系和相互促进的。发挥党组织的主导作用，要防止两种偏向。一种是简单化、行政化，仅仅依靠组织手段布置学习任务，提出形式主义的要求，对一些模糊认识生硬地、粗暴地进行批评。这是违背人们掌握真理规律的。理论学习解决的是人的精神世界问题，而人的精神活动是极为复杂的。毛泽东说过，凡属于思想性质的问题，凡属于人民内部的争论问题，只能用民主的方法、讨论的方法、批评的方法、说服教育的方法去解决，而不能用强制的压服的方法去解决。这个原则同样适用于党内。另一种是片面强调、单纯依赖党员干部的自觉性而放弃党组织的责任，这同样是错误的。离开组织的主导作用，就会产生自发性，甚至会出现偏差。把主体作用和主导作用统一起来，关键是发扬党内民主。民主是激发人的自觉性、主动性和创造精神的酵母，也是党性教育的催化剂。党内民主愈充分，党员、干部学习、思考、实践的积极性就愈高涨。发扬民主，需要在党组织内营造一个良好的民主氛围，让党员、干部在宽松环境中学习思考，发表意见，讲真话、讲心里话。要提倡这样的理念：党内允许讲错话，不允许讲假话。为什么允许讲错话？人们认识和接受真理是一个过程，很可能出现偏差和错误，不正确的思想认识不表达出来，不等于不存在，更不会自然消失。何况发表的意见是对还是错，有时当时难以判断，要经受时间和实践的检验。要求讲的话百分之百正确，不仅堵塞言路，也不利于干部思想认识水平的提高。允许讲错话，不是鼓励讲错话；要求讲真话，不是主张情绪化，而是提倡理性化。党员干部应该站在党和人民的立场上，在党内有根据地负责地阐发意见；对外公开发表意见，则要与党中央保持一致。发扬党内民主，不意味着对各种言论不闻不问，放任自流，对明显错误的东西，要根据党章和党的基本理论的精神，采取恰当方式，进行批评、教育和帮助，这是对党员、干部负责，也是党性教育的题中应有之义。发扬党内民主，要坚持在党章规定的权利和义务面前人人平等，党内任何成员都有权利提出意见或建议，也都有义务接受党组织的教育和帮助。绝不能把党员分成两部分：一部分人是教育对象，只是接受教育，另一部分人居高临下，掌握真理，总为人师。越是领导干部，越是要在学习交流中主动敞开思想谈自己的认识和体会，与同志们交流，听取党员和普通干部的意见。这本身也会起到引导和教育的作用。

第三，坚持学习目的的明确性与方式方法的多样性相统一。从理论学习的新内容和党员干部的接受特点看，方式方法的完善和创新势在必行。方式方法的创新，要求从单方面灌输转变为双向交流互动，从主要是个体学习转变为共享式学习，从主要依靠讲课、自学转变为综合运用读书、授课、研讨、辩论、体验、情景模拟、主题辩论、知识竞赛、网络交流、手机党课等方法。就授课来说，要防止“满堂灌”，强调交流互动，并采取案例教学等新的研究式教学方式。无论采取什么样的方式方法，都要精心设计，做好组织引导工作，使之更好地服务于学习和教育的目的。

（作者单位：北京市委党校）

端正学风是学习型党组织建设的关键

章传家

在推进学习型党组织建设中，学习已成为高度组织化的活动，因而学风问题显得特别关键。学风直接关系学习型党组织建设的目标取向、价值追求和最终效果，只有切实端正学风，才能保证学习型党组织建设稳步持续推进。

学风问题直接关系学习型党组织建设成效

学风问题说到底是学习的出发点和落脚点问题。在推进学习型党组织建设中，我们要在学风问题上保持清醒认识，坚决防止各种不良学风对学习型党组织建设的侵扰。

1. 防止本本主义的侵扰。本本主义的要害在于脱离实际照搬“本本”。在我们党的历史上，本本主义曾多次造成革命危机，而且从未真正绝迹，总是在寻找机会危害我们的事业。如果学习型党组织建设受到本本主义的侵扰，就可能使学习无法取得实效，甚至造成其他更为严重的后果，危害我们党领导的中国特色社会主义事业。

2. 防止清谈主义的侵扰。脱离实际的清谈之风，是我国传统文化中的一笔消极遗产。两晋时期的玄学可以说是清谈误国的“典范”，士大夫们的“嘴上机锋”把当时文坛、政坛搅得乌烟瘴气。如今，虽然大家在思想上已认识到清谈误国，但在现实中清谈主义仍有很大市场。在学习型党组织建设中，一定要避免陷入清谈主义陷阱。

3. 防止形式主义的侵扰。形式主义作为一大顽症，渗透于社会生活的各个方面。在学习中，只重形式不重内容、只重过程不重结果、只重数量不重质量、只重声势不重效益的形式主义现象较为常见。如果学习型党组织建设被形式主义所侵扰，就可能使学习成为空架子，甚至成为政治上的“绣花枕头”。要杜绝这些现象，就必须从端正学风抓起。学风不正，理论脱离实际，对正在做的事情不关心、不负责，就难免要玩弄虚功、浮功、轻功，就会滋长五花八门的本本主义、清谈主义、形式主义。

大力弘扬理论联系实际的学风

理论联系实际是我们党的优良学风，是马克思主义世界观和方法论在学风上的集中体现。在推进学习型党组织建设中，要有效防止本本主义、清谈主义、形式主义的侵扰，就必须大力弘扬理论联系实际的优良学风，将其作为学习型党组织建设的指导原则、主要方法、根本标准。只有大力弘扬理论联系实际的学风，把学风搞端正了，本本主义、清谈主义、形式主义等才会失去滋生的温床，才会被求真务实的正气所扫除。

1. 将理论联系实际的学风作为指导原则来贯彻。在推进学习型党组织建设的每个方面、每个环节以至每个细节都要体现理论与实际紧密结合的要求，始终围绕实际问题来深化学习，做到学习理论与运用理论、改造主观世界与改造客观世界相统一。应紧密联系中国特色社会主义面临的现实挑战和考验来学习，在知行统一中愈加坚定理想信念；紧密联系改造世界观的必修课题来学习，在知行统一中不断升华思想道德境界；紧密联系履行使命的素质要求来学习，在知行统一中不断开创事业发展的新局面。

2. 将理论联系实际的学风作为主要方法来推行。推进学习型党组织建设的方法很多，但每一种方法都应贯彻落实理论联系实际的要求。比如，在党委中心组学习中，使学习讨论更好地为科学决策服务；在个人自学中，使读书思考更好地引发工作上的真知灼见；在办班轮训中，使学习轮训更好地见效于运用理论研究回答重大现实问题；在课题研究中，使研究成果更好地为破解难题、推动工作服务；等等。

3. 将理论联系实际的学风作为根本标准来运用。理论联系实际体现了带着实际问题学习理论和运用理论解决实际问题的辩证统一，是学习型党组织建设的根本标准。应运用这个标准来衡量学习型党组织建设的思路、办法、措施和制度。同时，依照这个标准广泛开展述学、评学、考学、督学工作，不断发现和校正偏差，努力形成学以致用、用以促学、学用相长的良性循环。

多管齐下把理论联系实际的学风落到实处

通过把理论联系实际的学风落到实处来推进学习型党组织建设，是一项艰巨而复杂的系统工程，必须坚持多管齐下。

1. 强化舆论影响力。正确的舆论导向对弘扬优良学风具有引导和推动作用。应充分利用各种媒体，大力宣传我们党关于理论联系实际学风的重要思想，宣传在学习型党组织建设中贯彻理论联系实际学风的价值和意义，宣传各行各业按照理论联系实际要求学习运用科学理论的崭新风貌。同时，对学习型党组织建设中背离理论联系实际学风的情况敢于抵制和批评，充分发挥舆论监督作用。

2. 强化制度引导力。弘扬理论联系实际的学风，制度是根本。应制定学风方面的要求和规定，努力把学风方面的好做法好经验以制度形式固定下来。同时，应制定学风方面的激励制度。比如，把学风表现作为选任干部的依据，对注重理论联系实际、工作实绩突出的干部，优先提拔使用；对理论脱离实际、言行不一的干部，进行批评教育。

3. **强化典型示范力**。一个典型就是一面旗帜。应选树坚持理论与实际相结合的先进典型，让学风好的人来传播好的学风。特别是领导干部要率先垂范，以自觉行动引领大家弘扬理论联系实际的学风。

（作者单位：国防大学马克思主义教研部）